인도의 천재 수학자 라마누잔

수학이 나를 불렀다

KB089026

The Man Who Knew Infinity

by Robert Kanigel

인도의 천재 수학자 라마누잔

수학이 나를 불렀다

로버트 카니겔 · 김인수 옮김

사이언스북스
SCIENCE BOOKS

역자 서문

라마누잔은 인도의 전설적인 천재 수학자로, 그의 일생은 낭만과 비극으로 어우러진 한 편의 인간 드라마이다. 라마누잔은 신분의 구분이 엄격한 인도에서 비록 상류 계급인 브라만으로 태어났지만, 가정 형편이 너무나 어려워 비참한 생활을 해야만 했다. 또 경직된 교육 제도 때문에 학교 교육도 제대로 받지 못했다. 그러나 수학에 대한 끊임없는 열정으로 자신의 삶을 개척했고, 결국 주위 사람들을 설득하여 문화와 생활 양식이 판이하게 다른 영국으로 초대되어 갔다. 그 곳에서 라마누잔은 당대 최고의 수학자들과 공동 연구를 할 수 있었고, 나중에는 영국학술원의 회원이 되어 인도로 돌아온다. 하지만, 그 동안의 고생으로 얻은 병 때문에 서른두 살의 나이로 요절하였다.

이 책의 저자 카니겔은 이러한 라마누잔의 특이하고 암울한 인생을 그의 학문적 성공과 함께 잘 엮어냈다. 또한 천재 음악가 모차르트처럼 성공과 비극의 씨앗을 품고 있는 그의 창조적 충동을 이해하고, 어려운 기호들로 가득한 수학의 세계를 일반 사람들이 이해하기 쉽게 서술해냈다.

어려운 환경에서 자신의 삶을 헤쳐나가는 천재의 몸부림과, 병상에서도 쉬지 않고 연구에 몰두하는 그의 열정은 읽는 사람에게 깊고 색다른 감동을 준다. 뛰어난 창의성과 독특한 개성을 지니고도 빛을 보지 못하고 사라지는 천재들이 바로 우리 주위에 있을지도 모르며, 그렇게 알려지지 않은 천재들이 겪을 고통을 생각하면 우리의 교육 제도가 라마누잔의 시대와 비교해서 얼마나 더 나아졌는가 되돌아보게 된다.

저자는 이 책에서 경이롭고도 비극적인 라마누잔의 일생을 통해 진솔한 한 인간의 삶을 이야기하고 있다. 동시에 생소하고도 신비로운 이국 문화에 대해 자세하게 묘사하며, 다소 어렵기는 하나 수학사에 놀라운 성과를 남긴 하디와의 공동 연구에 관해서도 이야기해 준다. 또한 저자는 천재의 업적이 당대에는 그 가치를 인정받지 못하더라도 세월이 흐르면서 더욱 빛나게 된다는 사실을 일깨워 주며, 수학을 일반인이 가깝게 느낄 수 있도록 해주는 수학 전기의 걸작을 보여준다. 이 책은 라마누잔의 흔적이 남아 있는 모든 곳을 생생하게 보여 주는 한 편의 그림이자 소설보다 더 흥미진진한 이야기이다.

방대한 원작을 지면 관계상 약간 압축하여 번역했지만 원작의 내용이 가능한 손상되지 않도록 노력하였다. 그리고 생소한 19세기 말과 20세기 초의 인도와 영국에 대한 묘사를 번역하는 데 다소 어려움이 있었다. 그 외에도 전문 번역가가 아니라서 표현이 서툰 곳이 더러 있으리라 생각되어 독자들의 너그러운 이해를 구한다.

끝으로, 수학의 대중화를 위해 기꺼이 수학자 전기를 발간할 수 있도록 해준 사이언스북스 사장님과 편집부에게 고마움과 격려를 드린다. 그리고 번역을 도와준 전남 대학교 영문학과 박사 과정의 추형화 양에게도 고마움을 전한다.

2000년 2월
김인수

서문

1913년 어느 여름 날, 캘커타의 부유하고 전통 있는 집안 출신인 스물한 살의 인도 청년이 영국의 대학 도시 케임브리지에 있는 킹스 대학의 예배당을 바라보고 있었다. 영광스러움과 장엄함이 함께 어우러진, 예배당이라기보다는 성당 같은 이 건물은 1446년 영국왕 삼 대에 걸친 업적이었다. 남쪽 벽을 온통 뒤덮은 스테인드글래스를 통해 빛이 흘러들었다. 거대한 원형 지붕을 뚫고 하늘과 맞닿아 있는 기둥들의 벽에는 수많은 조각이 새겨져 있었다.

마할라노비스Prasantha Chandra Mahalanobis는 순간 매료되었다. 런던에서 공부할 계획으로 인도에서 얼마 전 도착한 그는 기차로 관광하러 왔다. 그러나 지금 런던으로 돌아가는 막차를 놓치고, 친구와 함께 머물면서 예배당을 둘러보고 그 장엄함에 감동했다. 그는 런던이 아니라 킹스 대학으로 왔어야 했다는 말을 했다.

이튿날 그는 학장을 만나고는, 이내 놀라움과 함께 기쁨을 감추지 못했다. 그는 케임브리지의 킹스 대학 학생이었던 것이다.

마할라노비스가 케임브리지에서 6개월 가량 지냈을 무렵 수학 선생님이 그에게 물었다. 〈자네 고국에서 온 그 훌륭한 라마누잔을 만나 보았나?〉

마할라노비스는 아직 그를 만나 본 적은 없었지만, 그에 관해서는 알고 있었다. 마할라노비스의 고향이 영국이 아닌 것과 마찬가지로 라마누잔의 고향도 인도로, 그의 고향과는 다르지만, 그가 자란 복잡한 도시 캘커타에서 1,000마일(1600킬로미터) 정도 떨어진 남인도 마드라스 근처였다. 라마누잔은 독학한 수학 천재라고 했다. 교육받은 북인도인에게 남인도는 뒤떨어지고 미신이 가득하며 봄베이나 캘커타와는 달리 근대화의 흔적이 별로 없는 곳이었다. 어떻게 그런 곳의 가난한 집안에서, 영국인이 케임브리지에 오라고 손을 내밀고, 트리니티 대학의 학자가 그의 재능을 공유하겠다며, 자신들이 갖고 있는 모든 지식을 가르쳐 줄 정도의 천재 수학자가 나올 수 있었을까?

케임브리지에서도 트리니티는 왕과 시인, 천재들의 고향이며, 영광스러운 유산이 가장 많이 있는 곳이다. 뉴턴 Issac Newton이 공부하던 곳으로, 예배당에는 빛을 탐구할 때 사용했던 프리즘을 손에 든 대리석상이 1755년부터 있었다. 바이런 Byron 경이 트리니티에 있었고 테니슨 Tennyson, 테커레이 Thackeray, 피츠제럴드 Fitzgerald가 그랬다. 역사학자 매콜리 Macaulay, 물리학자 러더퍼드 Rutherford, 철학자 버트런드 러셀 Bertrand Russell이 그랬다. 영국 수상 다섯 명도 그랬다.

그리고 라마누잔 역시 지금 트리니티에 있다.

며칠 후 마할라노비스는 그와 만나 두 사람은 바로 친구가 됐다. 그들은 일요일 아침 식사 후 인생과 철학과 수학에 대하여 이야기하며 긴 산책을 하곤 했다. 훗날 마할라노비스는 라마누잔이 도착한 가을 어느 날부터 그들의 우정이 시작되었다고 회상했다. 그는 사각형의 잔디밭 둘레로 둥근 고딕 창문들이 있고, 일정한 간격으로 계단과 방들이 미로처럼 배열된 3층 석조 건물로 라마누잔을 만나러 가곤 했다. 그 곳 1층에 라마누잔의 조그만 방이 있었다.

케임브리지의 날씨는 대부분 쌀쌀하다. 방에 들어서자 난로 옆에 아무렇게나 앉아 있는, 살찌고 마마자국이 있는 라마누잔의 얼굴이 보였다. 영국인이 케임브리지에 데려오려고 하늘과 땅을 움직인 사나이 라마누잔, 인도의 자존심이 거기 있었다. 그러나 잘 진행되던 계획이 어긋나 버렸다. 1914년은 부끄러운 해였다. 유럽 전역이 전쟁에 휩쓸렸다. 크리스토퍼 렌 경의 영원한 흔적으로 남아 있던 네빌 교정의 우아한 아치형 수도원은 야전병원이 되었다. 수천 명이 이미 전선으로 떠났다. 냉랭하던 케임브리지는 더욱 메말라 갔다.

〈밤엔 따뜻한가요?〉 마할라노비스는 난롯가의 라마누잔을 보며 물었다. 〈아니.〉 항상 따뜻한 마드라스에서 온 수학자의 답이었다. 그는 오버코트 위에 숄을 둘러쓰고 잤다. 담요가 부족한가 보다 생각하며, 마할라노비스는 난로 반대편 조그만 침실로 가 살펴보았다. 라마누잔이 이제 막 일어난 듯 침대 커버가 늘어져 있었다. 그런데 담요는 흐트러지지 않은 채 그대로 깔려 있고, 끝자락도 매트리스에 말끔하게 접혀 있었다.

그렇다. 담요는 충분했다. 다만 라마누잔이 침대를 사용할 줄 몰랐을 뿐이다. 부드러운 눈빛으로 마할라노비스는 담요를 벗겨 몸이 들어갈 만한 작은 공간을 만들고 그 안에서 어떻게 자는지 보여 주었다……

전쟁으로 인도와 차단된 채, 라마누잔은 5년 동안 낯설고 춥고 멀리 떨어진 영국에 남아 스물한 편의 주요 논문과 자신에게 주어진 수학적 유산을 다듬었다. 그런 다음 고향 인도로 돌아가 영웅의 환대를 받은 뒤 사망한다.

어느 영국인은 후에 그에 대해 말하면서, 〈스리니바사 라마누잔은 이미 질투를 뛰어넘은 위대한 수학자이며, 과거 천 년 동안 인도가 배출한 수학자 가운데 가장 뛰어났다〉라고 했다. 그의 직관적 비약은 그가 사망한 지 칠십여 년이 지난 오늘날의 수학자들조차 혼란스럽게 하고 있으며, 그의 논문들에는 풀리지 않은 비밀이 지금도 남아 있다. 그의 정리들은 중합체를 연구하는 화학, 컴퓨터, 그리고 최근에야 제안되어 그의 생존시에는 거의 상상조차 할 수 없었을 암 연구에까지 적용되고 있다. 그를 몇 년 일찍 발견했더라면, 또는 그가 몇 년 더 살았더라면 무슨 일이 일어났을까?

라마누잔은 단순한 사람이었다. 그가 필요로 하는 것도 단순했다. 그의 매너나 유머도 그랬다. 그는 바보스러운 학자가 아니었다. 수학 밖의 영역에서 그는 지식인이었고, 끈질기고 근면할 뿐더러, 나름대로 매력적인 사람이었다. 그러나 그것 때문에 케임브리지나 캘커타, 또는 봄베이의 시각으로 보면 극도로 좁고 순진한 사람이었다. 마할라노비스가 담요 사용 방법을 가르쳐 준 것과 같은, 매우 사소한 일들이 그에게 〈극히 이상한 사람〉이라는 인상을 남겼다. 그는 중요하지 않은, 매우 작은 것에 부끄러워했다. 그의 편지에는 수학적인 내용 말고는 우아함이나 섬세함이 없었다.

나는 이 책에서 불가사의한 지식인이면서 동시에 순수한 마음을 지닌 사람의 이야기를 하려고 한다.

이것은 인도와 서구 사이, 곧 라마누잔이 자라난 남인도 쿰바코남의 사랑가파니 산디 가와 케임브리지의 화려한 세계 사이의, 그리고 서구 수학의 전통인 깔끔한 증명과 라마누잔이 눈부시게 만든 동양의 직관이라는 신비스러운 힘 사이의 문화 충돌에 관한 이야기이다.

이것은 한 사람과 자신의 능력에 대한, 완고한 믿음에 대한 이야기이다. 그러나 천재는 사라질 것이라고 결론을 내리는 (비록 라마누잔은 천재였지만) 그런 이야기는 아니다. 이 책은 보기에 따라서 사회 체계와 교육 제도에 관한 이야기이기도 하다. 이들 제도가 한 천재의 재능을 말살하는 과정에 대한 이야기를 포함하고 있다. 오늘날 알려지지 않고 확인되지 않은 라마누잔들이 얼마나 많이 있을까? 그리고 얼마나 많은 사람들이 인종이나 경제적 우리에 갇혀서 자신들의 바깥 세계를 거의 모르고 지내고 있을까?

이것은 또 여러분이 발견할 수도 있는 천재에게 어떻게 해야 하는가에 대한 이야기이다. 라마누잔을 케임브리지에 데려온 사람은 영국의 수학자 하디 G. H. Hardy이다. 하디는 라마누잔을 매우 만나기 어려운 꽃이며, 인도에서는 결코 얻을 수 없는 모든 수학적 지식을

10

혼자서 질서 있게 가득 채운 대단한 사람이라고 보았다. 그는 〈라마누잔이 지루하다고 생각하는 것들을 내가 지나치게 주장한 나머지 그의 믿음을 파괴하고 마력과 같은 영감을 부수게 될까 두렵다〉고 말했다.

라마누잔은 신에게 의지하며 자란 사람이었다. 그는 인생의 대부분에 대한 자문을 자신의 가족이 모시던 여신에게서 얻었다. 그의 수학적 통찰은 바로 그 여신 덕분이었다. 그의 정리들, 아무도 그것들을 예측할 수 없어 수학자들을 당황하게 한 대단히 어려운 정리들이 사실로 증명되리라고 그는 주장했다. 그래서 이 책은 엉뚱함이 창의성과 직관, 그리고 지성을 제시할 수도 있음을 보여 주는 흔하지 않은 개인적인 정신에 관한 책이다.

대부분의 책처럼 이 책도 작은 아이디어에서 시작되었다. 그러나 아쉽게도 그 아이디어를 생각해 낸 사람은 내가 아니라 당시 크라운 출판사의 선임 편집인으로, 지금은 스크라이브너스 출판사에 있는 바바라 그로스먼 Barbara Grossman이었다. 바바라는 미국, 인도, 그리고 영국의 잡지와 신문에 라마누잔 탄생 100주년 기록 기사가 가득할 때인 1987년 말쯤 처음 알게 되었다. 킹스 대학 예배당에서 마할라노비스처럼 바바라도 그에게 매료되었다. 처음에는 라마누잔이 갖고 있던 순수한 낭만이 그녀를 매혹시켰다. 그러나 시간이 지나면서 그가 남긴 몇몇 정리가 오늘날과 같은 컴퓨터 시대에도 여전히 풀리지 않고 있다는 사실에 점차 빠져들었다.

〈라마누잔이 누군데요?〉 바바라의 대리인 비키 비저르가 그의 전기에 흥미가 있음을 알려 왔을 때 내가 한 말이다. 회의적이지만 나는 인도에서 출판된 그의 전기를 통해 그의 일생에 대하여 예비 조사를 하였다. 그런데 많이 알면 알수록 나 역시 라마누잔의 매력에 끌려들었다. 그의 일생은 자그마한 감동에서부터 지적인 충만함까지 놀라움으로 가득한 이야기였다. 1930년대에 영국의 수학자 윌슨 B. M.

Wilson은 〈시나리오 작가의 손을 거치지 않고도 그대로 영화로 만들수 있을 것〉이라고 했다. 더 이상 주저할 필요가 없었다. 이 기이한 천재의 일생을 탐구해 보기로 마음을 굳히자 온몸이 흥분되었다.

나는 먼저 영국의 크리스토퍼 사이크스가 제작한 라마누잔의 일생을 다룬 기록영화를 보았다. 전에 BBC에서 「인도 사무원에게서 온 편지 Letters from an Indian Clerk」라는 제목으로 방영됐었던 사이크스의 한 시간짜리 영화에는 라마누잔 일생에서 가장 낭만적인 것들이 가득 담겨 있었다. 그러나 나는 그 영화를 보면서 점점 하디에게 매료되었다. 하디는 라마누잔이 도움을 부탁했던 세번째 영국 수학자였다. 그는 라마누잔의 재능을 그냥 인정하기만 한 것이 아니었다. 그가 미처 모르던 수학을 가르치고, 세계가 그를 주목하도록 했던 것이다. 왜 하디였을까?

순전히 날카로운 수학적 통찰력 덕분이었을까? 아닐 것이다. 다른 두 명의 수학자에게도 뛰어난 수학적 능력이 있었다. 틀림없이 다른 무엇이 있을 것이다. 순수한 지적 기준 외에 특별히 열린 마음, 아마 인생 전체를 가지고서 만나 보지 못한 사람에게 기꺼이 명예를 걸어 보는 의지 같은 것이리라.

나는 하디가 기이하면서도 매력적인 성격을 지녔다는 것을 알게 되었다. 크리켓 애호가이자 노련한 문장가인 그는 멋진 외모를 지니고도 자신의 눈에는 추하게 보인다고 거울을 바라보지 못하는 사람이었다. 그리고 라마누잔의 편지를 받을 무렵 이 수학자는 다음 세대들의 혁명을 준비하고 있었다.

물론 사람들은 누더기 속에 숨어 있는 천재를 알아보는 하디의 능력에 감탄하여 칭찬하고, 결과적으로 세계의 지적인 창고가 더욱 풍부해졌다는 사실에 수긍할 것이다. 그러나 나는 하디 역시 부유해졌다는 생각이 들었다. 그의 전생애는 라마누잔과 함께 지내던 시기에 이루어졌다고 보아도 좋으며, 그가 자주 말했듯이 〈일생에서 낭만적인 사건〉이었다. 라마누잔의 이야기는 이 두 사람의 이야기이며, 그들 서로가 함께 쌓은 성의 이야기이다.

한 가지 더 말하고 싶은 것이 있다. 라마누잔과 하디가 각기 또는 공동으로 작업했던 수학이라는 분야는 나에게 매우 낯선 것이다. 그래서 라마누잔의 이국적이고 운치 있는 일생만을 다루고 수학은 모두 생략해 버리고도 싶었다. 사실 라마누잔의 삶에 대하여 출간되어 있는 전기들은 모두 수학을 제외하거나 책 뒤에 따로 격리시켜 놓았다.

그렇지만 전생애를 걸고 사랑했던 수학을 빼 버리면 라마누잔의 인생에서 남는 것이 무엇일까?

대부분의 독자(그리고 작가)에게 수학은 낯선 영역이다. 적어도 그림은 볼 수는 있다. 철학이나 문학도 얼마나 심오하건 간에 말로 나타낼 수는 있다. 그렇지만 수학은 대부분의 사람들에게 이해하기 힘든 낯선 기호로 가득 차 있으며, 일상의 수준을 벗어나 무한히 작거나 무한히 큰 영역들을 탐구하는 것이다. 오늘날 수학은 여러 분야로 전문화됐기 때문에 수학 잡지에 실리는 대부분의 논문을 전공이 다르면 수학자들도 해독할 수 없다고 한다. 펜실베이니아 주립대학교의 조지 앤드류스George Andrews는 오랫동안 잊혀졌던 라마누잔의 원고를 트리니티 대학에서 찾아냈다. 그런데 그 논문을 확인하는 데는 박사 학위를 가진 전문적 수학자로도 부족하고, 이미 수학의 특정 영역에서 달인의 경지에 이른 사람이 필요했다고 말하고 있다.

그러면 눈앞에 있는 라마누잔의 업적에서 무엇을 찾을 것인가?

만일 수학 잡지에 비밀스런 문자로 박힌, 20여 쪽에 달하는 라마누잔의 증명을 따라가려고 한다면, 분명히 모두 고개를 절레절레 흔들 것이다. 그러나 그의 업적에 대한 어느 정도의 정취나 그 곳까지 이르게 된 과정, 역사적 배경 등으로 약간 물러선다면? 그렇다면 이해할 수 없는 영역을 말하는 것은 아니며, 철학적 논의나 문학적 해설보다 쉬워질 것이다.

라마누잔의 수학에는 다른 사람들이 쉽게 이해할 수 있는 분야도 있다. 우리가 매일 다루는 보통의 수에 대한 성질이나 그들 사이의 규칙성을 찾아내는 수론 number theory이라는 분야가 바로 그것이다. 8이나 19,376은 분명히 쿼크 quarks, 퀘이사 quasars나 포스포크레아틴 phosphocreatine보다 더 친숙한 개념이다. 라마누잔이 사용한 수학적 도구들은 미묘하고 강력한 반면, 그가 이들 도구를 적용했던 문제들은 놀라울 정도로 간단한 경우가 많다.

나는 라마누잔의 숨결이 깃들인 고장들을 여행하며 남인도에서 5주를 보냈다. 기차와 버스를 타고, 사원을 구경하며, 쿰바코남의 거리에서 황소에 등을 받히기도 하고, 코두무디에서 도마뱀과 한방을 쓰기도 했다. 라마누잔이 태어난 도시 에로데도 가 보았다. 그가 자란 집도 구경하고, 그의 모교에서 아침 조회에 참석하기도 하고, 그가 인생의 전환점에서 찾아갔던 나마칼 사원의 뜰을 거닐어도 보고, 그의 마지막 눈길을 간직하고 있는 마드라스의 방에도 가 보았다. 남인도 사람들은 나를 집으로 데려가 친절을 베풀었다. 인력거꾼들은 나를 위해 보통 때는 가지 않던 길을 갔으며, 하얀 내 피부가 마음에 들지 않았겠지만 언제나 점잖고 호의적으로 대해 주었다.

남인도 사람들 사이에서 지내는 동안 그들의 영적 감수성과 느낄 수 없는 존재에 대한 깊은 경외감을 강력하게 느꼈다. 그 결과 그에 반하는 현대 서구인들의 세속적 가치관에 대한 질문을 떨쳐 버리기가 어려웠다. 서양에서는 신에 감사드리고 경배하기 위해 찬송가를 창작하고 고딕 성당을 건축하며 종교적인 감정을 눈에 띄게 드러내려고 노력한다. 오늘날 남인도에서는 그러한 종교적 감정이 생활의 모든 부분에 완벽히 융화되어 있고 라마누잔의 수학에서는 정신적 반향을 찾으려는 시도가 세속적인 서양에서보다 훨씬 더 자연스러운 것 같다.

라마누잔의 옹호자 하디는 무신론자였다. 그러나 하디가 사망했을 때, 한 애도자는 이렇게 말했다.

수학의 진리는 절묘하고 아름다운 구조 안에서 반짝이며 선명한 우주를 묘사하고 있지만, 그에 비하면 물리적 세계는 혼탁하고 혼란스럽다는 것이 그의 깊은 신념이었다. 이것이 주변 사람들로 하여금 그의 수학에 대한 태도에 본질적으로 정신적 존재이며 종교에 가까운 무엇이 있다고 생각하게 했다.

똑같은 방식으로 하지만 훨씬 뚜렷하게 라마누잔에 대해서도 말할 수 있는데, 그는 평생 힌두 신들을 믿으면서 수학적 영역과 정신적 영역 모두에서 그의 고향을 찾아갔다. 언젠가 그가 말했다. 〈하나의 방정식은 나에게 의미가 없다. 그것이 신의 생각을 표현하지 않는 한.〉

볼티모어에서
로버트 카니겔 Robert Kanigel

차례

1

사원의 서늘함 속에서
1887년부터 1903년까지

닥신 간지

카우베리 Cauvery 강가를 따라 젖은 빨래 두드리는 소리가 낮게 울려 퍼져 갔다. 강이 보이는 곳에서 태어난 라마누잔에게는 젖먹이 때부터 들어 왔던 소리였다. 강에서 물을 긷거나 먹을 감을 때, 또는 학교 공부를 끝내고 강가 모래 언덕에서 놀 때도 귓가를 떠나지 않았다. 훗날 죽음에 임박해 영국에서 돌아왔을 때에도 리드미컬하게 울리는 그 소리를 들었을 것이다.

라마누잔에게 카우베리 강은 평생 친숙하고 언제나 마음속에 있었다. 강을 따라가면 무거운 열매로 줄기가 휜 야자나무들이 강 위로 맵시 있게 누워 있기도 하고, 무성한 나뭇잎이 강 위로 녹색 지붕을 이루고, 옹이 배어 뒤틀린 뿌리가 강둑을 따라 뒤엉킨 곳도 있었다. 장마철에는 물이 4미터, 5미터, 6미터로 계속 불어나 근처에 풀어논 가축이 물에 빠지기도 했다. 건조한 계절이면 홍수는 추억이 되고 강

언덕은 넓은 백사장이 되어, 바닥 제일 깊은 곳만 졸졸 흐르는 약한 물줄기로 변했다.

강은 반도를 가로질러 서쪽으로 800킬로미터 떨어진 쿠르그 Coorg 산맥에서 시작하여 1,500년 된 댐과 운하들을 흐르며 강렬한 초록색 시골 풍경을 그려 냈다. 카우베리 강은 언제나 그 곳에 있으면서 라마누잔의 정신적 원천이 되었다.

고향 쿰바코남 Kumbakonam은 마드라스 Madras에서 남쪽으로 250킬로미터 떨어진, 당시에는 탄조레 Tanjore라고 알려진 남인도의 전통적인 중심부였다. 강물은 토지가 비옥해지도록 조금씩 대지를 적시며 완만하게 흘러 풍부한 충적토를 삼각주에 운반해 주었다.

카우베리 강은 축복이라 할 만했다. 1853년 홍수 때 물이 삼각주를 뒤덮어 막대한 피해를 냈을 때도 인명 피해는 거의 없었다. 이 위대한 강은 해마다 장마의 손길로부터 주변 사람들을 보호해 주었다. 1877년부터 2년 동안 남인도에 가뭄이 들어 수천 명이 희생되었으나, 탄조레 지방은 마르지 않는 카우베리 강물을 끌어다 농사를 지었고 기근으로 곡물 값이 오르자 오히려 번영을 누렸다.

수천 킬로미터 북쪽에 있는 갠지스 Ganges 강처럼 카우베리 강도 인도의 성스런 강이었다. 인도의 전설에는 카베라 무니 Kavera-muni 가 브라마 Brahma의 딸을 양녀로 삼았는데 그녀는 효성이 지극해 카우베리 강물로 변했고, 그래서 강물이 모든 죄를 깨끗이 씻어 준다고 한다. 신성한 갠지스 강도 땅속에서 카우베리 강과 연결되어 정화의 기운을 전달받는다고 한다.

사람들은 카우베리 강을 닥신 간지 Dakshin Gange(남쪽의 갠지스) 라고 불렀다. 이 강 덕분에 삼각주는 남인도에서 인구가 가장 많고 부유한 지역이 되었다. 카우베리 강은 정신의 정화소이며 농사의 근원이었다. 아침마다 물을 긷고 목욕하는 곳이며, 허리에 흰 도티 dhoti 를 차고 터번 turban을 두른 남자들이 가축을 끌고 물을 먹이는 곳이었다. 그리고 여자들이 무릎 깊이 정도 물 속에 서서 무명이나 비단 리본을 흐르는 물에 담갔다 물에 씻긴 바위에 젖은 천 뭉치를 느리게 내리치는 곳이었다.

사랑가파니 사니디 가

1887년 가을, 열아홉 살의 코말라타말 Komalatammal은 첫아이를 출산하려고 240킬로미터 상류에 있는 친정 에로데 Erode로 갔다. 1만 5,000명의 주민이 사는 에로데는 마드라스에서 남서쪽으로 400킬로미터 떨어진 카우베리의 지류 바바니 Bhavani 강과 합류하는 곳에 있었다.

그 곳에서 인도의 월력 마르가시르샤 Margasirsha의 아흐렛날, 1887년 12월 22일 목요일 해가 질 무렵 코말라타말과 남편 스리니바사는 첫 아들을 얻었다. 열하루가 지나, 관습에 따라 아이의 정식 이름을 지었다. 그리고 돌이 지나자 스리니바사 라마누잔 이엔가르 Srinivasa Ramanujan Iyengar는 어머니와 함께 쿰바코남으로 돌아왔다.

〈스리니바사〉는 아버지의 이름을 딴 것으로, 이러한 작명은 흔하지 않아 보통 〈S〉로 줄여 썼다. 그리고 〈이엔가르〉는 인도의 사회 계급인 카스트 caste를 따르는 것으로, 그의 가족이 속하는 남인도 브라만 계급의 특정 부류를 일컫는 것이다. 그러니까 하나는 아버지 이름이고 다른 하나는 계급 이름이므로, 〈라마누잔〉만이 자신의 이름이었다. 어머니는 그를 치나스와미 Chinnaswami, 즉 〈소공자님〉이라고 부르기도 했다.

라마누잔의 어머니, 코말라타말은 근처 사원의 성가대 대원이었다. 성가대 수익의 반은 사원에서 갖고 나머지 반은 대원들이 가졌다. 한 달에 20루피 정도밖에 못 버는 남편의 수입을 생각하면 5루피나 10루피는 대단히 큰 금액이어서 성가 연습은 빠뜨릴 수 없는 것이었다.

그런데 1899년 12월, 그녀가 사나흘을 계속 결석했다. 성가단장은 궁금해서 코말라타말의 집을 찾아갔다.

대문 근처에 먹구슬 나뭇잎이 쌓여 있는 것을 보았다. 누가 마마를 앓고 있다는 표시였다. 안으로 들어서자, 먹구슬 나뭇잎으로 만든 침대에 누운 조그맣고 검은 물체가 보였다. 나뭇잎에 심황가루를 탄 물을 적셔 마마를 앓고 있는 두 살 난 라마누잔을 부드럽게 닦아주는 코말라타말의 입에서는 성가가 쉴새없이 울려 나왔다.

라마누잔은 이때 앓았던 마마 자국을 평생 지니게 되었지만, 나았다는 것은 행운이었다. 그 시절 탄조레 지방에서는 마마 때문에 1년에 4,000명이 죽었다. 예방 접종을 받은 사람은 다섯에 하나도 안 되었다. 라마누잔이 열 살 때는 콜레라로 1만 5,000명이 죽었다. 아이들 열 명 중 서넛이 돌 전에 죽었다.

라마누잔의 세 동생도 태어난 지 얼마 안 되어 죽었다. 훨씬 뒤에 태어난 동생 둘만 살았는데, 라마누잔이 열 살 되던 1898년 태어난 라크슈미 나라시만 Lakshmi Narasimhan과 열일곱 살 때 태어난 티루나라야난 Tirunarayanan이었다. 그래서 동생들과의 긴 터울이 라마누잔을 외아들처럼 자라게 했다.

일곱 살 때 나병으로 고생하던 할아버지가 돌아가실 즈음까지 라마누잔은 가려움과 병수발의 소란스러움에서 벗어날 수 없었다. 그는 스트레스에 극단적이고 예상 밖으로 반응하는 경우가 많았다. 사실 라마누잔은 예민하고 고집 세며, 어른으로 말하면 기인이었다. 에로데에 머물던 유아 시절에는 사원에서만 음식을 먹으려 했다. 쿰바코남에서는 집에 있는 놋쇠 그릇들을 몽땅 벽에 한 줄로 늘어놓고, 먹을 것을 주지 않으면 바닥에서 뒹굴었다고 한다.

그는 세 살까지 말을 못했다. 아마 생각이 너무 많아 그랬을까? 그는 무척이나 고집 센 아이였다. 코말라타말은 말문이 터지지 않는 아들을 걱정하다가 마드라스 근처 칸치푸람 Kanchipuram에서 살고 있는 친정 아버지에게 데려갔다. 외할아버지는 라마누잔에게 아크샤라 아비아삼 Akshara Abhyasam이라는 종교 의식을 치르게 했다. 외할아버지는 쌀을 두껍게 쏟아 놓은 마루 위에 그를 세워 놓고 타밀 Tamil 사람들이 말하는 대로 따라하게 했다.

이 의식 덕분인지 라마누잔의 말이 트이고 12개 모음과 18개 자음, 그리고 216개의 자음과 모음이 결합된 타밀 알파벳을 배우기 시작했다. 1892년 10월 1일, 고대 베다 성가 반주에 맞추어 비자야타사미 Vijayathasami라는 전통적인 학교가 문을 여는 날, 라마누잔은 지방의 피알 pial 학교에 등록했다. 피알은 남인도의 가옥 정면에 있는 작은 현관을 말하는데, 이곳에서 한 선생님 밑에 예닐곱 명의 학생들이 공부를 했다.

그러나 다섯 살 난 라마누잔에게 선생님과의 수업은 싫은 일이었다. 어렸을 때부터 자기 중심적인 그는 자기만의 시간에 자기만의 일을 하지 않으면 아무것도 할 수 없었다. 라마누잔에게 학교란 지식의 열쇠가 아니라 족쇄였다.

〈세상에서 맨 처음 사람은 누구였을까? 구름 사이는 얼마나 될까?〉 조용하고 명상적인 라마누잔은 그런 질문을 좋아했다. 혼자 있기를 좋아했고, 덩달아 부모도 친구가 밖에서 불러도 나가지 말라고 일렀다. 그래서 거리가 보이는 창문으로 친구와 이야기하곤 했다. 어린 라마누잔은 운동에 전혀 흥미가 없었다. 사람들이 비만이란 용어도 모르고, 사람이나 짐승에 뼈가 드러나 보이던 시절에, 그는 엄청나게 살찐 사람이었다.

대략 2년 남짓 라마누잔은 이 학교 저 학교로 옮겨 다녔다. 칸치푸람과 쿰바코남의 초등학교를 돌아다니다가 외할아버지가 돌아가신 후 마드라스의 외갓집으로 옮겼다가 6개월 후 1895년 중반에 쿰바코남으로 돌아왔다.

쿰바코남 근처 사람들 대부분은 농부였다. 그들은 땅에 의지하며 하늘을 보고 살았다. 그러나 쿰바코남 자체는 도시였다. 이 도시는 땅에 구속되지 않았다. 그 곳에서 살고 있는 사람들의 세계는 훨씬 넓었고 그들의 노동도 두뇌 작업이 주였다. 라마누잔이 자라던 당시의 인구 조사를 보면 마드라스의 전문인 구성 비율이 다른 곳보다 높다. 특히 수공업이 번성했다. 600명으로 추산되는 쿰바코남의 수공업자들은 구리나 은, 놋쇠로 힌두교 신상들을 만들었다. 또 다른 특산품은 작은 베틀에서 만든 비단 사리였다. 쿰바코남과 이웃 도시 탄조레는 눈부시게 밝은 색깔과 은으로 수를 놓고 금수술을 단 비단 사리로 유명했다. 쿰바코남에서 만든 사리의 가격은 가난한 가정 1년 수입보다 많은 1,000루피 정도였다. 풍부한 수확은 사람들을 델타 지역으로 몰리게 했고, 부유한 농민들에게 딸의 혼사는 열두 개 이상의 사리를 사는 것을 의미했다.

라마누잔의 아버지 스리니바사 이옌가르 Srinivasa Iyengar는, 라마누잔이 태어났을 때 스물네 살로, 아내보다 다섯 살 많았다. 그는 자신의 아버지 쿠푸스와미 Kupuswamy처럼 상점 점원이었다. 평생 고객의 시중을 들고, 주문을 받고, 판에 박힌 사무를 보고, 가까운 마을을 찾아가 수금을 하는 일이 점원들의 생활이었다. 때때로 사업을 하거나, 상점을 차려 독립해 나가기도 했지만 그런 사람들에게는 특별한 추진력이나 사업가 기질이 필요했다. 물론 스리니바사는 직물을 감정하는 데 능숙하였고 주인에게 신임을 받았다. 그것으로 족했다. 더 좋은 일거리가 있어도 동요하지 않았다. 아침 8시에 나가 어두워진 한참 후에야 집에 왔다(적도 근처라 6시쯤이면 어둠이 깔린다). 결혼은 행운이 깃들인 달에 몰리기 때문에 사업은 계절을 타는 일이 많아서 점원들은 오랜 기간 할 일이 없었다.

그렇지만 그는 날마다 상점에 나가 있어서 거의 집을 비웠다. 인도 사회에서 아버지는 집안에서의 역할이 거의 없고, 아이들과의 관계도 형식적인 모습으로 나타난다. 라마누잔은 아버지를 거의 볼 수 없었고 아버지의 이름은 가족 명부에도 올라 있지 않았다. 그는 코말라타말에 비해 아들에게 영향을 거의 주지 않았다.

뒤에 라마누잔이 영국에 있을 때 그는 아버지 편지에는 집안을 돌보고 배수구가 넘치지 않도록 하시라고 짧게 그친 데 반해, 어머니에게는 제1차 세계대전의 시작을 비롯해 유럽에서 벌어지는 큰 전투에서 싸우는 병사들의 숫자, 전장의 크기, 전투에서 비행기를 사용하고, 인도 귀족들이 영국의 전쟁을 원조한다는 소문 등 세부적인 내용까지 자세히 적었다.

그는 그런 사건들이 어머니의 흥미를 끈다는 것을 알고 있었다. 둘은 서로를 깊이 이해하고 있었다. 말에서 느껴지는 뉘앙스, 또 지적인 친구를 좋아하는 것이나 서로 느끼는 감정까지 공유하고 있었다.

라마누잔과 많이 닮은 코말라타말의 인상은 〈빈틈없고 교양 있는 여성〉이라는 느낌을 떠올리게 한다. 어머니 집안은 고대 왕족의 신임을 받던 산스크리트 학자 가문이었다. 외할아버지 나라야나 이옌가르Narayana Iyengar는 에로데 지방 법원에서 증인을 소환하고 법정 기록을 정리하며 변호사와 의견을 조율하는 아민Amin이라는 직책을 맡고 있었다. 라마누잔이 네 살 되던 무렵, 외할아버지는 상관의 눈 밖에 나 직장을 잃었다. 그래서 외할아버지와 외할머니 랑가말Rangammal은 마드라스 근교의 사원 도시 쿰바코남으로 이사하여 사원 근처에서 촐트리choultry라는 혼례식장 겸 순례자들이 묵는 여관을 운영했다.

라마누잔의 어머니 코말라타말은 강렬할 뿐 아니라 강박 관념을 지닌 여자로, 흥미를 끄는 것에 부끄럼 없이 강력한 성격을 드러냈다. 그가 자라는 동안 어머니의 관심사는 온통 아들 치나스와미를 향했다. 인도에서 어머니와 아들의 강력한 유대는 전설적인 것이다. 라마누잔과 어머니의 관계는 정말로 밀접했다. 코말라타말은 아들에게 요구르트, 밥, 특히 좋아하는 절인 과일과 채소, 콩 수프를 먹이며 키웠다. 어머니는 아들 머리를 빗겨 전통적인 모양으로 땋고 가끔 꽃을 꽂아 주기도 했다. 그러고는 도티(타밀어로는 Veshi)를 묶어 주고, 분으로 된 카스트의 상징 나맘namam을 붙여 주었다. 그녀는 아들을 학교까지 바래다 주었다. 등교하기 전에 라마누잔은 존경과 축복을 확인하는 인도의 전통적인 표시로 어머니의 발을 만지곤 했다. 코말라타말은 아들이 친구를 사귀거나, 시간을 보내는 등의 일을 결정하고 감독했다. 라마누잔이 학교에서 정당한 대우를 받지 못한다고 생각하면, 교장실로 달려가 항의했다. 아들이 결혼을 해야 할 나이가 되었다고 생각하자, 아들의 배우자를 찾고 결혼식 준비를 했다. 모든 문제에서 남편과 상의하는 것은 번거로운 일이었다.

어머니는 막대한 정력을 영적 삶에 쏟았다. 힌두 가족에서 여자는 남자보다 더 경건하고, 전통을 보전하는 데에도 더 면밀하다. 어머니의 가족도 그랬다. 외할머니는 신과 함께 하는 최면적 몽환의 경지에 이르렀다고 했다. 그리고 라마누잔의 가족도 그랬다. 코말라타말은 집에서 매우 경건한 기도회를 갖고 사원에서 노래를 하고 점성술과 수상학을 연구했다. 그들의 가족 신 나마칼 Namakkal의 나마기리 Namagiri 여신의 이름이 입에서 떠나지 않았다. 친지 가운데 한 분은 어머니를 가리켜 〈영적 능력과 놀라운 상상력을 지닌 탁월한 재능의 여성〉이라고 평가했다. 그녀는 놀라울 정도로 많은 종류의 신화와 고대 「마하바라타 Mahabharata」와 「라마야나 Ramayana」에서부터 최근의 「비크라마디티아 Vikramaditya」에 대한 전설까지 이야기하곤 했다. 이야기 중간 휴식 시간에도 나마기리에게 기도하는 중얼거림이 계속되곤 했다.

라마누잔은 어머니로부터 인도의 전통과 카스트의 교리, 그리고 인도 신화의 성시인 푸라나 purana를 배웠다. 그는 사원에서 찬양과 푸자 puja라는 기도를 올렸으며, 헌신과 음식 가리는 법, 나쁜 짓에 대한 금기 등 훌륭한 브라만 소년이 되기 위해 해야 할 일과 하지 말아야 할 일을 배웠다.

소년 시절의 브라만

수천 년 동안 브라만들은 학자이자 교사였고, 인도인들의 지도자였다. 이들은 앞머리를 깎아 대머리 같은 이마에 두드러지게 보이는 계급 표지를 하고, 머리칼은 말총처럼 뒤로 묶었다. 가슴에 얇고 흰 털이 난 브라만들을 쿰바코남 시내와 사원에서 매일 볼 수 있었다. 쿰바코남은 전통적으로 힌두교 최고 성직 계급인 브라만의 기반을 이루었다.

남인도 인구의 약 4퍼센트를 차지하는 브라만들은 인도인들이 가장 존경하고 숭배하는 대상이었다. 적어도 영국 통치 이전의 인도에서 부유한 사람들은 브라만들에게 땅과 집, 황금을 후원하여 종교적 업적도 남기고 죄의 사함도 받았다. 브라만들은 사원 성직자, 천문학자, 교사, 지도자였으며, 인도 카스트 제도에서 가장 높은 신분을 차지하고, 혼례식과 장례식에 반드시 필요한 존재였다.

이 시대 영국 작가들이 쓴 인도에 관한 책들은, 전생에 지은 죄로 낮은 신분에 처해지는 벌을 당하는 남녀의 모습처럼, 계급 제도의 공포를 이용해 독자의 흥미를 끈다. 이러한 기록에는 최고 지위의 브라만, 전사인 크샤트리아, 상인이나 무역업자인 바이샤, 그리고 천한 신분의 수드라 등 네 가지 계급이 있었다. 제5그룹인 불촉 천민은 아예 이 계급 제도에 들지 못한다. 세번째 계급까지는 환생을 약속하는 신성한 실로 짠 옷을 입을 자격이 있다. 수드라는 사원 출입이 불가능하나 허락되는 경우도 있다. 그러나 불촉 천민은 사원 출입이 절대 금지되었다. 마을 우물에서 물을 길을 수도 없고, 정화의 의식을 행하기 전까지는 브라만이 다니는 길에 그림자조차 얼씬 할 수 없다.

3세기경 산스크리트어로 만들어진 마누 경전에서 처음으로 정했던 계급법의 분류는 남인도에서 그다지 적용되지 않았다. 왜냐하면 남인도에서는 크샤트리아가 별로 나타나지 않았기 때문이다. 더구나 이 기본 카스트로는 수천 개의 하부 계급들을 전부 나타낼 수 없었다. 그래서 대부분이 직업에 근거를 두었고 하부 계급으로 농부, 이발사, 직조공, 목수 등이 있었다.

브라만에서 네 명의 힌두 신, 즉 브라마, 비슈누 Vishnu, 시바 Siva, 바이슈나비테 Vaishnavite 가운데 비슈누는 특별한 신앙으로 독립해 나왔다.

모든 힌두인은 영혼의 재생과 업보를 믿었으며, 위대한 인도의 서사시를 듣고, 특정한 감각과 가치와 신념을 공유했다. 그러나 바이슈나비테 브라만들은 시바 신을 믿는 샤이비테Shaivite 브라만들과의 결혼이 금지되어 있었다.

라마누잔은 이마에 붉은색 수직 사선이 수놓인 U자 모양의 나맘이라는 넓은 흰색 표시를 했다. 브라만은 브라만끼리만 식사하며, 브라만에게만 접대 받을 수 있다. 도시에서는 브라만 요리사를 고용하는 식당과 호텔들이 그 사실을 광고하곤 했다. 집에서 멀리 나간 브라만은 먹을 음식 재료를 세밀히 확인했다. 멀리 신전에 순례하는 브라만 가족은 생면부지의 사람이 준비한 음식 대신 길가에 앉아 자신들이 가져온 음식을 먹었다.

대부분 브라만 남자의 음식은 아내가 준비해 준다. 그러나 결코 아내와 함께 음식을 먹지 않는다. 여인들은 남편과 자식의 식사를 은이나 구리, 청동 그릇에 담아 주고(자기는 깨끗하지 않다고 사용하지 않는다), 식사하는 동안 주위에서 시중을 든다. 남자들이 여자들에게 신경 쓰지 않고 식사를 마친 후 일어서면, 여자들은 그제야 부엌으로 가 남은 음식을 먹는다.

라마누잔은 바닥에 앉아 둥근 금속 접시 또는 종이 접시처럼 바나나 잎사귀에 음식을 담아 손으로 먹었다. 라마누잔을 비롯한 남인도 사람들에게 손가락으로 음식을 먹는 것은 보통이었다. 방석만한 바나나 잎사귀 가운데 밥을 담고, 그 둘레에 망고나 양파, 오렌지와 같이 갓 따낸 열매 약간에 야채, 과일 처트니, 삼바, 감자와 버무린 콩으로 만든 수프, 그리고 요구르트를 놓았다. 때로는 그중 몇 가지만 있을 수도 있고, 가끔 축제 음식 같은 경우엔 수십 가지가 놓이기도 했다. 라마누잔은 오른손으로 밥과 음식을 섞어 엄지와 네 손가락을 집게처럼 사용해 음식물을 동그랗게 한 다음 입에 넣었다.

남인도 요리는 맛이 강했지만, 맛도 있고 영양도 있었다. 카레로 만든 요리는 톡 쏘는 날카로운 맛을 내고 다른 것들은 미칠 만큼 달콤했다. 밥과 요구르트는 영양도 있을 뿐더러 입안의 음식을 부드럽고 순하게 한다. 코코넛과 바나나는 망고, 구아바와 함께 인도인의 주된 과일이었다.

따라서 라마누잔이 결코 고기를 먹지 않았던 것은 고통스런 자기 부정이 절대 아니었다. 사실 모든 브라만들은 엄격한 채식주의자이다. 라마누잔에게 고기가 〈금지된〉 것이라는 주장은 틀린 것이다. 금지할 필요가 없었고, 이것은 정통 유대인이나 회교도에게 돼지고기를 먹지 말아야 할 이유를 말할 필요가 없는 것과 같다. 단지 해서는 안 되는 것이다. 다른 사람은 고기를 먹고, 그는 먹지 않는다. 그는 고기는 생각도 하지 않았다. 그의 친구 가운데는 붉은색을 띠는 사탕무 뿌리조차 피를 연상시킨다고 먹지 않는 사람도 있었다.

라마누잔은 브라만 생활에서 해야 할 일과 하지 말아야 할 일들을 걸음마나 말을 배우듯이 자연스럽게 받아들였다. 아이는 자기 몸을 청결히 해야 할 책임이 있다는 걸 배우면서, 또한 최하층 계급의 사람과 접촉할 때 생기는 보이지 않는 오염을 피하는 것도 중요하다는 점을 배우게 된다. 만약 하층 계급 사람과 접촉하는 일이 생기면, 어머니나 할머니는 배설물을 만진 것처럼 무의식적으로도 역겨워지도록 아이를 씻기고 옷을 갈아 입혔다.

매일 아침 인도 남자들은 정성스럽게 청결 의식을 행한다. 왼손은 물로 자신을 씻는 데만 사용한다. 이들은 카우베리 강과 같은 신성한 강에서 목욕했는데, 귀와 눈, 콧구멍을 특히 청결히 했다. 물을 마실 때에도 컵을 입에 대지 않고 물을 입 안에 부어 넣었다. 식사 후 일어나 자리를 뜰 때는 의식을 하듯이 손에 물을 부었다. 서구에서 온 방문객들은 현대적 위생 시설이 없어 불결하다고 생각하겠지만, 정통 브라만들에게는 누구에게서도 볼 수 없는 힌두 생활의 꼼꼼함이 배어 있다.

비록 때로는 오만하다고 비난받지만, 자신들은 가장 가난한 사람조차 다른 사람들에 비해 더 깨끗하고 순수하다는 생각, 교육을 가장 적게 받은 자라도 성스러운 힌두교 경전의 고대 산스크리트어를 어느 정도 안다는 것, 차이점을 인정받고 다른 사람들에게 존경을 받는다는 것, 교육적으로나 전문적 직업에서 그들이 두각을 나타냈다는 점에 대해 브라만들은 자긍심을 지니고 있다. 이 모든 것은 그들에게 거의 보편적인 생각, 즉 브라만들은 〈선택〉받은 사람들이라는 생각에 기여했으며 라마누잔도 이런 생각을 공유하는 데 예외가 아니었다.

평가할 수 없는 사람

인도에는 브라만 가운데 산야시 sanyasi(힌두교의 탁발승), 즉 정신을 위해 세속적 이익을 포기하고 돌아다니는 거지를 실패한 사람이라고 생각하지 않는 전통이 있다. 발가벗고 다니는 고행은 브라만 문화에 팽배해 있었다. 산스크리트 학자 다니엘 인갈스 Daniel Ingalls는 수필에서 〈몇 세기 동안 인도 상류층에게 브라만 전통과 금욕주의, 신비주의는 서구 르네상스 시기의 부르주아 예술과 같은 것이었다〉라고 했다. 진심이든 아니든, 사람들은 브라만들에게 최소한 입에 발린 소리라도 해주었고, 존경하는 모습을 보여 왔다.

이 전통은 지나치게 세속적인 성공을 쫓는 욕심을 자제하게 하고, 정신과 영혼이 풍요한 삶을 찬양하게 했다. 부유한 브라만 가정일지라도 맨바닥에 허름한 가구만 들여놓은, 소박하고 검소한 집에 살기도 한다. 〈소박한 생활과 고매한 생각〉은 남인도 브라만의 전통으로 자리 잡았다.

그러나 라마누잔이 성장하는 동안 상황은 변하고 있었다. 브라만은 여전히 인도 세계의 승려이고 교사이며, 논리학자, 시인, 산스크리트 학자였다. 그러나 이제 옛날의 묵상하던 경향은 영적인 것에서 세속적인 것으로 변질되었다. 그 즈음 유럽과 아메리카의 유대인(100여

년이 지난 후 남인도 브라만은 자신을 으레 그들과 비교한다)처럼 그들은 직업적으로 변하고 있었다.

라마누잔 출생 후 실시된 인구 조사에 따르면 남인도의 남자 브라만 60만 명 중 15퍼센트 정도가 공무원, 전문 지식인 등 소수 전문 분야를 차지했다. 그들은 이미 대학 교육 계층을 주도하고 있었고, 1914년까지 한 세대 만에 마드라스 대학 650명의 졸업생 중에서 인구비에 비해 열 배가 넘는 452명 이상이 브라만인 것으로 조사되었다. 무역상, 변호사 등 기존의 중산층은 전통적으로 그들 나름대로의 다른 카스트였다. 그러나 영국은 브로커와 중개상, 교사, 공무원, 기자, 작가, 정부 서기 등의 새로운 중산층을 만들어 냈다. 그리고 이제 이런 자리를 브라만이 채우기 시작했다.

브라만의 문화가 깊이 스며든 쿰바코남에서, 성인 남자 다섯 명 가운데 한 명이 읽고 쓸 수 있었다. 아마 지방 중심지 탄조레와 마드라스를 제외하고는 남인도의 어느 지역보다 많은 수치였을 것이다. 쿰바코남의 브라만은 철학과 지적 탐구에 도취했고, 정신 노동을 좋아했다. 라마누잔의 부모는 가난에 쪼들리지 않던 시절 중산층의 하부에 속해 있었는데, 모국어인 타밀어에는 문맹이면서도 영어를 읽고 쓸 수 있었다. 친구들은 대부분 부유한 집안 출신으로서 법률가나 기술자, 정부 서기직으로의 진출이 예정되어 있었다.

그런 과정에서 그들은 공통적인 경력, 즉 진로가 언제나 영어를 사용한다는 공통성을 지니게 된 것이다.

라마누잔의 모국어는 말라얄람 Malayalam과 카나레세 Canarese, 음악처럼 들리는 텔루구 Telugu 등을 포함하는 드라비다 어족인 타밀어이다. 유럽 학자들은 타밀어를 명확하고 논리적인 언어라고 격찬했고, 혹자는 〈법률가와 문법가가 만든 언어〉라고 일컬었다. 타밀어의 역사는 기원전 5세기까지 거슬러 올라가며 북부의 힌두어와 구별될 뿐 아니라 자체의 풍부한 문학을 간직하고 있다. 타밀어로 지어진 고대 그리스를 회상하게 하는 시가는 유명하다. 타밀어는 거의 2,000만

명의 인구가 사용하는 언어였다.

그러나 1900년대 초 인도에서는 지금처럼 영어가 우세했다. 영어는 통치자들의 언어였고, 정부의 체제를 움직였다. 그것은 열 개 이상의 서로 다른 언어를 사용하는 인도인들이 서로 이해하지 못할 때 바꾸어 말하는 프랑크어(이탈리아어, 프랑스어, 그리스어, 스페인어의 혼합어)와 같은 것이었다. 물론 전체적으로 인도인 가운데 영어를 할 수 있는 사람은 적었다. 1911년 당시 상대적으로 잘 교육받은 타밀 브라만들조차 단지 11퍼센트만이 영어를 읽고 쓸 수 있었다. 그래서 영어 회화와 독해가 가능한 사람은, 수요와 공급의 법칙에 따라 고속 승진이 보장되었다. 사무원으로서 영어를 아는 척 흉내만 낼 줄 알아도 얼마간의 임금을 받을 수 있었다. 그것은 직업을 얻는 면허증이었다.

라마누잔은 일찍이 칸가얀 초등학교 시절부터 영어를 공부했고, 열 살 되던 1897년 11월에는 영어, 타밀어, 산수, 지리학 시험을 그 지역에서 수석으로 통과했다. 이듬해 1월에는 영어 고등학교인 타운 하이 Town High에 입학했다.

타운 하이는 시내 중심부로 통하는 큰길 가에 건물 두 채를 마련해 1864년 개교했다. 몇 년 뒤 지방 대학이 하급 학년을 받아들이지 않자, 시민들이 서둘러 타운 하이를 확장하여 비어 있는 학문적 공백을 채우고자 했다. 옛 건물을 헐고 현 위치에 새 건물을 계획했다. 그러자 학교 운영위원회의 원로 탐부스와미 무달리아르 Thambuswami Mudaliar는 차라리 새로 시작하는 것이 낫다고 주장하고, 바나나 농장이던 좋은 땅 7에이커(8,500여 평)를 새 부지로 내놓았다.

라마누잔이 다니던 시절, 교장은 크리슈나스와미 이예르 S. Krishnaswami Iyer였다. 근엄한 얼굴의 이 교장은 22년간 재직했는데, 수업 시간에 예고 없이 순시하기를 좋아했다. 그의 지팡이 소리에 교사와 학생들은 긴장했다. 때로는 교실로 들어와 학생들에게 질문을 하거나 나머지 수업을 했다. 그가 그레이 Grey의 〈이튼 대학 Eton College〉의 애기를 할 때 학생들은 이 조그만 타운 하이가 이튼이며, 교정을 지나는 농수로는 템스 강이라고 생각하기도 했다.

라마누잔의 집에서 걸어서 5분 정도 거리의 이 학교는 쿰바코남 최고의 수재들을 대학과 사회에 배출했다. 이 학교는 6년 동안 라마누잔을 키웠을 뿐 아니라, 그에게 학문적으로 만족스러운 경험을 제공한 곳이었다.

모든 소년들이 장차 큰 인물이 될 만큼 영특했지만, 그중에서도 라마누잔의 재능은 일찍부터 두드러졌다. 그는 열 살에 타운 하이 1학년에 입학했다. 그리고 2학년 때는 급우들이 그에게 수학 문제를 도와달라고 부탁하곤 했다.

3학년이 되었을 때, 그는 선생님에게 도전할 정도가 되었다. 어느 날 수학 선생님이 어떤 것이라도 자신과 나누면 1이라고 했다. 과일 세 개를 세 사람이 나누면 각자 하나씩 갖는다. 과일 1,000개를 1,000명의 사람이 나누면 각자 하나씩이다. 그러자 라마누잔이 큰소리로 〈그러면 0을 0으로 나눈 것도 1입니까? 0개의 과일을 0명의 사람이 나누면 각자 하나씩 가집니까?〉라고 물었다.

라마누잔의 가족은 언제나 돈이 궁하여 때때로 하숙을 들였다. 그가 열한 살쯤 되었을 때 두 명의 브라만 청년이 있었는데, 이들 중 한 명은 이웃 트리치노폴리 구 Trichinopoly district에서, 또 한 명은 남쪽 멀리 티루넬벨리 Tirunelveli에서 유학 와 근처 대학에 다녔다. 그들은 라마누잔이 수학에 관심 있다는 것을 알고, 알고 있는 수학 지식을 가르쳐 주었다. 몇 달 안 가 그는 그들의 지식을 전부 익히고, 대학 도서관에서 수학 책을 빌려다 달라고 졸랐다. 그들이 가져다 준 책 중에는 남인도 대학에서 인기를 끈 1893년판 로니 S. L. Loney의 영어 교재『삼각법 Trigonometry』이 있었다. 이 책은 실제로 훨씬 수준이 높았는데, 라마누잔은 열세 살 무렵 이 책을 독파했다.

라마누잔은 더 나이 든 소년에게서 3차 방정식 해법을 배웠다. 그는 학교에서 가르치는 직각삼각형의 변들의 비를 이용하지 않고, 무한급수를 포함하는 훨씬 복잡한 개념의 삼각함수를 이해하기 시작했다. 그는 고급 수학에 자주 나오는 〈초월수〉 π와 e의 값을 소수 몇 자리까지 말했다. 시험을 치르면 제한 시간 반 만에 끝냈다. 두 살 위의 급우들은 어려운 문제가 나오면 그에게 건네주고 그가 단숨에 풀어내는 것을 지켜보기만 하면 되었다. 타운 하이 고학년 수학 교사 가나파티 수비에르Ganapathi Subbier는 종종 골치 아픈 문제에 부딪치면 라마누잔에게 맡겼다.

라마누잔이 4학년인 열네 살이 되었을 때, 급우들은 그를 대화를 나눌 수 없는 구름 속에 있는 사람이라고 생각했다. 반세기가 지난 후 한 친구는 이렇게 기억했다. 〈선생님을 비롯해 우리는 그를 거의 이해할 수 없었다.〉 어떤 교사들은 그의 재능 앞에 불편했을 것이다.

학교에 다니는 동안 내내 그에게는 공로상과 우수상으로 주는 영시집이 끊이지 않았다. 1904년 라마누잔이 란가나타 라오 K. Ranganatha Rao 수학상을 수상할 때, 크리슈나스와미 이예르 교장은 그를 최고점보다 더 높은 점수를 받아야 할 학생이라고 소개했다.

A$^+$나 100점으로는 라마누잔을 평가할 수 없었다. 그는 평가의 범위를 벗어난 사람이었다.

그렇지만 학교에 다니는 대부분의 시간 동안 라마누잔의 생활은 불안한 균형을 유지하고 있었다. 우수한 성적으로 졸업과 동시에 장학금을 받고 도시의 다른 끝에 있는 국립대학에 입학할 수 있었던 그는 학문적 성과와 직장, 결혼을 눈앞에 두고 있었다.

그러나 너무나 빨리, 그 불안한 균형이 무너지고 말았다. 라마누잔은 자신의 생애를 지배할 지적 열망과 격렬하고 굽힘 없는, 긴장감 넘치는 새롭고 동요하는 세계로 끌려가고 있었다. 라마누잔의 이성적이고 논리적인 내면 저편에는 그의 서양 친구들이 이해하지 못할 직감적이고 비이성적인 기질이 숨어 있었다. 그는 이것으로 편안함을 느꼈고, 기꺼이 그 속에 자신을 내맡기곤 했다.

나마칼 여신

어둠에 익숙해지는 데에는 서너 분 정도 걸렸다. 사랑가파니 Saran-gapani 사원의 홀 외곽 지역은 밝은 태양이 비치는 밖과 대비되어 어두워 보였다. 측면에서 스며드는 빛이 홀에 촘촘히 서 있는 기둥에 정교하게 조각된 사자들에게 부드러운 입체감을 주었다.

빛으로부터 조금 떨어진 기둥 사이의 으슥한 곳은 박쥐의 둥지가 되었다. 라마누잔은 가끔 빠르고 사납게 날개 치는 소리를 들었다. 어떤 때는 박쥐가 천장에 매달려 찍찍거리다가 갑자기 퍼덕거리며 날아가기도 했다.

사람의 시선이나 움직임을 위로만 끌어올리는 서구 교회와는 달리, 여기에서는 사람들의 경건한 마음을 안으로 끌어당겼다. 사원의 높은 돌담 안에는 하늘이 열린 넓은 뜰이 있고 뜰 안에는 지붕 덮인 곳도 있었다. 더 들어가면 말과 코끼리가 끄는, 지름이 몇 미터나 되는 커다란 바퀴가 달린 거대한 마차 조각이 있다. 밤낮으로 등불이 켜져 있는 검은 석실은 〈영원〉을 상징하는 여러 개의 머리를 가진 뱀들 사이에서 주신(主神) 비슈누 신이 있는 지성소이다.

사원 안쪽은 작고 밝은 성화와 진언 가락, 2급 신들에게 바쳐진 작은 신전들과 검게 그을린 벽에서 흘러나오는 향 냄새 사이로 작고 밝은 성화의 불빛이 흔들리고 있었다. 중앙 신전에 가까이 갈수록 더 신비하고, 점점 작아지면서 어두워졌다. 사원 담장 너머 소란스러운 거리에서 보면 대규모 관광에 적당한 장소로 보이지만, 몇 세기 동안 웃통 벗은 브라만 사제들이 드린 의식으로 검게 그을린 돌집 안은 한 인간과 그의 신들을 위한 자리였다.

기원전 1350년 나야크 Nayak 왕이 세운 이 사원의 입구에는, 복잡하게 조각된 상들로 사다리꼴을 이룬 12층의 탑 고푸람 gopuram이 위용을 자랑하며 서 있다. 바닥은 너비가 27미터이고, 높이는 45미터에 이른다. 너무나 높아 꼭대기에 있는 조각들은 알아보기 힘들다.

옷을 입거나 발가벗은 상도 있고, 앉거나 서 있는 상, 사람 모양과 동물 모양, 현실적인 상과 완전히 비현실적인 상도 있다. 춤추고 있는 상, 말을 타고 있는 상, 사랑을 나누고 있는 상, 악기를 타고 있는 상 등 인간 행동이 밀도 있게 돌로 재현되어 있다.

사원을 보며 자란 라마누잔에게 이들은 단순한 이미지가 아니었다. 모두가 어렸을 때부터 어머니의 무릎에서 들은 장면과 이야기, 「라마야나」와 「마하바라타」와 같은 웅장한 서사시 이야기, 교화와 즐거움을 의미하는 이야기 등의 전설이었다. 인도 아이들은 누구나 어린 시절의 크리슈나 Krishna에 대해 배웠다(그가 여인들이 목욕하는 곳에서 사리를 훔쳐 나무 위로 도망가면 여인들은 돌려 달라고 간절히 애원했다고 한다). 전설의 나무에 앉아 있는 크리슈나를 보려면 고개를 들어 고푸람의 벽을 올려다보아야 했다.

라마누잔은 축제 때나, 기도할 때, 또는 그냥 시간을 보내려고 가족과 같이, 아니면 혼자서 늘 사원에 갔다. 그는 실질적으로 그 그늘 아래에서 성장했다. 조그만 집을 나서, 고개만 돌리면 그 큰 모습을 그릴 정도로 위대한 고푸람이 가까이 보였다. 실제로 그가 살고 있는 거리 이름이 사원 이름이었다. 〈사랑가파니 사니디 가 Sarangapani Sannidhi Street.〉 사니디는 입구, 또는 행진하는 길이라는 뜻이다.

사원 안에서 특별히 조용해야 할 필요는 없었다. 라마누잔에게는 그 곳에서 이야기를 나누는 것이 더 자연스러웠다. 사원 밖 인도 곳곳에서는 거친 삶으로 아우성이었지만, 사원 안은 조용함과 적막함, 그리고 평온함의 돌로 된 오아시스 같은 느낌이 가득했다.

라마누잔은 기둥에 감춰진 서늘함을 즐기러 이곳에 오곤 했다. 가족과 떨어져 밖의 뜨거운 태양으로부터 보호를 받으며, 한낮에 이곳에서 수학 낙서장을 팔에 괸 채 잠들곤 했다. 주위의 석판은 분필로 뒤덮여 있었다.

열두 개 이상의 주요 사원들이 시내나 근처 마을에 흩어져 있었고, 이들 중 일부는 시바 신을, 일부는 비슈누 신을 숭배했다. 각각 유명한 고푸람, 기둥이 있는 홀, 어두운 내부 성소, 그리고 커다란 정화 의식 수조가 있었다. 도시는 신성함을 내뿜고 있었다. 그것은 영적이고 신비적이며 형이상학적인 것들이 삶의 가장자리에 있지 않고 오히려 그 중심 가까이에 놓인 세계였다.

라마누잔이 자란, 높은 카스트인 브라만들에게도 실질적인 문제는 해결되지 않았다. 돈, 안락함, 그리고 안전에 대한 문제 등이 여전히 남아 있었다. 비슈누와 그의 화신들, 이들이 의미하는 것, 어떻게 이들이 조정될지, 다가오는 축제, 그리고 신앙의 적절한 형태도 역시 그러했다. 이것들은 일상 생활 속의 일로부터의 단순한 기분 진환이나 유희가 아니었다. 그것은 영국 고위층이 즐기는 오후 시간의 홍차와 크리켓, 미국인의 기업과 자동차처럼, 대부분의 남인도인들에게는 필수적이었다.

라마누잔이 죽고 몇 년 후, 그를 잘 안다는 몇몇 서구 친구들은 〈라마누잔이 정말로 종교적인 것은 아니며, 그의 정신은 일반 서구인과도 구분될 수 없다. 그는 단지 외모나 관습적인 생활 모습에서만 힌두교적인 모습을 보였다〉고 말하곤 했다. 그들은 잘못 알았다.

자라나는 동안 그는 전통적인 힌두 브라만 삶의 방식을 따랐다. 라마누잔은 쿠투미 kutumi라는 상투를 틀고 이마를 면도했으며, 철저한 채식주의자였다. 그는 지방 사원에 다니며 집안의 의식이나 종교 의식에도 참여했다. 순례자로 남인도 구석구석을 돌아다녔다. 주기적으로 가족 신인 나마칼의 나마기리 이름을 되새겼고, 결정을 내릴 때는 항상 여신의 입장에서 생각했다. 그는 외국어로 쓰인 수많은 수학 교과서를 독파하는 능력이 신의 덕분이라 생각했다. 그는 베다, 우파니샤드, 그리고 다른 힌두의 경전을 암송했다. 그는 해몽에 취미가 있었고, 기이한 현상을 좋아했으며, 친구들이 확신하는 것에 대해 신비적으로 생각하는 경향이 있었다.

쿰바코남에서 자라던 어느 해, 그는 철도역을 지나 동쪽으로 뻗은 길을 따라 걸어갔다. 시내를 벗어나자, 거리를 둘러싼 초가 지붕의 진흙집들이 점점 사라졌다. 길가 말뚝에 묶인 소, 집 안팎을 돌아다니는 염소, 그리고 작은 길가의 사원과 평평하고 푸른 시골 지방으로 이어진 길들이 보였다. 그리고 쿰바코남에서 6킬로미터 정도 벗어나 도로를 넓게 휘도는 모퉁이에 다다랐다. 그 곳은 티루나게스와람 Thirunageswaram 시가 시작되는 곳으로 우필리아판 코일 Uppiliapan Koil 사원이 있었다. 라마누잔은 매년 8월경 스라바나 Sravana의 달 보름이면, 자신의 성스러운 실타래를 새롭게 하기 위해 여기에 왔다.

사흘 간 계속되는, 유서 깊은 불과 노래 의식에 참가한 다섯 살의 라마누잔은 신성한 실타래를 걸치게 되었다. 무명 실타래를 탄띠처럼 왼쪽 어깨에서부터 오른쪽 엉덩이까지 대각선으로 차고 가슴에 세 번 얽어 싸는 것이다. 우파나야남 upanayanam 의식은 브라만으로 〈두 번 탄생〉한 것을 경건히 축하한다. 고대 입법자 마누 Manu에 따르면 첫번째 태어나는 것은 어머니로부터이고, 두번째는 신성한 실타래를 걸치는 행위에서 시작된다. 그때부터 브라만은 신성한 베다 Vedas와 스스로의 계급 의식을 행할 수 있다. 해마다 스라바남 Sravanam 동안, 그는 음식과 신성한 불과 경배를 올리는 중간에 우필리아판 사원에서 다른 브라만과 함께 그 실타래를 새것으로 바꾸었다.

한 친구는 훗날 〈라마누잔과 함께 종교의식을 보러 비슈누 사원이 있는 나치아르코빌 Nachiarkovil 시까지 달밤에 10여 킬로미터를 걸어 간 적이 있었다〉고 했다. 라마누잔은 거기까지 가는 동안 베다와 경전 「샤스트라스 Shastras」, 고대 산스크리트어 학술서 구절을 암송하면서 그 의미에 대한 평을 해주었다.

또 스물한 살 때 어느 날은, 선생님의 집을 찾아 가 대화를 나누고, 새벽 2시까지 모든 사람을 매혹시키면서 신과 0과 무한 사이의 연관성에 대해 상세히 설명한 적도 있었다. 라마누잔에게는 흔한 일이었다. 그는 철학적이고 신비한 독백에 스스로 빠져들어, 친구들이 이해할 수는 없지만 어쨌든 멋져 보이는 기이하고 환상적인 상상 속을 넘나들곤 했다. 그처럼 몰입했기 때문에 후에 그들은 사물을 꿰뚫어 볼 것 같은 그의 눈밖에 기억할 수 없었다.

그의 친구 라다크리슈나 이예르R. Radhakrishna Iyer는 후에 그가 〈매우 독실한 사람〉이었다고 기억했다. 〈진실로 신비주의자이며……매우 종교적〉이었다는 것이 수학 교수 스리니바산R. Srinivasan의 기억이다. 그의 생이 끝나갈 즈음 그는 유럽의 영향으로 세속적이고 엄밀히 이성적인 가치에 조금씩 접근했을 것이다. 그러나 이러한 시기는 훨씬 늦게 찾아왔다. 영적인 것이 짙게 편재해 있는 남인도에서 성장했기 때문에 설사 반감을 갖고 있다 해도 그 영향을 받지 않을 수는 없었을 것이다.

라마누잔은 반항하지 않았다. 그는 보이지 않는 영혼의 영역을 거부하지 않았고, 저만큼 멀리하지도 않았으며 오히려 끌어안았다. 그는 자신이 태어난 남인도의 문화를 거스르려 하지 않고 오히려 그 흐름에 맞추어 공명했다.

남인도는 동떨어진 세계였다. 인도 북부 평야에서는 몇 세기 동안 침략과 전쟁과 폭동과 변화가 일어났다. 기원전 1500년경 피부색이 밝은 아리안Aryans족이 산을 통해 북쪽으로부터 밀고 내려왔다. 8세기 동안 불교는 전통적인 브라만교와 다투다가 결국은 패배했다. 10세기 초 이슬람교도가 쳐들어와 무굴 제국을 세웠다. 한 제국이 다른 제국에 넘어가고 인종은 섞이고, 종교는 대립하며 사람들은 싸움을 했다.

이 모든 것에도 불구하고 남쪽은 산과 강과 거리라는 방패 뒤에서 대체로 안전하게 간섭받지 않은 채 남아 있었다.

장차 봄베이 시가 될 북쪽은 위도로 북회귀선 위에 있는 인도 대륙의 서쪽 가장자리를 가로질러 뻗어 있다. 그 곳에서 빈디아 Vindhya 산이 어렴풋이 보이고, 1,000미터 가량 솟은 언덕들이 끊어진 고리처럼 1,100킬로미터 가량 내륙으로 뻗어 있다. 아래쪽에는 인도 반도로 가는 것을 가로막으며, 서쪽으로 아라비아 해로 흐르는 나르바다-타프티 Narbada and Tapti 강과 동쪽으로 벵갈 만으로 흐르는 마하나디 Mahanadi 강이 있었다. 이 강들은 서로 멀지 않은 거리에 있어 남쪽으로 진군하려는 대부분의 침략자들을 지치게 만든다.

그리하여 북쪽은 언제나 새로운 문화 열풍과 활기가 넘치지만, 남쪽은 〈순수〉한 그 자체로 남아 있었다. 인도에서 이곳만큼 동질적인 지역은 없었다. 인종으로 보자면, 남쪽은 대부분 검은 색의 곱슬머리에 큰 코, 아프리카인처럼 검은 피부를 가진 토착 드라비다인 Dravidian이 주를 이룬다. 아리안 후손으로 짐작되는 브라만도 북쪽과 같이 밝은 색 피부는 아니다. 언어 면에서 보아도 북쪽과 남쪽이 갈라진다. 타밀어와 다른 드라비다어는 북쪽의 인도어나 기타 산스크리트 유의 언어와 거의 연관이 없다. 종교적으로 남쪽은 인도의 어느 지역보다 순수한 힌두교이다. 남쪽 거주인들의 마음 속에 남쪽은 너무나 특별하고 독특한 곳이라는 생각이 자리잡고 있어서, 그들은 외국으로 보내는 우편물 반송 주소에 〈남인도〉라고 쓰곤 했다. 지도상으로 그런 지역은 존재하지 않지만, 그것은 문화적으로 뿌리 깊이 존재하는 사실이었다.

희석되지 않은 남인도의 정신이 꽃피울 기회를 맞기도 했다. 18세기 북인도가 유럽과 같은 형국이었다면, 남쪽은 아직도 중세에 뿌리를 두고 있었다. 봄베이가 상업으로, 캘커타가 정치로 유명한 곳이었다면, 마드라스는 한결같이 종교로 유명한 곳이었다. 마드라스는 논과 사원, 은닉된 신들 따위로 사람을 산란하게 만들지 않는 곳이었다.

세속적인 문제는 만이 막아 주었고, 사람들은 전통 문화 안에서 언제나 신비롭고 마술 같은 힘을 기꺼이 맞을 준비가 되어 있었다. 이러한 환경에서, 신과 여신이 이루어 내는 일에 대한 믿음과 정신적인 우주에서의 평온은 보이지 않는 실로 이어져 라마누잔에게 숨결처럼 자연스러운 안락을 주었다.

겨우 수십 가구만 있는 곳이라도, 남인도의 모든 마을에는 마리아마 Mariamma나 이예나르 Iyenar, 셀리아마 Seliamma 또는 안갈라마 Angalamma를 위한 신전이 있다. 이 신들은 초기 농업 공동체에 기원을 두고 있으며, 마을 사람들이 달래려고 하는 천연두나 콜레라, 소전염병 등을 상징한다. 대부분의 신은 여성으로 간주된다. 개중에는 최근에 등장한 것도 있는데, 살해되어 떠도는 영혼이나 해산하다 죽은 여자의 영혼도 있다.

그라마 데바타 Grama Devata라고 불리는 마을 신들은, 대학에서 비교종교학 시간에 배우는 정통 브라만 힌두교와는 사실상 아무 관계가 없다. 아마 마을 사람들은 정통 신의 두 기둥인 비슈누와 시바에게는 빈말로 예배를 올릴 것이다. 그러나 페스트가 성행하거나 기근에 시달릴 때면, 그들은 단지 1미터 가량 높이의 거친 돌탑으로도 가려지는 작은 신전, 그들의 수호신이 놓인 그 곳으로 돌아오게 마련이었다.

단순히 우상 숭배일까? 원시적인 토착 애니미즘에 불과한 것일까? 몇몇 힌두교 연구가는 그렇게 주장하기도 한다. 이 드라비다 신들이 힌두교 종류 중 하나라는 것을 감안한다면, 이들의 주장이 터무니없는 것은 아니다.

그러나 라마누잔이 몰두했던 쿰바코남에서 지켜 온 힌두교는 이 모든 것과는 다른 별개의 세계이다. 한 영국인은 탄조레 구에서 〈브라만 힌두교는 살아 있는 현실이고, 다른 구에서처럼 토속 신이나 마귀, 악마 숭배에 밀려 무시되는 그런 의식이 아니다〉라고 기록했다.

남쪽의 대규모 사원들은 명백한 차이를 보여 준다. 쿰바코남, 칸치푸람 Kanchipuram, 탄조레, 마두라이 Madurai, 라메스와람 Rameswaram에 있는 사원들은 북쪽의 유명한 어느 사원보다 더 훌륭하여, 웨스트민스터 사원과 성 바울 성당을 런던의 다른 교회와 비교하는 격이다. 1901년 라마누잔과 그의 부모, 어린 동생이 함께 순례한 적이 있는 라메스와람의 한 사원은 실론 해안 맞은 편 섬에 17세기 100년에 걸쳐 세워졌다. 이 사원은 길이 300미터에 너비 200미터로, 양쪽에 있는 고푸람은 높이가 30미터이며, 1킬로미터가 넘는 회랑은 섬세한 조각들로 가득 차 있다.

서양인이라면 나무나 돌로 된 조각상들, 꽃으로 장식되어 있거나 허름한 옷을 걸친 크고 작은 조상(彫像) 등 그 사원에 있는 다양한 신에 놀라 멈칫할 것이다. 그러나 힌두교의 주류 시각에서 보자면, 이 모든 것이 한 마을의 종교라기보다는 약간 더 복잡한 종교의 대형 건축물쯤으로 간주된다.

힌두 신전에서 주요한 세 명의 신인 브라마, 시바, 그리고 비슈누는 전통적으로 우주를 창조하고 파괴하고, 보존하는 힘을 대표한다. 그러나 세계를 만들어 낸 브라마는 다소 냉철하고 고매해 보여서 실제로는 무시되는 편이다. 결국 브라만 힌두교의 양 산맥은 시바와 비슈누 신앙이다.

시바 신앙 Shaivism은 악마적이고, 사납고, 사악한 성격을 띠고 있으며, 시바 사원의 중심이 되는 링감 lingam이라는 남근 상징을 통해 신선한 성적 에너지를 구현하고 있다. 휩쓸어 가는 변화의 물결과 격렬한 파괴를 생각한다면, 누구나 시바 신을 떠올릴 것이다.

비슈누 신앙은 보존의 신 비슈누의 성격과 어울리게 더 평온한 의미를 지닌다. 한 영국인은 이 신앙을 〈더 온화한 생각〉이라는 인간의 정신에 비유했다. 비슈누 신앙에 주로 등장하는 것은 인도 신화의 영웅인 두 화신, 아바타르 avatar인 라마 Rama와 크리슈나이다.

힌두의 가르침에서 이 세 신들은 제각각 여러 형태로 나타난다. 시바는 파르메스와라 Parmeswara일 수 있다. 비슈누는 나라시마 또는 벤카타라마 Venkatarama일 수 있다. 몇 세기 동안 이 신들의 배우자나 친척도 숭배의 대상이 되어 그들만의 신전을 갖고 있다. 예를 들어, 비슈누는 배우자 라크슈미 Lakshmi나 원숭이 신 하누만 Hanuman의 형태로 숭배되기도 한다. 각각은 독특한 개성을 지니며, 그만의 신자들을 갖고 있다.

어떤 숭배자들은 문자 그대로 해석하여 그 석상들을 신으로 간주하는데, 이것은 마을 종교 신자들이 그라마 데바타를 숭배하는 방식과 크게 다르지 않다. 실제로 남인도의 역사에 따르면 〈촌락 신과 베다 브라만 신의 결합〉은 기독교 시대의 초기, 즉 또 다른 형태의 신앙이 도래하던 때로 거슬러 올라간다.

그러나 복잡한 힌두교에서는 이 돌 〈신〉들이 단지 일개 신성의 상을 재현한다고 본다. 그 석상들을 응시하면, 우리는 만물의 단일성을 깨닫게 된다. 아직 원시신앙을 간직한 이들에게 찬란한 석상들은 정신적으로 단순한 그들을 유혹하여 더 높고 섬세한 것으로 인도하는 낚시 바늘로 여겨질 수도 있다.

힌두교의 장점은 누구에게나 여지를 남긴다는 것이다. 힌두교는 절제를 매우 소중히 여기는 종교이다. 힌두교는 다른 종교를 부인하지 않는다. 힌두교는 한 가지 길만을 제시하지 않는다. 힌두교는 숭배와 믿음에 있어 정전(正典)을 상정하지 않는다. 힌두교는 모든 사물과 사람을 껴안는다. 사람마다 각자의 정신을 더 깊이 더 높이 끌어주며 위안을 주는 신이나 여신, 화신, 상징, 신성 등이 있다. 정신상태나 기분, 심리 또는 인생의 어떤 단계나 상황에 해당하는 신도 있다.

수천 명의 신 중에서 남인도 대부분의 가정은 특정 신에게 모든 능력을 부여하는 경향이 있다. 이 신은 대대로 보물처럼 전해지는 유산이 된다. 이러한 쿨라 데바타 kula devata는 특정 수호 성인에게 기원하는 로마 가톨릭처럼 힘들 때 가족들이 도움을 간청하는 대상이다. 일이 뜻대로 잘 풀리지 않으면, 먼저 집안의 신을 달래야 한다. 브라만, 즉 학자이거나, 영어를 하고 산스크리트어를 읽으며, 타밀어시나 수학에 대해 토론할 수 있는 지식인이라도 가족 신의 신전 앞에서는 늘 간절하게 기도를 올린다.

라마누잔의 가족은 사자 신 나라시마 Narasimha의 배우자 여신 나마기리를 가족 신으로 모셨다. 나마칼에 있는 이 여신의 신전은 쿰바코남에서 160킬로미터 정도로, 코말라타말의 집에서 가까운 에로데에 가는 길 중간에 있었다. 나마기리의 이름은 어머니 입에서 떠날 날이 없었고, 첫번째 기도하는 신이었다. 그리고 모든 일에 그 신의 뜻을 가장 받들었다.

라마누잔의 부모가 결혼 후 한동안 아이를 갖지 못할 때, 잉태를 기도한 신도 나마기리였다. 라마누잔의 외할머니 랑가말도 나마기리를 독실하게 믿었는데, 최면 상태에서 그 여신과 대화를 나누었다고 한다. 한번은 나마기리가 환상으로 외할머니에게 나타나 마을 학교 교사가 연루된 살인 사건을 예언해 주었다고 한다. 라마누잔이 태어나기 몇 년 전에 외할머니는 나마기리가 외손자에 대하여 말해 주었다고 했다. 라마누잔은 이러한 이야기를 들으면서 성장했다. 그도 역시 한평생 나마기리의 이름을 읊조리며, 여신의 은총을 기원하고, 위안을 청하며 살았다. 그는 친구들에게 〈나의 수학적 재능은 나마기리의 은총이네. 나마기리가 입에 방정식을 써 주고, 나마기리가 꿈 속에서 수학적 통찰력을 준다네〉라고 말하곤 했다.

그는 친구에게 그렇게 말했다. 라마누잔은 나마기리를 정말 믿었을까?

할머니와 어머니의 믿음은 독실했다. 나마기리에게 간절히 기도를 올리고 아들을 얻자 어머니의 헌신과 믿음은 더 독실해졌다.

라마누잔은 어머니로부터 그 힘을 물려받았다. 그녀의 생활 속에 깊이 밴 그 힘은 가르치지 않아도 아들에게 전달되었다. 그는 어머니로부터 자기 내면의 목소리를 듣고 그에 따라 의지를 행하도록 배웠다. 아버지는 푼돈에 매달려 날마다 일상의 노예가 되어 있었다. 그는 라마누잔이 결혼하여 집안을 넉넉하게 하고 정착하기를 바랐다. 그러나 어머니는 심오한 힘에 자신을 맡기고 더 부유한 내면 세계에 살았다. 그 힘이 라마누잔을 이끌었다.

젊은 라마누잔은 강력한 새 힘을 접했을 때, 그 힘을 받아들여 자신의 생애를 바치고 거침없이 따르는 데 어머니의 허락을 먼저 받았다.

2

기쁨 속의 방황
1903년부터 1908년까지

카의 책

1903년 타운 하이를 떠나기 몇 달 전 라마누잔은 책 하나를 얻게
되었다. 아마 라마누잔의 집에서 함께 지내던 대학생이 주었을 것이
다. 그러나 『순수수학과 응용수학의 기초 결과에 대한 개요 *A Synop-
sis of Elementary Results in Pure and Applied Mathematics*』라는 그 책이
이름만으로 그를 사로잡았으리라고는 생각되지 않는다.

이 책은 기본적으로 5,000개 정도의 방정식을 정리하거나 공식, 기
하학적 도표, 그 밖에 수학적 사실들을 주제별로 나누어 나열하고,
앞뒤에서 참조할 수 있도록 크고 굵은 숫자를 붙여 차례로 편집한
것이었다. 대수와 삼각법, 미적분학, 해석기하와 미분방정식 등 19세
기 후반에 알려진 많은 수학적 내용이 단 두 권에 집약된 것이다(둘
째 권은 라마누잔이 훨씬 뒤에 본 것 같다).

누군가는 〈대단하다고 할 수 없는 이 책을 라마누잔이 유명하게

만들었다〉고 말했다.

이 책은 조지 슈브리지 카George Shoobridge Carr가 저술한 것이었다. 카는 런던에서 몇 년 동안 개인 교습을 했던 중간 수준 정도의 수학자였고, 그 책은 강의 노트를 정리한 것이었다.

19세기 후반 영국 학생들은 트라이포스Tripos라는, 몹시 어려운 문제들이 출제되는 수학 시험에 시달리고 있었다. 사실상 트라이포스 성적이 학생들의 진로를 결정했다. 트라이포스 제도는 오늘날이라면 〈시험을 위한 교육〉이라고 조롱할 만큼 교육자들을 부추겼기 때문에, 얼마 안 가 수학자들은 개혁을 요구하게 되었다. 그러나 1860년대 후반 이 책이 나올 무렵 그 위력에 도전하는 이는 없었고, 시험의 중요성을 감안할 때, 교사들이 시험에 대비하여 학생을 지도했을 것은 당연하다. 카는 그 가운데 한 사람이었다.

카의 학력은 특이했다. 그는 1837년 청교도들의 신세계 출항지 근처인 타인머스Teignmouth에서 태어났다. 프랑스 해안에서 떨어진 채널 제도의 저지Jersey에 있는 학교에 입학한 그는 후에 런던의 유니버시티 칼리지 스쿨에 다녔다. 그는 적어도 1866년 또는 더 일찍 개인 교습을 시작한 듯하다. 그는 꾸준히 강의 노트를 보완하고, 교수법을 개선하는 한편, 학생들이 배워야 할 방대한 내용을 숙달하는 기억술을 개발했다.

그리고 당시에는 조금 많은 나이인 서른여덟에 학교로 돌아가 케임브리지 대학교 곤빌 카이어스 대학Gonville & Caius College에 입학하여 1880년에 학사 학위를, 마흔여섯 살에 석사 학위를 받았다.

그는 뛰어난 학생은 아니었다. 트라이포스에서 상위 그룹인 랭글러wranglers가 아닌 시니어 옵티미senior optimes였으며, 그 중에서도 열두번째였다. 그는 자신이 영국 수학계에서 길이 빛날 사람이 아니라는 것을 알고 있었다. 『개요』의 서문에서 그는 〈나보다 능력 있는 이들〉이 이 책을 통해 더 나은 업적을 이루고, 자신은 실패했지만

〈더 능력 있는 이들이 더 유용하게〉 독창적인 수학적 발견을 이루어 나갈 것을 당부했다.

카는 수학자로서는 보통 수준에 지나지 않았지만, 자기보다 재능 있는 사람들에게 열정과 애정을 갖고 수학을 가르쳤다. 그가 런던 교외 해들리 Hadley에서 『개요』의 제1권을 완성한 것은 케임브리지에서 학사 학위를 받을 무렵인 1880년 5월 23일이었는데(제2권은 1886년에 나왔다), 이 책은 영원히 자신의 이름과 라마누잔을 엮어 주었다.

카 책의 강점은 내용이 꾸밈없이 풍부한 가운데 공식에서 공식으로 차례로 내려가는 〈흐름〉에 있었다. 이것이 이 책에 영리하고 매혹적이며 독자적인 논리를 부여하고 있다.

예를 들어, 첫 페이지에 실린 첫번째 명제를 보자.

$$a^2 - b^2 = (a-b)(a+b)$$

우선 이것은 방정식이다. 모든 방정식이 그렇듯이, 2+2=4처럼 이것은 등호의 좌변과 우변이 동치임을 의미한다. 다만, 이 경우에는 방정식에 나타난 것이 숫자가 아니라 기호(문자 a와 b)라는 점이 다르다. 그러나 기호라고 해서 바뀌는 것은 없다. 어떤 방정식은 어떤 특정한 값일 때 참이다. 그 때에는 방정식을 〈푸는〉, 말하자면 $x=3$이라든지 $z=-8.2$ 라는 식으로 방정식이 성립하도록 값을 결정해야 한다. 그러나 이것은 〈항등식〉이므로, 언제나 참이다. a와 b에 어떤 값을 주어도 성립한다. 자, $a=11$, $b=6$이라고 하자. 어떤가?

그러면 $a+b$는 11+6이므로 17이다.

그리고 $a-b$는 11-6이므로 5이다.

이제 방정식대로 $(a+b)$와 $(a-b)$를 곱하면, (17)(5)는 17×5, 곧 85이고, 이것이 이 방정식의 우변이다.

좌변으로 가서, a^2은 a와 a를 곱하는 것이므로 11×11, 즉 121이고, b^2은 36이다. 따라서 a^2-b^2은 121-36, 곧 85이다. 이것은 바로 우변의 계산한 값이다. 이렇게 좌변과 우변이 분명하게 일치하므로 방정식은 성립한다.

수학자가 하는 것은 더 의미 있는 일, 즉 어떤 a나 b를 대입하더라도 항등식이 일반적으로 성립하는 것을 증명하는 일이다. 그러려면 특정한 수가 아니라 기호 자체를 갖고 계산하여야 한다. 문자 a와 b를 숫자에 대하여 하듯이 더하거나 빼거나, 곱하거나 나눈다.

이 경우, 이 방정식은 $(a-b)$와 $(a+b)$를 곱하라는 것이다. 이것은 간단한 일이다. 만일 한 시간에 10달러를 벌고, 시간당 1달러를 지출한다면, 일한 시간에 10을 곱한 것에서 1을 곱한 것을 '빼면 된다. 또는 간단히 일한 시간에 9를 곱해도 된다. 이와 마찬가지다. 이 경우, 뒤에 있는 $(a+b)$를 a와 곱한 것에서 b와 곱한 것을 뺀다. 기호로는

$$(a-b)(a+b)=a(a+b)-b(a+b)$$

이다.

자, 그러면 $a(a+b)$는 a^2+ab이고 $b(a+b)$는 $ba+b^2$이다. 그리고 ba는 ab와 같으므로

$$(a-b)(a+b)=(a^2+ab)-(ab+b^2)$$

을 얻는다.

식을 계산하다 보면 수학자들은 종종 숫자나 문자, 기호의 더미 속에 빠지기도 하는데, 집안을 정리하는 것과 마찬가지로 수학자들도 주기적으로 정리하는 시간을 갖는다. 그렇게 해서 수학의 파편더미를 무작정 밟지 않도록 주의하면서 수학적 환경이 지닌 어떤 매력적인 성질이 잘 나타나 보이도록 한다. 〈같은 항끼리 모으는 것〉도 집안을 정리하는 방법 중 하나다. 수학적 내용들을 적당한 범주로 묶는다. 더러운 옷은 세탁기에 넣고, 깨끗한 행주는 서랍에 넣고, 식품은 저장실에 넣는다. 그렇게 물건들을 제자리에 정돈한다.

이 경우에는, 괄호를 풀고 a^2항, b^2항, ab항을 더한다. 그렇게 하면 재미있는 일이 일어나는데, ab항이 서로 상쇄되어 없어진다. $+ab$와

$-ab$는 합이 0이므로, ab항은 이 방정식에서 사라지는 것이다. 그러면 a^2-b^2이 남게 되고, 이것은 처음 식의 좌변과 같은 것이며, 바로 우리가 보이려던 답이다.

이 간단한 연습 문제에서 보이려는 것은, 수학자라면 이 말에 전율할지 모르지만, 일종의 〈증명〉이다. 그렇지만 이런 간단한 점검만으로도 그 어떤 a나 b에 대해서도 카 방정식의 양변은 같다고 말할 수 있다. $a=735$나 $b=0.0231$에 대하여 확인해 볼 필요가 없다. 이미 일반적인 경우를 증명했기 때문에 성립하리란 것을 알 수 있다.

카의 첫번째 방정식은 이 정도로 접어 두고, 두번째 방정식을 보자.

$$a^3-b^3=(a-b)(a^2+ab+b^2)$$

이 방정식을 증명하는 것도 처음 방정식과 다르지 않다. 사과에 사과를 더하거나 오렌지에 오렌지를 더할 수는 있지만, 사과에 오렌지를 더할 수는 없는 것처럼, 문자기호들을 더하고, 빼고, 곱하면서 어떤 항인가 서로 상쇄되리란 기대를 갖고 같은 항끼리 정돈하다 보면, 이내 등호의 좌우변이 같게 된다. 그렇지만 그 과정을 모두 증명해 보이는 것은 가치 없는 일이다.

그리고 바로 거기에, 가치 없는 일이라는 말이 나오려고 하는 정상적이고 자연스럽고 적절한 충동에서 카가 가진 교육적 지혜(그리고 수학자들의 일반적인 생각)의 실마리를 볼 수 있다. 두번째 방정식은 첫번째 것과는 다르지만, 닮은 데가 있고 첫번째 방정식의 확장이자 자연스러운 발전으로 보인다. 하나에서 다른 하나로 이어지면서 카는 어딘가로 나아가고 있다. 수학적 설명이 아니라, 나열한 순서 속에서 묵시적으로 어떤 방향과 발전이 들어 있다. 첫번째 방정식에서 a와 b는 a^2-b^2의 형태로 〈제곱〉까지 나오고, 두번째 방정식에서는 a^3-b^3과 같이 세제곱까지 다룬다. 그러면 누구나 이제 a^4-b^4을 생각할 것이다. 처음 두 방정식을 풀었으니, 앞의 예를 따라 쉽게 할 수 있겠다는 생각이 들것이다. 그렇다. 답은 당연하다.

그래서 카는 그 식을 전혀 적어 놓지 않았다. 그것은 지루하고 시시한 일이다. 대신 일반화했다.

$$a^n - b^n = (a-b)(a^{n-1} + a^{n-2}b + \cdots + b^{n-1})$$

이것은 식에서 마지막까지 남아 있던 숫자가 사라지는 중요한 단계이다. 이번에는 a와 b를 제곱하거나, 세제곱하거나, 여덟제곱하지 않고, n제곱했다.

갑작스럽게 우리는 새로운 세계에 이르게 된다. 여전히 간단한 대수이지만, 2나 3이라는 수치를 정체 불명의 n으로 대신함으로써 방정식은 일상적인 수학적 계산을 피해 간다. 이제 하나의 숫자가 주어지면, n에 대입하여 방정식을 적기만 하면 된다. 방정식 중간에 있는 여백, 세 개의 점은 앞에 있는 두 항의 형식대로 계속되는 것을 의미한다. 좋다. $n=8$이라면? 그 수를 대입하여 방정식을 다시 쓴다. 카의 방정식에서 n 자리에 8을 쓰고, $n-1$ 자리에는 7을 쓰는 식으로 계속한다.

수학자들은 n이 나오는 방정식이 앞의 두 방정식보다 더 일반화된 것이라고 말한다. 또는 앞의 두 가지 방정식이 세번째 방정식의 특수한 경우라고 말하기도 한다. 이렇게 카의 방정식은, 라마누잔이 생소한 수학의 세계에 접하게 되는 과정을 보여 준다. 그것은, 방정식이 중요하다는 카의 방정식에 대한 설명이 아니라, 카가 학생들을 이끌어 간 방법이었다.

그가 노력을 기울인 것은 이들 방정식을 증명하는 것이 아니라, 오히려 그가 증명하려는 방법이었다.

사실 카는, 보통 수학자들이 그렇듯이, 그리고 지금 우리가 이 책에서 하고 있듯이, 많은 것을 증명하지 않았다. 당시의 전형적인 수학 교과서는 지금처럼 주제에 따라 방법론적으로 정리를 설정하고 단계적으로 그것을 증명하는 식으로 구성되어 있었다. 학생은 저자의 논리를 추적하며, 추론의 작은 공백을 메워 가면서 뒤에서 따라가야 했다. 〈아, 맞다. 이렇게 되면……〉이라고 학생은 생각하고, 이어 〈아하, 알았다〉라고 한다.

그러나 수학은 수동적으로 끌려가서는 잘 배울 수 없다. 낭만 소설을 읽듯이 수학을 그냥 받아들일 수는 없다. 체스의 명수가 묘수를 찾듯이 수학에 뛰어들어 공격적으로 단호하게 달려들어야 한다. 그리고 기계적으로 이 증명에서 또 다른 증명으로 따라가는 것은 격려할 만한 방법이 아니며, 그 내용에 적극적으로 참여할 기회를 주는 것도 아니다. 라마누잔이 몇 년 전에 공부했던 로니의 삼각법 교과서는 틀에 매달리게 하는 책이었으며, 공부하는 사람이 자신의 길을 찾아가야 하는 것이라기보다는 따라가는 교과서였다.

그러나 카의 책은 달랐다.

『개요』에 자세한 증명 따위는 없다. 많은 결론들이 아무런 설명 없이 진술된다. 때때로 결론에 작은 주석이 붙기도 한다. 이를테면 정리 245에는 간단히 〈(243)과 (244)에 의해서〉라고 적혀 있을 뿐이다. 다시 말해 독자는 아무것도 없이 결론에 도달하는 것이다. 245는 243과 244의 논리를 연장시킨 것이다. 정리 2912의 주석에는 〈증명 : (2911)에서 x를 πx 바꾼다〉로 되어 있을 뿐이다. 즉 이것은 수학자들이 항상 사용하는 방법인데, 변수를 교묘히 바꿈으로써 결론이 더 분명히 드러나는 것이다. 어느 경우에나 카는 정교하거나 단계별로 자세한 증명 없이, 단지 방법만 점잖게 제시할 뿐이었다.

학자들은 라마누잔을 자극했을지도 모르는 수학적 이론을 찾기 위해 카의 책을 살펴보기도 했을 것이다. 혹자는 수학적 주제들을 어떻게 설명했는지, 또는 설명하지 못했는지를 지적할 수도 있다. 또 혹자는 이 책의 색인이 유용하다거나 내용이 폭넓다는 지적을 할지도 모른다.

그러나 사실 이미 수학적으로 성숙한, 적어도 라마누잔 같은 16세의 소년에게 이 책보다 더 적절한 영향을 줄 만한 것이 있으리라고는 짐작되지 않는다. 그저 결론만을 보여 주므로, 읽는 사람이 내용에 뛰어들어 스스로 증명해야 한다. 라마누잔에게 각각의 공식은 하나의 작은 연구 프로젝트였다. 아니면 빈칸을 채우는 낱말 맞추기 게임 또는 창의력이나 성적 매력을 측정하는 잡지의 퀴즈들과도 같았다.

이 모든 일이 단지 우연이라거나, 간략한 개요서가 필요해서 그렇게 된 것은 아니다. 오히려 카는 전반적으로 이를 염두에 두고 있었는데, 서문에도 이러한 자신의 생각을 다음과 같이 밝히고 있다.

나는 많은 경우에 증명에서 두드러진 점만을 간단히 지적하거나 증명이 쉬운 정리들만 언급했다. ……수학적 증명을 읽는 것에 비해 전체 또는 부분적으로 창작해 가는 과정은 인간의 정신에 미치는 영향이 매우 다르다. 이것은 여행자가 소설에 나오는 가 보지 않은 나라의 길을 수동적으로 따라가는 것과 지도에만 의지하여 스스로 길을 찾아갈 때 경험하는 즐거움이 다르다는 것에 비유할 수 있을 것이다.

그러나 카가 제시한 것에는 지도조차 없었다. 그저 〈일단 도시를 벗어나 왼쪽으로 가라〉와 같은 충고였다. 라마누잔의 업적을 잘 알고 있는 서구 수학자는 후에 『개요』가 라마누잔에게 방향을 제시하여 주었지만, 중요한 것 대부분이 완전히 독창적이었던 라마누잔의 방법과는 아무 상관이 없다는 점을 발견했다. 사실 카의 책에는 방법이나 자세한 설명이 하나도 들어 있지 않았다. 그럼에도 불구하고, 또는 그 덕분에 라마누잔은 5,000개가 넘는 정리들이 나열된 수학의 숲에 매료되어 대부분을 그 자신의 방식대로 만들었다. 이것이 그가 매달렸던 분야이다. 훗날 두 명의 인도 전기 작가는 〈라마누잔은 자신에게 열린 새로운 세계에서 기쁘게 방황하고 있었다〉고 회고했다.

남인도의 케임브리지

카와 접한 지 얼마 지나지 않은 1904년 라마누잔은 고등학교를 졸업하고, 뛰어난 고등학교 성적 덕분에 장학금을 받고 쿰바코남 관립대학Government College에 입학했다. 그는 F.A. 과정 학생이었다. F.A.(First Arts)는 오늘날 준학위에 해당하는데, 당시 인도에서는 훨씬 더 의미 있는 것으로 간주되었다.

대학은 시내 중심가로부터 걸어서 20분 거리에 있었다. 타운 하이를 지나 카우베리 강가에 이르러 오른쪽으로 강을 따라가다 보면 강 맞은편에 있었는데, 1944년에야 강에 다리를 놓았으므로, 그 전에는 작은 배로 왕래했다. 3월과 4월에는 물이 줄어 작은 시내처럼 되었다.

그 관립대학은 규모도 작았고, 교수도 십여 명뿐이었다. 그래서 유능한 지방 학생들은 마드라스의 더 큰 학교에 몰려들었다. 그러나 위치와 전통을 보면, 〈남인도의 케임브리지〉라는 별명을 얻을 정도로 대단히 훌륭한 학교였다. 영국의 명문 대학과 비교되는 이유는, 케임브리지에 흐르는 캠 Cam 강처럼 카우베리 강이 가까이 있었기 때문이다. 그러나 한편으로는 졸업생들의 명성과 남인도에서 그들이 차지한 지위에 기인하는 것이기도 했다.

그 대학은 1854년 탄조레의 어느 마하라니 maharani(인도 토호국 군주의 아내)가 기증한 땅에 세워졌다. 그 곳에는 지금도 헛간에서 내려가는 계단이 있는데, 계단을 따라 왕가의 여인들이 강으로 수영하러 내려가기도 했다. 1871년부터는 원래 있던 건물을 수리하거나 확장하고, 새 건물도 지었다. 1880년대에 마지막까지 남아 있던 중등 학급이 없어지고, 명실공히 대학이 되었다. 대지는 넓어지고 훌륭한 경관이 조성되었다. 체육관도 들어섰다. 라마누잔이 다니던 시절에는 72명의 학생이 생활할 수 있는 브라만 전용 식당을 갖춘 기숙사가 완성되었다.

대학은 자연 경관이 아름다운 곳에 자리하고 있었다. 학교 옆에는 강줄기가 흐르고, 새들이 지저귀는 짙은 녹음은 높고 뜨거운 태양을 피해 휴식처를 제공했다. 화려한 포도 덩굴이 여기저기 뻗어 있어 언젠가는 대학 건물을 뒤덮을 것만 같았다. 마하라니 시절 이후 신축 건물들이 더 들어서기는 했지만, 대학은 그 일대를 장악하는 위용을 보이기보다는 오히려 자연의 혜택에 의지했다. 그 곳은 아름답고 목가적인 풍경을 간직한 채 고요함을 유지했다. 그리고 라마누잔의 학문 세계에 밀어닥친 첫번째 대변동의 장이기도 했다.

카의 『개요』와 같은 책이 보통 또는 약간 영리하다 싶은 학생에게 어떤 영향을 미칠 수 있다고 추측해 볼 수 있다. 그러나 라마누잔에게 그 책은 열정에 찬 지적 활동을 한쪽으로만 편중되도록 만들었다. 그때까지만 해도 라마누잔은 수학과 그 밖의 삶에 균형을 맞추어 왔고, 에너지와 시간을 적절히 안배하고 있었다. 그러나 이제 그는 오직 수학만 생각하고 나머지 모든 것에 흥미를 잃었다. 그에게는 수학뿐이었다. 수학에서 벗어날 수도 없었다. 〈대학 규정만이 역사나 심리학 강의에 라마누잔의 몸을 출석시킬 수 있었다. 그의 마음은 자유로우면서도, 이른바 재능의 노예였다.〉

교수가 로마의 역사에 관해 설명하고 있을 때, 라마누잔은 수학 공식만 생각했다. 급우였던 하리 라오 N. Hari Rao는 〈라마누잔은 주위에서 벌어지고 있는 일에 전혀 신경 쓰지 않았다. 그는 수학 외의 과목에 흥미를 두려 하지 않았다〉고 회상했다. 그는 하리 라오에게 〈마방진〉을 만드는 방법을 보여 주었다. 마방진은 어느 방향으로 더하여도 같은 값이 되도록 칸마다 숫자를 써넣는 게임이다. 그는 대수학과 삼각법, 미적분학 문제에 열중했다. 도서관에서 외국어로 쓰인 수학책을 접하고, 거기에서 어느 정도는 재량껏 자신의 방식대로 해 나갔다. 물론 수학 기호는 모든 나라 언어에서 유사하다.

수학 교수 세슈 이예르 P.V. Seshu Iyer는 종종 수업 시간에 라마누잔이 하고 싶은 대로 내버려두기도 하고, 런던 ≪수학 학보 *Mathematical*

Gazette≫ 같은 수학 잡지에 실린 문제들을 풀어 보라고 하기도 했다. 어느 날 라마누잔은 무한급수로 알려진 수학의 한 영역에 대한 연구 결과를 교수에게 보여 주었다. 세슈 이예르는 〈정교하면서도 독창적〉이라고 평가해 주었다. 그러나 세슈 이예르와 같은 관심을 보인 이들은 극히 드물었으며, 전반적으로 라마누잔의 지적 편향은 충족되지 못했다. 오히려 대부분의 교수들은 라마누잔에게 미적분학 책을 빌려 주었다가 그 책이 라마누잔의 다른 학업을 방해한다고 판단하여 책을 돌려받기 일쑤였다. 세슈 이예르도 어쩌면 그 자신이 기억하는 만큼 고무적이지 않았을지도 모른다. 라마누잔은 친구에게 세슈 이예르 교수가 그에게 〈무관심〉하다고 불평했다.

그러는 동안 라마누잔은 생리학과 영어, 그리스어, 로마사 등을 완전히 등한시했다. 이제 그는 더 이상 〈골고루 잘 하는〉 학생이 아니었다. 1897년 대학 입학 자격 시험에서 최고 성적을 얻을 수 있었던 것은, 영어 등 여러 과목에서 월등했기 때문이다. 후에 그가 쓴 편지들을 보면, 특별한 기교는 없지만 충분한 영어 실력을 갖추었음을 알 수 있다. 수학 노트에서 어떤 것을 설명하기 위해 기호 대신 사용한 영어를 보아도 알 수 있다. 그러나 그는 관립대학에서 실시한 영어 작문 시험에 낙제하고 말았다. 〈대학 당국에 따르면, 그는 한 과목을 제외하고 해야 할 과목 모두를 완전히 무시한 학생이었다. 벌은 피할 수 없었다. 장학금은 철회되었다.〉

물론 그의 어머니는 격분하여 학장을 찾아갔다. 어떻게 아들의 장학금을 취소할 수 있습니까? 그는 수학에서 월등했다. 그들은 라마누잔과 같은 경우를 본 적이 없었다. 학장은 공손했지만, 단호했다. 규칙은 규칙이었다. 아들은 영어 작문 시험에 낙제했고 그것도 형편없는 성적이었다.

라마누잔의 장학금은 단순한 위신 문제가 아니었다. 납부금은 학기에 32루피였는데 아버지가 한 달 반 동안 벌어야 할 금액이었다. 장학금 덕분에 그 돈이 절약되고, 학교에 다닐 수 있었던 것이다. 그에게는 장학금이 필요했다.

그는 몇 달 동안 가까스로 출석하여 1905년 7월 겨우 수료증을 받았다. 그러한 노력은 분명 그에게 부담을 주었다. 그는 장학금을 잃었고 모두들 그 사실을 알았다. 부모는 경제적 부담으로 시달렸고, 그도 그런 형편을 알고 있었다. 그는 다른 과목도 잘해야 한다는 압력을 느꼈지만, 그래도 그런 과목들 때문에 수학을 제쳐두고 싶지 않았다. 그는 괴롭고 비참했다.

그는 더 이상 견딜 수 없을 때까지 그 상황을 참고 있었다. 그러던 1905년 8월 초, 열일곱 살 라마누잔은 가출했다.

도피

객차의 열린 창으로 불어오는 더운 미풍을 얼굴에 맞으면서 라마누잔은 시속 40킬로미터로 지나가는 남인도의 시골 풍경을 바라보았다. 온통 이엉을 얹은 시골 마을은 회색 헛간처럼 비바람에 시달려 허름했다. 짙은 분홍색 꽃들이 덤불과 나무 사이에 박혀 있고, 야자수는 단조로운 들판에 느낌표처럼 두드러지게 서 있었다. 멀리 길가 들녘에서 일하는 남자들이 밤색 막대기처럼 작아 보이고, 도티와 터번이 하얀 면 퍼프 같았다. 산뜻한 초록 들판을 배경으로 여자들이 입은 오렌지색, 빨간색의 사리들이 현란하게 눈부셨다.

정경은 매혹적인 전원 그림을 상상하게 하지만, 라마누잔은 일에 열중하는 사람들을 보았을 뿐이다. 남자들은 소를 치고, 여자들은 들판에서 허리를 굽힌 채 곡식을 살피고 있었다. 때로는 혼자, 때로는 10여 명이 떼를 지어, 머리 위에 통을 올리고 냇가에서 물을 긷기도 했고, 종종 어머니를 따라나온 아이가 들판 주위를 둘러보며 라마누잔이 탄 비자가파트남 Vizagapatnam행 기차를 향해 손을 흔들기도 했다.

오랫동안 인도에서의 교통 수단은 소가 끄는 마차나 말이 끄는 주트카jutka라는 수레로 속도가 매우 느렸다. 길도 험했다. 라마누잔의 시대에도 탄조레 구의 2,700킬로미터의 길 중 8분의 1 정도만 자갈이 깔렸거나, 석회암 또는 다른 암석으로 〈포장〉되었다. 포장된 길과 안 된 길의 차이는 엄청났다. 수레 운전사들은 자갈이 깔리지 않은, 먼지와 진흙 투성이의 너더운 길로는, 보통 3분의 2가량의 짐을 3분의 2의 속도로 달리며 수송했다. 40킬로미터라면 족히 하루가 걸리는 여행길이었다.

철도의 출현은 인도의 생활을 바꿨다. 그것은 영국의 통치 성과의 하나로 19세기 중반까지 흩어져 있던 마을들을 한데 묶었다. 1853년 남인도에 철도가 처음 놓이고, 1874년에는 마드라스에서 남쪽으로 뻗어 가기 시작했다.

철도는 대단한 평등주의자였다. 모든 사람들이 카스트와 상관없이 철도를 이용했다. 당시의 한 영국 작가는 〈삼등석 기차에서는 카스트와 같은 험한 장애도 뛰어넘는다〉라고 쓰기도 했다. 〈객석 안으로 브라만과 천민들이 섞여 들어가 같이 자리에 앉는다. 서로 그림자도 섞지 않을 사람끼리 어깨를 맞대고 있다. '1킬로미터를 1파싱(영국의 옛 화폐, 1/4 페니)에 여행하고 싶다면 자기 카스트를 내팽개쳐야 한다'고 철도는 말하고 있었다. 카스트는 없어졌다가 역 밖에서 다시 살아난다.〉

라마누잔은 철도와 함께 자랐다——어렸을 때 그는 매일 쿰바코남, 칸치푸람, 그리고 마드라스의 학교에 기차로 통학했다. 그리고 1905년 관립대학의 장학금을 놓쳐 버린 지금, 기차는 그의 가출을 도와주고 있는 것이다.

마드라스는 쿰바코남에서 남인도 철로를 따라 312킬로미터를 가면 도착한다. 그리고 비자가파트남은 해안선 철로를 따라 780킬로미터를 가야 한다. 인구 4,000명 가량인 이 도시는 벵골 만의 한 끝에 있으며 인도 동해안의 유일한 천연 항구로 알려진 매우 번화한 곳이었다. 그

곳을 통해 모험담과 물품들이 인도로 유입되고, 망간과 설탕 원료가 인도 밖으로 나갔다.

아무에게도 알리지 않고 라마누잔이 향한 이 도시는 캘커타로 가는 해안 중간쯤에 있는데, 대부분 텔루구어를 썼다. 당시의 정황에 비추어 보면, 친구의 영향이나 장학금을 얻으려고, 또는 후원인을 물색하거나 아버지의 압력에 못 이겨 직업을 찾으려고 집을 나섰을 것이다. 그러나 이 모든 설명에는 〈실망한 탓에〉, 〈달아났다〉, 〈부모에게 도움을 요청하기에는 너무 예민했다〉는 뉘앙스가 들어 있다. 비자가파트남에서 라마누잔이 무엇을 구하려고 했든 간에, 그는 무언가로부터 달아나고 있었다.

아들의 행방불명에 놀란 가족이 그를 찾는 광고를 신문에 냈다는 기록이 있다. 아버지는 그를 찾아 마드라스와 트리치노폴리에서 집집마다 헤매고 다녔고, 오래지 않아 9월 무렵 그는 쿰바코남의 부모에게 돌아왔다.

이것이 첫번째 가출이었다. 라마누잔은 갑자기 사라져 버리는 경우가 여러 번 있었는데, 그 이유에 대해서는 잘 알려져 있지 않다. 그러나 자존심에 참기 힘든 충격을 받아 느닷없이 경솔한 행동을 한 것이 처음은 아니었다.

1897년 아홉 살이던 라마누잔은 쿰바코남의 타운 홀에서 치른 초등학교 산수 시험에서 45점 중 42점을 맞았다. 반면에 그의 친구 사랑가파니 이엔가르Sarangapani Iyengar는 43점을 얻었다. 화가 난 라마누잔은 그 친구와 말도 하지 않았다. 사랑가파니는 어리둥절했다. 그게 뭐 대단한 일이야? 사랑가파니는 그를 달래려고 라마누잔이 다른 과목에서는 더 높은 점수를 얻지 않았느냐고 말했다. 라마누잔은 〈상관 없어!〉라고 투덜댔다. 산수에서 그는 항상 일등이었다. 이번에는 그가 일등을 놓쳤고, 사람들이 그것을 알아 버렸다. 너무나 참기 힘든 일이었다. 그는 울면서 집에 있는 엄마한테 달려갔다.

후에 고등학교에서 라마누잔은 삼각함수가 어떻게 해서 직각 삼각형과 무관하게 형식적으로 표현될 수 있는지 알았다. 이것은 놀라운 발견이었다. 그러나 이 발견이 스위스의 위대한 수학자 레오나드 오일러 Leonhard Euler가 150년 전에 예상했던 것이라는 사실을 알게 되었다. 라마누잔은 그 사실을 알았을 때 굴욕감을 느껴 노트를 지붕 밑에 감추어 버렸다.

사춘기의 행동이란 변덕스럽고, 천재의 삶과는 무관한 것인가? 아마 그럴지도 모른다. 그러나 그런 일들이 후에 더 많아진 것을 보면, 라마누잔은 가벼운 모욕에도 병적으로 민감하게 대응했다는 것을 알 수 있다. 몇 년 후 친한 친구로부터 받던 편지가 끊겼을 때 라마누잔은 친구의 형에게 이렇게 말했다. 〈그는 영어 시험에 낙제했으므로 저에게 편지할 수 없을 거예요.〉

수치심이란 심리학자들이 일컫는 것으로, 공적인 불명예에 과민한 심리를 뜻한다. 〈죄의식〉과는 명백히 다른 것이다. 죄의식은 잘못된 일을 했을 때 생기는 것이고, 수치심은 그것이 발견되었을 때 또는 발견될지도 모른다는 예상 때문에 생긴다. 말하자면 수음을 하거나 금고에 손을 대다가 들켰을 때 등이다. 메릴랜드 대학의 정신병 학자 레온 웜서 Leon Wurmser는 『수치심의 가면 The Mask of Shame』에서 〈수치심의 필수적인 측면은 역할 발견 놀이다〉라고 했다. 수치심은 일반적으로 갑작스럽게 폭로되고, 이 폭로는 기대와 실패가 불일치함을 드러내 준다. 그 느낌은 갑자기 다가오는 것으로, 날카로우며 피할 수 없는 모욕을 안겨 준다. 자신이 어떻다고 말하는 자신과 공적인 얼굴에 오점을 남긴 실패가 밝혀 준 자신의 모습 사이에 생기는 엄청난 차이로 인한 것이다.

웜서가 지적하기를 실제로 탄로난 것이 아니라도, 단지 탄로날 것이라는 생각에 수치심을 느낄 수도 있다. 〈우리는 거울에 비친 자신의 모습에 얼굴을 찌푸리며 내면으로 느끼는 수치심으로, 자신을 무시하고 과소평가할지도 모른다. 아무도 이 얼룩을 본 적이 없지만,

수치심은 남는다.〉

가장 분명한 수치심의 모습은 달아나고 싶은 충동이다. 웜서에 따르면, 〈숨는 것은 수치심 개념에서 본질적이고 필수 불가결한 것〉이다. 사람은 〈숨고 도망가고 '얼굴을 가리고', '땅속으로 꺼져 버리고 싶은' 욕망〉을 경험한다. 그것이 바로 수학 시험에서 2등에 그친 모욕을 느꼈을 때 라마누잔이 취한 행동이었다. 발견한 결과를 숨겨 버린 것이나, 비자가파트남으로 달아나 버린 것도 이러한 심리 상태를 확인시켜 준다. 이 기간 동안 라마누잔은 〈정신 이상〉에 시달렸다고도 한다. 또 혹자는 〈일시적인 정신 불안정〉이라고 진단하기도 한다. 어쨌든 수치심을 민감하게 받아들여 이러한 심적 상태를 폭발시킨 것이다.

몇 년 후 학교에서 낙제했던 기억 때문에 라마누잔은 또 다른 시험을 통과하여 장학금을 잃지 않는다는 확신을 얻고 싶었다. 관립대학에서의 대실패는 그에게 모욕을 안겨 주었으며, 이는 분명 정신적 충격이었다. 평생 늘 그랬었지만, 그의 충동은 탈출하는 것이었다. 비자가파트남으로 도주함으로써 그는 이 충동에 굴복했다.

지적 문외한인 대중을 잘 알지 못하는 사람, 예를 들면 수학자가, 대중이 자신을 어떻게 인식하는지 신경 쓰는 일이 모순되는 것만은 아니다. 라마누잔은 자신의 수학적 재능을 자신하고 있었다. 그러나 사회적으로 그는 철저한 순응자였다. 그는 다른 사람이 지나갔던 수학적 길을 따르는 것은 전혀 개의치 않았다고 하더라도, 자신이 택한 길에 대한 사람들의 평가에 무척 신경 쓰고 있었다.

후에 영국에서 부여하는 수학상에 대해 알게 되었을 때 라마누잔은 자신이 그 상에 지원해도 되는지 적극 알아보았다. 공식적이고 대외적으로 인정받는 일에 그는 결코 무관심하지 않았으며, 안 그런 척하지도 않았다. 영국이 그에게 높은 명예를 수여했을 때, 그의 감사 편지는 흥분으로 들떠 있었다.

그가 수학자로서 존경받았는가? 충실한 아들이자 선량한 브라만이었는가? 주요 장학금을 받았는가? 상을 받았는가? 그 대답은 인정받고 성공했다는 외적 표시이기 때문에 중요했다. 그것은 특히 타인의 견해에 예민했던 십대에서만 아니라 지금에 이르러서도 마찬가지였다.

라마누잔의 젊은 시절을 살펴보면, 그는 거리에서 뛰노는 친구들의 소란스러운 놀이 따위는 잊고 그의 집 피알에서 진을 치고, 수학에 몰두했던 소년이었다. 한때 그는 대중의 일부분이 되기를 원했을 것이다. 대중에게 재능을 인정받으려는 욕구와 그 욕구가 거부되었을 때의 고통, 그리고 사회의 경멸에 민감했다는 사실 등은 라마누잔이 얼마나 신경을 쓰고 있었는지 말해 준다.

또 다른 시도

파차이야파 무달리아르Pachaiyappa Mudaliar는 1784년 가난한 시골에서 태어난, 2개 국어에 능숙한 두바시 dubash로서 영국과의 교류에 중계자 역할을 했다. 스물한 살 때 큰 재산을 모으고, 마흔여섯에 세상을 떠나면서 거액의 재산을 헌납했다. 1889년 그의 이름을 붙인 대학이 설립되어 인도인에게만 개방되었는데, 1906년에 이르러 이름 있는 교육 기관으로 성장했다. 아테네의 테세우스 사원을 본떠 큰 기둥 구조로 지어진 학교 건물은 마드라스의 번화한 조지타운 구의 중국 시장가로 알려진 곳에 있었다.

라마누잔이 가는 곳은 이 파차이야파 대학이었다. 1906년 어느 날, 라마누잔은 마드라스의 에그모레 Egmore 역에 일찍 도착했다. 그러나 너무 지치고 낯선 나머지 대기실에서 잠이 들고 말았다. 누군가 그를 깨워 자기 집으로 데려가 음식을 주고 길을 알려 주어 대학으로 보냈다.

인도에서 대학 학위는 좋은 직장을 얻기 위한 필수 요건이었다. 직장은 물론이고 경력상 좋은 출발을 보장해 주었다. 학위는 여러 과정을 이수하고 좋은 성적을 얻어야 하는 것이 아니라, 마드라스 대학이 주관하는 시험에 합격해야 취득했다. 〈대학〉은 교사도 학생도 아닌, 단지 시험 기관이었다. 쿰바코남 대학에서 라마누잔의 동료들 중에는 이 중요한 시험을 제대로 준비하기 위해, 남인도의 최고 명문인 마드라스 관구대학으로 학교를 옮기기도 했다.

쿰바코남에서 실패한 지 1년 후, 이제 18세가 된 라마누잔은 마드라스에서 다시 한번 대학에 도전했다.

그는 한동안 파차이야파에서 한 블록 정도 떨어져 과일 시장 대로변의 샛길에 있는 할머니 집에서 살았다. 생동감도 없고 밀폐된 듯한 공기가 드리워져, 늘 칙칙하고 어두웠지만 어떻게든 그는 학교로 돌아간 것이다.

수학 교수가 라마누잔의 노트를 보고 큰 감명을 받아 학장에게 소개하자, 학장은 그 자리에서 부분 장학금을 약속했다.

수학 교수 라마누자차리아르 N. Ramanujachariar는 대수학이나 삼각법 문제 풀이 계산으로 두 개의 칠판을 가득 채우곤 했다. 라마누잔은 일어나 그 문제를 서너 단계로 풀어 보였다. 약간 귀가 어두운 라마누자차리아르는 〈어, 그게 무슨 뜻이지?〉라고 묻곤 했다. 그러면 라마누잔은 다시 한번 설명했다. 때때로 그는 강의를 멈추고 라마누잔을 향해 〈라마누잔, 자네는 어떻게 생각하지?〉 하고 물어 보기도 했다.

라마누잔은 가끔 대학의 상급 수학 교수인 싱가라벨루 무달리아르 P. Singaravelu Mudaliar와 어울렸다. 싱가라벨루는 근처 도시에 있는 더 유명한 관구대학 Presidency College에서 수학과 조교수로 일한 적이 있었는데, 파차이야파 대학으로서는 큰 수확이라고 할 만한 인물이었다. 그는 라마누잔의 수학적 재능에 놀랐다. 두 사람은 함께 수학 저널에 나온 문제와 씨름하곤 했다. 라마누잔은 풀리지 않는 문제가 있으면, 싱가라벨루에게 넘겨 주었다.

모든 사람들이 라마누잔의 재능에 경탄했다. 그러나 새로운 것은 전혀 없었다. 그 재능에서 뭔가 분명한 것을 얻을 수 없다는 점 역시 달라지지 않았다. 쿰바코남에서의 경험이 그대로 파차이야파에서 반복되고 있었던 것이다. 관립대학에서 낙제한 것은 영어였는데, 그 자리를 이제는 생리학이 차지했다. 그는 생리학에 지루함을 느꼈을 뿐 아니라 혐오감마저 갖고 바라보았다.

생리학 교재는 케임브리지 학자, 마이클 포스터 Michael Foster와 루이스 쇼어 Lewis E. Shore가 1894년 출판한 『초보자를 위한 생리학 *Physiology for Beginners*』이었다. 이 책은 19세기 후반 과학이라고 간주되던 사실들을 단순히 설명하는 내용으로 되어 있다. 〈위의 왼쪽 상부는 식도로 연결되는 입구이다. 식도는 입으로부터 목과 흉부를 지나 횡경막을 통해 위로 이어진다〉는 식의 설명이다. 껍질이 벗겨지고 내장이 상세히 그려진 토끼, 한쪽 면을 가득 차지한 양의 심장, 사람의 입과 혀의 단면 등이 실려 있었다.

이것은 수학의 추상적인 깊이와는 거리가 먼 것이었다. 수학이 냉철한 기하학적 우아함을 지닌 〈아르데코 art deco〉라면, 생리학은 유동적이고 화려한 〈아르누보 art nouveau〉라고 할 수 있다. 라마누잔은 엄격한 채식주의자였으므로 생리학은 전혀 구미에 맞지 않았다. 이 책의 3장은 〈껍질을 벗기지 않은 방금 죽은 토끼를 구해 오라〉고 시작된다. 그리고 〈토끼의 사지를 바닥에 붙여 고정시킨 다음, 끝이 예리한 작은 칼과 가위로⋯⋯〉라고 이어진다.

라마누잔은 이러한 내용에 냉소적 반응을 보였다. 교수가 마취시킨 큰 개구리를 나누어 주고, 인간과 개구리의 생리학적 유사점을 하나씩 설명하면, 라마누잔은 느닷없이 〈그러면 이 개구리에게 뱀은 어디에 있습니까?〉라고 소리쳤다. 이것은 〈나데 nade〉, 즉 뱀의 힘을 지칭하는 것으로, 힌두교에서 인간 본성을 의미하는 것이다. 또 소화 기관에 관한 시험에서 라마누잔은 답안지에 간단히 몇 줄 쓰고 이름도 적지 않은 채, 뒷면에 〈선생님, 이것은 소화 단원에서 저에게 소화되지 않은 부분입니다〉라고 써서 제출했다. 교수는 이 답안지가 누구의 것인지 금방 알았다.

라마누잔이 생리학에서 낙제했다는 말을 할 필요도 없다. 수학을 제외하고는 모든 과목의 성적이 좋지 않았지만, 특히 생리학은 하위 10퍼센트에 해당되었다. 그는 세 시간짜리 수학 시험을 30분 만에 마쳤다. 그러나 그런 사실이 어떤 결과를 이루지는 못했다. 1906년 12월 그는 다시 F.A.시험에 응시했으나 실패했다. 이듬해 다시 응시했으나 결과는 같았다.

1904년과 1905년 쿰바코남의 관립대학에서, 1906년과 1907년 마드라스의 파차이야파 대학에서······. 20세기 첫 10년 동안, 남인도에서 라마누잔을 위한 상급 교육 기관은 더 이상 없었다. 그에게는 천부적 재능이 있었으며 누구나 그것을 알고 있었다. 그러나 그 사실만으로는 그가 학교에 머물거나 학위를 취득하는 데는 불충분했다.

체제는 변하지 않았다.

영국 작가 허버트 콤프턴 Herbert Compton은 그 시대에 야망에 불타는 젊은 인도인이 대학 학위에 보였던 집념을 이렇게 묘사했다. 〈현세의 이익은 대중에게 턱없이 부족했고, 그 결과 굶주린 '지원자'들을 양산했다. 이 '지원자'란, '오메드와르 omedwar'라는 토속 호칭을 문자 그대로 번역한 것이다. 그들은 마냥 기회를 기다리고, 한없이 게으르고, 교육의 의도와는 완전히 상반되는 과정에 끌려갈 뿐이었다.〉 1908년 라마누잔은 바로 이 오메드와르였다. 학교를 마치고 직업도 없이 쿰바코남의 집 주위를 배회했다.

라마누잔의 아버지는 한 달에 20루피 이상을 번 적이 없었다. 1루피로 쌀 11킬로그램 정도를 살 수 있다. 주위 마을의 농부들은 하루에 4-5애나 또는 0.25루피를 벌었다. 그래서 많은 가정들이 라마누잔보다 더 가난하게 살았다. 그러나 라마누잔이 이사 온 브라만 마을의 기준으로 볼 때 그것은 궁핍에 가까웠다.

집에서는 하숙을 들여 매달 10루피를 벌었다. 코말라타말은 사원 성가대에서 몇 루피를 더 벌었다. 그래도 라마누잔은 가끔 굶었다.

종종 이웃집 할머니가 그에게 점심을 주었다. 친구 수브라마니안 S. M. Subramanian의 집에서는 그를 불러 도사이 dosai를 주었다. 도사이는 콩으로 만든 팬케이크이다. 1908년 어느 날에는 라마누잔의 어머니가 수브라마니안의 집에 들러 쌀이 떨어졌다고 푸념했다. 친구 어머니는 그녀에게 먹을 것을 주고 라마누잔을 데려다 밥과 버터를 배불리 주었다.

돈을 벌기 위해 라마누잔은 친척 친구들에게 접근했다. 그들 중에는 부칠 돈이나 책, 또는 가정 교사가 필요한 아들이 있었다. 라마누잔은 달마다 7루피를 받고 관립대학 철학 교수의 아들, 비스와나타 사스트리 Viswanatha Sastri를 지도했다. 매일 아침 일찍 라마누잔은 대수학과 기하학, 삼각법을 가르치기 위해 도시의 반대쪽 끝에 있는 솔라이아파 무달리 Solaiappa Mudali 가에 있는 소년의 집까지 걸어갔다. 그는 교재에 매달리지 않았다. 하루는 표준적인 방법을 가르치고, 비스와나타가 잊어버리면 이튿날 전혀 새로운 방법을 고안했다. 이어 그는 보통 교사라면 가르치지 않는 영역에 빠져들었다.

라마누잔은 때때로 철학적 경계를 훌쩍 뛰어넘었다. 삼각함수 문제에선가 벽의 높이를 토론하면서 라마누잔은 그 높이가 상대적이라고 주장했다. 개미나 물소에게 담이 얼마나 높다고 말할 수 있을까? 한번은 아무도 보는 사람이 없을 세상이 처음 창조되었을 때의 모습이 어떠했을까 묻기도 했다. 그는 또 작고 장난스러운 문제 내기를 좋아했는데, 비스와나타와 그의 아버지에게 다음과 같은 문제를 내기도 했다. 길이가 40,000킬로미터인 적도를 끈으로 꼭 조인 다음 2π 미터(약 6미터)를 느슨하게 하면 끈은 지구 표면에서 얼마나 떨어질까요? 1센티미터의 몇 분의 일 정도로 무척 작은 거리일까요? 아니오, 1미터입니다.

비스와나타 사스트리는 라마누잔의 수업이 매우 재미있다는 것을 알았다. 그러나 다른 학생들은 그렇지 않았다. 고등학교 때부터 친구였던 고빈다라자 이옌가르 Govindaraja Iyengar가 라마누잔에게 B.A.

시험의 미적분학을 도와 달라고 부탁해 2주 동안 서로 만났다. 모두들 미분적학이 강력한 수학적 도구라고 생각했다. 그래서 대부분의 학생들이 배울 뿐만 아니라, 거의 모든 시험에서 출제되었다. 무한히 작거나 무한히 큰 성질에 관해 제시하는 미묘한 문제에 미적분학이 사용된다. 라마누잔은 학생의 실용적 필요나 욕구 따위는 신경 쓰지 않고 후자만을 강조했다. 〈그는 무한대나 무한소에 대해서만 이야기했다〉고 고빈다라자는 말했다. 고빈다라자는 지적인 면이 그리 변변치 않았는데, 나중에 인도 공익사업 위원장이 되었다. 〈나는 그가 가르치는 내용이 실제로 시험에 유용하지 않다고 느껴 포기했다.〉

라마누잔은 모든 장학금을 잃고 낙제까지 했다. 그나마 그가 좋아하는 과목의 가정 교사로서도 자리가 없다는 것을 알게 되었다. 그는 가진 것이 전혀 없었다.

그러나 조금만 달리 살펴본다면, 그는 모든 것을 갖고 있었다. 이제 수학 노트를 작성하는 일로부터 그를 떼어 놓을 것이 아무것도 없었기 때문에 노트는 날마다 공식으로 가득 채워지고 있었다.

노트

〈공식 하나를 증명하다가 다른 것을 많이 발견하였고, 그래서 그 결과를 기록하려고 노트를 작성하기 시작했다.〉몇 년 뒤 라마누잔의 친구 네빌은 『노트 Notebooks』에 대하여 이렇게 설명했다. 물론 1904년부터 1907년까지 힘겹게 대학을 다니던 시절 카의 『개요』를 공부하던 것에서 초기 형태를 갖추기 시작했다.

라마누잔이 사망한 후 그의 동생은 정리되기 이전의 내용과 자료, 날짜 등의 수기 내용들을 연이어 출판할 준비를 했다. 『노트』는 그 원형을 유지하고 있어서, 교정을 기계적으로 수월하게 할 수 있는 컴퓨터와 워드 프로세서가 존재하기 이전의 세계를 회상시킨다. 계속

이어지는 변형을 통해 내용이 복사되고 또 복사되어 나올 때마다, 엉성하게 끄적거린 내용들이 점점 간결해지고, 정리되고, 세련되어 가는 것을 볼 수 있다.

이것이 라마누잔의 『노트』의 기원이라고 할 수 있다.

처음 출판되어 현재 전해져 내려오는 『노트』는 라마누잔이 1907년 파차이야파 대학을 떠날 즈음 준비한 것으로 추정된다. 이른바 〈특이한 녹색 잉크〉로 쓰여졌으며, 200쪽이 넘는 분량에 초기하급수 hypergeometric series와 연분수 continued fraction, 특이 모듈러 singular moduli 등에 대한 공식이 가득 차 있다.

그러나 이 〈처녀작〉은 후에 증보, 개정되어 2판으로 나왔는데, 괴상한 공식의 기록 이상의 의미를 지니고 있었다. 개정판은 각각의 주제에 따라 장으로 분리하여, 논리적 순서로 정리에 번호를 붙여 놓았다. 라마누잔은 이렇게 구성하면서 자신의 작업을 검토하고 형식을 갖추어 제시함으로써 직업을 구하는 데 도움을 얻으려 했던 것 같다. 바꾸어 말하면 『노트』는 편집된 것이었다. 착오가 거의 없고 대부분의 내용을 쪽마다 15-20줄씩 보기 쉽게 배열하여 무슨 말인지 애써 살펴볼 필요가 없게 되어 있다. 이 노트는 결코 즉석에서 기록한 것이 아니며, 초안이나 단편적인 내용을 엮어 놓은 것이 아니었다. 오히려 벽을 따라 예술 작품을 잘 배열하여 관람객을 차분히 안내하는 박물관 같았다.

이 같은 편집 체제는 의도된 것이었다. 처음에 라마누잔은 단원을 조직적으로 정돈하고 오른쪽 면에만 기록하는 방법을 택했다. 그러나 나중에 그 결심은 무너진 것 같다. 그는 반대쪽 면에 끄적거린 내용이나 아직 분류되지 않은 결과를 기록하기 시작했다. 수학적 메모가 쌓이고 손놀림은 더 격렬해졌다. 그가 끄적거린 메모는 놀라운 경지에 이른 내용을 담고 있었으며, 때때로 페이지를 가로지르기보다는 위아래로 행진하는 것 같았다. 라마누잔은 노트를 초기 형태로 보존할 작정이었다. 연습장이나 석판이 없을 때는 노트 여백에 아이디어나 발견된 사실들을 기록했다. 그 결과 현재 전해 내려온 것은 질풍 같은 생각이 종이와 잉크를 통해 재현된 것이다.

출판된 노트에 앞서 나온 초기의 노트는 바로 이 같은 라마누잔의 정열 속에서 나온 것으로 판단된다. 라마누잔은 카의 책에 실린 정리들을 증명해 볼 생각으로 시작했지만, 곧 스승을 앞질러 버렸다. 탐구하는 동안 그는 새로운 공식을 보고, 카가 밟지 않은 영역이나 아무도 간 적이 없는 곳에 발을 들여놓기도 했다. 날마다 새로운 정리가 튀어나오던 어느 순간, 그는 기록해야겠다는 생각을 하게 되었다. 몇 년에 걸친 작업과 뒤이어 나온 개정판이 이렇게 시작되었고, 아무렇게나 휘갈긴 낙서들이 출판된 『노트』로 발전되어, 오늘날 순수 수학의 한 축을 지탱할 수 있게 한 것이다.

〈구아바와 그 세 배의 바나나를 훔친 원숭이 두 마리가 막 잔치를 시작할 때, 거동이 불편한 과일 주인이 막대기를 들고 오는 것을 보았다. 원숭이는 주인이 도착하려면 $2\frac{1}{4}$분이 걸릴 것이라 예상했다. 분당 열 개의 구아바를 먹는 원숭이가 $\frac{2}{3}$분 만에 제 몫을 다 먹고, 바나나를 먹고 있는 다른 원숭이를 도와 제시간에 모두 먹어치웠다. 첫번째 원숭이는 바나나를 구아바보다 두 배 빨리 먹는다면 두번째 원숭이는 바나나를 얼마나 빨리 먹을 수 있을까?〉

흥미로운 이 문제는 라마누잔 시절 이전에 인도 수학 교과서에 있던 것이다. 이런 식의 문제는 수학자들의 건조한 기교에 생명과 색채를 불어넣는 것 같아 교육자들이 선호했다. 그러나 해법이 까다로운, 이렇듯 사소한 기교 따위는 라마누잔의 노트를 가득 채운 수학과 거리가 멀었다.

흥미를 끌기 위해 구아바를 씹어 먹는 원숭이를 보여 줄 필요가 없었다. 그에게 중요한 것은 방정식이 상징하는 것이 아니라 방정식 자체, 그 패턴과 형식이었다. 그에게 즐거움이란 정답 수치를 구하는 것이 아니라, 방정식을 뒤집어 보고, 들여다보고, 새로운 가능성을 발견해 가는 과정이었다. 그것은 마치 시인이 언어와 이미지를, 화가가 색과 선을, 철학자가 생각을 다루는 것과 같았다.

라마누잔의 세계는 수가 제 나름의 특성을 지닌 곳이다. 화학을 공부하는 학생은 여러 원소가 지닌 성질, 원소 주기표에서 그 원소가 차지하는 위치, 그 원소가 속하는 부류, 그 나름의 원소 구조에서 화학적 성질이 발생하는 원리 등을 배우게 된다. 수 역시 명백한 부류와 범주에 해당하는 나름의 성질을 갖고 있다.

수에는 2, 4, 6과 같은 짝수가 있고, 1, 3, 5와 같은 홀수가 있다.

2, 3, 17과 같은 정수가 있고, 17¼과 3.778과 같은 정수가 아닌 수가 있다.

4, 9, 16, 25와 같은 수는 정수 2, 3, 4, 5를 그 자신과 곱하여 만들어진다. 이것을 〈제곱수〉라고 하는데, 3, 10, 24 같은 수는 제곱수가 아니다.

6은 2와 3이라는 서로 다른 수를 곱하여 얻어진다는 점에서 근본적으로 5와는 다르다. 반면 5는 그 자신과 1을 곱해서만 얻어진다. 수학자들은 5와 같은 종류의 수(2, 3, 7, 11 등, 그러나 9는 아니다)를 〈소수素數〉라고 부른다. 이에 반해 소수의 곱으로 만들어지는 6과 같이 소수가 아닌 수를 〈합성수〉라고 부른다.

그리고 〈무리수〉가 있는데, 무리수는 정수나 정수의 비율로 나타낼 수 없어서, $\sqrt{2}$가 대략 1.414…인 것처럼, 소수점 아래로 아무리 많이 나타낸다 해도 근사치밖에 되지 않는다. 반면 3, ½, 9¹¹⁄₁₆과 같은 수는 〈유리수〉이다.

−1의 제곱근과 같이, 보기에 불가능하고 모순인 듯이 보이는 수는 어떠할까? 음수와 음수를 곱하면, 수학적 관례에 따르면, 양수가 된다. 그러면 어떤 수를 자신과 곱하여 음수를 만들 수 있을까? 물론 보통 수로는 그렇게 할 수 없다. 그것이 가능한 수를 〈허수〉라고 부르고 i로 표시한다. $\sqrt{-16} = 4\sqrt{-1} = 4i$이다. 이런 수도 다른 수처럼 다룰 수 있고 항공역학이나 전자공학과 같은 분야에서 폭넓게 응용되는 것으로 드러났다.

이러한 것은 수학에서 종종 일어나는 일이다. 처음에는 자의적이며 사소하고 모순되어 보이는 개념도 수학적으로 심오하고, 게다가 실용적 가치가 있는 것으로 밝혀지기도 한다. 1, 2, 7 같은 보통 수를 접하는 천진난만한 어린 시절이 지난 후에 −1이나 −11과 같은 음수를 대하면 불안할 수도 있다. 그러나 그 개념을 받아들이는 데 그리 애쓸 필요는 없다. t가 상승하는 기온을 나타낸다고 할 때 기온이 6° 떨어졌다면, 같은 기온이 상승했음을 나타내는 $t=6$으로 표현할 수는 없다. 다른 수 −6이 필요하다. 어느 정도 이와 유사하게, 자의적이고 아주 기이한 그 밖의 수학적 개념과 마찬가지로, 허수는 명확하게 이해된다.

라마누잔의 『노트』는 넓은 영역에 걸쳐 있다. 그러나 이 영역은 사실 〈순수 수학〉이다. 어떤 부분에 적용되든 라마누잔은 그 실용적인 응용을 염두에 두지 않았다. 그는 원숭이와 구아바 문제를 보고 큰 소리로 웃었을 것이며, 남인도의 쌀 수확 증대나 수도 체제 개선 따위에는 전혀 관심을 두지 않았다고 할 수 있다. 오히려 그는 수학을 하기 위해 수학을 할 뿐이었다. 라마누잔은 예술가였다. 그리고 수와 수의 관계를 표현하는 수학적 언어는 예술을 위한 그의 도구였다.

라마누잔의 『노트』는 매우 특이한 기록들로 이루어져 있다. 널리 표준화된 용어도 『노트』 안에서는 새로운 의미를 갖는다. 그래서 보통은 일상적인 용도로 보편화된 규칙을 표현하는 것이지만 라마누잔에게 〈예〉는 완전히 새로운 정리이다. 〈따름정리 corollary〉란 다른 정리에서 자연스럽게 유도되는, 다시 증명할 필요 없는 정리이지만 라마누잔에게 〈따름정리〉는 일반화이며 그 나름의 증명을 요하는 것이다. 그의 수학 표기법은 어느 누구와 닮지 않을 때도 있다.

수학에서 x와 y를 사용할 때 특별한 규칙에 의한 것은 아니다. 방정식은 심오한 수학적 진실을 밝혀 내는 것인데, 이때 다양한 값에 부여되는 문자와 기호를 어떻게 배치하는가 하는 문제는 다분히 자의적이다. 그러나 확립된 수학의 분야에서는 통상 하나 또는 극소수의 기호 체계가 통용된다. 이를테면, 새로운 분야를 개척하던 수학자가 그리스 문자 π를 어떤 변수를 나타내도록 지정했는데, 이 π가 역사적 사건이나 습관 때문에 수학적 용어로 굳어졌다.

예를 들면 고등학교 대수에서 잘 알려진 이차방정식(포물선을 나타낸다)의 두 근은 다음과 같이 주어진다.

$$x = \frac{-b + -\sqrt{b^2 - 4ac}}{2a}$$

여기서 a, b, c는 상수이고, x는 변수이다. 방정식이 이 형태로 정립되어 있기 때문에 다른 형태는 생각하기 어렵다. 그러나 상수들을 p나 q, r로 나타낼 수 없다는 이유는 없다. m_1이나 m_2, m_3도 마찬가지이다. 제곱근 기호 안의 값은 두 제곱수의 차로 볼 수 있으며, 둘로 분해된다. 제곱근 자체도 분수 거듭제곱으로 나타낼 수 있다. 그렇게 하면

$$x_1 = -\frac{1}{2}\frac{m_2}{m_1} + \frac{[(m_2 + 2\sqrt{m_1 m_3})(m_2 - 2\sqrt{m_1 m_3})]^{\frac{1}{2}}}{2m_1}$$

$$x_2 = -\frac{1}{2}\frac{m_2}{m_1} - \frac{[(m_2 + 2\sqrt{m_1 m_3})(m_2 - 2\sqrt{m_1 m_3})]^{\frac{1}{2}}}{2m_1}$$

이것은 공인된 형식에 들어맞기 때문에 여기서 수학적 계산은 문제가 되지 않는다. 그렇지만 얼른 보아서는 알기 힘들다. 누군가 독자적으로 어떤 결과를 얻고, 정립된 표기법을 알지 못해 그것을 낯설게 표기한다면, 사람들이 이해하는 데 공연한 어려움에 시달리고, 정통이 아니며 괴상하다고 할 것이다.

이것이 바로 당대, 그리고 현대의 수학자들이 라마누잔의 『노트』를 보는 시각이다. 타원 함수에서 중요한 상수인 모듈러스를 나타내

는 데 모든 사람이 k를 사용했지만, 라마누잔은 그리스 문자 $\sqrt{a}$ 또는 $\sqrt{x}$를 사용했다. 그의 노트에서 때때로 n은 연속적 변수를 나타내는데, 전문 수학자들은 그런 의미로 n을 절대 쓰지 않는다. 모든 사람이 1부터 정수 x까지 사이에 있는 소수의 개수를 나타낼 때 사용하는 $\pi(x)$는 아예 나타나지도 않는다.

라마누잔의 업적에 〈틀린〉 것은 없다. 단지 〈이상할〉 뿐이다. 그는 다른 수학자들과 교류하지 않았다. 그는 『런던 수학회 논문집 Proceedings of the London Mathematical Society』도 읽지 않았다. 수학회 회원도 아니었다. 그래서 오늘날 학자들이 그의 저작을 인용하려면 〈라마누잔의 표기로〉라거나 〈라마누잔의 아이디어를 표준 표기법으로 나타내면〉이라는 말을 덧붙여야 한다.

그는 호주의 바늘두더지나 갈라파고스의 거북이처럼 진화의 주류에서 벗어난 별종 같았다.

라마누잔의 『노트』에 실린 기호들이 수학자들에게 별나게 보였으니, 문외한에게는 거의 외국어나 같았다.

라마누잔의 『노트』에 흩어져 있는 $f(x)$나 그 밖의 〈함수 표기법〉의 예를 들어보자. x에 대한 함수 $f(x)$는 f와 x를 곱한다는 의미가 아니라, x의 어떤 구체적으로 정하지 않은 함수를 뜻한다. 즉 무언가가 x에 의해 좌우된다는 것이다. 함수를 정의하지 않고는 어떻게 좌우되는지 알 수 없다. 그래서 이를테면 $f(x)=3x+1$과 같이 정해 준다. 그러면 x에 의해 어떻게 결정되는지 알게 된다. 대수적 식이 그 수학적 행동을 알려 주는 것이다. 이 경우 $x=1$이면 $f(x)=4$이고, $x=2$이면 $f(x)=7$이다. 그러나 수학자들은 구체적으로 규정하는 것을 원치 않는다. 함수 표기법을 사용하면 특정한 경우에 구속되지 않고 더 추상적인 영역에서 작업할 수 있다.

a와 b에 대한 함수 $\phi(a, b)$는 변수 a와 b로 결정되는, 구체적으로 정해지지 않은 함수 ϕ를 뜻한다. $f(3)$은 $x=3$일 때 계산되는 $f(x)$를

의미한다. 그리고 $g(-x)$는 $x=1$일 때 -1을, $x=2$이면 -2를 방정식에 대입하는 것을 의미한다. 이처럼 수학자들은 특정 함수에 매달리지 않고 넓게 다루며 자신의 세계를 만들어 간다.

때로는 $f(x)$를 구체적인 함수로 만들어 독특하게 드러나는 성질들을 찾기도 한다. 예를 들어, 첫번째 『노트』의 75쪽에서 라마누잔은 그 앞에서 정의한 특정 함수를 다음과 같이 표시하고 있다.

$$\phi(x) + \phi(-x) = \frac{1}{2}\,\phi(-x^2)$$

이를테면, $x=\frac{1}{2}$일 때와 $x=-\frac{1}{2}$일 때의 $\phi(x)$를 계산하여 그 두 결과를 더하면 그 값은 $x=-\frac{1}{4}$일 때 함수를 계산한 값의 절반과 같게 된다. 그러나 라마누잔의 방정식은 그것을 훨씬 더 일반적으로 말하면서 함수의 수학적 특성을 드러낸다. 그처럼 많은 말을 사용하지 않으면서 자신의 뜻을 밝히는 것이다.

이것이 라마누잔이, 그리고 모든 수학자들이 장황한 말 대신 첫눈에 보기에 외계인의 언어 같은 그들의 언어를 사용하는 이유 중 하나이다. 라마누잔은 첫번째 『노트』 86쪽과 여러 곳에서 그리스 문자 시그마, $\sum$를 단지 〈……의 합〉의 뜻으로 사용하고 있다.

$$\sum_{k=1}^{\infty} \frac{x^k}{k}$$

와 같은 기호는 〈x의 k제곱을 k로 나눈 항들의 k가 1부터 무한대에 이르기까지의 합〉이라고 읽는다. 곧 〈k에 1을 대입하고, 다음에 2를 대입하여 앞의 것과 합하고,…… 이런 식으로 계속한다〉는 의미다. 그러면 다음과 같아진다.

$$x + \frac{x^2}{2} + \frac{x^3}{3} + \frac{x^4}{4} + \cdots$$

수학은 낯선 용어 뒤에 숨어 있는, 이처럼 단순한 아이디어로 가득하다. 양수와 음수가 번갈아 나타나는 항들의 급수를 말하려면? 간단하다. $(-1)^k$를 넣으면 된다. 음수 곱하기 음수는 양수이고, 음수 곱하기 양수는 음수이므로, k에 정수를 차례로 대입하면 부호는 자동적으로 플러스와 마이너스가 교대로 이어진다. 혹 1, 3, 5, 7 같은 홀수만 말하고자 한다면, $2n+1$로 나타내면 된다. n이 0이면 $2n+1$은 1이고, $n=1$이면 $2n+1=3$, $n=2$이면 $2n+1=5$, ….

짧고, 신선하며, 분명하다.

글을 모르면 취업 원서를 쓸 수 없고, 『리어 왕 *King Lear*』을 쓸 수도 없다. 그러나 글을 안다 해서 윌리엄 셰익스피어 William Shakespeare의 희곡을 쓰기에 충분한 것은 아니다. 똑같은 사실이 라마누잔의 노트에도 적용된다. 휘갈긴 수학 내용들이 전문 수학자에게는 전혀 어렵지 않다. 『리어 왕』을 쓰는 것과 마찬가지로 작업을 요하는 것은, 그것이 말하는 내용이다.

그리고 그 작업은 수학적 대상을 표현하고, 연산을 수행하고, 특별한 경우를 시도해 보고, 기존 정리를 새로운 영역에 적용해 봄으로써 이루어진다. 그러나 작업의 일부는 역시 수학적 계산이다. 라마누잔은 친구처럼 수를 좋아했고, 함께 있는 것을 즐겼다.

출판된 『노트』에서조차 라마누잔은 다른 사람이라면 추상적으로 남겨 두었을 것을, 구체적인 수치를 대입하여 함수가 어떻게 〈행동하는지〉 느끼게 했다. 어떤 페이지는 $\sum$와 $f(x)$ 없이 61과 3533이 넘쳐 수학 논문이라기보다는 초등학생 수학 숙제처럼 보였다. 바로 수학적 연마였다. 그는 수없이 그렇게 했다. 후에 라마누잔 연구가인 윌슨은 수론에 대한 라마누잔의 연구에 대하여 말하면서 〈대부분의 사람들이라면 주눅이 들 긴 수치 계산이 먼저 표로 나온다〉고 했다.

거기에 많은 사람들이 기가 죽는다. 존경하는 의미도 있지만 비웃음도 섞여 있다. 마치 모든 사람들 중에서 라마누잔만이 수학의 왕국에 기꺼이 몸을 구부리고 있는 것만 같다. 그리고 라마누잔은 자신의 재료에 몸을 던지는 예술가 같았다. 화가가 물감 섞는 일에 매달리는 것이나, 음악가가 끊임없이 음계 연습을 하는 것처럼 그는 수와 친숙해지고 있었다.

그의 직관력은 도움이 되었다. 그는 매일 밤 연구소를 지키며 다른 사람이 놓쳐 버린 것을 살펴보는 타고난 연구가와 같았다. 훗날 그의 친구는, 라마누잔은 다른 학생들이 어려워하는 문제를 보자마자 해치울 수 있었다고 회상했다. 그러나 라마누잔이 매달린 문제는 다른 학생들이 매달린 학과 문제처럼 힘겨운 것이었다. 그의 성공은 전적으로 번쩍이는 영감에 기인한 것이 아니라, 힘든 노력의 결과인 것이다. 그것은 잘못된 출발에서 얻어진 것이다. 그리고 시간이 필요했다.

그리고 그것이 바로 아이러니였다. 학교에서 낙제한 덕에 그에게 남는 것이 시간이었다.

신에 대한 생각

라마누잔은 F.A.시험에 떨어지고 인도 교육 체계의 숨막힐 듯한 경직성을 경험했다. 그에게 대학의 목표는 오만한 정신과 독립과 깊은 사고를 억누르는 것인 양 보였을 것이다. 사실 인도의 고등교육이 색다른 재능의 육성에 실패한 것은 관료 체계와 정책, 규범이 얼마나 중요한가를 보여 주는 예다. 사람들은 개인적으로는 라마누잔을 존경했다. 그러나 제도는 그를 위한 자리를 마련해 주지 못했다. 결국 〈쉴 틈 없고 야심에 찬 정신〉이 아니라 영리하고 다재다능하여 영국이 인도를 통치하는 데 도움이 되는 젊은이를 계획적으로 대량 생산한 것이다.

1904년부터 1909년까지 최소한 5년의 대부분을 라마누잔은 학교에서 나와 학위도, 직장도, 수학자들과의 교류도 없이 버둥거리며 보냈다.

반이 비어 있는 컵인가? 아니면 반이 채워진 컵인가?

벨 E. T. Bell이 ≪수학하는 사람들 Men of Mathematics≫에 실었던 것처럼, 19세기 위대한 수학자 야코비 Jacobi는 다음과 같이 말했다. 〈젊은 수학자들은 차가운 물 속에 빠뜨려져 수영을 배우든지 익사하든지 해야 한다. 많은 학생들이 다른 사람이 해 놓은 문제들을 습득할 때까지 자신만의 계산을 시도하기를 미룬다. 그 결과 독자적인 연구 요령을 거의 배우지 못한다.〉

라마누잔은 몇 년간 혼자 차가운 물 속에 뛰어든 것이다. 그 고통과 지적 고독이 유용한 것이었을까? 자신만의 독자적인 사고를 북돋고, 재능을 단련시켜 주었을까? 인도에서 어느 누구도 이런 일을 생각하지 못했을 것이다. 그러나 그것은 효과가 있었다. 그는 학업에 실패했기 때문에 잘 닦여진 길을 따라가도록 강요하는 사회적 구속을 벗어나, 인습에 얽매이지 않고 나름대로 발전해 나가지 않으면 안 되었던 것이다.

5년 동안 내내 라마누잔은 혼자서 수학만을 추구했다. 그는 지도나 자극도 받지 않았고, 가정 교사로 받는 얼마 안 되는 돈 외에는 수입도 없었다. 그러나 짊어져야 할 모든 경제적 부담에도 불구하고 가족들은 그를 거의 탓하지 않았다. 어떤 경우든 수학을 그만둘 정도는 아니었다. 아마도 인도는 현인이나 신비한 산야시를 대하듯이, 그 같은 외로운 천재에게 여유를 제공하는 것 같다. 친구, 어머니, 그리고 아버지조차 그를 내버려두었고, 직장을 구하라거나 벌어야 한다는 등 다급하고 과도한 요구를 하지 않았다. 사실 라마누잔의 어린 시절을 돌아보면서, 네빌은 〈1909년 이전의 걱정 없던 시절〉이라고 불렀다. 어떤 면에서 보면 이 때가 그의 생애에서 가장 생산적인 시기였다. 라마누잔은 수학 안에서 절대 떠나고 싶지 않은, 완전히 편안한 가정을 발견했다. 이 가정은 지적으로, 미적으로, 정서적으로 그를 만족시켜 주었다.

그리고 기록에 따르면, 그는 정신적으로도 만족스런 안정을 되찾았다. 라마누잔 내면에는 수학과 추상이 엉켜 있었다. 파차이야파 대학 시절, 그는 앓고 있는 어린이의 부모에게 아이를 멀리 옮겨 놓으라고 했다. 그는 〈사람의 죽음은 시간과 공간의 특정한 접점에서만 발생합니다〉라고 했다. 한번은 꿈속에서 피가 흘러 붉게 물든 바닥을 가로질러 타원적분을 추적하는 손을 보았다.

라마누잔이 생각하는 것 중 하나는 $2^n - 1$의 값을 다루고 있다. 라마누잔의 설명을 기억하는 한 친구에 따르면, 그것은 〈원시 신과 여러 신성을 의미한다. n이 0이면 그 값은 0이고, 무를 의미한다. n이 1이면 그 값은 단일체, 무한한 신을 의미한다. n이 2라면 삼위일체를 나타내고, n이 3이면 7, 사프타 리시스Saptha Rishis를 의미한다〉고 했다.

라마누잔에게는 형이상학적 사색이 어울린다. 쿰바코남에 사티아프리야 라오Satyapriya Rao라는 체육 교사가 있었는데, 그의 불 같은 성미는 참을성 있는 남인도인이라도 견디기 힘들었다. 라오는 카우베리 강가에 서서 태양을 노려보며 발광했다. 때때로 히스테리 증상이 심하여 묶어 놓아야 할 정도였다. 사람들은 그를 무시했다. 그러나 라마누잔은 그에게 간혹 음식을 가져다 주기도 했다. 사람들은, 라마누잔이 그에게 잘 해주는 것을 보고 미쳤다고 생각했다. 라마누잔은 그가 환상을 지니고 있으며, 대단치 않은 사람이지만, 전생에 대단한 공덕을 쌓았음이 분명하다고 했다. 사람들이 미친 사람의 광기라고 치부해 버리는 것이, 실은 우주에 대한 통찰력으로 발전하는 것이다.

후에 라마누잔은 영국에서 0과 무한의 실재에 관한 이론을 구축했지만, 친구들은 그가 이룬 것이 무엇인지 결코 상상도 못했다. 0은 절대적 실재를 표현하는 것으로 보인다. 무한, 곧 ∞은 그러한 실재가 무수히 많음을 나타낸다. ∞×0이라는 수학적 곱은 하나의 수가 아니라, 하나하나가 개별적인 창조 행위에 대응하는 모든 수이다. 아마 철학자에게, 그리고 수학자에게는 확실히, 그 생각이 어리석어 보일지 모른다. 그러나 라마누잔은 그 안에서 의미를 찾아냈다. 케임브리지의 방에서 떨고 있는 라마누잔을 보았던 마할라노비스는, 〈굉장한 열의로 철학적 문제를 이야기했고, 때때로 자신의 수학적 추측에 대한 엄밀한 증명을 제시하는 것보다 철학적 이론 정립에 성공하면 더 기뻐하는 것 같았다〉고 말했다.

서양에서는 수학적 실재가 수학자들에 의해 만들어진 것인지, 아니면 독립적으로 존재하던 것이 발견된 것인지에 대한 논쟁이 오랫동안 있어 왔다. 당연히 라마누잔은 후자 편이다. 그에게 수와 수들의 수학적 관계는 우주가 맞물려 있는 체계에 대한 실마리를 던져 주는 것이다. 각각의 새로운 공식은 무한의 심오함 가운데 한 조각이다. 후에 친구에게 〈방정식이 신에 대한 생각을 표현하지 않으면 나에게는 아무 의미가 없다〉고 말한 것처럼, 그는 그렇게 어리석지도, 간사하지도, 뽐내지도 않았다.

이제 그만

스무 살의 라마누잔은, 생애 대부분 그랬던 것처럼 뚱뚱했다. 그는 키가 작고 땅딸막했으며, 살짝 얽은 얼굴에 두툼한 코를 하고, 콧수염이나 턱수염도 없었다. 이마를 밀어 빨갛고 하얀 카스트 마크를 하고 남아 있는 까만 머리는 뒤에서 하나로 묶어 더 둥글고 뚱뚱해 보였다.

그러나 라마누잔의 몸짓에는 살이 쪘다거나 육중하게 움직이는 굼뜬 기미는 없었다. 오히려 가벼운 섬세함이 깃들여 있었다. 그는 머리를 똑바로 세우고 쾌활한 걸음걸이로 발을 옮긴다. 길고 부드러움을 지닌 늘씬하고 가는 손가락을 움직여 가며 말하곤 했다.

그가 흥분하면 말이 쏟아져 나온다. 식사를 할 때에도 맛있게 먹으면서 말을 멈추지 않는다. 음식을 입에 가득 넣은 채 얘기하고 농담을 한다. 그리고 검은 눈은 항상 반짝인다. 눈빛만 남겨 두고 몸은 멀리 떨어져 나간 것 같다.

때때로 그는 자신을 쫓아낸 대학에 가서 책을 빌리거나 교수를 만나거나 강의를 듣기도 했으며, 한가로이 사원을 거닐기도 했다. 그리고 대부분 사랑가파니 사니디 가 자기 집 피알에 앉아, 넓은 석판을 무릎에 올려 놓고 웅크리고 앉아 딱딱한 석판에 석필 부딪치는 소리에 아랑곳 않고 미친 듯이 연구에 몰두했다. 소, 사리를 걸친 여인, 반쯤 벗은 남자가 소를 끌며 지나는 소리 등, 거리의 온갖 소음에도 불구하고 그는 고요한 섬에 살고 있었다. 인간의 모든 활동이 옆을 스쳐가고 있어도 혼자 남겨진 채, 치르고 싶지도 않은 시험에 방해받지 않고 싫은 과목을 공부할 필요도 없이 자유로웠다.

남인도에서 가장 권위 있는 영자 신문 ≪힌두 Hindu≫의 1889년 사설에는 다음과 같이 내용이 실려 있다. 〈인도인의 성격에는 수동적인 점이 많이 있다. 인내, 개인 간의 애착, 점잖은 성격 등이 언제나 두드러진다. 반면 인도는 고든 Gordon이나 가리발디 Garibaldi, 워싱턴 Washington 같은 인물을 키우지 못했다. ……삶의 모든 분야에서 인도는 정열적인 사람, 성공하려는 결의를 갖고 모든 것을 포기할 수 있는 사람이 필요하다.〉라마누잔은 세속적인 성공에 무관심한 듯했지만, 내적으로는 ≪힌두≫ 사설이 요구하는 바로 그 모델이었다.

〈성공하려는 결의를 갖고 모든 것을 포기할 수 있다.〉 이것은 균형이 맞지 않는 삶, 길들여지고 절제된 것을 비웃는 불행한 삶의 법칙이기도 하다. 라마누잔은 피알에 웅크리고 있을 때, 〈검고 공허한 눈〉으로 거리에서 뛰노는 아이들을 바라보았다고 이웃 사람은 기억한다. 그러나 그의 내면에서는 천재의 열정이 불타고 있었다.

그가 생각에 몰두할 때면 얼굴은 일그러지고 눈은 사팔뜨기처럼 좁아진다. 뭔가를 알아냈을 때는 혼자 중얼거리고 웃기도 하고, 기쁨에 들떠 머리를 흔들기도 한다. 실수했을 때는 석필을 내려놓기가 귀찮아 팔꿈치를 석판에 대고는 지우개 대신 문질렀다.

라마누잔은 주어진 문제를 냉철하고 꾸준한 지성으로 엄숙하게 다루는 사람이 아니었다. 그는 에너지와 활기와 힘을 가진 사람이었다.

라마누잔은 두 대학에서 쫓겨나 직업도 없이, 이해하는 사람도 거의 없는 신비로운 탐구와 아무도 하지 않는 수학에 몰두한 사람이었다. 그의 연구가 누구에게 무슨 가치가 있을까? 그는 천재이거나 아니면 천치였다. 그러나 어떻든, 왜 평범한 삶의 목표에서 벗어난 일에 시간과 에너지를 낭비했을까? 라마누잔보다는 하찮은 비단 가게에서 일을 하는 아버지가 세상이나 자신을 위해 더 좋은 일을 한 것이 아니었을까?

부모는 오랜 동안 기회를 주며 참았으나, 마침내 그들도 한계에 이르렀다. 1908년 후반, 어머니는 아들을 결혼시켜야겠다고 생각했다.

3

후원인을 찾아서
1908년부터 1913년까지

자나키

1908년 말 어느 날, 라마누잔의 어머니는 쿰바코남에서 서쪽으로 100킬로미터 정도 떨어진 라젠드람 Rajendram에 사는 친구를 방문했다. 그 곳에서 먼 친척의 딸인 자나키 Janaki라는 아홉 살 난 소녀를 보았다. 어머니는 소녀의 별자리를 묻고 벽에 아들의 별자리를 그려 비교해 보더니, 〈됐다, 잘 어울린다〉고 말했다.

양쪽 가정 형편이 비슷하게 어려워 혼인이 가능했다. 자나키는 지도에도 잘 표시되지 않는 작은 마을에서 태어났는데, 겸손하고 다소 예쁜 얼굴의 평범한 소녀였다. 한때 집안이 부유한 적도 있었고 아버지가 보석 제조 공급 일을 하여 약간의 재산을 모으기도 했었으나 지금은 가세가 기울어 잘 닦은 동 그릇에 불과한, 별로 많지 않은 결혼 지참금만 있는 형편이었다. 그들은 신랑감을 까다롭게 고를 형편이 아니었고, 특히 자나키는 여섯이나 되는 딸(아들 한 명) 중에 하나였다.

한편 라마누잔은 자나키에게 그다지 탐탁한 결혼 상대자는 아니었다. 그는 학위도 없고, 장래성도 없는 완전한 실패자였다. 자나키는 남편이 될 남자에 대해 전혀 모르고 있었다. 결혼식 때까지 남편의 얼굴도 제대로 보지 못했다. 뒤에 자나키는, 시어머니가 아들은 수학의 천재라고 자랑하는 말을 친정 부모들이 들었을 것이라고 했다.

코말라타말이 그렇다고 판단하면 라마누잔의 가족에게도 그런 것이었다. 그러나 남편 스리니바사는 이 결혼 소식에 화를 내었다. 아들은 그보다 더 좋은 여자와 결혼을 할 수 있다고 했다. 쿰바코남의 많은 집안들이 그를 사위로 맞는다면 자랑스러워할 것이다. 그러나 정작 스리니바사를 화나게 한 것은, 이 일에 자신이 아무 말도 못 했다는 것이었다. 그래서 그는 다음 달 7월 라젠드람에서 치른 결혼식에 가지 않았다.

이런 대사를 치를 때 스리니바사가 제외되는 것은 특이한 일이 아니었다. 인도에서는 신랑이나 신부에게 한마디 말도 없이 중매 결혼을 추진하는 것은 보편적인 일이었으며, 나이 어린 신부를 맞이하는 관례 역시 그러했다. 소녀들은 대부분 사춘기 전에 결혼하여 신랑과 따로 살다 나중에 혼례를 올린다. 유럽인은 이러한 관례에 반감을 느끼지만, 영국은 관례를 바꾸지 않았다.

인도에서의 결혼식은 화려한 색과 금박 조각, 음악, 의식으로 장관을 이루며 4-5일 동안 계속된다. 이런 큰 행사의 비용에 살림은 영향을 받지만, 아무리 가난해도 딸의 결혼 지참금을 준비하고, 새 사리를 사고, 음식 접대와 악단 비용을 위해 돈을 저축하거나 고리 대금업자에게 빚을 내기도 한다.

결혼식은 자나키의 누이 비자야라크슈미 Vijayalakshmi와 합동으로 치르게 되었다(그녀는 심한 열병으로 그 해 12월 죽었다). 다른 신랑은 결혼식 때 제시간에 나타났으나 라마누잔과 그 가족은 시간이 다되도록 나타나지 않았다. 라마누잔과의 혼인을 마땅치 않게 생각하던 자나키의 아버지 랑가스와미 Rangaswamy는 분통을 터트렸다.

쿰바코남을 출발한 기차가 라젠드람 근처 쿨리탈라이 Kulittalai 역에 늦게야 도착했다. 라마누잔 모자가 역에서 달구지를 타고 마을에 도착한 것은 한밤이 훨씬 지난 시각이었다. 랑가스와미는 폭발하듯 화를 내며 결혼을 당장 취소하자고 했다. 그러나 코말라타말은, 딸이 다섯이나 되는 애비에게 시집보낼 기회가 왔는데 무슨 말이냐고 큰 소리로 설득했다.

언제나 그랬듯이 코말라타말은 그녀 방식대로 해냈다. 새벽 1시에 잔치가 벌어지면서 카시 야트라 Kasi Yatra, 즉 신랑이 결혼을 거부하는 절차가 진행되었다. 신랑이 산야시가 되겠다며 북쪽 성스러운 도시 베나레스 Benares를 향해 출발하면, 신부 가족은 따라가 신랑의 발을 씻겨 주며 되돌아오라고 애걸하는 것이다. 이렇게 1909년 7월 14일 자나키는 사프타파디 saptapadi라는 혼인의 일곱 단계를 마쳤다.

잔치 도중 몇 가지 불길한 일이 일어나 흥을 깼다. 고급 비단 사리를 입은 라마누잔과 자나키가 악사들에 둘러싸여 그네에 앉아 있을 때, 백치 여자아이가 악을 쓰는 바람에 분위기가 흐트러진 일과, 자나키가 라마누잔의 목에 걸어 주었던 화환이 땅에 떨어진 일, 그리고 드럼 등의 악기로 흥을 돋구고 있을 때, 촐트리(힌두 사원의 현관) 한쪽에서 불이 났다.

침착하고 대담한 코말라타말은 이런 일에 아랑곳하지 않고 조금도 놀라는 기색 없이 즐거워하였다.

결혼은 외견상 라마누잔에게 아무런 변화도 주지 않았다. 인도의 혼례 전통에 따라 자나키는 사춘기에 이를 때까지 3년 동안 라마누잔과 함께 지내지 않았다. 쿰바코남 시댁에 잠깐 머문 후 라젠드람의 친정 집으로 돌아가 친정 어머니와 함께 부엌에서 일하면서 요리나 집안 일을 배우고, 순종하는 법도와 시부모와 남편 섬기는 예절을 더 배운다.

그러나 외적인 환경은 그다지 달라지지 않았다 해도 라마누잔의 삶은 새로운 단계에 접어들었다. 힌두 사상에 따르면 사람은 평생 네 개의 단계를 거친다. 브라마차리아 brahmacharya는 학생으로서 영적·지적 요령을 배운다. 그리하스타 grihasta는 가정과 가족을 책임지는 가장의 역할로서, 가장 긴 시간을 차지한다. 바나 프라스타 vana pra-stha, 즉 〈숲에 머무는 사람〉은 잡다한 가정사를 잊고 고독과 자기 반성의 평온을 찾는다. 끝으로 산야시 sanyasi는 가족, 재산, 애착 등 모든 것을 포기하고 영적인 완성을 추구한다. 라마누잔이 결혼식 도중 베나레스를 향해 떠날 때 의식상 그는 이 마지막 단계를 택한 것이다. 그러나 사실, 그는 지금 그리하스타 단계에 있다. 지금 그에게는 책임져야 할 아내가 있다. 아버지는 쉰을 바라보고 있다. 그는 더 이상 수학을 통해 혼자 행복해서 〈기쁨에 들뜨는〉 자유 영혼일 수 없었다. 이제 성인이라는 외투를 걸칠 시간이 온 것이다.

그런데 이번에는 건강에 문제가 생겼다. 어떤 사람은 막연히 〈신장질환〉이라고도 했지만, 실은 음낭이 비정상적으로 붓는 음낭수종 hydrocele에 걸렸던 것이다.

〈음낭수종〉은 신체적 증상일 뿐 특정한 질병은 아니다. 남인도의 풍토병으로 모기에서 발생한 기생충 때문에 발병하는 림프계의 필라리아 병이다. 대체로 성적으로도 아무 증상이 없고, 어떤 사람은 몇 년간 작은 수종을 달고 다니기도 한다. 그렇지만 테니스 공만한 크기가 되면 치료해야 한다. 수술은 간단하다. 혈관이 많고 잘 아물어 열악한 위생 조건에서도 감염률이 낮다.

문제는 수술 비용이었다. 코말라타말은 친구들에게 도움을 구했으나 아무도 나서지 않았다. 그러던 중 1910년 1월, 쿠푸스와미 Kuppus-wami라는 의사가 무료로 수술해 주었다.

한동안 라마누잔은 쇠약했다. 친구 아난타라만과 함께 몇 마일 떨어진 마을까지 걸어갔더니 수술 자리에서 피가 나오기도 했다. 그러나 점차 회복되었다.

그는 카를 발견한 뒤로 학교, 가정, 친구 등 수학에서 멀어지게 할 만한 것들에 등을 돌렸다. 라마누잔은 방해받지 않고 자신만의 수학적 사색을 찾아 홀로 있고 싶어했을 것이다. 그렇지만 6년이 지난 이제 더 넓은 사회 조직을 향해 자신의 지평을 열 때가 되었다. 어머니는 아들이 뭔가를 이루려면, 세상 밖으로 나가야 하고 결혼이 그렇게 해 줄 것이라고 생각했다.

이집 저집으로

이제 라마누잔은 장학금을 타거나 수학자가 되기보다는, 직업이나 미래의 기회, 새로운 삶을 찾아야 했다. 그는 다소 절망한 상태에서 2년 동안 처음에는 쿰바코남에서 지내다 마드라스로 옮겨 갔다.

친구나 호의를 베푸는 사람에게 기차표를 의지하면서 그는 다시 한 번 기차를 탔다. 마드라스를 왕복하는 데 드는 북적대는 삼등석 요금은, 아버지의 1주일 봉급이나 쌀 반 가마 값보다 더 큰 금액이었다.

이 시절에 그는 집도 없이 친구 집에 임시로 거주하며 지냈다. 한번은 친구 집에 찾아가, 늙은 중처럼 구걸하듯 머물 곳을 얻기도 했다. 1910년에는 비스와나타와 같이 지낸 적도 있는데, 그는 쿰바코남에서 가정 교습을 해 주었던 학생이다. 그가 자라서 지금은 마드라스 관구대학 학생이 되었다. 비스와나타는 대학 근처, 빅토리아 기숙사에 있었다. 붉은색 벽돌로 지은 기숙사는 컸으며, 작은 탑과 3층 벽돌 기둥 아치가 영국에서 옮겨 온 듯했다. 라마누잔은 그 곳에 머물며 가정 교습할 학생들을 찾아 다녔다. 그러나 세속과는 거리가 먼 교사라고 소문이 나 학생을 구할 수 없었다. 비스와나타는 다음과 같이 회상했다.

그는 비참한 삶을 슬퍼했다. 값진 재능을 부여받았으니 괴로워하지 말고, 알아줄 때까지 기다려야 한다고 위로하면, 그는 갈릴레오 같은 위인도 종교 재판에서 죽었듯이, 가난 속에 죽는 것이 자기 운명이라고 대답하곤 했다. 나는 신은 위대하시므로 틀림없이 도와줄 테니 슬퍼하거나 낙담해서는 안 된다고 계속 위로해 주었다.

감정적으로 위태로운 시기였다. 숙소에서 주는, 후추를 넣은 묽은 수프 비슷한 라삼 rasam같이 작은 기쁨도 그에게는 큰 것으로 보였다.

라마누잔은 1910년 말에서 이듬해까지 붉은색 건물의 중앙 철도역 근처, 파크 타운이라고 부르는 벤카타나라얀 Venkatanarayan 가에 머물렀다. 그는 쿰바코남에서의 오랜 친구 나라시마 이옌가르와 사랑가파니 이옌가르(10년 전 산술 시험에서 그보다 높은 점수를 얻었던 일은 깨끗이 잊어버렸다) 형제에게 의지하고 있었다. 이들 형제는 쿰바코남 시절에도 옷이나 기차 삯을 주었는데, 이제 다시 그를 도와주었다.

나라시마는 스코틀랜드 선교사가 운영하는 마드라스 기독교 대학교에 다니면서 라마누잔한테 수학 교습을 받았다. F.A 시험이 가까워올 즈음, 나라시마는 초조하고 우울해 심한 압박에 시달렸다. 시험 당일 라마누잔은 파크 타운에서부터 시험을 보는 관구대학까지 5킬로미터를 걸어가, 친구에게 시험을 잘 치르도록 격려하며 마지막 힌트를 주기도 했다. 효과가 있었는지 나라시마는 최하점이지만 시험에 통과했다.

이 일이 있은 지 얼마 후, 파차이야파 시절의 친구 라다크리슈나 이예르의 집에 라마누잔이 마차에 실려 왔다. 그 해 초에 받은 수술이 후유증을 일으킨 것이었다. 라다크리슈나는 그를 집에 들이고 음식을 준 다음 의사를 불렀다. 의사 나라야나스와미는 지속적인 간호가 필요하다고 했다. 라다크리슈나는 라마누잔을 항구 근처 비치 역에서 쿰바코남행 기차에 태워 가족에게 보냈다. 라마누잔은 떠날 때 라다크리슈나에게 이렇게 말했다. 〈내가 죽거든, (파차이야파 대학의) 싱가라벨루 무달리아르 교수나, 마드라스 크리스천 대학 영국인 교수 에드워드 로스 Edward B. Ross(그가 최근에 소개받아 알게 된 사람)

에게 이것을 전해 주게.〉

라마누잔은 수학 공식이 가득한 커다란 노트 두 권을 그에게 건네 주었다.

라마누잔의 노트는 이제 더 이상 수학적 생각을 적은 사적인 기록이 아니었다. 노트는 그의 유산이었다. 판매할 상품이었으며, 직업을 얻는 열쇠였고, 〈잦은 실패가 보여 주는 것만큼 구제불능의 게으른 사람은 아니라는 증거〉였다. 그는 직장을 마련해 줄 만큼 영향력 있는 사람들을 방문하기 시작했다. 그리고 그의 표현대로, 사진 작가는 작품집을, 외판원은 상품 목록을 담은 가방을 끼고 다니듯이, 노트를 겨드랑이에 끼고 다녔다. 결혼 후 1년 반 동안 라마누잔은 집집마다 방문하는 외판원이 되었다. 상품은 그 자신이었다.

그 당시 인도에서 취직을 하는 데는 정성껏 적은 편지나 공식적인 지원서는 무용지물이었고, 고위직에 있는 사람과의 사적인 친분관계가 더 중요했다. 집안의 친구나 친구의 가족 소개라는 무장을 하게 되면 큰소리 치며 문을 들어선다. 남인도 가정에서는 안과 밖의 구분이 분명치 않으며, 사적인 영역과 공적인 영역이 서양처럼 엄격히 구분되어 있지 않다.

라마누잔의 마지막 말은 언제나 똑같았다. 〈부모가 결혼을 시켜 주고, 이제 직업이 필요하며, 학위는 없지만 나름대로 수학을 연구했습니다. 그리고 여기 …… 저, 선생님, 노트를 좀 살펴봐 주십시오.〉

그의 노트는 신용장을 더 중시하는 사회, 학위가 편지의 첫머리에 나타나고 소개할 때나 대화 중간에 슬쩍 언급되는 사회에서 그의 유일한 신용장이었다. 인도 소설가이자 비평가인 니라드 차우두리 Nirad C. Chaudhuri는 〈우리 사회에서는 호칭이 사람을 만든다〉고 했다. 라마누잔의 유일한 호칭은 〈직업이 없다〉, 그리고 〈낙제했다〉는 것이다. 어느 수학 교수는 그에게 학사 학위 없이는 아무것도 못할 것이라고 했다.

그 당시 라마누잔은 가장 힘든 외판을 하고 있었다. 그러나 그가 남인도를 가로질러 그의 상품을 팔려고 다닐 때, 그는 따뜻한 대접을 받았다. 사람들은 그를 좋아했다.

〈그는 정말 다정하고 사교적이었다.〉 마드라스에서 라마누잔을 알고 지냈던 사람의 말이다. 〈항상 재미있고, 타밀어나 영어로 말장난도 하고, 농담도 하고, 이야기도 하며, 금방 웃음을 터뜨리곤 했다. 수술이 풀어지면 뒤로 빻아 가면서 이야기를 계속했다.〉 종종 그는 이야기의 핵심 부분에 이르기도 전에 웃음을 터뜨리기도 하고, 이야기를 혼돈하여 다시 하기도 했다. 〈생기가 넘치고 눈은 장난스러우면서도 빛이 난다……. 그리고 어떤 주제에 대해서라도 얘기할 수 있다. 그를 좋아하지 않기란 힘든 일이다.〉

그렇다고 라마누잔이 다정다감한 유형의 사람은 아니다. 곧잘 수줍음을 타고 친구들 속에 있어야 온정이 드러난다. 특별히 사교적인 편도 아니다. 쿰바코남의 대학 친구이며 이 기간에 마드라스에 있는 라마누잔을 방문했던 하리 라오는 다음과 같이 기억했다. 〈노트를 펼쳐 들고 내가 이해할 수 없으리라는 생각은 조금도 않은 채, 그 복잡한 이론과 공식들을 설명했다.〉 라마누잔이 일단 수학 생각에 빠지면 다른 사람은 없는 것이나 마찬가지였다.

모순되지만, 이처럼 사회적 감각이 부족한 점이 오히려 그의 매력이었다. 사람들은 그의 내면에 천진난만함과 진지함이 가득했다고 말한다.

〈라마누잔의 영혼은 너무 순수해서 누구라도 다정하게 대하지 않을 수 없었다〉고 고등학교 친구이며 후에 수학 교수가 된 라구나탄 N. Raghunathan은 기억했다. 그의 유머는 뻔했고 말장난은 미숙했다. 너무나 직설적이고 겸손하고 투명해서, 불신을 녹이고 좋아하게 만들며 도와주고 싶게 만든다.

몇 년 전 쿰바코남에서 이웃 노파가 종종 라마누잔을 불러 간식을 주었다. 〈그 노파는 수학에 대해 아무것도 몰랐다〉고 인도의 라마누잔 전기 작가는 말했다. 〈그러나 라마누잔의 눈에 광채가 있고 무언가에 몰두하곤 했기 때문에 라마누잔을 아꼈다.〉 그리고 그렇게 자연스레 몰두하는 그의 모습에 사람들이 끌렸던 것이다.

사람들은 라마누잔이 지나치게 민감하고 신중한 것을 마음에 들어 하지는 않았다. 그들은 그의 수학을 이해하지 못했다. 결국 그를 도와줄 수는 없었다. 그러나 어떻든, 그를 좋아할 수밖에 없었다.

1910년 말, 라마누잔은 북쪽을 향해 기차를 타고 가다 쿰바코남에서 마드라스로 가는 중간 지역, 당시만 해도 프랑스가 통치하던 해안 도시 폰디체리 Pondicherry 바로 서쪽 빌루푸람 Villupuram에 내렸다. 빌루푸람에서 기차를 갈아타고, 일대의 중심지로 인구 9,000명 정도의 도시, 티루코일루 Tirukoilur를 향해 서쪽으로 30여 킬로미터를 갔다. 라마스와미 이예르 V. Ramaswami Iyer는 티루코일루에서 중급 정도의 직책인 징세관으로서 정부 일을 맡고 있었다(이예르는 시바 신을 섬기는 브라만의 이름으로 남인도에 흔하다).

라마스와미를 찾아갈 만한 이유는 그가 수학자라는 점이었다. 특히 그는 최근에 인도 수학회를 설립했다. 대학에 있지는 않았지만, 모두들 그를 〈교수〉라고 불렀다. 그가 관구대학 학생 시절에 영국의 ≪교육 타임스 Educational Times≫에 수학 논문을 투고했는데, 편집인이 그를 대학 교수로 착각하여 그렇게 부르는 바람에 〈교수〉라고 이름이 붙었다.

이번에도 라마누잔은 노트들을 끼고 갔다. 그 교수는 기하학자였는데 그 앞에 펼쳐진 수학은 매우 낯설었다. 그러나 〈그 안에 실린 독특한 수학적 결과에 충격을 받았다〉. 그렇지만 〈그가 세무소 밑바닥 일로 재능을 썩히길 바라지 않았다〉고 라마스와미는 회고했다. 대신 마드라스에 있는 수학 친구들에게 소개장을 써 주었다.

그들 가운데 수학회의 창립 회원인 세슈 이예르가 있었다. 그는 관립대학에서 라마누잔의 교수였는데, 1906년 이후 그들은 서로 만나지 못했다. 4년이 지난 지금 세슈 이예르는 마드라스의 관구대학으로 옮겨와 있었다. 라마누잔은 노트와 함께 라마스와미 이예르의 추천장을 들고 그를 만났다. 그는 안내를 받아 또 다른 소개장을 들고 그곳을 떠났다.

그는 발라크리슈나 이예르 S. Balakrishna Iyer를 만나러 갔는데, 그는 마드라스의 사이다페트 교외에 있는 사범대학에서 막 수학 강의를 맡고 있었다. 라마누잔은 도드웰 Dodwell이라는 영국인 상사에게 사무원으로 추천하여 줄 수 있는지 물었다. 보수는 얼마든 상관 않으며 어떤 일이라도 하겠다고 했다. 발라크리슈나는 그에게 커피를 대접하고 이해는 못 하지만 노트를 살펴본 후, 라마누잔을 위해 서너 번 도드웰을 만나 주었다. 그러나 아무것도 이루어지지 않았다. 발라크리슈나는 〈나는 그리 대단한 사람이 못 된다〉고 사과했다. 12월 라마누잔은 정말 충분한 〈거물인〉 라마찬드라 라오 R. Ramachandra Rao를 만나러 갔다. 마드라스 관구대학을 나온 라마찬드라 라오는 1890년, 열아홉 살에 지방 공무원으로 시작해서 시의 협동신용협회 등록원이 되었고, 지금은 동해안 철도로 마드라스에서 160킬로미터 위쪽에 있는, 인구 3만 5,000의 도시 넬로르 구의 징세관으로 있었다. 그 해 초 그는 영국의 기사에 해당하는 〈데완 바하두르 Dewan Bahadur〉라는 직위을 받았다. 게다가 그는 수학자로서 라마스와미 이예르가 4년 전에 설립한 인도 수학회의 간사를 맡기도 했고, 학회지에 문제를 풀어 보내기도 했다. 지적이고 부자인데다가 발이 넓어 라마찬드라 라오는 가족과 친구들을 대표하는 우두머리로, 인도에서 웬만한 일은 그의 사무실을 통해 이룰 수 있는 대부와 같은 인물이었다.

라마찬드라 라오의 조카 크리슈나 라오 R. Krishna Rao가 중계자이긴 하지만, 라마누잔이 어떻게 그를 만나 볼 수 있었는지는 분명치 않다. 라마누잔이 노트를 보관해 달라고 부탁했던 친구 라다크리슈나 이예르가 넬로르에서 기계공인 장인에게 면담을 주선해 달라는 편지를 했다고 했다. 세슈 이예르는 그가 길을 닦았다고 뒤에 말했다. 라마누잔의 영국인 친구 네빌은 후에, 〈세슈 이예르가 라마누잔에게 라마찬드라 라오의 소개장을 써 주었으나, 라마누잔은 그 소개장을 내밀기에는 너무 소심했을 것〉이라고 했다. 그래서 이 막강한 사람을 만나 보도록 라자고팔라차리 C. V. Rajagopalachari가 도와주었다.

라자고팔라차리는 라마누잔보다 몇 달 먼저 태어나, 같은 마을에서 자랐고 사원이나 타운 하이 학교도 같이 다녔다. 1902년 어느 날 오후, 쉬는 시간에 나이 많은 학생이 그에게 반에서 가장 똑똑한 학생이냐고 물으면서 수학 문제 하나를 건네주었다.

$$\sqrt{x} + y = 7$$
$$\sqrt{y} + x = 11$$

〈변수가 두 개인 연립방정식〉이라는 이 4단계 방정식 문제를 본 라마누잔은 특정 경우에 들어맞는 공식을 생각해 냈다. 열네 살의 다른 학생들에게 이것은 정말 어려운 문제였다. 라자고팔라차리는 〈놀랍게도, 라마누잔은 1분 30초 만에 두 단계로 해답을 알아냈다〉고 기억했다.

사실, 그는 그저 문제를 들여다보고 각각 루트가 씌어진 곳에 답이 있으리라고 추측하여 머리 속으로 두 개의 가능성을 시도해 보고, $x=9$와 $y=4$를 얻어낸 것이다. 즉 이것은 상상 속의 발놀림이었지, 수학적으로 심오하다고 하기는 어려웠다. 그러나 이것에 라자고팔라차리는 감동했고 친구가 되었다.

그 후 라자고팔라차리는 변호사 과정을 밟고 있었고, 그 동안 라마누잔은 허우적대고 있었다. 둘의 관계는 끊어졌다. 그러다 1910년, 거의 10년이 지나 그들은 마드라스에서 우연히 만났다. 라마누잔은 풀이 죽어 학교에서 낙제한 이야기를 했다. 미래가 없고, 아무도 인정해 주지 않는다. 봄베이의 유명한 수학 교수 살다나에게 편지를 하고, 연구한 내용을 보냈다. 인도 수학회에도 편지를 했다. 그러나 어느 곳에서도 답장은 오지 않는다. 그리고는 표를 사 주는 친구에게 고맙다고 하며 그날 쿰바코남으로 돌아가는 기차를 타려고 했다.

라자고팔라차리는 가지 말라고 말렸다. 라자고팔라차리는 라마찬드라 라오에게 데려다 주겠다고 했다. 라마누잔이 마드라스에 머물 돈도 없다고 하자 친구는 비용을 대 주겠노라고 했다.

마침내 면담이 이루어졌다. 라마찬드라 라오는 뒤에 그에 대해 다음과 같이 말했다.

몇 년 전 수학에 전혀 문외한인 조카가 저에게 말했습니다. 〈삼촌, 수학에 대해 얘기하는 사람이 저를 찾아왔어요. 저는 그의 얘기를 이해할 수 없습니다. 그의 얘기 중에 쓸 만한 것이 있는지 한번 보시겠어요?〉 저는 수학에 대해 잘 알고 있었으므로, 짐짓 너그럽게 라마누잔을 내 앞에 데려오도록 허락했습니다. 키가 작고 촌스러운 모습에 뚱뚱하고, 면도도 하지 않아 깔끔하지는 않았지만, 한 가지 특징, 빛나는 눈을 가진 사람이 너덜너덜한 공책을 팔에 끼고 걸어 들어왔습니다.

처음에 라마찬드라 라오는 라마누잔의 노트를 며칠 두고 보아도 되는지 물었다. 두번째 만났을 때, 그는 라마누잔의 노트를 살펴보고는 이와 같은 것을 본 적은 없지만, 아무것도 이해할 수 없으니 다시 귀찮게 하지 않았으면 좋겠다고 했다. 세번째 만났을 때 라마찬드라 라오는 훨씬 솔직하게 말했다. 라마누잔이 진지하다는 것은 그도 인정했을 것이다. 만일 도덕적으로 거짓이 없다면, 라마누잔은 지적인 사람 이상일 것이다.

라자고팔라차리와 헤어지려 하면서, 라마누잔은 봄베이의 유명한 수학자 살다나 교수의 편지를 갖고 있다고 말했다. 살다나는 도움을 줄 수 없다고 했지만, 라마누잔이 그에게 보낸 편지 여백에 라마누잔의 공식들이 정말 흥미롭다고 써 놓았다. 이것은 효과를 낼 만한 보증이 아니었다. 라마누잔이 내내 들어 왔던 이야기, 그가 연구한 내용이 바보스러움이 폭발한 것인지 천재성이 발현된 것인지 이해할 수 없다는 말과 약간 다를 뿐이었다. 라마찬드라 라오도 의심을 떨칠 수 없어서, 잘못일지도 모르지만 조심하는 쪽을 택하기로 하고, 그래서 라마누잔에게 신경을 쓰지 않기로 했다고 했다. 다만 살다나는 적어도 라마누잔이 바보가 아니라는 점은 분명히 했다.

라자고팔라차리에게는 그것으로 충분했다. 살다나의 얘기에서 라마찬드라 라오의 의심을 누그러뜨릴 수 있는 길이 보였다. 라마누잔의 운명이 칼끝에 달려 있었다. 다시 발길을 돌려 라마찬드라 라오를 네번째로 찾았다.

라마찬드라 라오는 화를 냈다. 또 왔나? 불과 몇 분만에? 그러나 라마찬드라 라오는 살다나의 편지와 함께 더 쉽고 접근하기 쉬운 라마누잔의 연구 결과를 보았다. 그는 후에 이렇게 썼다. 〈이것들은 현존하는 책을 뛰어넘는 것이었고, 나는 그가 뛰어난 사람이라는 걸 의심하지 않게 되었다. 그는 차근차근 타원적분과 초기하급수로 나를 끌고 갔다. 그때까지 세상에 공표하지 않은 그의 발산급수 이론이 마침내 나의 마음을 바꾸어 놓았다. 나는 그에게 원하는 것이 무엇이냐고 물었다.〉

라마누잔은, 자신이 원하는 것은 생활하며 연구할 수 있는 기부금이라고 대답했다. 라마찬드라 라오가 후에 말하듯, 〈그는 여유, 다시 말해 다른 업무에 얽매이지 않고, 먹고 사는 걱정 없이 꿈을 꿀 수 있도록 해 주길 원했다〉.

마드라스에서의 여가

〈그는 여유를 원했다……〉

라마누잔이 여유를 원한 것은 놀기 위한 것이 아니다. 오히려 자신의 재능을 발휘할 자유를 찾는 것이다. 태커리 William Thackeray는 「카나라, 말라바르, 그리고 할양된 지역에 관한 보고서 Report on Ca-

nara, Malabar and Ceded Districts」에서 〈여유, 독립, 그리고 높은 이상〉
은 영국의 문화를 높이는 데 날개를 달아 줄 것이라고 했다. 생계를
위해 돈을 벌 필요가 없는 유럽식 〈한가한 신사〉는 아마도 더 높은
도덕적·지적 왕국을 위해 자신의 시간과 에너지를 쏟을 것이다. 라
마누잔은 그런 귀족 출신이 아니었으나 귀족 지성인에 끼고자 했다.
〈여유〉를 좇아 세상의 엘리트들이 그들의 몫이라고 차지하고 있는
것을 찾고 있었다.

그리고 놀랍게도 그것을 찾아냈다.

아마도 브라만이라는 사실이 도움이 되었을 것이다. 라마누잔은
가난하고 먹을 것도 넉넉지 않은 집안 출신이었다. 그러나 인도에서
경제적 수준은 카스트보다 덜 중시된다. 브라만이라는 사실 때문에
그는 닫혔을지도 모르는 그 원 안에 접근할 수 있었다. 사실, 근래
몇 년 간 라마누잔이 만난 사람들은 브라만이었다. 라마스와미 이예
르, 세슈 이예르, 라마찬드라 라오도 그렇다. 라마누잔이 다른 카스트
였다면, 그에 맞는 카스트 중에서 부유하고 영향력 있는 사람에게 도
움을 구하고 받았을 것이다. 그러나 다른 어떤 카스트도 브라만처럼
위세와 연줄, 자연스럽게 융화되는 마음을 갖지 못했다.

브라만으로서 라마누잔은 자신에게 필요했던 적극적인 게으름을
추구하는 데 더 자유로웠을 것이다. 아마도 어느 면에서는 이를 자신
의 당연한 몫으로 여겼을 것이다. 전통적으로 브라만은 기부금과 사
원의 제물을 받아 챙기는 이들이었다. 생계를 위해 버는 일은 다른
사람들처럼 긴급한 문제가 아니었다. 말하자면 그는 프리마 돈나 연
기를 하고 있는 것이다. 어떤 이유로든 하고 싶지 않은 분야는 공부
하지 않아도 되고, 다만 수학 공부만 지원해 달라는 이기주의와 같았
다. 다시 말하면, 그는 세속의 산야시였다.

라마찬드라 라오는 라마누잔을 넬로르같이 침체된 곳에서 썩이는 것은
잔인하다면서, 그를 세슈 이예르에게 돌려보냈다. 그는 지역의 탈루크 taluk

사무실 일자리를 주려는 것이 아니라, 시험에 자주 떨어진 전력이 있지만 장학금을 찾아 주려고 했다. 그 동안 마드라스에 머물게 하고, 비용도 대 주었다.

그 후 라마누잔은 매달 25루피에 해당하는 우편환을 받았다. 많은 액수 는 아니지만, 궁핍에서 벗어나는 데는 충분했다. 삶이 그를 위해 열리기 시작한 것이다. 이제 전보다 더 단호하게, 쿰바코남의 어린 시절을 뒤로 하고, 1911년부터 3년간 남인도의 수도 마드라스라는 더 넓은 세상에 발 을 들여놓았다.

마드라스는 대영제국에서 다섯번째로 큰 도시였으며, 인도 대륙에 서는 캘커타와 봄베이 다음 세번째로 큰 도시다. 마드라스라는 지명 에 대해 어떤 사람은 마다라센 Madarasen이라는 어부의 전설에서 따 온 이름이라고도 하고, 또 어떤 사람들은 바보들의 왕국을 뜻하는 만 다라야 Mandarajya가 변해서 된 것이라고도 하고, 포르투갈어로 마드 르 드 디오스 Madre de Dios, 즉 신의 어머니를 뜻한다고도 한다. 그 러나 도시 자체는 영국의 식민 정책으로 만들어진 것이다. 영국 동인 도회사가 쿠움 Cooum 강 어귀의 땅을 구입한 후 1642년 건설한 성 조지 포트는 남인도에서 영국 행정의 중심이 되었다.

마드라스는 작은 도시가 아니다. 1910년 그 곳에 거주하던 55만의 인구는 벵골 만을 따라 위아래로 몇 마일에 걸쳐 흩어져 있었고, 조 지타운 Georgetown, 트리플리케인 Triplicane, 밀라포르 Mylapore, 체폭 Chepauk 등 몇 군데 인구가 밀집되어 있었다. 이들 지역은 수백 년 에서 수천 년의 유래를 갖고 있다.

마드라스는 건물들이 땅 위에 낮게 깔려 있고, 1000년 된 고푸람들 이 점을 찍듯 간간이 서 있을 뿐이다. 도시 전체에 5미터 이상 솟아 있는 것은 아무것도 없다. 오래된 마을에는 진흙과 짚으로 얽은 방 하나뿐인 1만여 채의 집들이 뒤엉켜 있다. 빨간색 타일 지붕을 올린 유복한 가구라 해도 2층 이상 올라간 집이 없다. 도시는 몇 년 동안 수평적으로만 팽창하여 왔다.

도시에는 야자수, 논, 소, 강이나 못에서 세탁하는 사람들, 어부의 허름한 오두막집, 강가에 한가히 떠다니는 뗏목 등 여전히 시골티 나는 곳이 많이 있다. 번화한 구역 몇 군데를 제외하고는, 오늘날 인도의 도시라면 연상되는 것처럼 거리마다 사람들이 몰려다니는 모습은 아직 먼 미래의 이야기였다. 도시는 느릿느릿 움직이는 시골의 모습을 간직하고 있었다.

　마드라스는 멀리 북쪽, 푸른 도시들보다 더 푸르다. 다닥다닥 모여 있는 이웃 마을 블랙 타운 Black Town 지붕들이 발 아래 점에 불과하다. 한쪽에는 청록색 바다, 하얀 파도, 넓고 인적 없는 황금빛 해변이 펼쳐 있고, 다른 쪽 유럽식 마드라스에는 푸르름이 옅어질 때까지 둥근 모양의 짙은 녹음이 남쪽 내륙으로 펼쳐 있다.

이것은 물론 유럽인의 시각이다. 그러나 인도인이 보기에도 마드라스는 캘커타나 봄베이보다 느리게 움직이고, 마음에 여유가 있다. 인도 어디서나 가난은 고달프다. 그러나 마드라스에서는 약간 편하다. 추위를 견딜 필요가 없다. 북쪽에서 멀리 떨어져 있고, 지역의 중심지인데다, 남인도 사람들이 많아서, 라마누잔처럼 남쪽 지방을 떠나 이곳에 온 사람들에게는 이 도시가 편했다.

1911년 5월, 라마누잔은 벤카타나라얀 가를 떠나 스와미 필라이 가에 있는 〈여름 별장 Summer House〉이라는, 과장된 간판을 내건 작은 하숙집으로 거처를 옮겼다. 그 해 나머지와 1912년 대부분을 그 곳에서 보내며 학생들과 가깝게 지냈다.

피크로프트 가를 따라 몇 분 걸어가면, 관구대학 오른쪽 옆에 해변이 있다. 그 곳은 마드라스의 경계로서 해변이라기보다는 자연의 변덕으로 오랜 세월 파도에 쓸려 쌓인 모래더미로, 1880년대에 마운트

스튜어트 조지 그랜트-더프 Mountstuart George Grant-Duff라는 마드라스 통치자가 개발한 곳이다. 긴 모래사장 끝에서는 파도가 부서지며 밀려들지만, 해변이 워낙 넓어 바다에 닿기까지 사막을 가로지르는 것 같다.

라마누잔은 바닷가를 따라 거닐면서 수학적 사고에 몰두하기도 하고, 서늘한 저녁이면 친구와 조개 껍데기 조각이 널려 있는 밝은 갈색 모래 위에 누워 어둠이 짙어진 뒤까지 이야기들을 풀어내곤 했다.

내륙 쪽으로는, 석양빛을 받아 금색으로 변한 관구대학의 둥근 시계탑이 보이고, 바다 쪽으로는 저 멀리 또는 모래사장 가까이 밝은 색 페인트를 칠한 상선들이 화물을 싣고 해안을 거슬러 마드라스로 향해 오는 모습이 보이곤 했다.

라마찬드라 라오의 관대함으로 궁핍의 짐을 덜어 버린 라마누잔은 행복했다. 결혼 후 근심 많고 머뭇거린지 두 해가 지난 지금, 그는 친구들에 둘러싸여 하고 싶은 일을 하면서, 근심 없는 생활을 즐겼다.

1911년은 희망차고 좋은 해였다. 성대한 의식과 함께 인도의 수도가 캘커타에서 델리로 옮겨지고, 지하 수도관, 모래 필터, 펌프를 갖춘 하수 설비가 마드라스에 정비되고, 전깃불이 들어온 해였다. 그리고 스리니바사 라마누잔의 첫 논문이 ≪인도 수학회 Journal of the Indian Mathematical Society≫에 선을 보인, 그가 인도와 세계의 수학계에 첫발을 내디딘 해이기도 했다.

야콥 베르누이와 그의 수

5년 전인 1906년 말 마드라스, 미소르, 코임바토르 Coimbatore, 그리고 남인도에 있는 그 밖의 대학 교수 수십 명은 라마스와미 이예르로부터 편지를 받았다. 그 편지에는 수학회의 결성을 제안하는 내용이 있었다. 이 아이디어 뒤에는 소박한 소망이 담겨 있었다. 라마누잔이 얼마 되지 않는 수학 서적에 의존했던 것처럼, 인도 수학자들도 전반적으로 유럽이나 미국 잡지 등 도서가 턱없이 부족해 어려움을 겪고 있었다. 라마스와미의 구상에 따르면, 학회가 잡지를 구독하거나 도서를 구입한 후 회원들이 돌려보자는 것이었다. 해마다 여섯 명의 회원에게서 25루피만 받는다면 일단 학회를 꾸려갈 수 있었다.

그는 수학 단체를 갈망하던 수학자 20명을 창립 회원으로 〈해석학 클럽 Analytical Club〉이라는 단체를 만들었는데, 후에 〈인도 수학회 Indian Mathematical Society〉로 이름을 바꿨다. 곧이어 이 단체는 자체의 잡지를 발간했다. 불과 12년 후 봄베이에서 열린 제2차 학회에는 197명의 회원이 등록했고, 유럽과 미국의 잡지 35종이 회람되었다.

이러한 일들은 현대에 이르러서야 가능했다. 그러나 영국이 침략하기 1,000년 전부터 인도인은 수학을 하고 있었다. 17세기 이전, 서양에서 아직도 어색한 로마 숫자 때문에 곤란을 겪고 있을 동안, 인도는 오늘날 사용하고 있는 숫자를 도입했다. 특히 무(無)를 나타내는 기호 0은 대단한 성과였다. 0의 기원은 기원전 2세기까지 거슬러 올라가지만, 3세기의 책에 분명히 나타나 있고 중앙 인도 괄리오르 Gwalior 근처 9세기 사원 벽에도 나타나 있다(화원의 길이가 270단위임을 나타내는 데 0이 사용되고 있다).

인도에서 수학적 연구는 천문학적 요소를 기초로 베다 의식의 정확한 횟수를 알고자 하는 필요에 따라 성행했고, 대수, 기하, 삼각법 모두 발전했다. 476년에 태어난 아리아바타 Aryabhata는 π에 대하여 가장 오래되고 가까운 근사값을 제시했고, 150년 뒤의 브라마굽타 Brahmagupta 같은 인물은 오늘날까지 그 이름이 붙은 정리를 남기고 있다.

풍부한 전통이지만, 서양 수학의 요람인 그리스 수학과는 사뭇 다르다. 그리스인, 특히 유클리드 Euclid는 고등학생이 기하학을 처음 배우는 과정에서처럼 형식적 증명을 강조한다. 반면 인도 수학은 어떻게 구하든 결과 자체를 중시한다. 그래서 인도 수학은 형식적 증명으로 수학적 불순물을 걸러 내지 않아 거칠고 전혀 고르지 않고, 잘 못된 것도 있다. 한 이슬람 작가는 인도에 관한 책에서 인도 수학을 〈진주조개와 신 대추, ……, 값비싼 수정과 흔한 자갈의 혼합물〉이라고 평했다.

20세기에 이르기까지 진주와 수정은 오랫동안 시간의 먼지 속에 묻혀 있었다. 몇 세기 동안 인도는 다른 세계와 다른 수학적 기초 위에 서 있었지만, 최근 인도는 세계의 수학 발전에 기여한 바가 없었다. 겨우 인도 대륙의 남서부 끝에서 한 무리의 총명한 수학자들이 12세기 위대한 바스카라 Bhaskara의 옛 영광을 다시 외쳤지만, 수학회의 탄생이 제2의 탄생을 보장할 수는 없었다. 서양과의 교섭을 갈망하고, 조국의 유산에 긍지를 갖고는 있지만, 과거의 영광이 오늘의 업적을 대신해 줄 수 없다는 것을 창립자들은 잘 알고 있었다.

말하자면 라마누잔이 수학자로서 〈뛰어든〉 1911년은 바로 이 시기였다. 그는 직업을 찾기 위해 티루코일루르로 갔다가 학회의 설립자 라마스와미 이예르를 만났던 것이다. 라마누잔의 연구물은 라마스와미 이예르의 새로운 《저널 Journal》(대부분의 수학 저작물에서처럼, 독자가 보내 준 도발적이고 흥미 있는 문제로 시작한다) 3권에 게재되었다.

라마누잔이 내놓은 문제 중 하나인 289번 문제는 단순히 아래 값을 구하라는 것이었다.

$$\sqrt{1+2\sqrt{1+3\sqrt{1+\cdots}}}$$

식을 복잡하게 하는 x나 y 같은 것도 없어 얼른 보기에 단순한 산수 문제 같지만, 《저널》이 세 번 나오고 6개월이 지나도 해답은 제시되지 않았다. 결국 라마누잔 스스로 답을 내놓았다. 문제는 작은 점 세 개가 찍혀 있다는 것이다. 그것은 근호가 근호 속에 포함되면서 수열이 무한히 계속된다는 것을 가리킨다.

라마누잔이 몇 년 전에 더 일반적인 공식을 나타내기 위해 예제 형태로 낸 문제가 있었다. 그의 첫번째 노트 105쪽, 12장에 있는 네번째 방정식은 다음과 같다.

$$x+n+a=\sqrt{ax+(n+a)^2+x\sqrt{a(x+n)+(n+a)^2+(x+n)\sqrt{\text{etc.}}}}$$

이 방정식이 뜻하는 것은 어떤 수든지 x, n, 그리고 a의 세 성분으로 나누어 그것을 무한히 계속되는 근호로 나타낼 수 있다는 것이다. 예를 들어, 3은 $x=2$, $n=1$, $a=0$인 $(x+n+a)$로 생각할 수 있다. 이 값을 방정식에 대입하면 289번 문제의 값 3을 구할 수 있다. 그러나 라마누잔의 방정식 없이 그 답을 얻기란 매우 힘들다.

아리송하게 어려운 라마누잔의 문제는, 오랫동안 수학에 몰두하는 가운데 그가 현혹되었던 수학적 영역에서 나온 것이다. 외양적으로는 유사한 문제에서 10이나 100, 1000까지 정도만 제곱근 계산을 하도록 요구할 수도 있다. 그러나 이것은 라마누잔이 생각하는 문제가 아니다. 만일 제곱근이 무한히 계속된다면 어떻게 될까?

어떤 수가 무한대와 〈동일〉할 수 있는가? 무한은 우리가 도달할 수 없는 곳이고, 방정식에 어떤 수를 대입할 수도 없다. 〈마지막 수〉는 없다. 그래서 수학적 표현이 무한에서 작용하는 원리를 이해하기란 시각을 초월한, 잡히지 않고 신비스러운 영역을 탐구하는 것이다.

라마누잔처럼 열렬하게 이 영역을 탐구하고, 더 친밀하게 알고 있는 이는 아무도 없다.

많은 수학적 절차가 무한대까지 계산할 것을 요구한다. 수학회 《저널》에 실린 라마누잔의 문제는 〈근호 속의 근호(……제곱근의 제곱근)〉로서 그 때나 지금이나 거의 연구가 이루어지지 않은 분야이다. 라마누잔은 연분수(……분의 분의 분의 몇)도 연구했다. 그는 대부분 무한급수를 연구했는데, 무한급수는 실질적으로 그의 노트에서 매쪽 나오고, 1911년 후반 《저널》에 게재된 그의 첫번째 주요 논문에서도 다루고 있다. 어느 수학자는 〈무한급수는 라마누잔의 첫사랑이었다〉고 했다.

같은 뜻으로 단순히 ⟨&c⟩를 더 자주 사용하기도 했지만, 그의 노트 초반부터 존재를 나타내는 세 개의 점을 볼 수 있다. 이것은 숫자나 대수적 항들이 어떤 패턴을 따라 한없이 계속 이어지는 것을 나타낸다. 그래서

$$1+2+3+\cdots$$

은 다음 항이 4, 그 다음은 5, 그리고 6, 7, 8··· 계속된다는 것을 나타낸다.

물론 여기서는 무한한 항들을 무한히 더하는 것이라 그렇게 흥미롭지는 않다. 무한급수를 그렇게 복잡하고 가치 있을 뿐만 아니라 연구의 대상으로 만드는 경우는 한없이 커지는 것이 아닐 때, 더해서 유한한 어떤 값이 될 때이다. 즉 수학자들이 말하듯이 급수가 특정한 값으로 ⟨수렴⟩하는 때이다. 예를 들어보자.

$$1+\frac{1}{2}+\frac{1}{4}+\frac{1}{8}+\cdots$$

여기서 다음 항은 $\frac{1}{16}$이고, 다음은 $\frac{1}{32}$, 이렇게 계속된다. 그리스인도 알았지만, 신기한 것은 항들을 영원히 더해도 각 항들은 앞 항보다 급속히 감소하므로 합은 2를, 이는 이 급수가 수렴하는 값인데, 넘지 않는다는 점이다. 그리고 항을 더할수록 2에 더 가까워진다.

그러나 급수에서 뒤이어 나오는 항이 단지 앞 항보다 작은 값이기 때문에 수렴한다는 의미는 아니다. 예를 들어,

$$1+\frac{1}{2}+\frac{1}{3}+\frac{1}{4}+\cdots$$

은 언뜻 앞의 수렴하는 급수와 비슷해 보이지만 수렴하지 않는다. 항들을 더해 보라. 더하면 얼마가 되겠다고 생각하자마자 더할 항들이 더 있다. 예를 들어, 먼젓번 급수에서와 같이 이 급수의 합이 2일까?

아니다. 네 항만으로도 2를 넘는다. 그렇다면 3일까? 조금 더 걸리지만 11번째 항에 이르면 이미 넘게 된다. 그렇다면 10? 12,390항을 더하면 10 이상이 된다. 어떤 수를 택해도 같은 결과가 성립하고, 증명도 된다. 이 급수의 합은 무한이고, 수렴하지 않는 것이다.

그래서 수학자들이 관심을 갖는 급수는 수렴하는 급수 또는 특정한 조건에서 수렴하는 급수들이다. 그리고 급수가 어떤 값으로 수렴하는가 하는 것은 수학자들에게 멋진 일이었다.

고등학교 수학 선생님이 직각삼각형의 변의 비로 처음 도입하는 삼각함수를 예로 들어보자. 사인, 코사인, 탄젠트 등의 이름이 붙은 이 함수들은 직각삼각형의 한 변의 길이를 택해 다른 변의 길이로 나누어 구한다. 삼각함수 책의 뒷장에는 각도와 이에 대응하는 삼각함수의 값이 나열된 표가 붙어 있게 마련이다. 예를 들어, 한 각이 주어지면, 표를 보고 그 각의 사인 값을 알 수 있다. 각이 30도이면 그 각의 사인 값은 0.5000이다. 이 표만 있으면 항해사는 대양을 항해할 수 있고, 엔지니어는 기계를 설계할 수 있다.

역사적으로 직각삼각형과 비에 바탕을 두고 있는 동일한 삼각함수를 무한급수의 합과 같이 다소 무관해 보이는 방법으로 계산할 수 있다. 만약 각 θ(세타)를 도($°$)로 나타내지 않고, 수학자들이 더 편리하게 생각하는 라디안과 같은 각의 단위로 나타낸다면 다음과 같다.

$$\sin \theta = \theta - \frac{\theta^3}{3!} + \frac{\theta^5}{5!} - \frac{\theta^7}{7!} + \cdots$$

(여기서 5!는 '5계승'이라고 읽는데, $5 \times 4 \times 3 \times 2 \times 1 = 120$을 의미한다.)

30도의 사인 값을 구하려면, 상응하는 라디안 값($\frac{\pi}{6}$ 또는 약 0.5236)을 위 등식에 대입하고, 원하는 만큼 정확한 값을 얻을 때까지 더한다. 여기서는, 단 세 항만으로도 0.500002를 얻는다. 이는 정확한 값 0.500000과 대단히 가까운 값이다. 이 급수는 빠르게 수렴한다. 이 교대무한급수는 삼각형의 한 변을 다른 변으로 나누어 얻은 값과 말로 표현할 수 없을 정도로 같다.

이처럼 얼른 보아 예상하기 어려운 무한급수에서 나타나는 연관성이 수학자, 특히 라마누잔에게는 매우 매력적이었다. 그가 처음 발표한 논문의 주제인 〈베르누이의 수〉는 무한급수로 정의되어, 온통 무한급수로 꽉 차 있었다.

앤트워프 Antwerp의 반기독교 학살을 피해 스위스에 정착한 한 상인의 집안에서 17세기와 18세기에 뛰어난 수학자들이 배출되었는데, 야곱 베르누이 Jacob Bernoulli는 그들의 맨 앞사람이었다. 그는 라이프니츠 Gottfried von Leibniz의 관점에서 벗어나 20년 전 뉴턴이 취했던 관점에 따라, 연속적 변량을 다루는 강력한 수학적 도구인 미적분학의 폭을 넓히고, 자신의 이름이 붙은 수를 유도해 내었다.

베르누이 수는, π처럼 수학에서 널리 쓰이는 수 e와 긴밀한 관계가 있다. 수 e는 다음과 같이 정의된다.

$$e = 1 + \frac{1}{1!} + \frac{1}{2!} + \frac{1}{3!} + \cdots$$

이제 e를 포함하는 특정한 대수적 표현이 무한급수로 표현될 때, 각 항의 계수는 특별한 의미를 지니게 된다(계수는 대수적 부분에 곱해지는 보통의 수로서, 방정식 $3x + \frac{1}{2}x^2 = 12$에서는 3과 $\frac{1}{2}$이 계수이다). 이러한 계수가 〈베르누이의 수〉인데, 1713년 그의 사망 후 출판된 저서 『추측술 *Ars Conjectandi*』에 처음 등장했다. 기호에 일관성이 없어 다소 혼란스럽지만, 처음 몇 개의 베르누이 수는, $B_1 = -\frac{1}{2}$, $B_2 = \frac{1}{6}$, $B_4 = -\frac{1}{30}$, $B_6 = \frac{1}{42}$이다(첫번째를 제외하고, 홀수 번째 것은 모두 0이다).

라마누잔은 8년 전 베르누이의 수 때문에 곤욕을 치렀다. 비록 카의 『개요』 제2권에서 다양한 형태로 그 수를 언급하고 있었지만, 라마누잔은 관립대학에서 1년을 씨름한 1904년이 되어서야 그 수를 알아볼 수 있었다. 어떻든 그는 그 뒤로 오일러-매클로린 Euler-Maclaurin

의 합의 공식을 사용하여, 미적분학에서 〈정적분〉이라고 하는 수학적 근사값을 구하기 위해 급수를 사용했다. 라마누잔은 첫번째 노트의 30쪽과 31쪽에서 이들 급수를 인용하고 있으며, 두번째 노트의 5장 여러 곳에서도 다루고 있다.

라마누잔은 그의 공식적인 최초 수학 저작에서 이 수를 주제로 삼았다. 초음속 항공기는 마하 1을 넘는다. 여기서 마하는 오스트리아의 물리학자 에른스트 마하 Ernst Mach의 이름을 따라 붙인 소리의 속도 단위이다. 과학과 약학에서 불멸성은 자신의 이름을 딴 치료방법이나 단위, 이론 등을 갖는 것이다. 수학에서도 마찬가지이다. 베르누이의 수는 다양한 수학적 응용에서 반복되어 나타났기 때문에 그의 이름을 간직하고 있다. 그들 사이에는 관계가 있고, 라마누잔은 그것이 무엇인지를 발견(재발견)했다.

그는 자신의 논문 제목을 「베르누이 수의 몇 가지 성질」이라고 붙이고 이 수들의 〈수학적〉 성질을 발견했다. 베르누이의 수는 분수로 표시된다. 예를 들어, $B_{32} = \dfrac{7,709,321,041,217}{510}$ 이다. 그런데 라마누잔은 이 분수들의 분모가 언제나 6으로 나누어진다는 것을 발견했다. 그는 앞에 나오는 베르누이의 수들로 B_n을 계산하는 다른 방법을 찾아냈다. 18개 절 가운데 여섯번째 절은 다음과 같이 시작된다.

6. n이 0이 아닌 짝수라면 다음이 성립한다.

(i) B_n은 분수이고 $\dfrac{B_n}{n}$ 의 기약분수의 분자는 소수이다.

(ii) B_n의 분모는 인수 2와 3을 꼭 한 번씩 포함한다.

(iii) $2^n(2^n-1)\dfrac{B_n}{n}$ 은 정수이고, 따라서 $2(2^n-1)B_n$은 홀수이다.

라마누잔의 논문은 이런 식으로 이어지면서 ≪저널≫의 열일곱 쪽을 채우고 있다. 한번의 계산으로, 여덟 개의 정리를 말하고 그 중 세 개를 증명했다. 두 개는 다른 두 정리의 따름정리이며, 세 개는 단순한 추측이었다.

라마누잔의 원고가 편집인의 손에 처음 들어왔을 때 문제가 있었다. 〈라마누잔의 전개 방법은 너무나 간단하고 표현에 분명함과 정확성이 너무나 부족해서〉 뒤에 〈그러한 지적 훈련에 익숙하지 않은 보통의 (수학) 독자들은 그를 따라가기가 어려울 것으로〉 드러날 것이라 했다. 바꾸어 말해, 그의 논문은 뒤범벅이었다. 방갈로르 Bangalore의 센트럴 칼리지의 수학 교수이자 초기의 ≪저널≫ 편집인이었던 나라야나 이옌가르 M. T. Narayana Iyengar는, 〈라마누잔의 원고 편집은 결코 가벼운 일이 아니었다〉며, 원고가 라마누잔과 편집인 사이를 세 번이나 왕복했다고 했다.

모든 저작에서와 마찬가지로, 라마누잔은 이 첫번째 논문에서 연관이 없어 보이는 것들 사이에 관련성을 발견했다. 그의 주장 중 대부분이 사실이라는 것을 후에 수학자들이 증명했다. 그러나 라마누잔은 이러한 것에 신경 쓰지도 않았고, 그가 제시한 증명들도 개략적이거나 불완전했다.

카의 영향일까? 학자들은 후에 이렇게 결론지었다. 독창적인 공헌을 했다기보다는 결과들의 개요를 정리한 카는 대부분 증명의 대강을 제시했다. 그러나 라마누잔은 독창적인 공헌을 하고 있었다. 이를테면 n번째 베르누이 수의 분자를 n으로 나누면 언제나 소수라고 주장했다. 증명? 조금도 없다. 〈그는 수치적 증거를 충분한 것으로 생각했고, 다른 증명을 할 필요가 있다는 생각을 한 적이 없는 것〉으로 보인다고 뒤에 다른 수학자가 말했다. 라마누잔이 증명에 신경을 썼는지는 논란의 여지가 있다. 그는 어떤 대단히 도발적인 결과를 증명 없이 내 놓기도 했다.

우연이지만, 몇 가지 특별한 경우에 라마누잔은 오류를 범했다. 예를 들어, $\frac{B_{20}}{20} = 174,611$의 분자는 그의 주장과 달리 소수가 아니라, 283×617이다.

그러나 이것은 예외에 불과하다. 대부분의 경우 라마누잔의 자신에 대한 믿음은 정당화되었다. 베르누이 수에 대한 그의 논문이나 노트에서, 출판된 다른 논문에서, 그는 놀라울 정도로 일관성 있게 옳았다.

트러스트 항

≪인도 수학회≫에 논문이 게재됨으로써 마침내 라마누잔은 비록 흐릿한 구석에 있기는 했지만, 수학의 세계에 등장하여 주목받기 시작했다.

이듬해 초, 쿰바코남에서 라마누잔을 알게 된 마드라스 크리스천 대학교 학생 스리니바산 K. S. Srinivasan이 그를 만나러 여름 별장에 왔다.

〈라마누잔씨, 당신을 천재라고 부르던데요.〉

〈천재일 리 없어요.〉

라마누잔은 대답했다.

〈이 팔꿈치를 보세요. 이게 모든 걸 말해 줄 거예요.〉

팔꿈치는 거칠고, 더럽고, 검게 변해 있었다. 그는 커다란 석판으로 공부하면서, 천 조각을 집는 것보다 손으로 쓰고 팔꿈치로 지우는 편이 훨씬 빠르다는 사실을 알았다.

〈팔꿈치가 저를 천재로 만들고 있지요.〉

스리니바산은 왜 종이를 사용하지 않느냐고 물었다. 여유가 없어서라고 대답했다. 그는 라마찬드라 라오로부터 돈을 받고 있었다. 그러나 그것만으로는 턱없이 부족했다. 그에게는 한 달에 4연(連 : 보통 전지 크기의 종이 500매)의 종이가 필요했다.

여름 별장 시절부터 친구였던 라마스와미 이예르(교수가 아닌 다른 사람)도 종이에 대한 라마누잔의 〈유난스런 애착〉을 기억했다. 라마스와미는 라마누잔이 주위에 노트와 포장을 푼 백지를 쌓아 놓고, 매트에 엎드려 찢어진 셔츠를 입은 채, 〈긴 머리는 가는 줄로 엉성하게 묶고〉 정신없이 작업하고 있는 모습을 회상했다. 파차이야파에서 알고 후에 마드라스에서 만나게 된 스리니바사차리아 T. Srinivasacharya 는 〈라마누잔은 종이가 부족해 한 번 썼던 종이에 빨간 잉크로 다시 쓰곤 했다〉고 했다.

라마찬드라 라오가 라마누잔의 노트에 무슨 일이 생길지도 모른다고 염려하여 그것을 복사해 두라고 권유한 것도 이 시기였다. 라마누잔은 개정하거나 증보하지는 않았지만, 새롭게 정리된 단락에 주를 첨가하여 노트를 복사했다. 이것이 오늘날 우리에게 전해 내려오는 〈두 번째〉『노트』이다.

라마누잔이 사망한 지 반세기가 지난 후에 그를 기리는 많은 책 가운데에서, 아마 라마누잔의 출생지 에로데에 있는 논문 인쇄 제작 자였으리라 추측되는 한 후원인이 〈논문, 불후의 위대한 명작〉이라는 한 쪽짜리 광고 머리말에서 이렇게 말했다. 〈훌륭한 논문은 인간의 위대한 사상을 보존하고 널리 보급한다.〉 적절한 찬사이다.

일년 간 라마누잔은 라마찬드라 라오의 도움으로 살아갔다. 그는 흥미롭고 새로운 문제로 수학회의 ≪저널≫을 맹렬히 공격하는 한편, 두번째 논문을 완성하는 등 왕성한 창작력을 보였다. 그러나 그는 직업을 얻지 못해 고통스러워했다. 후원인을 통해, 마드라스 회계 사무소에 임시직을 얻었지만, 이 자리는 단 몇 주밖에 유지하지 못했다. 1912년 초 라마누잔은 새로운 직업을 찾았다.

소장님께,

소장님의 사무실에 사무원 자리가 비어 있음을 알게 되어, 그 자리를 지원하는 바입니다. 저는 대학 입학 자격 시험에 합격하여, F.A.까지 공부했으나, 어려운 형편으로 학업을 계속할 수 없었습니다. 그러나 저는 모든 시간을 수학에 바쳐, 그 주제를 발전시켜 왔습니다. 제가 그 자리에 채용된다면 제 자신의 능력이 충분히 발휘될 것이라고 확신합니다. 저를 채용하여 주시기를 간곡히 부탁드립니다.

당신의 충성스런 하인,
라마누잔

라마누잔의 편지에 덧붙은 관구대학의 수학 교수 미들마스트 E. W. Middlemast의 추천장에는 그를 〈수학에 탁월한 재능을 가진 젊은이〉라고 표현하고 있었다. 사실 라마찬드라 라오에 힘입어, 추천장은 형식상의 문제에 불과했을 것이다.

　그 편지는 1912년 2월 9일자로 되어 있었고, 회신 주소가 〈7, 여름 별장 트리플리케인〉이라고 적혀 있었다. 편지는 마드라스 트러스트 항의 회계 사무소장에게 전달되었다.

　적합한 자연조건을 갖추지 못했음에도 불구하고, 마드라스는 처음부터 무역항이자 무역 개척지였다. 거친 파도가 세차게 밀려들어 특이한 모래톱이 형성된 마드라스에는 화물선이 짐을 부릴 만한 천연 항구가 없다. 그래서 선박들은 해변에서 400미터가량 떨어진 곳에 닻을 내렸다. 그리고 파도를 살피며 두꺼운 판자를 코코넛 껍질에 이어 붙여 만든 약 7미터 길이의 바닥이 평평한 보트 마술라masula로 큰 선박 가까이 노로 저어 가, 화물을 해변까지 운반해야 했다. 마드라스에서 선박들이 당하는 도난의 90퍼센트가 바로 이 마지막 400미터에서 발생했다.

　마드라스에서 그런 선박들이 어떤 식으로든 항구를 만들어 갔다. 1796년에는 코코넛 기름으로 밝히는 등대가 세워지고, 1861년에는 벵골 만 쪽으로 335미터 들어간 방파제가 완공되었으며, 1876년에는 콘크리트 벽돌로 지은 인공 항구가 건설되기 시작하였다. 새 항구는 그다지 실효성이 없어 화물의 분실률은 여전히 높았고, 항구 남쪽 입구에는 침적토가 쌓이고 있었다.

마드라스 관구의 수입품과 영국으로의 수출품 중 60퍼센트 이상이 마드라스 항에서 운반되었다. 매년 1,200척의 선박들이 철, 강철, 기계류 및 철도 장비 등을 싣고 이 항구에 들렀으며 피류, 소화물, 쪽빛 물감, 원면 등을 싣고 떠났다. 19세기 초까지만 해도, 이러한 작업은 꽤 까다로운 일이었다. 1904년 트러스트 항을 감독하던 최고 책임자는 프랜시스 스프링 Francis Spring 경이었다.

졸린 듯한 눈에 머리가 벗겨지고, 희끗한 염소 콧수염을 한 그는 남인도에서 최초로 자가용을 가진 사람이었다. 프랜시스 경은 제2의 전성기를 맞고 있었다. 1849년 아일랜드에서 태어나 더블린의 트리니티 대학을 졸업한 그는 1870년 인도 정부의 공업 사업부에 몸담기 시작하여, 고다바리 Godavari 강에 철교를 놓는 등 30년 넘게 남인도 철도 시스템 개발에 중요한 역할을 했다. 이러한 업적으로 1911년 중급 훈작사 Knight Commander가 되었다. 7년 전 트러스트 항으로 부임할 때, 그는 나라야나 이예르를 데리고 왔다.

나라야나 이예르는 교육받은 엔지니어는 아니었다. 영국은 관료 조직에 필요한 우수한 사무원을 교육시키려고 인도인들이 다닐 대학들을 세웠으나, 그들에게 유럽의 전문 기술까지 교육하기 위한 목적은 아니었다. 브라만 승려의 아들인 그는 트리치노폴리의 성 요셉 대학에서 석사 학위를 받고, 수학 교수가 되려고 그 곳에 머물다가 프랜시스 경을 만났다. 그는 트러스트 항의 국장으로서, 또한 수석 회계관으로서 최고 지위에 오른 인도인이었다. 프랜시스 경은 거의 전적으로 그에게 일임했다.

나라야나 이예르는 결코 서양식 복장에 따르지 않았으며, 전통 의상과 터번을 1937년 사망할 때까지 착용했다. 가족들은 그 점이 개인적인 저항 정신을 보여 주는 증거라고 했다. 당시 서구에서 불어오는 변화의 바람은 의상에도 영향을 미쳤다. 1910년대에 이르러, 교육을 받고 신분 상승을 지향하는 인도인들은 그러한 변화를 받아들였다. 가령 1919년 열린 인도 수학회 학술대회에서 찍은 공식 사진에는, 라마찬드라 라오는 양복을 입었고, 나라야나 이예르는 앞줄 바닥에 앉아 터번을 두르고 늘어진 헐렁한 겉옷을 입고 있다.

그의 가족은 항상 언행을 삼가며 위엄과 기품을 유지하면서 진실한 삶을 살았다. 그렇다고 그가 가까이하기 어려운 사람은 아니었다. 그는 인도의 독립 투사들에 대해 긍정적으로 말하며, 22명이 넘는 사촌 형제들과 식객들을 거느린 가장으로서, 항상 돈을 구하러 오는 사람들을 소문 내지 않고 도와주었다. 그는 전통적인 힌두이즘에 따르는 표면적 행동의 이면에 굳건한 독립심을 품고 있었다.

프랜시스 경과 나라야나 이예르, 이 두 사람은 이후 라마누잔의 인생에서 중요한 역할을 하게 되지만, 지원서를 제출한 지 3주가 지난 1912년 3월 1일 지금, 라마누잔은 회계 분과에서 4급 3호봉의 사무원으로 월급 30루피를 받으며 그들 밑에서 일하고 있었다.

그 동안, 자나키는 신부 수업을 위해 부모가 사는 라젠드람과 시어머니의 집 쿰바코남을 오가며 남편과는 멀리 떨어져 살았다. 1912년 말 라마누잔이 안정된 직장을 얻고, 사춘기도 지나 두 사람은 마침내 실제 부부가 되었다.

트리플리케인의 여름 별장은 성 조지 포트 북쪽 항만 맞은편에 있는 라마누잔의 새 직장 사무실에서 5킬로미터 정도 떨어져 있었다. 직장에 다닌 지 몇 개월 후 라마누잔은 직장과 훨씬 가까운 브로드웨이 외곽의 조지타운 구 지역의 사이바 무티아 무달리Saiva Muthiah Mudali 가의 할머니 집으로 이사하고, 결혼한 지 3년 만에 어머니를 모시고 아내와 함께 살게 되었다.

후에 조지 5세가 될 영국 황태자가 1906년 마드라스를 방문하기 전까지, 조지타운은 원주민들이 사는 블랙 타운이었고, 유럽인들이 거주하는 시내 지역은 화이트 타운이었다. 지역 면적의 9퍼센트에 해당하는 북적대는 거리에는 도시 인구의 3분의 1이 거주했다. 암소, 황소, 염소들이 자유롭게 돌아다니고, 한쪽 거리에서는 대장장이들이 작은 작업실 앞에 쭈그려 앉아 망치로 쇠를 두드리거나, 주석 조각들을 작은 통 속에 넣어 녹이고 있었다. 바로 옆 거리는 곡물 자루를 지고 가는 황소가 길을 막곤 했다. 귀금속 작업실, 의상실, 기름 가게, 바구니 세공점, 청과물 도매상 등이 들어선 거리…… 맨발에 웃통을 벗고, 길고 헐렁한 천만 몸에 두른 채, 갈비뼈와 근육이 불거지고 검게 그을린 갈색 피부의 노동자들이 끙끙대며 손수레를 끌거나, 등에 짐을 지고 허리를 구부린 채 지나가는 모습이 곳곳에 보였다.

사이바 무티아 무달리 가에 있는 월세 3루피의 조그마한 집에서 라마누잔과 가족들은 잘 지냈다. 그러나 그는 10대도 지나지 않은 자나키와 별로 접촉이 없었다. 그들은 말이 거의 없었다. 낮에는 아내에게 비누를 갖다 달라거나 옷을 갖다 달라는 정도의 말만 했다. 자나키는 밤이면 시어머니가 옆에서 자도록 강요했다고 후에 회고했다. 그들 둘만 지내는 경우는 전혀 없었다. 코말라타말이 쿰바코남으로 가야 할 경우, 할머니가 그들의 접촉을 감시했다.

인도에서 이런 관습은 특별한 것이 아니었다. 여자가 아이를 갖게 될 때까지, 신부가 남편의 가정에서 차지하는 위치는 거의 노예나 다름이 없다. 그녀는 시어머니의 명령에 따라 일만 할 뿐이었다.

라마찬드라 라오은, 라마누잔이 트러스트 항의 한직에서 일할 수 있도록 도움을 주었다고 했다. 처음부터 그랬는지 확실치는 않지만, 라마누잔의 업무는 한직이었다. 그러나 라마누잔은 전보다 훨씬 더 바쁜 나날을 보내게 되었다. 여름 별장 시절에 사귄 친구는 트러스트 항 사무실 옆의 길을 가리키며 이렇게 회상했다. 〈그가 저 해변 도로를 지나 사무실로 뛰어가는 모습을 여러 번 보곤 했습니다. 코트 깃을 미풍에 휘날리며, 긴 머리칼을 풀어헤치고, 이마에 빛나는 나맘을 붙인, 그 젊은 천재는 노닥거릴 시간이 없었어요.〉

뒤에, 자나키는 그가 수학을 어떻게 연구했는지를 이렇게 회상했다. 〈때로는 이튿날 6시까지 밤을 새워 공부하고, 직장에 출근하기 전 두세 시간 짬을 내 눈을 붙였어요.〉 사무실에서의 일은 예금 계좌를 조회하고 현금 예금액을 확인하는 일 등이었을 것이다. 그가 직장에 나간 지 몇 달 후, 한 달 간 휴가를 떠난 다른 사무원의 일을 대신하기도 했지만, 어떤 일이 있어도 그에게 큰 부담이 되지는 않았다. 나라야나 이예르와 프랜시스 경은 이런 것을 공적으로 장려한 것은 아니지만, 너그럽게 보아 주었다.

라마누잔이 근무 시간 중에 계산할 종이를 찾으러 부두를 어슬렁거리는 것을 친구가 보기도 했다. 한번은 프랜시스 경이 나라야나 이예르를 사무실로 불렀다. 〈어떻게 이 중요한 서류에 수학 공식들이 적힌 종이가 끼여 있는가?〉 엄히 물었다. 〈근무 시간에 수학이나 하고 있나?〉 나라야나 이예르는, 결코 자기 필체가 아니라며 아마 라마누잔이 한 것일 거라고 했다. 프랜시스 경은 웃었다. 물론 그것은 라마누잔이 한 일이었다. 그도 잘 알고 있었다.

수학회 회원이며 오랫동안 수학회 재무 간사였던 나라야나 이예르는, 라마누잔의 직속 상관일 뿐 아니라 동료였다. 저녁이면 그들은 트리플리케인 피크로프트 도로에 있는 연장자의 집으로 퇴근하곤 했다. 그 곳에서 거리가 내려다보이는 위층 현관에 앉아 무릎에 석판을 놓고, 가끔은 한밤중까지 석필을 긁적거리다가 다른 사람의 잠을 깨우기도 했다. 그들이 잠든 후에 종종 라마누잔은 잠에서 깨어 허리케인 램프의 희미한 불빛 아래 앉아 꿈에서 떠오른 무언가를 기록하곤 했다.

나라야나 이예르는 평범한 수학자는 아니었다. 그러나 라마누잔과 함께 일하면서 그가 여러 단계를 한 단계로 줄여 넘어가 버리는 경향이 있음을 알았다. 〈어떻게 다른 사람이 이해하고 받아들일 거라고 생각하느냐?〉고 나라야나 이예르는 물었다.

〈자네는 내가 이해할 수 있는 수준으로 낮춰서 자네의 두 단계를 적어도 열 단계로 적어야 하네.〉

〈무엇 때문에요? 분명하지 않아요?〉 라마누잔은 물었다.

〈아니야.〉

나라야나 이예르는 대답했다.

112

〈분명하지 않아.〉 그는 끈기 있게 주장하고 구슬려서 때로는 라마누잔의 생각을 조금 더 늘리는 데 성공하기도 했다.

오래지 않아 나라야나 이예르는 라마누잔의 상관이자 동료 뿐만 아니라, 조언자요 스승이며 친구가 되었다. 그는 〈사람들은 라마누잔을 유리라고 생각하지만 곧 다이아몬드라는 사실을 알게 될 것이다〉라고 말했다고 한다. 그는 프랜시스 경을 자신에게 주목하도록 했고, 라마누잔의 옹호자로 만들었다.

프랜시스 경의 주목을 받으며 그로부터 비롯되는 인간 관계의 망에 들어서면서, 1912년 중반 라마누잔은 인도의 영국 사회에 발을 들여놓게 되었다. 그는 자라는 동안 여태 영국과는 거의 관계없이 살아왔는데, 이제 그의 환경이 달라지고 있었다.

영국의 지배

닐기리 Nilgiri 언덕 높은 곳, 마드라스 관구 서쪽에 〈우티 Ooty〉라고 알려진 우타코문드 Ootacomund가 있었다. 이것은 관구 여름 별장으로 열대의 열기보다 북해에서 불어오는 차가운 바람을 받아, 영국인과 그 가족들이 저지대의 여름을 피해 머무는 곳이었다. 언덕 저쪽에는 좁게 남북으로 걸쳐 습하고 비가 많이 오는 말라바르 해안이 있다. 그 곳은 열대 식물이 무성하고 후추, 육두구(열대산 상록수)와 향신료가 풍부하여 처음 인도를 찾아오는 유럽인의 눈길을 끌었다. 미조르 부근의 울창한 숲은 영국인의 상상력에 불을 붙일 만한 이국적인 경치와 장미 덤불, 호랑이나 코끼리 같은 동물의 안식처였다.

영국이 인도에 주둔한 것은 1600년으로 거슬러 올라가, 그 때 동인도 회사가 설립되었다. 2세기 동안 영국은 인도 대륙의 통치권을 놓고 프랑스와 네덜란드, 포르투갈 등과 대립하다가, 1876년 인도를 대영제국에 포함시켰다. 이제 1912년, 인도 민족주의자들이 제1차 독립 전쟁이라고 부르는, 영국의 지배에 대항했던 〈세포이 항쟁 Sepoy Mutiny〉이 발발한 지 반세기가 훨씬 지났다. 몇 년 전 조지 왕은 봄베이에 그의 명예를 기리기 위해 세운 〈인도의 관문 Gateway of India〉을 지나, 왕위를 확고히 하기 위하여 새 수도 델리를 여행했다. 당시 총독 커존 Curzon 경에 따르면, 영국 없이 인도가 존재한다고 생각하는 것은 그들의 믿음에 대한 반역이었다. 간디 Gandhi와 네루 Nehru가 대영제국으로부터 1947년에 인도의 독립을 쟁취한다는 사실을 누가 상상이나 했겠는가? 그리고 지금 소수에 불과한 백인들이 과거 대영제국의 식민지를 지배했었다는 사실을 어떻게 믿을 수가 있겠는가?

실제로 지배했던 사람들은 소수에 불과했다. 전설적인 인도사무소 Indian Civil Service(ICS)의 직원 수는 겨우 1,000명 정도였다. 이 기관은 중추 세력 기관으로서 인도인 사무원과 영국 기술자, 의사, 그리고 경찰에 의해 움직이는 통치 수단을 통제하는 역할을 했다. 마드라스의 총독과 지배자들, 그리고 다른 관리들은 ICS의 직원은 아니었지만, 그 밖의 거의 모든 사람들은 이 기관 소속이었다. ICS는 동인도회사 통상부 조직의 한 기관으로부터 떨어져 나와, 1853년에 인도인에게 어려운 시험을 통해 채용될 수 있는 기회를 열어 주었다. 그러나 전국적으로 한정된 몇몇 직무에만 인도인들을 공채했다. 그들의 봉급 역시 영국인들 봉급의 3분의 2에 불과했다.

오늘날 관리들의 비능률성과 관행으로 얼룩진 ICS가 실제로 그 당시에는 〈공익 정신〉으로 상징되었다. 사실 ICS는 영국 최고 인재들의 관심을 끌었다. 그 구성원들은 상위 계층과 인텔리들이었다. 그들은 최고의 공립학교와 케임브리지, 옥스퍼드 출신들로 어려운 시험을 통과하여 등용되었다. 그들은 남는 시간에 산스크리트어를 번역하고, 경전을 해석하고, 문법을 정리하고, 사전을 집대성했다. 그들은 스스로 플라톤의 이상적인 지배자라고 생각하며, 귀족주의 가치관과 책임감, 공적 신뢰감으로 충만했다.

그러나 그들에게는 또 다른 측면, 즉 비위에 거슬리게 점잔 빼는 위선과 한없이 치솟는 도덕적 우월성이 있었다.

　일반적으로 그들은 영국 민족의 강한 책임감에서 나오는 역량을 보여주었다. 높은 보수 덕분에 부정을 범할 유혹을 받지 않았고, 친척이나 친구의 간청으로 인해 공명 정대함을 훼손하지 않았다. 그들은 조국에 명예롭게 정부를 세우고 관리했는데, 인적 자원을 미루어 생각할 때 매우 효율적으로 운영되었다.

　엄격히 말해 정부 대표자는 징세관이라고 불렸는데, 그는 왕자의 권위를 행사했다. 그러나 징세관과 영국인 직원들은 토속어를 전혀 알지 못했고, 원주민들은 그들을 애정이 아닌 두려움으로 여겼다. 인도인의 눈에 영국인 관리는 이해할 수 없고, 접근할 수 없으며, 이기적이고 고압적이며 저항할 수 없는 존재였다. 당시 인도에 있는 영국인이 주는 인상은 〈거리감〉이었다.

　뱀을 부리는 사람을 터번을 두른 인도인들이 둘러싸고, 영국인이 2층 현관에 안전하게 앉아 인도인의 시중을 받으며 이를 내려다보는 장면을 묘사한 그림이 있다. 이러한 장면에서 원주민은 1인승 인력거를 끌거나, 머리 위에 짐을 이고 있거나, 사나운 파도를 헤치며 마술라 보트를 몰고 가는 등 거친 일을 한다. 영국인들은 한결같이 편하게 양산 아래 햇빛을 가리고 서 있거나, 모자를 쓰고 나른한 자세로 기둥에 기대어 있다.

　영국인은 전형적으로 개인 세탁부를 두고, 한 달에 4 내지 5루피를 주면서 마치 사유 재산같이 부렸다. 인도에 오래 머물던 영국인은 나중에 옷을 손질하는 방법도 잊을 정도였다. 영국으로 돌아가는 배에 올라, 영국인 접대원이 차를 대접하려고 몸을 굽히면 이들은 움찔 뒷걸음질쳤다(실제로 아시아나 아프리카 식민지에서 온 학생들에게 영국에서 가장 인상적인 장면을 물으면 한결같이 백인이 육체 노동을 하고 있는 광경이라고 답했다).

영국인과 인도인 사이에 있는 근절할 수 없는 분열을 영국인 자신들이 인정했다. 〈동양은 동양이고 서양은 서양이며, 둘은 결코 만나지 않는다.〉 인도 전문가 콤프턴은, 인도인과 한 방에서 함께 살아도 인도인이 일할 것이며, 그래서 〈흑과 백 사이에는 융화가 있을 수 없다. 그들은 정서, 교감, 감정, 그리고 습관에 있어 서로 낯선 인종이며, 또 그래야 한다. 원주민 친구와는 친밀함으로 다리를 놓을 수 없는 거대한 만(灣)이, 카스트와 관습이라는 만이 있다. 융합이란 가장 피상적인 의미 외에는 전적으로 불가능하다〉고 했다.

앞으로 몇 년 동안 라마누잔이 직면하게 되는 것이 이 〈거대한 만〉이었다. 그는 빅토리아 여왕 통치 시대에 성장했다. 그가 주머니에 담고 있던 동전들은 영국의 통치를 담고 있었다. 인도인들은 1902년까지 빅토리아 여왕에 대해 얘기했다. 그녀의 사후에는 에드워드 7세, 왕과 황제의 옆얼굴을 주머니에 넣고 다녔다. 고등학교 시절 라마누잔이 받은 상품은 애국심 넘치는 영국의 명시 전집이거나 매콜리 경 Lord Macaulay의 수필집, 워즈워드의 시집 등이었다. 쿰바코남에 있는 관립 대학에 다니는 동안, 기숙사 건축에 필요했던 6만 루피도 인도의 유명 인사가 아니라 빅토리아 여왕을 기리기 위해 조성되었다.

그러나 라마누잔에게 이 모든 것이 남긴 영국이란 이미지는 추상물에 지나지 않았다. 그는 영국인을 거의 모르고 지냈다. 그러나 이제 달라지고 있다. 그의 친구 나라시마는 그에게 마드라스 크리스천 대학의 로스를 소개해 주었다. 그는 관구대학의 미들마스트를 만났고, 그에게서 추천장을 받았다. 이제 트러스트 항에서 프랜시스 경을 만났다. 얼마 안 가 그는 프랜시스 경의 친구들을 만날 것이었다.

어떤 선입견이 라마누잔에 대한 영국인의 시각을 흐려 놓았다 해도 그러한 시각이 그의 지성에 대해서까지 영향을 미치지는 않은 것 같다. 당시 한 영국인 작가는 인도인에 대해 이렇게 말했다. 〈교활하고 논쟁을 좋아하며, 교육을 받으면 지적 능력은 놀라울 만큼 발전할 가능성이 있다. …… 이러한 측면에서 그는 영국인을 부끄럽게 만들고, 인도에 있는 인도 정부의 모든 지위가 시험으로 개방이 된다면, 아마 우리는 벵골 바부와 마라타 브라만들이 가득 찬 행정 기관을 보게 될 것이다.〉

그러나 이것은 인도인의 기질에 대한 영국인의 칭찬과는 거리가 먼 것이었다. 콤프턴은 몇 년간 농장을 경영했는데, 1904년 출판된 저서에서 〈힌두인의 지성을 매우 높은 수준까지 연마해 줄 수는 있으나, 그가 추구하는 지위에 필요한 도덕적·인간적 자질은 순화시킬 수 없다〉고 했다. 그는, 인도인은 부적절하게 감상적이고 어지럽게 일관성이 없다고 했다. 〈영국인은 교육받은 인도인의 말과 행동 사이에서 발견한 이상한 모순 때문에 끊임없이 놀라게 되는데, 그 인도인은 영국인에게 괘씸해 보이는 불일치에 대해 무감각한 것 같다. 그들은 '유럽식' 이상에 대한 열정적인 지적 동의를 보내지만, 그들의 삶은 변화시키지 않은 채 살아간다.〉

영국인이 인도인의 성격에서 발견한 또 다른 대단한 특징은, 하찮은 칭찬으로 욕을 퍼붓는 것과 가깝다. 〈그들은 열심히 일하고 온순하며 참을성이 있다. 그들은 유럽인에 비해 더 침착하고 극기심이 있으며, 기질 면에서는 덜 과격하다. 그들은 동물에 대해 더 큰 존경을 보여 주며 예절에 더 자연스러운 정중함을 보여 주고, 하인으로서 그들을 잘 대해 주는 이에게 영국인 하인보다 더 큰 애정으로 대해 준다.〉 그러나 겉보기에는 존경할 만할지라도, 이러한 것들은 인도인을 자기들 영국인 주인과 동등하게 하는 것이 아니었다.

지성에 대한 당연한 평가가 이처럼 복잡하게 섞이고, 성격과 기질에 대한 회의가 어우러져, 모두가 거대한 사회적 경계를 사이에 두고 보았는데, 영국인은 라마누잔을 그렇게 보았던 것이다.

편지

나라야나 이예르와 라마찬드라 라오, 관구대학 수학 교수 미들마스트 등을 통해, 1912년 트러스트 항 주변에서 라마누잔이 뭔가 특별하다는 것이 알려졌다. 프랜시스 경이나 다른 영국인 관리들이 직면한 문제는 〈어떻게〉 특별한가 하는 점이었다. 그리고 〈어떤 점〉이 특별한가 하는 것이었다. 그의 재능이 진부한 것인가, 심오한 것인가, 천재적인 재능인가, 아니면 지성적으로 얘기해서 무당의 그것인가? 간단히 잊혀질 별 것 아닌 괴짜에 지나지 않는가, 양육과 지도가 필요한 신동인가?

아무도 이 궁지에서 벗어날 수가 없었다. 가혹하게 설명하자면, 그들은 단호한 견해에도 불구하고, 최악의 경우 그들이 틀렸다는 것이 증명되고 역사가 그들을 신랄하게 비난할 경우를 두려워했다. 그들은 알지 못했고, 자신들이 모르고 있다는 것을 〈알고 있었다〉.

나라야나 이예르는, 물론 자신이 〈잘〉 알고 있다고 생각했다. 그는 매일 라마누잔과 함께 일했고, 그의 능력을 가까이서 보아 왔다. 라마누잔이 자신의 장래를 일구어 가자면, 든든한 영국인이 필요하다는 것은 분명한 일이었다. 나라야나 이예르는 프랜시스 경과 함께 그를 위해 로비를 벌였다.

라마찬드라 라오는 프랜시스 경의 이목을 끌기 위해 노력했다. 마드라스 공과대학의 토목공학 교수 그리피스 C. L. T. Griffith는 1912년 11월 12일 편지를 썼는데, 이는 라마찬드라 라오의 요청에 따른 것이었다.

〈프랜시스 경께. 경께서 관리하시는 사무실에 25루피를 받고 근무하는 회계원으로 라마누잔이라는 젊은이가 있는데, 그는 대단히 뛰어난 수학자입니다. 그는 무척 가난한 회계원이지만, 그가 비범한 재능을 발휘하여 업적을 이룰 때까지 편하게 근무할 수 있도록 경께서 보살펴 주시기 바랍니다.〉

의미 있는 비평은 말할 것도 없고, 라마누잔의 연구를 따라갈 수 있는 사람이 거의 없었기 때문에, 그는 계속해서 조언을 구하기 위해 다른 수학자(런던에 있는 힐)에게 편지를 보내고 라마누잔의 논문도 몇 편 보냈다. 〈그에게 진정한 천재성이 있다면, 책을 구입할 돈과 시간을 주어야 할 것입니다. 그러나 제가 고국으로부터 의견을 듣기 전에는, 그에게 많은 시간과 돈을 투자할 만한 가치가 있는지 확신이 서지 않습니다.〉 그리피스는 양다리를 걸쳤다,

프랜시스 경은 마드라스의 공교육장인 보언 A. G. Bourne에게 조언을 구했는데, 그는 마드라스 수학자 두 명을 지명하고 라마누잔이 그들을 만나 보도록 충고했다. 〈그의 천재성이 너무나 아리송하고 신비스러워서 상당한 상식 이상을 지닌 훌륭한 수학자들이 그것을 인식하고 평가할 수 없다면, 비록 천재성이 그들의 한계를 넘는 것이라 해도, 나는 천재성의 존재를 의심할 수밖에 없을 것이오.〉

2주일 후 라마누잔은 보언이 추천해 준 마드라스의 회계장 그레이엄 W. Graham을 만나러 갔다. 그레이엄은 그를 만나본 후 이렇게 생각했다. 〈(라마누잔이) 위대한 수학자의 소질을 갖고 있는지는 모르겠다. 그는 나에게 머리가 있다는 인상을 주었다.〉 〈나에게 인상을 주었다……〉 그레이엄은 자신의 평가를 이렇게 표현했다. 라마누잔에 대한 이 같은 관심은, 설사 그가 옳지 않은 것으로 밝혀지더라도 아무도 그를 탓할 수 없다. 더 복잡한 문제는, 그레이엄이 〈라마누잔의 머리가 계산에 뛰어난 소년들의 것에 가까운 것이 아닌가〉 하는 점을 제안했다는 점이다.

그레이엄이 언급하고 있는 이러한 변종은 오늘날 멍청이 기계라고도 하는데, 고급 수학에 대한 이해력은 부족하지만 엄청나게 빠른 속도로 계산을 하는 독특한 능력, 이를테면 길게 늘어선 열 자릿수의 곱셈이나 나눗셈을 틀리지 않게 하고, 1000년 전 일어난 전쟁의 요일을 맞추는 등 사소한 계산 문제를 해내는 능력을 지니고 있다. 그러나 단지 제곱근을 계산하거나, 장부를 결산하거나, 재치 있게 표현한

문제를 해결하는 따위의 산술에만 탁월한 능력은 진정한 수학과는 아무런 관계가 없다. 화가가 틀에 박힌 제도나 인물 그리기에 능숙할 수도 있듯이, 수학자도 그런 기능에 능숙할 수 있다. 그러나 그런 기능을 지니고 있다고 해서 수학적 재능도 있을 거라고 말할 수는 없다.

라마누잔은 산술 계산 측면에서 보자면 보통 수준 이상이었다. 그러나 비상한 수준에 이른 것은 아니었다. 그리고 그는 결코 〈계산에 뛰어난 소년〉이 아니었다. 그럼에도 불구하고 이것이 1912년 후반 마드라스에 있는 영국인 관리들이 라마누잔에 대하여 바라보는 시각의 하나일 수 있었다.

그리피스는 이튿날 프랜시스 경에게 편지를 썼다. 〈제가 곧바로 힐 교수에게 편지하겠습니다. 우리는 그의 의견을 들어 보아야 한다고 생각합니다.〉

미카이아 존 뮬러 힐 Micaiah John Muller Hill은 20년 전 그리피스가 런던 유니버시티 대학에 다닐 때 교수였는데, 수학적 연구보다 학생들에 대한 자상한 관심으로 더 알려졌었다. 12월 중순경 그리피스는 힐 교수로부터 소식을 들었다. 힐은 그리피스가 보낸 것들을 즉시 살펴볼 수 없었다고 사과하면서, 그러나 한눈에 라마누잔이 몇 가지 함정에 빠졌으며, 어떤 결과는 잘못임을 알았다고 했다. 그 부족한 증명을 극복하고자 한다면, 브롬위치 T. J. I'A. Bromwich의 『무한급수론 Theory of Infinite Series』을 참고하라고 했다. 출판하고 싶다면, 런던 수학회 간사에게 편지해야 한다고 했다. 그러나 힐은 〈원고에 대단히 신경을 써야 한다. 분명하게 쓰여야 하며, 오류가 없어야 한다. 그리피스가 그에게 보낸 베르누이 수에 관한 논문에서 사용한 것처럼 설명 없이 기호를 써도 안 된다〉고 경고했다.

그러나 힐의 편지에는 질문에 대한 답이 없었다. 라마누잔이 세상에 내놓을 만큼 어떤 독특한 점을 갖고 있는가? 그것이 천재성이라면, 그 천재성의 성질과 범위는 어느 정도인가? 힐이 덧붙인 것은 〈그에 대한 개인적인 내용은 매우 흥미로웠다〉였다. 이것은 평범하지 않은 그의 지적 과거에 관한 언급일 것이다. 〈그리고 연구를 통해 뭔가 이루어지기를 바란다〉가 전부였다.

며칠 후, 힐은 그의 옛 제자에게 다시 편지를 보냈다. 흥미로운 편지였는데, 역시 분명하지는 않지만 이번에는 좀더 고무적인 내용이 었었다. 〈베르누이 수에 대한 라마누잔의 논문은 함정으로 수수께끼처럼 얽혀 있다. 그는 사실 초기 베르누이 수에서 어떤 성질을 조사했고, 증명 없이 그 모두를 참이라고 생각했다. (이런저런) 이유들로, 나는 런던 수학회가 학회 논문집에 받아들이지 않을 것이 확실하다고 생각한다. ……라마누잔은 분명히 수학에 취미가 있고, 어느 정도 능력이 있는 사람이다.〉그의 교육자적 결함이 해치고 있었다. 그는 또다시 브롬위치의 책을 볼 필요가 있다고 하면서 이번에는 라마누잔이 잘못 알고 있는 것을 밝혀 줄 구체적인 단원을 인용했다.

그리고 개인적인 이야기에서, 힐은 의미심장한 말을 했다. 그는 라마누잔의 연구에 대해 민감하고 결정적인 요점들을 거론하며 〈1876년부터 1879년까지 내가 케임브리지 학생이었을 때, 이러한 것이 제대로 이해되지 않았다〉고 했다. 〈그리고 현대 이론은 최근에서야 단호한 기반 위에 세워진 것이다. 초기에 유명한 수학자들은 이러한 어려움으로 많이 휘청거렸으니, 라마누잔 씨가 혼자 연구하면서 잘못된 결론을 얻었다는 것은 놀랄 일이 아니다. 그가 좌절하지 않기 바란다.〉

〈1876년부터 1879년〉. 힐의 케임브리지 시절은 우연이지만 라마누잔에게 너무나 중요한 책의 저자 카의 시기와 일치한다. 라마누잔은 지난 40년 동안 수학의 중심지 유럽에서 알려진 모든 지식을 빠뜨리고 있었다. 그가 정도에서 벗어나는 것은 당연했다.

힐은 옛 제자 그리피스를 거의 기억하지 못했지만, 장문의 답장을 두 번이나 보낼 만큼 라마누잔의 연구에 호기심을 가졌다. 물론, 그 이상은 아니었다. 어쨌든 라마누잔의 첫번째 논문은 출판에 적절치 않다고 판단한 것이다. 그리고 라마누잔의 수학적 성과 모두를 완전히 이해하지는 못했지만, 그의 대답은 라마누잔이 평생 들어 온 어떤 충고보다 진지하고 논리적이며 전문적인 것이었다. 그리고 라마누잔이 천재라기보다는 멍청이일 것이라는, 마드라스 영국인들 사이에 팽배한 의심을 진정시키기에 충분히 고무적인 내용이었다.

그래서 얼마 동안 많은 사람들이 라마누잔에게, 〈인도에서는 자네를 온전히 이해해 줄 사람이 없네. 여기서는 자네에게 필요한 전문적 의견과 격려를 찾을 수 없으니, 케임브리지나 서구의 다른 곳에 가도록 도와 달라고 편지하게〉라고 충고했다. 그런 사람들 가운데는 파차이야파 대학의 노교수 싱가라벨루 무달리아르, 쿰바코남 대학 때 라마누잔의 교수였던 바바니스와미 라오 Bhavaniswami Rao, 그와 2년 정도 파크타운에서 함께 산 친구 나라시마 등이 있었고, 최근에는 나라야나 이예르도 비슷한 충고를 했을 것이다.

라마누잔이 서구로부터 확신을 줄 대답을 기대렸다면, 영국에서 힐의 편지를 받았으므로 이제 더 이상 답이 필요 없었다. 이 같은 일들은 그의 능력이 인도 수학계가 수용하기에는 너무 크며, 유럽의 수학자들로부터 더 호의적인 말을 들을 수 있을 것이란 기대를 갖게 했다.

인도는 유럽으로부터 지구 4분의 1 저편에 떨어져 있지만, 우편은 값이 싸고 믿을 만했으며 신속했다. 영국에 보낸 편지가 2주 가량 걸리면 사람들은 투덜댔다. 1912년 말에서 1913년 초에 라마누잔도 이 국제 우편을 이용했다. 라마누잔은 나라야나 이예르, 프랜시스 경, 그리고 세슈 이예르의 도움으로 초안을 잡은 연구 견본과 편지를 케임브리지 대학에 있는 저명한 수학자들에게 우편으로 보내기 시작했다.

라마누잔은 베이커 H. F. Baker에게 편지를 보냈다. 그는 수학자로서 영국학술원 회원을 비롯해 장황한 직함을 지니고 있었다. 2년 전까지 런던 수학회 회장을 지내기도 했다. 베이커가 그에게 도움이나 조언을 해 줄 수 있을까?

베이커는 〈노 No!〉라고 답했다.

라마누잔은 홉슨 W. E. Hobson에게도 편지를 보냈다. 그도 유명한 수학자였다. 역시 영국학술원 회원이었고, 순수수학 분야에서 케임브리지의 새들레리언Sadlerian 의장이었다. 그렇지만 홉슨의 답도 〈노〉였다.

1913년 1월 16일 라마누잔은 또 다른 케임브리지 수학자 하디에게 편지를 보냈다. 그는 다른 사람들보다 한 세대 젊은 서른다섯 살로서, 이미 영국 수학계에서 반향을 일으키고 있었다. 하디는 그를 도울 수 있을까?

하디는 〈도와주겠다〉고 답했다.

4

하디

1913년까지의 하디

영원한 젊음

하디는 영원한 젊음을 간직한 사람이었다.

1901년 어느 봄날, 하디는 친구 리턴 스트래치 Lytton Strachey와 트리니티 대학 뒤쪽 잔디밭으로 갔다. 그 곳은 특별연구원인 그가 볼링을 하러 자주 찾는 장소였다. 스트래치는 〈그는 수학의 천재인데, 세 살짜리 아기 같아요〉라고 어머니에게 보내는 편지에 썼다. 하디는 삼십 대에 들어서도 학부 학생처럼 어려 보여 점심 때 맥주를 주문하면 거절되곤 하였다.

그는 얼음같이 맑은 눈에 윤곽이 뚜렷한 얼굴을 지녔고, 1931년에는 곧고 짧은 머리를 하고 있었다. 그는 잘 생겼으나 자신은 그렇게 생각하지 않아, 거울에 비친 자기 모습을 쳐다보는 것도 참지 못했다. 그는 연구실에 거울을 두지 않았고, 호텔에서는 수건으로 거울을 가리고 손으로 만지며 면도했다. 그러나 혼자서만 잘못 생각하고 있었다. 그는 쉰 살이 지나서도 이목을 끌었다. 그 무렵부터 친구였던 소설가 스노 C. P. Snow는 이렇게 표현했다. 〈피부는 붉은 인디언 청동 같다. 얼굴은 아름답고, 높은 광대뼈에 가는 코, 기품 있고, 단정했다. ……(케임브리지에는) 비범하고 뛰어난 인물들이 가득했지만, 하디의 용모는 단연 돋보였다.〉 사실 그는 모든 기준에 맞게 잘생긴 것은 아니었으며, 적어도 〈남자답게〉 잘생긴 외모는 아니었다. 그의 외모는 〈남자답다〉고 하기에는 너무 섬세했다. 그리고 얇은 입술은 다물면 양끝이 아래로 약간 내려가, 그의 비판적인 기질을 암시해 주었다.

하디는 언제나 비판하고 검토하고 비교했다. 모든 것에 확고한 의견을 갖고 있었으며, 그것을 표현했다. 그의 모든 열정과 분노와 특이성은 날카롭고 격렬했다. 그는 전쟁, 정치 계급, 영국의 기후를 싫어했다. 그는 태양을 사랑했다. 고양이를 좋아하고 개는 싫어했다. 그는 시계와 만년필을 싫어했고, ≪런던 타임스 The Times≫의 십자말풀이 퍼즐을 좋아했다.

하디는 크리켓 광이었다. 그는 크리켓을 하고, 보고, 연구하고, 크리켓과 함께 살았다. 크리켓 전술도 분석했는데, 이는 크리켓의 바이블이라 할 만했다. 수학 논문에 크리켓의 비유를 삽입하기도 했다. 스웨덴의 수학 저널에 〈그 문제는 크리켓 용어를 사용하면 가장 잘 이해할 수 있다〉라고 쓴 적도 있었다. 그가 수학적 증명에 대하여 내리는 최고의 칭찬은 〈홉스 Hobbs 수준〉이라고 평하는 것이었다. 그는 사람들이 철학자 토머스 홉스 Thomas Hobbes를 생각해도 상관하지 않았는데, 실은 서리 Surrey 주의 전설적인 크리켓 선수 잭 홉스 Jack Hobbs를 염두에 둔 말이었다. 하디는 육십 대에 들어서도 크리켓을 했다. 그가 죽을 때, 누이동생은 그에게 크리켓에 관한 글을 읽어 주었다.

하디는 신을 평하고, 신의 결함을 찾아냈다. 그는 단순한 무신론자라기보다 독실한 무신론자였다. 대학생 시절에는 교회로부터 파문을 당했다. 화창한 날 교회에서 여섯 시 종소리가 울려 케임브리지의 페너 Fenner 크리켓 경기장의 종료를 알리면, 〈나의 생활 중에서 가장 행복한 시간의 일부가 로마 가톨릭 성당 종소리와 함께 끝나다니 너무 안타까운 일이야〉라고 불평했다.

수줍고 자의식이 강한 그는 잡담을 싫어했다. 물론 크리켓에 대한 이야기는 잡담이 아니었다. 그는 사람들과 대면할 때에도 정식 소개를 혐오해 악수도 하려 하지 않았으며, 길을 걸을 때는 고개를 숙이고 인사하는 사람들을 무시해 버렸다. 〈참으로 이상하지만 매력적인 사람〉이라는 것이 레오너드 울프 Leonard Woolf의 평가였다. 울프는 버지니아 스티븐 Virginia Stephen과 결혼하기 훨씬 전부터 케임브리지에서 하디를 알고 있었으며, 스트래치 등과 함께 블룸스베리 Bloomsbury 문학 운동을 시작했던 인물이다. 하디의 괴벽은 나이가 들어가며 더욱 확고해졌다. 라마누잔의 편지를 받았을 때, 그의 인간성이나 기질, 가치는 이미 대부분 형성되어 있었다.

물론 라마누잔은 하디의 이런 면을 전혀 알지 못했다. 그는 하디를 단지 수학자로서 알고 있었다. 1913년 서른다섯 살의 하디는 이미 유명인사였다. 그는 15년 동안 100여 편의 논문과 세 권의 책을 저술했다. 그는 케임브리지 이후 영국 수학의 중심인 트리니티 특별연구원이었다. 1910년에는 영국 최고의 엘리트 과학 단체인 영국학술원 the Royal Society의 회원이 되었다. 그는 사실상 신에게 대항하는 것이나 크리켓에 심취하는 것, 저녁 식사 시간에 이런저런 이야기에 열을 올리는 것보다 수학적 진리를 찾는 데 주력했다. 그는 뛰어난 수학자로서 다른 수학자들에게 영향력 있는 중요한 인물이었다. 모든 학파가 그를 둘러싸고 형성되었다. 그는 런던 수학회 위원회에 3년 간 있었으며, 그 이후로도 수학 단체에서 여러 가지 직책을 맡았다. 〈수학에 대한 나의 헌신은 사실 가장 사치스럽고 광적인 것이다. 나는 수학을 믿고, 수학을 사랑하며, 수학이 없다면 완전히 비참해질 것이다〉라고 했다. 그는 자신의 수학적 연구가 〈내 삶의 위대하고 영속적인 행복〉이라고 말하곤 했다.

하디는 달변가였다. 그는 크리켓을 할 때 타자에게 날아오는 공을 치듯, 자극적이고 도전적이며 단호하게 주옥 같은 경구들을 쏟아 내었다. 다른 사람들에게 공정하게 하는 데에도 정직하고 까다로웠다. 논쟁에서 신을 찬양하는 쪽이 더 잘했다고 인정하기도 했다.

스노는 아인슈타인 Einstein과 같이 지내면 그가 더 비상해 보일 것이라고 말한 적이 있다. 반면 하디와는 오랜 시간을 함께 보낼수록 그에게 더 친숙해질 것이라고 했다. 다만 〈더 섬세해지고, 군말이 줄고, 신경이 예민해〉지는데, 이것은 너무나도 상처받기 쉬운 자아를 보호하려는 매력과 위트의 놀라운 장벽이며, 그 안에는 순진하고, 자애롭고, 친절한 모습이 숨어 있었다.

하디는 영국 공립학교 교육의 최고의 산물〈이었다〉. 그러나 그는 일상적인 방법으로 그것을 획득하지 않았다. 하디의 혈통에는 귀족도 향반 계층도 없다. 집안은 부유하지도 고귀하지도 않은, 어떻게 보면 라마누잔보다 더 천한 혈통이었다. 카스트 제도의 인도에서 라마누잔은 브라만이었지만, 사회적 계급을 중시하는 영국에서 하디는 교사 집안 출신이었다. 훗날 그는 〈영국의 교육 제도가 개인의 힘과 능력을 얼마나 많이 이끌어 낼 수 있는가를 보여 주는 실례〉가 되었다. 그는 지적 능력이 뛰어났고, 처음부터 돋보였다. 그의 성공은 상위 소수 계급에 제한되어 있던 기회가 중산 계급으로 스며들어 전통적인 영국의 계급 제도가 붕괴되는 것을 의미하고 있었다.

호스슈 레인 Horseshoe Lane

트리니티 대학에서 1882년부터 신학기를 맞아 등록할 때 사용해 온 가죽 표지 노트에, 1896년 하디와 새 학우들은 차례로 서명을 했다. 그들은 이튼 Eton, 해로 Harrow, 말보로 Marlborough, 그리고 하디의 경우에는 윈체스터 등 출신 학교 이름을 적었다. 그러나 한두 명은 학교 이름을 적지 않고 대신 〈개인 교습〉 또는 그저 〈개인〉이라고 적었다. 그래서 이런 의미로 이튼, 해로, 윈체스터는 사립이 아니라 〈공립〉학교였다. 몇 세기를 거슬러 올라가지만, 19세기 초 토머스 아널드 Thomas Arnold가 럭비 학교 Rugby School에서 개혁을 시작할 무렵에야 공립학교는 강력한 사회 기관이 되었다. 하디의 시대까지도 공립학교는 상류층 소년들의 신체와 정신, 성격, 억양을 다듬는 곳이었다.

그러나 빅토리아 여왕 시절 영국은 변하고 있었다. 새로이 부유해진 농민과 상인들은 자녀를 이튼이나 해로에 보내기는 어렵지만, 그렇다고 빈민들을 대상으로 교육하는 허술한 문법 학교에 만족할 수 없었다. 1850년대와 1860년대는 이러한 신흥 중산 계층의 수용과 그들을 위한 학교 설립 문제로 논쟁이 잦았다.

런던 남서부에 위치한 서리 구의 크랜레이 학교 Cranleigh School는 그 가운데 하나였다. 1863년 학교 설립 취지서에는 다음과 같은 내용이 쓰여 있었다. 〈상류층에는 훌륭한 공립학교가 있고, 낮은 계층의 교육을 개선하기 위한 많은 일들이 이루어지고 있지만, 농민이나 상인들의 자녀를 위한 시설은 매우 부적절해서 노동자의 아들이 고용주의 아들보다 더 좋은 교육을 받는 경우도 있습니다.〉

1871년 스물아홉 살의 조교사 아이작 하디 Isaac Hardy는 지리와 미술을 가르치고 있었다. 전에는 링컨셔 Lincolnshire의 문법 학교에서 교직 생활을 했었다. 그는 1875년 1월 링컨 교구 교육대학 Linclon Diocesan Training College 4학년생으로, 세 살 적은 소피아 홀 Sophia Hall을 아내로 맞았다. 1877년 2월 7일 고드프리 해럴드 하디 Godfrey Harold Hardy를 낳고, 2년 후에는 여동생 거트루드 에디스 Gertrude Edith를 낳았다. 두 남매는 2,000여 주민이 사는 크랜레이의 외각에서 길 건너에 학교를 두고 자랐다.

하디의 부모는 런던에서 240킬로미터 떨어진 서리의 고풍스런 마을에서 살았다. 크랜레이 주위 시골들은 먼지 날리는 길과 풍차, 오래된 장원과 지붕을 엮은 오두막을 간직한 채 대체로 평화로웠다. 그들은 하디에게 대학 교육을 시킬 돈이 없었다. 아이작 하디의 아버지는 노동자였으며 주물공이었다. 소피아의 아버지는 한때 군 교도소의 교도관을 지냈는데, 딸이 결혼할 때에는 빵 굽는 일을 했다. 그러나 아이작 하디와 소피아는 영리했고, 학교 교사라는 낮은 지위에서 학문의 세계로 손을 뻗쳤다.

아이작 하디는 스노가 묘사한 바에 따르면, 〈정중하고, 관대하며, 정치 혁명가라기보다는 다소 무기력해 보이는 사람〉이다. 섬세한 심미안과 삶에 대한 낙천적인 자세로 아마도 행복한 사람이었을 것이다. 그는 학교 합창단의 테너를 지도하고, 노래 강습을 했다. 학교 교지를 편찬하고, 축구를 하고, 동우회에도 적극적으로 참여했으며, 영국지리학회 Royal Geographic Society 회원이기도 했다.

하디의 어렸을 때 사진을 보면, 빅토리아조의 감상주의가 물씬 풍기는 가운데 아이작 하디가 빛나는 눈, 가는 머릿결, (험악해 보일 수도 있지만 아이작 하디의 경우는) 마치 산타 클로스처럼 보이는 짙은 수염을 하고 있다

빅토리아 시대의 같은 시기에 크랜레이에서 찍은 그의 아내 사진에서 소피아 홀 하디는 화려하게 장식된 드레스를 입고, 머리를 곱게 빗어 뒤로 올렸다. 작은 입술은 끝이 약간 내려갔고, 눈에 어린 놀란 표정은 아들에게서도 찾아볼 수 있다. 그녀는 라마누잔의 어머니처럼 신앙이 두터운 여성이었다. 일요일이면 해럴드와 누이 거트루드를 데리고 교회를 갔다. 소피아는 완고하고 고결하며 매우 유능한 여성이었던 것 같다.

남편처럼 그녀는 교양적 소양에 취미가 있어서 피아노를 가르쳤다. 하디가 한 살 때는 헨델 Handel의 「메시아 Messiah」 연주회에 참가하기도 했다. 학교 교사로서 예술과 지식의 세계를 섭렵하며, 자신들의 출신을 초월하고 있었다. 그리고 부모로서, 삶에서 이룬 자신들

의 신분을 자랑스러워하며 자녀 교육에 최선의 공을 들여 감수성과 지적 능력을 물려주었다.

하디의 부모가 자식들에게 준 것이 무엇이든, 그것은 상당한 자극이 되었다. 사실 하디의 부모는 스노가 〈약간 집요하다〉고 말할 정도로 자녀 교육에 상당히 높은 이상과 확고한 이론을 갖고 있었다. 하디와 그의 누이에게는 가정교사가 없었다. 유모가 읽고 쓰는 방법을 가르쳤다. 책은 많지는 않았지만, 갖고 있던 것은 〈훌륭한〉 책들이었다. 해럴드는 어릴 때 『돈 키호테 *Don Quixote*』와 『걸리버 여행기 *Gulliver's Travels*』를 누이에게 읽어 주곤 했다. 망가진 장난감을 갖고 놀아서는 안 되었다. 성실과 우수함이라는 보이지 않는 기준에 모든 것을 비교하고 기준에 미치지 않는 것은 단호히 거부했다.

두 살 때 하디는 100만까지의 숫자를 적어 내려갔는데, 그것은 일반적으로 수학적 재능을 보여 주는 징표였다. 교회에서도 그는 시편의 번호에 담긴 요소들을 찾는 데 몰두했다. 시편 84? 그것은 $2 \times 2 \times 3 \times 7$이다. 학교에서도 어린 하디는 정규 수학 수업보다는, 수학 교사 클라크 Eustace Thomas Clarke의 개인 지도를 받았다. 클라크는 케임브리지의 성 존 대학에서 랭글러를 역임한, 수학 우수 학생이었는데 크랜레이에 처음 와 있었다. 그의 수학적 능력은 에너지와 추진력이 있었고, 학생들을 가르치는 것으로 명성을 얻었다.

하디는 수학뿐 아니라, 손을 댄 모든 것에 탁월한 재능을 발휘했다. 그러나 연약함과 망설임 때문에 때때로 그 재능이 훼손되었다. 그는 몹시 수줍음을 탄데다가 자의식이 강했다. 상을 받으러 다른 학생들 앞으로 나서는 것이 싫어 때로는 틀린 답을 적기도 했다. 스노는 그가 〈너무 세심〉하다고 평했다.

그의 여동생도 마찬가지로, 〈수줍고 망설임이 많았다〉고 학급 친구는 말했다. 거트루드는 성 캐서린 학교에 입학하던 시절을 〈나는 매우 수줍어했고, 내가 자라 온 분위기는 여학교에 대한 준비가 열악했다〉고 회상했다. 그 〈분위기〉는 두 아이들을 사로잡아 둘 다 결혼하지 않고 학문 속에서 일생을 보냈다. 그들은 섬세했고 지성에 매혹되었으며, 분명 어머니의 종교적 헌신에 대한 반동으로 종교를 경멸했다.

하디는 소년 시절부터 무신론자였다. 한번은 목사와 함께 안개 속을 걷다가, 연줄과 막대를 들고 있는 소년을 보게 되었다. 목사는 신의 존재를 연에 비유하며, 안개 속에서 어린 하디에게 말했다. 〈날고 있는 연을 볼 수는 없지만 줄을 당기면 느낄 수 있단다.〉 하지만 하디는 바람이 없으면 연도 날 수 없다는 생각을 했다. 거트루드도 같은 생각이었다. 그녀가 늙어 요양원에 있을 때, 〈종교가 무엇이냐?〉고 묻자, 〈이슬람교〉라고 하면서 가까운 곳에 이슬람 사원이 없다고 개탄하고 기도를 올릴 듯이 양탄자를 까는 척했다.

거트루드는 어렸을 때 하디가 장난치며 놀던 크리켓 채에 맞아 시력을 잃었다. 그녀는 그 후 안경을 썼다. 그러나 그 사건이 남매의 우애에 장애가 되지 않고, 오히려 서로를 더 친하게 했다. 그들은 평생 서로에게 헌신했고, 쌍둥이처럼 가깝게 지냈으며, 런던 아파트에서 함께 지내기도 했다.

1880년 하디가 세 살 때, 크랜레이 학교 이사회는 길 건너 요양원으로 쓰던 건물에 어린 학생 스물네 명을 받아 따로 하숙을 시키고, 하디 부부에게 그 곳을 운영하도록 했다.

예비 학교는 학교 맞은편 호스슈 레인 Horseshoe Lane의 경사로에 자리잡았는데, 마치 병영 건물을 연상케 했었다. 어린 하디가 네 살인 1881년경까지 하디 가족은 그 곳에서 길 쪽으로 약간 떨어진 작은 이층집에 살았다. 그 작은 집은 〈기쁨 동산 Mt. Pleasant〉이라고 불렸다. 이층에 침실 두 개가 있고, 천장이 낮은 응접실과 부엌, 그리고 벽돌로 만든 커다란 벽난로가 있었다. 응접실에서는 길 건너 학교의 시계탑과 교회의 장미빛 창문이 보였다.

하디 가족은 호스슈 레인에 거주하는 다른 이들, 즉 자식을 대여섯 명씩 거느린 농부들이나 노동자들에 비하면 나은 편이었다. 그들 대부분은 알퍼드, 오킹, 도킹 등의 도시 근교나 크랜레이에서 평생을 살고 있었다. 하지만 아이작의 겸허한 태도는 그들에게 시빗거리가 되지 않았다.

하디의 자녀들은 〈전형적인 빅토리아의 양육〉에 따라 키워졌다고 후에 어떤 이는 말했다. 사실 크랜레이 학교의 상황은 후에 하디가 직면한 것들과는 차이가 있었다. 이 학교는 영국의 엘리트를 키워 내는 곳은 아니었다. 그 곳은 평범하고 자랑스러워할 만한 것도 없는, 젊고 신선함을 지닌 장소였다. 1875년의 한 방문객은 〈크랜레이의 학생들은 그들 마음대로 이곳 저곳을 돌아다녔는데, 이러한 자유는 이 학교의 특징이었다〉라고 말했다. 오래된 공립 학교의 굳어진 계급 조직도, 학생의 행동에 엄격한 제약도 없었다. 학생들은 가고 싶은 곳에 가고, 담배를 피우고 체육관 뒤를 어슬렁거리기도 했다.

스노는 하디의 행복했던 어린 시절에 대해 〈총명하고 교양 있고 학문적 재능이 우수한……그는 특권의 의미를 알고 있었고, 자신이 그것을 소유하고 있다는 사실도 알고 있었다〉라고 적었다. 사실, 가정에서는 지적인 것과 학식을 강조했는데, 그것은 오래지 않은 과거에 귀족들이 즐기던 것이었다. 그러나 학교에서는 교사 대부분이 공립학교 출신이 아니었으며, 누구도 이튼, 해로, 원체스터 출신이 아니라는 사실에 신경 쓰지 않았다.

1889년 7월 성 존 대학에서 근무했던 워드 J. T. Ward는 매년 학교의 상위층 학생에 대한 시험 결과를 크랜레이의 교장에게 보고했다. 워드의 보고서는 〈하디가 대부분의 다른 학생들보다 다섯 살 어렸지만, 대수와 기하, 삼각함수에서 그들을 능가했다〉고 전한다. 〈아직은 원뿔곡선론도 역학도 공부하지 않았지만, 나이를 감안하면 장래 그가 보통 사람과는 다른 특별한 존재가 될 것이라 확신한다〉고 워드는 말했다.

총명한 아들에게 높은 이상을 바라던 부모는 그에게 가능한 장학금을 수소문했다. 당시 가장 치열하지만 탐나는 장학금은 원체스터

입학금이었는데, 그 곳은 수학 영재들의 유서 깊은 양성소로서 영국에서 높이 평가받는 공립학교 중 하나였다. 그 곳의 장학 시험은 어렵기로 유명했다.

하디는 1890년 이 장학금의 지원자 102명 가운데 1위를 차지했다.

플린트 앤드 스토운 교정

유서 깊은 공립학교들처럼, 윈체스터는 원래 가난한 학자들을 교육하기 위해 설립되었지만, 오래 전에 상류 계급을 위한 학교로 전락해 있었다. 런던의 워털루 역에서 기차로 몇 시간 거리에 떨어져 있는 윈체스터는 멋진 곳이며, 이튼이나 해로, 럭비 같은 공립학교로, 크랜레이 설립자들은 꿈에서나 기대할 수 있는 고매한 곳이었다.

몇 년 동안 그 학교는 〈점잖은 반항아와 지적인 개혁가들〉을 많이 배출했다. 물론 윈체스터는 그럴 의도는 아니었다. 그 학교의 주요 산물은 예비 귀족이나 보수적인 사회, 정치 지도자들이었다. 그러나 이를 거부했던 이들은 종종 탁월한 반항아가 되었다.

윈체스터에서 하디는 이러한 반항의 요소를 많이 발견했다. 오래된 플린트와 석재로 된 대학의 벽에는 작은 홈으로 된 창이 있었다. 이런 건축적 특성은 민란과 옥스퍼드에서 있었던 시민의 혈전에서 유래했다. 하디를 비롯한 학생들은 화창하게 탁 트인 크랜레이의 세계와는 단절되어, 회색 돌로 된 요새 같은 중세 복합물인 대학의 지적 거주지 안에 머물렀다.

신입생 시절 하디는 윈체스터식 은어와 속어인 〈개넘〉 때문에 힘들었다. 어떤 것은 라틴어까지 거슬러 올라가고, 어떤 것은 학교의 중세식 과거의 안개 속에서 흘러나온 것도 있었다. 수천 개의 단어들이 용어집으로 간행되어 배포되었는데, 모두를 암기해야만 했다.

이러한 용어를 익히도록 하거나 체제에 순응시키는 일은 반장의 몫이었다. 그들은 어리고 약한 학생들을 통제했다. 윈체스터는 공립 학교 중에서 가장 잔인한 곳이었다. 매질은 규율이며 예외는 없었다. 그리고 교직원들은 반장들이 야만인처럼 『파리대왕 Lord of the Flies』 을 연습하도록 내버려두었다. 그 곳은 힘과 특권, 그리고 강압 위에 세워진 청년들의 광대한 계급 조직이었다.

그리고 전통이었다. 당시 교장 페론 W. A. Fearon은 전통의 영향력 을 강화시켜 나갔다. 하디가 그 곳에 있을 때, 그는 〈아침 언덕〉이라 는 것을 시작했는데, 그것은 1년에 두 번 학교 규칙과 기도문을 외치 며 성 캐서린 언덕 꼭대기까지 오르는 행사였다. 또 학생들이 석조 아치로 된 산책로 주변을 돌며 아침의 노래를 부르는 고대의 행진을 부활했다. 크랜레이의 달콤하고 부드러운 공기와 달리, 윈체스터는 마치 노동 농장 같았다.

하디의 세계는 크리켓 방망이 소리와 태양 아래 흰색 플란넬 천이 물결치는 가운데 있었다. 미국에서 이웃 도시 간의 농구 경기나 브루 클린에서의 야구처럼, 영국 신사들에게 크리켓은 보편적이고 중요한 것이었다. 당시 서리는 크리켓의 황금기를 구가하였고, 하디는 어렸 을 때 크리켓 영웅이던 리처드슨 Richardson과 아벨 Abel을 보러 런던 케닝턴 경기장에 가기도 했다. 크리켓 연습은 신성 불가침한 것이었 으며, 비행 학생을 단속하는 일도 크리켓 연습을 방해하지 못했다. 교지는 크리켓 기사로 가득했다.

어느 영국인도 하디처럼 크리켓에 수학 의미만큼의 가치를 둔 사 람은 없었다. 트리니티 대학 특별연구원 시절 그는 방 안에서 지팡이 와 테니스 공을 갖고 모형 게임을 즐기기도 했다. 육십 대에 이르러 서는 더욱 열중했다.

그러나 지금 윈체스터에서는 크리켓조차 그에게 별다른 즐거움을 주지 못했다. 윈체스터 역시 크랜레이만큼 경기에 빠져 있었다. 그러 나 하디가 타고난 운동 선수였음에도 불구하고 그의 크리켓 기술은 윈체스터에서 위축되었다. 누군가는 후에 하디를 〈작고 엄격하며 강인하다〉고 표현했으며, 크리켓 이외의 운동, 특히 축구를 매우 잘 했다고 회고했다. 그러나 그는 어떤 팀에서도 크리켓 경기를 하지 않았다. 하디는 자신에게 부여되었을 재능에 대한 조언을 거부당하고, 멋진 크리켓 경력에 대한 기대가 좌절된 것을 불평했다.

그것은, 하디가 윈체스터에 대해 갖고 있던 유감이었고, 영원히 그곳을 증오하기에 충분했다. 잘못된 교육으로 인해 그가 물려받은 예술적 능력이 망가진 것이다. 그는 연약함 때문에 관용이라고는 없는 그 환경을 꺼려했고 지겨워했다. 어느 겨울 그는 거의 죽을 정도로 앓으면서 고향에서 행복하게 학교 다니는 친구를 무척 부럽게 생각하기도 했다. 하디는 윈체스터를 떠난 뒤 양고기를 먹지 않았는데, 윈체스터에서는 가끔 양고기를 주는 것이 규칙이었다. 졸업 후엔 윈체스터를 한번도 방문하지 않았다. 동창회에도 가지 않았다.

당시 윈체스터에서는 고전이 우세했다. 주 26시간 수업은 그리스어와 라틴어, 역사에 각각 다섯 시간이 할당되었고, 프랑스어 세 시간, 신학 두 시간, 과학 두 시간, 그리고 수학 네 시간이었다. 하디는 수학 강의에 출석하지 않고 대신 교감인 리처드슨의 개인 교습을 받았다. 리처드슨은 윈체스터에서는 이례적으로 케임브리지를 나왔고, 트라이포스에서 상위 등급이었지만, 공립학교 졸업생은 아니었다. 하디는 1893년 수학 분야에서 교내 던컨 Duncan 상을 받았다.

그러나 하디는 수학에만 흥미를 가진 것은 아니었다. 혼자 물리학을 공부했고, 틴덜 Tyndall과 헉슬리 Huxley를 읽었으며, 러스킨 Ruskin에 열성적이었고, 페론 교장의 역사를 좋아했다. 윈체스터에서의 6년 가운데 절반은 그렇게 흘러갔다. 그 때까지 그의 미래는 분명하지 않았다.

남은 기간 동안 하디는 추리소설에 빠져 따분한 주말마다 수십 권의 추리소설들을 읽었다고 한다. 문학 작품을 즐겼지만, 결코 현실 도피자는 아니었다. 열다섯 살 되던 해 어느 날, 그는 프랜시스 마셜

Francis Marshall 부인이 알랜 성 오빈 Alan St. Aubyn이라는 필명으로 쓴 『트리니티의 특별연구원 *A Fellow of Trinity*』이란 책을 읽게 되었다. 케임브리지의 트리니티 대학 생활에 대한 이야기로 대단치 않은 내용이었다. 하지만 이 책은 어린 하디에게 감동을 주었는데, 특히 정직한 주인공 허버트 플라워스 Herbert Flowers가 학문적 승리를 기뻐하는 마지막 장면이 그에게 감동을 주었다.

허버트는 다시 트리니티로 돌아왔다. 그는 길다란 학사 가운 차림에 리본을 달고 중백의(中白衣) 위에 모피 두건을 쓰고 성당의 학사 학위자 좌석과 홀의 특별연구원 테이블에 위엄 있게 앉았다.

그는 트리니티의 특별연구원이었다!

그는 이제 주빈석에 앉아 있고, 설립자와 고인들의 엄숙한 초상화가 만족스럽다는 듯이 그를 내려다보고 있었다.

경쟁의 열정과 슬픔, 싸움은 모두 끝났다. 오로지 뛰어난 업적만이 남았다. 머리 위 오래된 뗏목 위에서 축배를 올린 자들이 내려다보는 거대한 구름은 과거 트리니티의 풍요한 지적 역사에서 이보다 더 숭고한 성공에 만족해 한 적이 없었음을 증명하고 있었다.

그는 불행을 걸쳤을 때처럼 적당히 잘 어울리게 명예를 걸쳤고, 특별연구원 휴게실 안의 커다란 말굽 테이블에 둘러앉아 근엄하고 학자다운 표정을 짓고 있는 연로한 특별연구원들로부터 따뜻한 환영을 받았다.

아마도 그는 특별연구원 자격으로서 맞은 첫날 저녁 홀에 앉아 침묵을 지키고 의아해하며, 또 식후의 담화(말굽 테이블 주위의 담화는 학식 있고 철학적인 지식과 문화를 대표한다)를 즐기기 전까지는 자신의 성공이 얼마나 위대한 것인지 제대로 인식하지 못했다.

하디는 매혹되었다. 〈플라워스는 ('알랜 성 오빈'이 묘사할 수 있는 한에서) 대단히 훌륭한 사람이었다〉라고 하디는 후에 회상했다. 〈그러나 어린 나로서도 그가 천재라고 인정할 수 없었다. 그가 할 수 있다면, 나라고 못할 리 있나?〉 하디는 자신도 트리니티의 특별연구원이 되기로 하고, 수학을 목표로 삼았다.

하디의 설명에 빠진 것은, 트리니티가 케임브리지의 핵심부로서 케임브리지나 옥스퍼드의 어느 대학보다도 풍요한 수학 전통을 지니고 있다는 점이다. 당시 윈체스터 졸업생들은 대개 옥스퍼드, 특히 뉴 칼리지를 선택했다. 하디가 졸업했던 1896년에 윈체스터 졸업생 46명이 옥스퍼드의 여러 대학으로 가고, 그중 15명이 뉴 칼리지로 갔다. 케임브리지를 택한 졸업생은 단 여덟 명이었다.

하디도 그들 중 한 명으로 장학금도 받았다. 〈빛나는 성공을 거둔 스미스와 하디에게 축하를〉이라는 기사가 학교 신문 《윈체스터 졸업생 The Wykehamist》에 실렸다. 〈한 해에 네 개의 최고 장학금 중 두 개를 획득한 것은 매우 영예로운 일이다. 윈체스터는 그런 업적을 이룬 적이 없었으며, 다른 어떤 학교도 그럴 수 없을 것이다.〉

트리니티의 특별연구원

영국 사회에서 옥스퍼드와 케임브리지의 역할은 아무리 과장해도 지나치지 않다. 1904년 해블록 엘리스 Havelock Ellis가 1,000여 명의 저명한 영국인을 기초로 『영국의 천재 연구 Study of British Genius』를 준비했는데, 그중 반 정도가 대학을 다녔고 그 가운데 74퍼센트가 이 두 학교 출신이었다.

남동부에서 150킬로미터 떨어져 있는 옥스퍼드와 마찬가지로 케임브리지는 도시 이름으로, 캠 Cam 강의 북쪽 언덕 위에 자리한 로마 군의 야영지에서 뻗어 나온 상업지였다. 13세기 초 학자들이 그곳에 몰려들어 대학을 형성했다.

각 단과대학은 자신만의 역사, 기증품, 학문적 힘을 지닌 학부, 그리고 탁월한 건축 양식을 갖고 있었다. 단과대학 학생들은 각기 독특한 학부생 가운을 입었고 우수 졸업생 명부를 갖고 있었다. 케임브리지 대학 중에는 가장 오래된(1282년에 설립) 피터하우스 Peterhouse가 있고, 워즈워드 Wordsworth가 〈훌륭한 지성의 거대하고 영광스런 작품〉이라고 노래한 다층 건물 교회가 있는 킹스 대학이 있다. 그리고 캠 강 건너 도시의 북쪽 끝에 있는 〈모들린 maudlin〉이라고 부르는 막달라 마리아 대학은 1428년 베네딕트 수도사들이 설립했다. 그 곳 새뮤얼 페피스 Samuel Pepys 도서관에는 유명한 『일기 Diary』가 소장되어 있다. 성 존스 St, John's, 지저스 Jesus, 곤빌 Gonville과 카이우스 Caius, 펨브로크 Pembroke 등 하디의 시대에 모두 스무 개에 달하는 단과대학이 있었다. 학부생과 특별연구원을 합해 고작 100-200명의 학교도 있었지만, 트리니티처럼 1,000명 가까운 학교도 있었다.

거리를 마주하고 돌이나 벽돌로 된 2층 내지 3층의 대학 건물들은 끝없는 담을 이루었다. 커다란 아치형 정문을 지나 대학에 들어서면, 어두운 길이 나오고 한쪽에는 수위실이 있고, 투수모를 쓴 남자가 방문객 접수, 메모 전달, 열쇠 보관 등의 업무를 봤다. 수위실을 지나면 정원이 있는데, 이 곳은 영국의 잿빛 날씨에도 푸른색이 돋보였다. 전형적으로 정원의 4면에는 건물이 둘러싸고 있는데, 교회, 도서관, 저녁 식사 홀 등으로서, 웅장하고 높은 천장을 하고 있으며, 장식 판자로 꾸며져 있고, 대학 명사들의 초상화가 걸려 있다.

학생들은 대학 강의에 참석하지만 대부분은 두세 명이 함께 교내 대학 강사의 방에서 그의 〈감독〉 아래 공부한다. 하디도 그의 〈도덕적〉 발전을 지켜보는 강사와 수업을 감독하며 학문적 진전을 관리하는 강사의 통제를 받았다. 그들 역시 학교의 일원이었다. 대학생들은 〈대학 안〉에서 살았다. 학생들의 방은 정원 주위로 열 걸음 정도 간격을 두고 계단을 통해 연결되어 있었다.

케임브리지에서의 〈방〉이란 사실 개인의 작은 아파트였으며, 그중 몇은 좋은 벽지와 양탄자, 액자, 그리고 때때로 정식 식탁으로 잘 꾸며져 있었다. 케임브리지의 학생들은 침실 담당 직원과 사환의 시중을 받았는데, 그들은 벽난로에 석탄을 넣어 주고, 편지와 점심을 갖다 주며, 침대 시트와 타월을 갈아주고, 차를 대접하는 일을 했다. 학생들은 모두 〈미스터 Mister〉라는 호칭으로 불렸고 상당한 대접을 받았다. 욕실은 공동으로 사용했다. 아침 7시에 사환이 처음 하는 일은 양철 대야에 차가운 세숫물을 받아 주는 것이었다.

트리니티는 케임브리지에서 가장 오래된 대학 중 하나였고, 가장 규모가 크고 유명한 곳으로, 14세기 두 개의 작은 건물에서 시작되었다. 지금의 캠퍼스는 헨리 8세 때 만들어진 것으로, 하디는 대교정을 지날 때 헨리 8세의 뚱뚱한 조각상을 보곤 했다.

대정원은 트리니티의 다섯 개 정원 중 가장 큰 것으로 유럽에서도 가장 큰 사각형 뜰이었다. 대각선의 길이가 120미터 이상 되었다.

하디는 대정원으로부터 뻗은 조약돌 깔린 트리니티 가를 지나, 30년 전에 세워진 복합 건물 훼웰 교정 Whewell's Court의 방을 배정 받았다. M계단 2층에 있는 하디의 방에서는 아치형의 고딕 양식 창문을 통해 분주한 보도와 길 너머 시드니 서섹스 대학 Sidney Sussex College의 석재 누벽이 보였다.

윈체스터 생활 이후 트리니티는 하디에게 심미적 기쁨을 주지는 못했다. 윈체스터는 트리니티보다 오래되었고, 케임브리지의 거의 모든 곳보다 오래되었다. 1896년 열아홉 살의 하디가 트리니티에 입학할 때, 중요한 것은 케임브리지와 트리니티가 지성의 정상에 있다는 사실이었다.

그러나 하디는 이내 충격에 접하고, 일종의 환멸로 인해 수학을 포기할 지경에 이르렀다. 그것은 트라이포스 Tripos라는 케임브리지의 유서 깊은 제도였다.

트라이포스는 본래 세 발 의자를 가리키는 것이었다. 옛날 케임브리지에서 때로는 과격하게, 때로는 유머 있게 논쟁하는 사람, 즉 수학 학위의 지원자들은 세 발 의자에 앉았다. 이후로 그 단어는 수학 분야 학위 지원자에 대한 시험을 의미하게 되었고, 후에 고전 트라이포스 Classical Tripos, 자연 과학 트라이포스 Natural Science Tripos 등 다른 분야로 그 의미가 확대되었다.

수학 트라이포스는 몹시 어려웠다. 학생들은 저녁 늦게까지 문제를 풀고 1주일을 쉰 다음 다시 4일 동안 시험을 치렀다. 전반부의 시험은 단순한 산수 능력과 민첩성을 평가하기 위한 것으로 비교적 쉬운 문제들이었다. 후반부는 훨씬 더 어려운 문제로 가득했다. 탁월한 수학 실력을 갖추고 있는 총명한 학생들도 때로는 어디서부터 시작해야 할지조차 알 수 없었다. 영국의 한 수학자는 〈트라이포스가 세상에서 가장 어려운 수학 시험이며, 어느 대학에서도 그와 비슷한 것을 찾아볼 수 없다〉고 했다.

그러나 트라이포스는 시험 이상의 의미를 지녔다. 그것은 제도였다. 1896년 하디가 케임브리지에 입학할 즈음, 트라이포스를 둘러싼 전통 의식과 그에 걸맞은 존경, 체계, 수학 경향들이 정립되었다. 트라이포스는 1730년 초부터 어려웠다. 그러나 해를 지나며 점점 노력을 요구하는 중요한 상징이 되어, 비길 데 없는 영국의 전통이라는 명성을 누리게 되었다.

트라이포스 응시자들은 성적에 따라 등급이 매겨지고, 평의원 회관에서 공로 훈장을 받는 것이 의식의 중심이 된다. 세 등급 중 첫번째에 해당하는 사람들은 〈랭글러 Wrangler〉인데, 그 중 1위는 수석 랭글러 Senior Wrangler라고 불렸다.

하디의 시대에 그 영광과 기쁨은 더 대단한 것이어서, 공로 훈장을 받는 수석 랭글러와 그 뒤에 서 있는 랭글러들은 친구와 학우들에게 박수와 환호를 받았다. 부주교가 평의원 회관 끝 단 위에 앉아 있고, 대학 강사들이 학위 수여자를 안내한다. 학위 수여자가 부주교 앞에 무릎을 꿇으면, 부주교는 그의 손을 잡고 라틴어로 상장을 낭독한다. 랭글러들 아래에는 2급에 해당하는 수석 옵티미 Senior Optimes, 그리고 3급에 해당하는 주니어 옵티미 Junior Optimes들이 선다. 주니어 옵티미 중 성적이 가장 낮은 학생이 학위를 받으러 나갈 때, 평의원 회관 회랑에 서 있는 친구들은 엄숙하게 나무 스푼을 준다. 나무 스푼은 엿기름용 삽으로, 그리스어가 새겨져 있으며, 불꽃 모양의 장식이 달려 있다. 물론 나무 스푼은 위로로 주는 상이다. 그러나 수석 랭글러에게 주어지는 명예는 오라 aura처럼 평생 따라다닌다. 랭글러 가운데 상위 10퍼센트 정도는 영광을 함께 누리고, 실질적으로 대단한 경력을 부여받게 된다.

케임브리지 근처에서 뿐만 아니라 영국 전역에서 수석 랭글러는 유명 인사이다. 그러나 순위는 의미가 적었다. 사실, 2위 랭글러들이 수석 랭글러들보다 두각을 나타내는 일이 훨씬 많았다. 전기학과 자기학을 접목시킨 위대한 수리물리학자 맥스웰 Maxwell은 2위 랭글러였다. 전자를 발견한 톰슨 J. J. Thompson도 마찬가지였다. 열역학자 켈빈 경 Lord Kelvin이나 당대 최고의 수학자였던 윌리엄 톰슨 William Thompson도 이에 해당된다.

그것이 문제였다. 〈트라이포스 수학〉이라는 것이 진지하게 연구하는 수학자들의 관심과는 동떨어져 있었던 것이다. 시험 문제는 시대에 뒤지고 수리물리학의 연습 문제에 편중되어 있었다. 여기에는 정확함과 공식을 적용하는 민첩성, 약간의 영리함이 요구되겠지만, 진정한 통찰력은 끼여들 여지가 없다. 그리고 집요한 고집도 필요하지 않다. 트라이포스에 필요한 능력은 장애물에 맞서는 뛰어난 훈련에 의해 만들어지는 것이었다.

트라이포스를 위한 대안적 교육 체계가 생겼다. 19세기에 옥스퍼드와 케임브리지의 강사는 학생과의 교류가 거의 없었다. 가르치는 일은 단과대학에 있는 개별 지도 교수의 일이었는데, 그들은 학생들에게 트라이포스를 준비시킬 수준은 아니었다. 그래서 수험 지도 가정교사가 생겼다.

가정 교사들은 상당한 보수를 받고 트라이포스 수학을 훈련시켜 주었다. 그들은 기출 문제를 연구했고 소책자도 만들었다. 그러나 가정 교사가 혼자서 중요한 수학적 결과를 새롭게 생산하는 일은 드물었다. 이들은 수석 랭글러들을 〈생산했다〉.

학생들에게 주어지는 학습량은 엄청났다. 수학자 리틀우드는, 〈수석 랭글러를 목표로 한다면 어려운 문제 풀이 연습에 자기 시간의 3분의 2를 쏟아야 한다〉고 했다. 강의에 참석하는 것은 사치였다. 1870년대 후반 포시스 Forsyth는 교수들에 대해 다음과 같이 말했다.

교수는 우리를 가르치지 않았고, 우리는 교수들에게 기회를 주지 않았다. 우리는 교수들의 연구물을 읽지도 않았다. 사람들이 트라이포스에 아무런 도움이 되지 않는다고 했고, 또 그렇게 믿었다. 아마 많은 학생들은 교수의 얼굴도 몰랐을 것이다. 수학으로 유명한 대학의 수학과에서 그처럼 괴상한 상황은, 설사 트라이포스에 전적인 책임이 있는 것은 아니라 해도, 주로 트라이포스 때문에 발생했다.

이 같은 분위기는 하디 시대까지 계속되었다. 트라이포스 체제로 인하여, 시험에 나오지 않는 수학의 다른 영역을 연구하는 일이 격려를 받지 못했다. 대담하게 연구에 정진하는 사람이 아니라, 시험 성적이 우수한 사람에게 학자로서의 성공, 말하자면 대학의 특별연구원이라는 영예가 주어졌다.

하디는 바로 그 체제에 들어섰고, 그의 첫 학기는 당시 최고의 수석 랭글러 생산자인 웹 Webb이 맡았다. 케임브리지의 학사 일정은 7-8주를 단위로 3학기로 나누어져 있다. 10학기가 지나, 마지막으로 추운 1월이 되면 난방이 되지 않는 평의원 회관에서 트라이포스 고행을 위해 자리를 잡는다.

하디만 트라이포스의 진부함에 반감을 품은 것이 아니었다. 버트런드 러셀 Bertrand Russell은 1893년 트라이포스에서 7위 랭글러였다. 그는 수리철학에 많은 공헌을 했는데 이렇게 말했다. 트라이포스를 준비함으로써 〈수학이란 기교적인 속임수와 정교한 계책이며 십자말

풀이 게임 같은 것〉이라고 생각하게 되었다. 그러나 러셀은 견디어 냈다. 훗날 하디의 친구가 된 리틀우드 역시 트라이포스 수학이 공허하다고 했지만, 이를 악물고, 〈수학 교육을 완전히 미루고 모든 트라이포스 기술을 마스터하는 데 2년을 투자해 수석 랭글러가 된 후 공부를 다시 시작해야겠다고 결심했다〉.

그러나 젊은 하디는 케임브리지에 와서 의욕을 상실하고, 자신을 잃었다. 모든 일이 어리석은 짓이었다. 아마도 수학을 그만두어야 할 것 같았다.

〈수학자 말고는 되고 싶은 것이 없었다〉고 후에 하디는 말했다. 〈그 분야에 특별한 능력이 있다고 확신했고, 선배들의 판단을 의심하지도 않았다.〉 겸손하게 그는 자신의 모든 예술적 능력을 부인했다. 자신은 철학자로서 그다지 독창적이지 못할 것이라고 했다. 당시 그가 생각했던 분야는 역사였다.

하디가 트리니티에 입학할 때 써낸 역사 에세이는 시험관들을 감동시켜 수학에서 뿐만 아니라 역사에서도 장학금을 받을 뻔했었다. 칙칙한 윈체스터 생활에서 페론 교장 선생님이 던져 준 밝은 빛을 상기하며 전공을 바꿀 생각을 해 보았다. 방황하던 하디는 러브 Augustus Edward Hough Love라는 교수를 찾아갔는데, 그가 하디의 어린 마음에 영향을 주었다.

서른세 살의 러브는 몇 년 전 영국학술원의 회원에 지명되었다. 1893년 그는 두 권으로 된 책 『탄성의 수학적 이론에 관한 논문 *Treatise on the Mathematical Theory of Elasticity*』을 냈는데, 충격과 뒤틀림, 하중에 의한 물체의 변형 등에 대해 종합한 것이었다. 그러나 러브는 하디에게 자신의 분야를 권하지 않았다. 그는 응용수학자였지만 추상적인 공식을 좋아했다. 그는 하디의 타고난 취향에 맞추어, 응용수학과는 거리가 먼 프랑스의 카미유 조르당 Camille Jordan이 저술한 『에콜 폴리테크니크의 해석 교정 *Cours d'analyse de l'Ecole Polytechnique*』을 읽어보라고 했다.

〈그 책은 수학 교육 그 자체이며, 나처럼 무익하기 그지없는 '트라이포스' 수학에서 벗어나려던 실체의 존재 앞에 자신을 발견한 사람들에게 엄청난 영향을 주었다.〉하디는 30년 후 조르당이 사망했을 때 『영국학술원 논문집』에 실은 추도문에서 자신의 인생을 바꿔 놓은 그 책에 대해 언급했다.

조르당을 비롯한 대륙의 수학자들은 분명한 수학 개념을 받아들이고 가장 면밀한 검사에 의지하고 있었다. 예를 들어, 〈연속함수〉를 이야기할 때 모호하고 직관적인 방식으로 사고하는 경향이 있다. 그러나 정확히 함수는 무엇인가? 그리고 연속이라는 말은 무엇을 의미하는 것인가? 수학자 가운데 〈해석학자〉들이 이러한 문제를 다루었다.

종이에 원을 그려 보자. 원은 종이를 두 영역, 즉 원의 내부와 외부로 구분한다. 원의 외부에 두 점을 찍는다. 원을 가로지르지 않고 (직선이 아니더라도) 두 점을 연결할 수 있다. 만일 한 점이 원의 외부에 있고 또 다른 한 점이 내부에 있으면, 당연히 두 점을 연결하는 선분은 원을 가로지르게 된다.

〈당연히?〉, 〈정말로 당연히?〉영국의 수학자들에게 그러한 개념은 명확한 것으로 다시 생각해 볼 가치도 없었다. 그러나 조르당은 자명해 보이는 진리를 명제처럼 논하고, 정확히 증명하려고 노력했다. 사실 그는 증명할 수 없었고, 적어도 완벽하게 해 낼 수 없었다. 그의 증명의 오류는 후계자들이 교정해 주었다. 그러나 비슷하게 복잡한 논리를 시도했으며, 하디는 조르당의 매력에 끌렸다. 후에 하디는 1896년에 나온 조르당의 증보판에 대해 〈그 책을 읽고 받은 충격, 나의 세대에 많은 수학자들에게 던져 준 영감을 잊을 수 없다. 그 책을 읽고 수학이 진정으로 무엇인지 처음 깨달았다〉고 했다.

물론 그 책에는 하디가 치러야 할 트라이포스와 관련된 내용은 조금도 들어 있지 않았다. 현실적으로, 트라이포스는 가정 교사와 공부하는 것을 의미한다. 〈반항적인 하디〉도 항복했다. 〈진정한〉수학은 한쪽으로 제쳐놓고 할 수 없이 트라이포스 시험을 껴안았다. 〈그 2년

간의 집중적인 공부를 돌아보면, 능력과 열정이 충만한 사람이 엄청난 어려움을 감수하며 아무것도 배우지 않는 것이 가능했다는 사실을 믿을 수가 없다.〉

하디는 3학년이 아닌 2학년 말에 트라이포스를 치러 시험의 손아귀에서 그만큼 빨리 벗어날 수 있었다. 하여간 그는 훌륭한 성적으로 4등을 했다. 역사학자가 된 친구 트레벨리언 Trevelyan은 하디에게 말했다. 〈이것은 대단한 승리라네. 자네뿐만 아니라 트라이포스를 2학년에 치를 수 있는 좋은 동기가 될 것이네.〉 하디는 트라이포스 체계를 경멸했음에도 후에 친구 스노에게 수석 랭글러가 되지 못한 것이 애석하다고 했다. 스노는 〈그는 경쟁이란 우스꽝스럽다고 하면서도 자신은 반드시 승리해야 한다고 생각하는 경쟁가였다〉고 했다.

그 후로 동시대의 영국 수학자들 사이에서 하디의 위상은 꾸준히 상승했다. 스물한 살 때인 1898년 그의 첫번째 수학 출판물이 나왔다. 하디는 1899년 졸업하고 이듬해에 더 도발적이고 어려운 트라이포스 2부에 응시해 1등을 하고 즉시 트리니티 특별연구원으로 지명되었다.

마법의 공기

케임브리지의 셰익스피어 학회는 1901년 5월 23일 열린 250회 모임에서 『십이야 Twelfth Night』의 첫번째 세 막을 낭독했다. 하디는 〈평론가〉 자격으로 그 곳에 참석했다. 친한 친구인 고전학자 게이 R. K. Gaye는 말볼리오 Malvolio를 연기했다. 그날 저녁 또 다른 참가자들은 마리아 Maria 역을 맡은 리턴 스트래치, 발렌타인 Valentine과 선장 역을 함께 맡은 레오너드 울프 Leonard Woolf, 그리고 토비 벨치 경 Sir Toby Belch 역을 맡은 스티븐 J. T. Stephen으로, 그는 버지니아 울프 Virginia Woolf와 남매가 된다. 제임스 홉우드 진스 James Hopwood Jeans는 하디와 같은 해에 트리니티에 입학하여, 하디가 순수수학에서 두각을 나타낸 것처럼 응용수학에서 화려한 경력을 쌓았다.

몇 달 전 1월 22일 빅토리아 여왕이 서거하면서 딱딱한 예절과 도덕적 열정의 시대가 끝나고, 에드워드의 통치는 새롭고 느긋했다.

하디는 크랜레이에서 쉰아홉 살로 돌아가신 아버지의 장례식 후, 트리니티로 돌아와 대정원의 방을 배정받았다. 수줍음 많고 예민하던 하디는 트라이포스를 치른 후 사회적으로 변했다. 그는 교사의 자제들은 보통 참가하지 않는 셰익스피어 학회 모임에 가입했다. 디셈비리 Decemviri와 맥파이 앤드 스텀프 Magpie & Stump라는 토론 모임에도 참여했다. 다른 그룹에도 속했는데, 이들은 회원 모집이나 모임을 공고하지 않고 존재를 알리지도 않았다.

울프와 스트래치는 아포스틀스 Apostles라고 알려진 비밀 학술 모임 회원이었다. 둘 다 『십이야』를 연기했으며 하디도 마찬가지였다.

그 모임은 1820년 케임브리지 학생들이 논쟁에 참여하는 친목과 대화 모임에서 시작되었다. 열두 명으로 발족되어 아포스틀스라고 알려진 단순한 학회였다. 하디가 참여할 당시에는 케임브리지가 낳은 최고 인물들이 들어 있었다. 시인 테니슨, 철학자 화이트헤드, 물리학자 제임스 클러크 맥스웰 James Clerk Maxwell, 버트런드 러셀, 그리고 그 밖에도 여러 사람들이 있었다.

아포스틀스 회원은 〈아주 훌륭한 과학자〉만 선출되었다. 하디를 입회시킨 사람은 무어 G. E. Moore였다. 레오너드 울프는 무어에 대해 〈불독의 끈기와 성자의 고결함으로〉 진리를 추구하는 사람이라고 했다.

러셀은 하디보다 6년 먼저 입회했다. 1885년에 참여한 킹스 교정 출신의 고전 학자 디킨슨 Goldworthy Lowes Dickinson은 평화 운동가로 활동했는데, 동성애자였다. 아포스틀스 대부분이 동성애자가 아니었겠지만, 그들에게는 동성애 경향이 있었고, 하디가 참여한 후 심화되었다. 1901년 『인도로 가는 길 A Passage to India』을 쓴 포스터 E. M. Forster도 동성애자였다. 1902년에 참여한 스트래치와, 1903년에 참여한 경제학자 케인스 John Maynard Keynes도 동성애자였다. 동성애는 거의 예술 형태나 미학적 학설로 부상했다. 아포스틀스는 동성애 관계를 정신적인 수준까지 고양시켜 남자와 남자의 사랑이 남자와 여자의 사랑보다 더 고상하고 섬세할 수 있다고 생각했다.

하디도 약간의 동성애 성향이 있다고 할 수 있었다. 어머니와 누이 외에 인생에서 어떤 역할을 했던 여성은 없고, 좋아한 남자 친구들은 여럿 있다.

하디는 소년들의 동성애적 관계를 조장하는 수도원 같은 환경, 즉 영국 공립학교 출신이었다. 하디는 더 자유로운 에드워드 시대 감성이 깃들인 1900년대 초에 성년기에 접어들었지만, 그의 마음가짐은 이미 공중 도덕이 우위를 차지하던 빅토리아 시대에 형성되었다. 1900년대 초 케임브리지에는 기존의 빅토리아 주의와 더 자유로운 에디워드 사조가 뒤섞여 있었다.

하디는 남자들만의 집단에서 대부분 생활했고 여자는 거의 대하지 않았다. 당시에는 드문 일이 아니었다. 하디가 속한 학계, 지식층에서 그러한 수도원 생활은 관행의 하나였다.

크랜레이 학교에서도 가사일 담당자를 제외한 모든 교사가 남자였다. 기숙사 사감은 〈반드시〉 미혼 남자라야 했다. 윈체스터도 같은 식이었다. 케임브리지도 마찬가지였다. 하디나 다른 연구원들이 여성과 마주치는 유일한 시간은 침실 담당 직원이 방을 치우러 올 때뿐이었다. 그들은 못생긴 외모, 나이, 안전한 기혼녀를 기준으로 선별되었다고 한다.

그처럼 배타적인 남성만의 환경이었지만, 엄격한 도덕에 치우쳐 있어, 열정적이고 헌신적인 우정에도 불구하고 육체적인 형태는 좀처럼 발생하지 않았다. 하디를 오랜 동안 알았던 스노는 〈하디는 친구라고 부르는 사람들에게조차 솔직한 친분을 유지하지는 않았다〉고 했다.

나중에 그를 알게 된 옥스퍼드의 경제학자 라이오넬 찰스 로빈스 Lionel Charles Robbins는 이렇게 기억했다. 〈하디는 삶에서 여러 형태의 관계가 매우 고통스럽다는 것을 알고, 처음부터 그는 사람들로부터 자신을 보호하기 위해 수단들을 동원한 것으로 판단된다.〉크리켓에 대한 집착, 현란한 대화, 단련된 괴벽, 수학에 대한 강렬한 헌신, 이 모든 것은 공적인 인격을 꾸미기 위해 만들어진 것이다. 그러나 이중 어느 것도 인간 관계의 긴밀함을 진정으로 도와주지는 못했다. 그는 케임브리지의 많은 사람들과 친구였지만, 친한 사람은 거의 없었다.

1913년 이후 여러 해 동안, 하디는 가난한 인도인 사무원과 친구가 되었다. 그들의 우정 역시 친밀함으로 무르익지는 않을 것이었다.

하디 학파

1900년 하디는 트리니티 대학의 특별연구원이 되었다. 1901년 그는 스미스 상 Smith's Prize을 받았는데, 이 상은 트리니티 전직 교수의 이름을 딴 것으로 1769년부터 케임브리지 수학의 1등상으로 인정되었다. 1903년에는 석사 M.A.를 받았는데, 이것은 영국 대학에서 가장 높은 학위였다(케임브리지는 독일이 만들어 낸 박사 과정을 두지 않고 있었는데, 제1차 세계대전 후 독일로 가는 미국인들을 끌어들이려고 시행했다).

1906년에는 트리니티의 강사가 되었다. 그는 대체로 기초해석학과 함수론, 두 과정으로 1주일에 여섯 시간 강의했다. 때때로 비정규 강의도 했으나 그는 대학의 교수가 아니었고, 연구를 하기 위해 그 곳에 있었다.

하디의 중요한 수학적 공헌은 나중에 나타났다. 그러나 20세기 첫 10년 동안 이미 그는 한 해에 10-12편의 논문을 썼으며, 대부분 정수와 급수를 다루었다. 예를 들면 1904년 ≪계간 수학 Quarterly Journal of Mathematics≫에 실린「발산급수와 발산적분의 이론에 대한 연구」나 1905년 『런던 수학회 논문집 Proceedings of the London Mathematical

Society』에 실린 「적분 테일러급수의 어떤 종류의 근에 대하여」 등이 있는데, 학부 시절에 영감을 얻은 조르당의 아이디어들을 재정의하고 발전시켰다.

하디는 이 기간에 했던 일들을 중요하게 생각하지 않았다. 그는 리틀우드와 라마누잔을 만나기 이전의 기간에 대해 〈약 10년 동안 대단히 많은 논문을 썼지만, 별로 중요한 것이 아니었다〉라고 말하곤 했다. 〈어느 정도 만족했던 논문들은 너덧 편에 지나지 않는다.〉 그러나 1907년까지의 논문들이 전집을 낼 만한 정도가 되어 그 해 10월 31일 영국학술원 회원으로 지명되었다.

케임브리지 수학 발전에 관련된 수많은 사람들이 그를 채찍질했다. 하디가 학부생일 때 그에게 조르당을 소개시켜 준 러브가 그러했다. 몇 년 후에 라마누잔에게서 듣게 되는 홉슨 E. W. Hobson도 그러했다. 라마누잔이 하디에게 편지하기 직전 연구하던 무한급수에 관한 책의 저자 브롬위치도 그러했다. 이름 뒤에 F.R.S.(영국학술원 회원)를 덧붙이는 대부분의 사람들처럼 하디도 처음부터 성공을 거둔 것은 아니었다. 1910년 그는 서른셋의 나이에 영국학술원 회원으로 선출되었다.

하디는 수학 중에 〈유용한〉 것이 없다고 주장하곤 했다. 그러나 그에게도 예외가 있었다. 멘델 Gregor Mendel이라는 오스트리아 수도승이 큰 콩과 작은 콩의 교차 재배 실험을 통해 세대별 큰 콩과 작은 콩의 비율이 일정하며 예측 가능하다는 것을 밝혔었다. 당시 누구도 멘델의 실험에 관심을 보이지 않았지만, 1900년 그가 사망한 지 16년이 지난 후 세상의 관심을 모았다.

다음 세대의 열성과 우성에 대한 논쟁이 벌어졌다. 대체로 열성은 〈잠재적〉인데, 열성이 자식에게 나타나려면 부모 어느 한쪽에 그 성질이 나타나야 했다. 반면 우성은 유전자가 한 번 복사되어야 한다.

하디는 1908년 미국의 과학 잡지 ≪사이언스 Science≫에 우성인자 개체군의 수가 증가하지 않음을 보였다. 독일의 내과의사 빌헬름 바인버그 Wilhelm Weinverg가 같은 해에 비슷한 이론을 발표해 그 이론은 하디-바인버그 법칙이라고 알려졌다. 이것은 인구 유전학에 충격을 주었고, 혈액 집단과 희귀 질병의 유전적 전이 연구에 적용되어 오늘날 유전학 교재나 과학 사전에서 이 법칙을 찾아볼 수 있다.

물론 하디 자신은 그것을 별로 중시하지 않았다. 수학으로서는 사소한 것이었다. 그러나 그것은 사소한 것도 아니며, 무용한 것도 아니다.

하디는 몇 년 후 〈나는 '유용한' 일을 한 적이 없다〉고 말했다. 〈나는 직접적으로나 간접적으로 선이나 악을 위해, 세상의 쾌적함에 최소한의 차이를 만들거나 만들려고 하지도 않았다.〉 사람들은 후에 이를 〈하디주의〉라고 했는데, 실용적인 응용을 혐오하는 것이다. 하디가 반세기 후에 쓴 『어느 수학자의 변명 *A Mathematician's Apology*』에는 그러한 사상이 구체화되어 있다.

수학은 교량 설계를 돕고 수백만 명의 물질적 편의를 촉진시킬 수도 있었지만, 그는 이에 대해 어떤 변호도 하지 않고, 다만 그런 수학을 경멸하였다.

초등 수학의 대부분이 실질적인 유용성을 지니고 있음은 부정할 수 없다. (그러나) 수학의 이런 부분은 오히려 우둔한 것이다. 그것들은 바로 미학적 가치가 가장 적은 부분들이다. 〈진정한〉 수학자의 〈진정한〉 수학은 페르마, 오일러, 가우스 또는 아벨 Abel이나 리만 Riemann의 수학으로서 거의 〈실용성이 없는〉 것이다.

하디는 우주의 운동을 이해하기 위해 수학적 도구들을 이용하려는 수리물리학자를 동정했다. 그 인생의 상당 부분이 다소 애처롭지 않은가?

그가 쓸모 있기를 바란다면 평범한 연구를 해야 하고, 수준을 올리고 싶을 때조차 상상하는 대로 마음껏 할 수 없다. 〈상상의〉 우주는 이렇게 어리석게 구성한 〈실제〉의 것보다 훨씬 더 아름답고, 응용수학자의 공상으로 만든 가장 훌륭한 결과의 대부분은, 사실과 들어맞지 않는다는 매정하지만 충분한 이유로 인해 창조되자마자 거부될 것이 틀림없다.

하디는 계속해서, 진정한 수학에서는 그렇지 않으며, 〈만약 정당화된다면, 예술로서 정당화되어야 한다〉고 했다. 이러한 관점에서 하디-바인버그 법칙은 기대를 벗어났으며, 유용한 최소한의 수학적 아름다움도 지니지 않아 그의 원칙을 깨뜨리는 것이었다.

1913년 초 라마누잔에게서 편지를 받을 당시, 하디의 이러한 심미적 원칙은 명확히 정립되지 않았지만, 서서히 굳어 가고 있었다. 그리고 영국에서 그를 중심으로 형성되는 하디 학파는 따분하고 실용적인 분야에 관심을 두지 않았다. 그리고 조르당의 대륙적 순수성을 받아들이는 학파였다.

대륙과 단절된 영국인들은 편협해서, 외국의 것에 의심이 많고 이를 잘 포용하지 못했다. 19세기 말과 20세기 초에 더욱 그러했는데, 그들은 제국의 영광 아래 행복하게 살고 있었다. 수학계도 그랬다고 할 수 있다.

17세기 이후 영국은 수학적으로 유럽을 등진 채 지내왔다. 뉴턴과 독일 수학자 라이프니츠는 거의 독자적으로 미분적분을 발견했다. 당시에도 누구의 공적인가에 대해 논쟁이 치열했고, 그들의 사후에도 영국과 대륙의 수학자들은 자국을 옹호하며 다툼을 벌였다. 뉴턴은 영국이 낳은 당대 최고의 천재이며, 셰익스피어와 함께 상상력이 가장 풍부한 사람이었다. 그러나 후에는 〈특히 케임브리지 수학계뿐만 아니라 총체적으로 영국의 수학을 추락시킨 최대의 재앙〉이라고 불리기도 했다. 왜냐하면 영국의 수학자들은 그의 지적 명예를 수호하기 위해 유럽을 배척했기 때문이다. 그들은 뉴턴의 어설픈 표기 체계에 집착하며 외국에서 타오르는 수학적 자취를 무시하고 대륙의 업적을 인정하지 않는다고 공언했다.

전반적으로 미분적분의 여파는 18세기와 19세기 전반에 이어 20세기까지 계속되었다. 대륙의 수학은 이른바 〈엄밀함〉에 중점을 둔다. 이는 조르당의 『에콜 폴리테크니크의 해석 교정』을 통해 하디가 처음으로 접한 것으로, 수학적 개념을 직관적으로 〈명백〉하게 다듬을 것을 주장했다. 영국인들은 이론화하고 사소한 것에 신경 쓰는 독일식의 국민적 성격을 비웃으며, 이 새로운 엄밀성을 배척해 버렸다. 1893년 트라이포스에서 7위 랭글러였던 러셀은 케임브리지 시절을 돌아보며 이렇게 기록했다. 〈미적분학을 가르치던 사람들도 미분적분 기초 이론의 진정한 증명 방법을 모르고, 믿음으로써 그 공식적인 궤변들을 설득하려 했다. 나는 미적분이 실제로 성립된다는 사실을 알게 되었지만, 그러나 그것을 이해하는 부분에서는 혼란에 빠져 버렸다.〉

미분적분학은 어떤 양을 계속해서 더 작게 나누어, 결코 도달할 수는 없지만, 0에 〈접근〉하려는 방법에 근거한다. 그 과정을 〈극한〉을 취한다고 말하며, 미분적분을 이해하는 데 기초가 된다. 그러나 대수학과 기하학을 확고하게 교육받은 학생들에게는 낯설고 이해하기 힘든 영역이다. 그러나 이러한 지적 고통을 극복하면 미분적분에서 파생된 수많은 실용적 응용에 집중하여 결코 돌아보지 않고 즐겁게 항해하는 것이 가능해진다.

심지어 오늘날의 교재에서도 이러한 분열, 즉 19세기 영국과 대륙 사이에 있었던 긴장된 평행선의 흔적을 찾아볼 수 있다. 교재에서 극한을 간단하게 소개하고, 어슴푸레 직관적으로 이해했다고 생각한 후, 전형적인 미분법과 최대-최소 문제, 그리고 미적분의 주요 주제를 여섯 개의 장에서 다룬다. 그리고 7장 정도에 이르면 한 발 뒤로 물러나 난해한 개념들을 다시 도입하는데, 이번에는 앞에서 비켜갔던 어려운 문제를 다루고 개념적 어려움과 씨름한다. 그리하여 학생들의 마음을 전혀 다른 곳으로 뻗게 만드는 것이다.

이러한 미분적분학 교재의 처음 여섯 개 장은 대륙의 영향을 받지 않은 영국의 수학을 다루고 있다고 할 수 있다. 일곱번째 장은 프랑스, 독일, 스위스의 수학자들이 제공해 준 새로운 엄밀함을 담고 있다. 〈해석학〉은 이처럼 정확하고, 세밀한 접근을 추구하는 분야로, 온통 그리스 문자, 즉 수학자들이 무한히 작은 양을 다룰 때 사용하는 엡실론(ε)과 델타(δ)의 세계이자 수학, 논리, 그리고 탈무드적인 섬세함의 세계였다.

처음에는 가우스, 아벨, 그리고 코시가 허술하고 직관적인 과거를 딛고 일어섰다. 세기말에는 바이에르슈트라스 Weierstrass와 데데킨트 Dedekind가 더 발전시켰다. 이들 모두 영국인이 아니었다. 영국인들은 신경 쓰지 않겠다고 했다. 19세기까지 케임브리지에서는 코시도 〈코르키 Corky〉라고 불렀다.

뉴턴 이후, 영국 수학은 응용수학 쪽으로 갈라섰다. 수리물리학은 영국의 전문 분야가 되었고, 켈빈, 맥스웰, 레일리 Rayleigh, 그리고 톰슨이 주도하였다. 순수수학은 19세기 영국에서 무의미했다. 〈거의 예외 없이 논쟁의 엄밀함은 진짜 연구가 아니라 사소한 것에 마음을 쓰는 것이고, 경멸할 만한 것으로 간주되었다〉고 리틀우드는 회상하곤 했다. 뉴턴이 모든 것을 다 했다. 왜 이처럼 심오한 이론을 들먹거리는가?

영국은 뉴턴을 신처럼, 그의 『수학의 원리 Principia Mathematica』를 성서처럼 모시고, 트라이포스 체계 아래에서 죽은 듯 침묵하며 잠들어 버렸다. 유럽의 저명한 수학자는 최근 영국인의 연구물을 본 적이 있느냐는 질문에, 〈아, 우리는 영국 수학자들이 연구한 것은 읽지 않는다〉고 했다.

최초의 변화의 바람은 1893년 포시스의 『함수론 Theory of Functions』에서 시작되었다. 이 책은 당시라면 새로운 것은 아니었겠지만, 파리와 괴팅겐 Göttingen, 그리고 베를린의 새로운 사상을 소개했다. 권위적인 문체로 쓰인 이 책은 네빌이 말했듯이 〈폭로의 장엄함으로〉 케임브리지에 터져 나왔다. 어떤 사람은 뉴턴의 『수학의 원리』 이후 영국의 수학에 가장 큰 영향을 주었다고 했다. 그러나 대륙의 기준으로 보면 가망 없을 정도로 너절한 것이었다. 리틀우드는 무한소의 작은 양을 다루는 그리스 문자를 언급하면서, 〈포시스는 델타와 엡실론을 능숙하게 다루지 못했다〉고 말했다. 어쨌든 『함수론』은 영국 수학자들의 시선이 다시 대륙을 향하도록 하는 데 도움을 주었다. 미래로 향하는 과정을 도표로 만들어 주었지만, 실제로는 그 과정을 따르지 않았다.

그 일은 하디에게로 넘어갔다.

엄격함을 갖춘 새로운 연설가로서 하디는, 자신이 말하는 내용뿐만 아니라, 힘과 우아함과 품위를 통해 영향력을 미쳤다.

강의를 할 때는 주제에 대한 열의와 기쁨이 가득했다. 후에 그의 학생이 된 티치마시 E. C. Titchmarsh는 〈정리들을 증명하는 것 외에 세상에 중요한 것이 없다는 생각이 들 정도였다〉고 했다. 미국의 수학 천재로서 후에 〈인공두뇌학〉의 영역을 개척한 노버트 위너 Norbert Wiener는 하디의 강의를 듣고, 〈여러 해 동안 많은 수학 강의를 들어 보았지만 하디만큼 명료하고 흥미로우며, 지적 힘을 지닌 강의를 들어 본 적이 없었다〉고 말했다.

그의 강의가 명료한 만큼 저작도 영향력을 발휘했다. 〈그는 스스로의 분명하고 간소한 방식으로 그 당시 가장 완벽한 영어를 표현했다〉고 스노는 말했다. 라마누잔에 대한 하디의 인상이 가감 없이 인용되고, 라마누잔의 위치를 역사 속에 자리잡게 할 만큼 진전시킬 수 있었던 힘은, 라마누잔과의 친밀한 관계 뿐만 아니라 라마누잔에 관해 쓴 글에 담긴 완전한 우아함 덕택이다.

언젠가 스노는 〈하디가 한 모든 것은 우아함과 질서, 감각 있는 스타일로 활기가 있었다〉고 말했다. 그의 저작은 이러한 활력을 더욱 증대시켰다. 하디는 ≪케임브리지 리뷰 *Cambridge Review*≫에 러셀의 철학에 대한 글을 실었다. 그가 쓴 유명한 수학자들의 추도사는 개괄

적이고, 우아하고, 박식했다. 그는 문외한들을 대상으로 기하학과 수론에 관한 글도 썼다. 고전으로 자리잡은 『어느 수학자의 변명』은 매력적인 언어로 독자를 사로잡는 명저이다.

그는 자신의 재능을 수학적인 연구에도 적용했다. 리틀우드는 〈그는 가스를 공급했다〉고 말했는데, 리틀우드는 자신의 내용이 단지 옳기만 하면 만족하는 사람이었지만, 하디는 그 이상을 원했다.

20세기의 첫 10년 동안 내내, 하디는 영국의 젊은 수학자 세대가 대륙의 새로운 엄격함을 심각하게 받아들이도록 유혹하기 위해 자신의 펜을 이용했다. 1903년 러셀의 『수학의 원리』에 대한 논평이 『타임스 문예 부록 Times Literary Supplement』에 실렸는데, 그 글을 하디가 썼다. 영국 수학계는 해협 너머에서 벌어지는 사건에 귀를 돌려 버렸지만, 하디는 외국 서적에 대한 평을 《수학 신문 Mathematical Gazette》에 실었다. 1903년에는 슈톨츠 Stolz와 그마이너 Gmeiner의 『함수론 입문 Einleitung in die Funkionentheorie』에 대한 평론을 썼고, 1905년에는 보렐 Borel의 『실변수함수론 Leçons sur les fonctions des variables réeles』을 다루었다.

그러는 과정에서 하디는 영국과 미국 교재의 오류에 대해 설명했다. 예를 들어, 1907년 《수학 신문》의 리뷰에서 그는 미국의 울시 존슨 Woolsey Johnson이 쓴 미분적분학 교재에 대한 평가를 했다.

　그러나 그 어려움들을 극복하는 다른 방법이 있다. 우리는 간단히, 그리고 철저히 그들을 무시해 버릴 수도 있다. 우리는 그것들을 지적하고 공공연히 지나가 버리거나, 약간 더 확장하여 결론이 타당함을 보이기 위해 노력할 수도 있다.

그러나 하디는 계속해서

　좋은 점을 찾아볼 수 없는 과정이 있다. 이 과정에서는 증명인 것처럼 제시하지만 증명이 아니며, 외견상 정확한 추론이지만, 근본적인 어려움을 놓치고 있다. 이것은 토드헌터(동화 작가)의 방법이고, 존슨 교수가 빈번하게 택하는 방법이다.

하디는 그가 더 잘 할 수 있을 것이라 생각하고, 1908년 9월 『순수 수학 교정 A Course of Pure Mathematics』을 완성했다. 이 책은 다른 교재들이 실용적인 응용을 구하거나 광범위한 수학적 배경을 다루기 위해 경시해 버린 수학적 개념들을 영어로 제시한 최초의 책이었다. 하디는 서문에서 이러한 엄밀함이 필요하다고 말하고 있다. 〈나는 매우 드물지만 서로 특성이 다르고 본질적으로 훨씬 어려운 문제들을 다룰 수 있다는 신념도 거의 없이, 무한, 극한, 연속의 개념을 포함하는 가장 단순한 문제에 직면하는 학생을 만났다.〉

하디가 집필한 교재는 읽기 쉽다. 이 책은 단순히 쪽마다 공식을 소개하는 형태가 아니라 어려운 아이디어를 분명하고 설득력 있는 문장으로 제시한 진짜 설명이다. 다른 사람의 글에서는 추상적인 설명 속에 사장되고 마는 것도 하디의 손을 거치면 읽는 사람에게 바로 전달되고, 긴장 속에 놓이게 된다.

예를 들어, 일찍이 그는 6, 2/3, 112/3890, 또는 19 등과 같은 유리수는 보통의 분수나 정수로 나타낼 수 있다고 했다. 그는 선분 위에 점으로 나타낸 임의의 두 수 사이에는 언제나 유리수 점이 끼여 있음을 보였다. 1/2과 2/3 사이에는 3/5이 있다. 3/5과 2/3 사이에는 5/8를 끼워 넣을 수 있다. 그렇게 계속하면 그런 점들을 무한히 얻게 된다. 그는 다음과 같이 말했다.

이와 같이 생각하면 유리수 점들이 직선 위의 모든 점을 나타낸다고, 곧 직선 위의 모든 점들이 유리수 점이라고 생각할 수 있다. 그리고 만일 직선이 유리수 점들로만 이루어져 있다면, 다른 모든 점(만일 있다면)들을 제거해도, 남아 있는 도형은 직선이 지니고 있는 상식적인 모든 성질들을 가질 것이다. 즉 대강 말해, 직선과 똑같이 보이고 성질도 직선과 같아야 할 것은 분명하다.

독자는 정확히는 모르지만 〈뭔가〉가 이어질 것이라고 의심하게 된다. 그런데 하디는 똑같은 선분 안에, 즉 이 유리수들 틈새에 또 다른 무한개의 점들인 〈무리수〉가 가득 차 있음을 보인다. 그리고 이 무리수는 분수로 표현될 수 없으므로, 계속하여 그 성질들을 탐구해 나간다.

하디의 책은 널리 읽혔다. 거의 70여 년 동안 10판과 수많은 재판을 통해, 그 책은 대학 수준에서 영국의 수학을 가르치는 데 독보적으로 가장 위대한 영향을 미쳤다. 그 책을 통해, 그리고 케임브리지에서의 강의와 논문, 평론, 그리고 다른 수학자들과의 관계를 통해 하디는 엄격함을 소수의 튜턴 Teuton 광신자의 영역이 아니라 수학적인 유행의 반석 위에 올려 놓았다.

영국이 수학적으로 후퇴하게 된 근원에는 트라이포스 체제가 있다고 하디는 확신했다. 학위 지원자의 적합성을 결정한다는 원래의 적당한 목적을 위한 수단이었던 트라이포스는 그 자체가 목적이 되었다. 영국 수학은 미래의 지도자를 선택하기 위해 고안된 트라이포스 체제에 맡겨져 버렸다.

1907년경 그는 트라이포스 시험의 개편을 위해 구성된 위원단의 사무관이 되었다. 후에 그는 수학회에서 〈저는 이 체제에 원칙적으로 결함이 있으며, 그 결함이 일반적으로 개편에 비해 너무 심각하다는 …… 시각을 고수하고 있습니다. 저는 트라이포스의 개편이 아닌 폐지를 바랍니다〉고 말했다.

하디가 시험에 반대한 것은 아니었다. 학위를 받는 데 필요한 〈최저〉 기준으로서의 한계를 긋기 위해 시험이 있어야 한다고 보았다. 그는 〈시험은 기준이 낮으면, 거의 해를 미치지 않는다〉고 주장하였다. 그러나 트라이포스는 그 정도 미약한 요구를 하는 것이 아니라 평가하고, 등급을 매기면서 가르침과 배움 모두를 망쳐 놓았고, 영국 수학은 그로 인해 실패했다.

그러나 하디의 더 야심적인 목표는 실패하였다. 많은 사람들이 트라이포스의 폐해를 지적했지만, 하디만큼 적극적인 사람이 거의 없었기 때문에 트라이포스는 부분적으로 개정되어 여전히 존재했다. 〈영국인에게서 어떤 개혁적인 것을 제안하는 것은 쓸모 없다〉는 말은 몇 년 후 수학 대중을 가리키는 말이 되었다. 〈제도에는 언제나 장점이 있다. 제도의 단점이 명백한 것처럼 장점도 깊이 숨어 있다. …… 우리의 방식은 결점이 있는 제도를 한번에 조금씩 바꾸는 것이고, 원하는 것에 조금씩 더 가까이 접근하는 것이다.〉

하디의 증오는 이성을 넘어선 다른 어떤 것이었다. 자기 자신의 경험이 그에게 영향을 미쳤던 것이다. 트라이포스의 지루함 속에서 보내야 했던 2년이 거의 수학에서 비뚤어 지게 했다. 그러나 결국 맥없이 굴복했다. 가정 교사에게 순종하고, 체제에 편승하여, 〈진짜〉 수학을 제쳐놓았다. 마침내 그가 트라이포스에 반대하여 싸울 때, 그는 트라이포스에 〈낙제했다〉는 말을 들을 수도 있었다. 즉 그처럼 경쟁적인 사람에게 4위 랭글러가 의미하는 바였다. 어떻게 보면, 트라이포스가 그를 이겼다.

한 친구는 그를 〈다음 묘기를 위해 끊임없이 자기를 시험하는 곡예사〉라고 비유했다. 그는 약간의 도전만 있어도 저울을 세워 들고, 경쟁적인 게임을 즐기고, 수학 연구를 최상으로 상정했다. 트라이포스 체제를 결사 반대하겠다고 맹세했는데, 어떻게 보면 그것은 궁극적인 그의 저울이며, 시험이었다.

하디 안에는 단호하고 까다로운 면과 관대한 자유정신, 무섭고 가까이하기 어려운 외모와 부드럽고 연약한 속마음이 공존한다. 후에 그는 능력이 덜한 학생들에게 거의 관심을 보이지 말 것을 주장하기도 했다. 그러나 이것은 허세에 불과했다. 그의 연구생이었던 메리 카트라이트 Mary Cartwright는 〈그는 약자에게 너무나 친절하기 때문에 단순히 그런 식으로 생각할 수 없는 사람이다〉고 말했다. 하디는 사회적 우아함을 경멸하고 멀리했으며, 거만하게도 신을 배제해 버렸다. 그러나 그는 친절하고 한없이 호의적이었다.

그는 까다롭고, 쌀쌀맞고, 감정적으로 엄격했다. 그리고 넓은 마음과 애정, 친절함을 지니고 있었다. 이렇듯 상반되는 두 가지 성향은 언제나 그의 인간성 주변을 맴돌았다. 그리고 이 같은 성향은 앞으로 7년에 걸친, 운명적인 라마누잔과의 관계에서도 나타났다.

1913년 겨울, 유럽은 동요했다. 세상은 변화로 쉴 틈이 없었다. 피카소 Picasso의 입체파 그림이 1년 전에 나타났다. 파리에서는 러시아 무용수 디아힐레프 Diaghilev가, 소녀가 죽을 때까지 춤을 추는 스트라빈스키 Stravinsky의 「봄의 제전 Le Sacre du Printemps」 초연을 준비하고 있었다. 영국에서는 1910년 에드워드가 갑자기 사망하고, 조지 5세가 왕위에 올랐다. 1911년 의회는 하원에 대한 상원의 거부권을 박탈했다. 방방곡곡에서 노동자 파업과 참정권 확대론자들이 창문을 부수고 있었다. 아일랜드는 소용돌이치고 있었다.

그러나 케임브리지에서는 늘 그대로였다. 하디에게서는 세월의 흔적을 전혀 찾아볼 수 없었다. 1912년 하디는 아홉 편의 논문을 출판했는데, 리틀우드와 함께 연구한 최초의 공동 논문 「디오판투스 근사치의 몇 가지 문제 Some Problems of Diophantine Approximation」도 이에 해당된다. 1913년 푸리에 Fourier 급수에 대한 주요 논문 가운데 하나가 나왔으며, 이듬해에는 유명한 교과서의 개정판이 나왔다.

하디는 평소와 다름없는 일상을 유지하고 있었다. 아침식사를 하면서 《런던 타임스》, 특히 크리켓 점수에 대한 기사를 읽었다. 그는 아침에 네 시간 정도 연구하고 홀에서 가벼운 식사를 끝낸 후 오후에는 테니스를 치기도 했다. 그의 직업은 안정되고 그의 삶은 편안하며, 미래는 안전했다.

그때 인도에서 편지가 왔다.

1919년 인도로 돌아올
때 찍은 라마누잔의
여권 사진.
1937년 하디는
이 사진을 처음 보고,
〈아픈 것처럼 보이지만,
그의 천재적인 모습은
알아볼 수 있다〉고 했다.

라마누잔의 모친
코말라타말.
그녀는 젊은 시절
그에게 결정적인
영향을 주었다.

남인도 쿰바코남의 사랑가파니
사니디 가에 있는 라마누잔의 집.
그는 고등학교에 다니면서
150년 전에 발견된 정리를
독자적으로 생각해 냈다.
후에 이 사실을 알고
굴욕감을 느낀 라마누잔은
그 노트를 지붕에 숨겼다.

쿰바코남에 있는
라마누잔의 집 피알, 즉
현관 앞의 최근 사진.
그는 다른 친구들이
거리에서 놀고 있을 때
여기에 앉아 몇 시간 동안
수학을 연구하곤 했다.

라마누잔은 아홉 살 때 치른
이 시험에서 높은 점수를 받았다.
그러나 수학을 접한 후로는
그 밖의 모든 과목에 흥미를
잃어 으레 시험에 실패했다.
(여기 Ramanujam은 그의
타밀어 이름의 영어 표기이다.)

오른쪽으로 보이는
라마누잔의 집에서
거리로 곧장 올라가면
보이는 사랑가파니
사원의 최근 사진.

고향 쿰바코남의
타운 하이 고등학교의
최근 사진.
라마누잔은 고등학교를
졸업하기 전까지는
상도 받고 선배들로부터
칭찬도 받은
좋은 학생이었다.

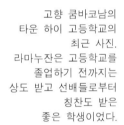

이곳은 타운 하이 고등학교의
가장 뛰어난 동문을 기리기 위해
오늘날 라마누잔 홀이라 부른다.
끝의 〈m〉자는 라마누잔의
타밀 이름이 자주 영어로
표기되었다는 것을 보여준다.
그의 이름이 ≪인도 수학회≫에
처음 나왔을 때 이렇게 표기되었다.

티루나라야난은
라마누잔이 열일곱 살인
1905년에 태어났다.
그의 형은 그를
놀리기도 하고, 무등을
태워 데리고 다니며
이야기를 들려주기도 했다.

라마누잔이 사망한 후에
찍은 그의 아내 자나키.
미망인이 된 후로는
라마누잔의 가족과 단절된 채
재봉사로 생계를 꾸렸다.

회계 사무소에서 라마누잔의
직속 상사이자, 그의 열렬한
옹호자였던, 그리고 자신도
훌륭한 수학자였던
나라야나 이예르.
두 사람이 종종 밤늦도록
수학을 연구할 때, 라마누잔이
곧잘 여러 단계를 하나로
줄여 설명해 그를 멍하게 했다.
그는 〈내가 이해하는 수준으로
낮춰야지〉라고 불평하곤 했다.

세슈 이예르.
쿰바코남의 관립대학에 재직했던
라마누잔의 수학 선생님 중 한 사람으로
뒤에 그의 후원인이 되었다.
그러나 한 친구는 라마누잔이
세슈 이예르가 다른 사람들처럼
처음에는 그와 그의 연구에
〈무관심〉하다는 불평을 했다고 했다.

마드라스 빅토리아 기숙사의 최근 사진.
라마누잔이 결혼한 후 직장과
후원인을 찾아 남인도를 돌아다닐 때,
때때로 친구들이 숙식을 제공해 주었다.
이곳에서 친구와 머물던 어느 날 밤,
그는 그의 곤궁한 운명을 종교 재판과
시대의 오해로 박해를 받았던
갈릴레오의 운명에 비교했다.

케임브리지의 하디로부터
첫 격려 편지를 받은 지 얼마
안 되어 라마누잔은 마드라스
대학의 연구원으로 지명되었다.
그의 생애 처음으로 돈걱정에서
벗어나 이곳 시네마라 도서관에서
수학에 빠져들곤 했다.

남인도 나마칼에 있는 라마누잔의 가족 신인 나마기리 여신을 모신 신전의 최근 사진.
1913년 말 라마누잔은 나라야나 이예르와 이곳을 찾았다. 그는 신전 바닥에서 사흘 밤을
보내고 나서 마침내 힌두의 전통을 무시하고 영국에 가기로 결심했다.

홉슨과 베이커.
두 사람은 케임브리지의 뛰어난
수학자였으며, 도움을 간청하는
라마누잔의 편지를 받았으나
거절했다.

마드라스 트리플리케인의 중앙 종교 신전인 파르타사라티 사원 반대편에 있는 의식을 행하는 커다란 저수지. 라마누잔이 영국으로 떠나기 전에 한동안 살았던 곳은 이 저수지에서 내려가는 거리에 있다.

1913년 라마누잔이 인도에서 하디에게 보낸 수학적 결과에 대한 편지.

라마누잔이 하디에게 보낸 첫번째 편지.

5

제 소개를 하겠습니다
1913년부터 1914년까지

편지

인도 우체국 소인이 찍힌 큼직한 봉투에서 나온 편지에는 〈1913년 1월 16일, 마드라스〉로 되어 있고 다음과 같이 시작하고 있었다.

선생님께

제 소개를 하겠습니다. 저는 연봉 20프랑을 받으며 마드라스에 있는 트러스트 항 사무소 회계과에서 근무하고 있는 23세의 사무원입니다. 대학에 다니지는 않았습니다만, 고등학교 과정까지는 마쳤습니다. 고등학교 졸업 후 틈틈이 수학을 공부했습니다. 통상적인 대학의 정규 과정을 밟지는 않았지만, 스스로 새로운 길을 개척하려고 노력하고 있습니다. 일반적으로 발산하는 급수에 대하여 특별히 연구했으며, 제가 얻은 결과를 이 지역 수학자들은 〈놀라운 것〉이라고 말하고 있습니다.

5,000마일이나 멀리 떨어진 사무실이라는 침체된 공간에서 이 변변 찮은 사무원은 동정과 궁금증을 모두 자아내려 하는 것 같았다. 〈통상적인 정규 과정을 밟지는 않았지만〉이라 말하듯 자신에 대한 조심스러움도 담겨 있었다. 두번째 단락에서 그는 감마 함수 gamma function에서 음의 값에 의미를 줄 수 있다고 했다. 세번째 단락에서는 3년 전 하디가 『수학과 수리 물리학 분야의 케임브리지 논문집』이라는 시리즈의 일부로 저술한 수학 소책자에서의 주장에 이의를 제기하고 있었다.

『무한의 순서 Orders of Infinity : The 'Infinitarcalcul' of Paul Du Bois-Reymond』라는 제목의 소책자였는데, 하디는 이 책에서 수학적 함수가 무한대로 얼마나 급격히 증가하는지를 다루었다. 예를 들면, $f(x) = x^3$은 $g(x) = 3x$보다 더 빠르게 무한대로 접근한다. 두 함수 모두 x가 증가할수록 한없이 증가하고, 둘 다 무한대에 접근한다고 말한다. 그러나 처음 함수가 둘째 함수보다 더 빨리 접근한다. 예를 들어 $x = 100$일 때 처음 함수는 1,000,000으로 증가하는 반면, 둘째 함수는 기껏 300에 머문다. 하디는 소수 이론에서 잘 알려진 공식 하나를 인용했다. 그 식은 로그를 포함하는 항과 첫째 항이 얼마나 틀렸는지를 나타내는 오차 항 $\rho(x)$로 구성되어 있었다. 36쪽에서 하디는, 〈$\rho(x)$의 정확한 범위 order가 정해져 있지 않다〉고 주장했다.

그런데 이제 와서 라마누잔이 하디에게 편지로, 그 범위는 이미 결정되었고 라마누잔 자신이 그것을 했다고 했다. 〈저는 실제 결과와 매우 근접할 뿐만 아니라, 오차를 무시할 만한 '소수의 개수에 대한' 식을 발견했습니다.〉 수학계에 알려진 대로 르장드르 Legendre가 맨 처음 공식적으로 제시하고 뒤에 가우스가 더 정확하게 해 놓았던 그 소수 정리 prime number theorem는 부적절하고 불완전한 것이라고 하면서, 이 무명의 인도 사무원은 자신에게 더 나은 정리가 있다고 했다.

이것은 하디의 주의를 끌기 위한 올가미였다. 그는 다음과 같이 끝을 맺었다.

동봉한 논문을 모두 읽어 주셨으면 합니다. 보잘것 없습니다만, 조그마한 가치라도 있다고 생각하신다면 저의 정리를 출판하고 싶습니다. 실제 연구 내용이나 제가 얻은 식을 보내 드리지는 않았지만, 제가 진행한 과정들은 말씀드렸습니다. 미숙합니다마는, 어떤 충고라도 제게는 매우 귀한 것이 될 것입니다. 수고를 끼쳐 드려 죄송합니다.

선생님께
라마누잔 올림

물론 이것은 일의 끝이 아니라 시작이었다. 라마누잔이 〈동봉한 논문〉이란 것은 아홉 장 분량이었다(출간했던 베르누이 수에 대한 그의 논문도 포함되었을 것이다). 처음 한두 쪽에는 창안자 특유의 기발한 주장이 적혀 있었으며, 성급한 확신이 주기적인 고리로 이어져 있었다.

x보다 작은 소수의 개수를 정확히 나타내는 함수를 발견하였습니다. 〈정확하다〉 함은, 함수값과 소수의 실제 개수와의 차가 일반적으로 0이거나, x가 무한대일 때조차 어떤 작은 유한값이라는 점에서 그렇습니다. 무한급수 형식으로 된 함수를 제가 알아냈는데, 이것에 대해서는 두 가지 표현 방법이 있습니다.

......

소수의 실제 개수를 구하는 $An + B$ 형태로 된 식도 얻었으며, 이 식은 아무리 큰 수에 대하여도 그 수보다 작게 할 수 있습니다.

......

불규칙하게 증가하는 함수뿐 아니라, 증가하지 않는 불규칙한 함수(이를테면, 자연수의 약수의 숫자)에 대해서까지도 구할 수 있는 식을 발견했습니다. 순서는 물론이고 정확한 형태를 구하는 것이지요. 다음은 제 정리에서 나온 몇 가지 예입니다.

이제 일상 영어는 사라지고 대수, 삼각함수, 그리고 미적분학의 용어들로 바뀌었다. 수론에 관한 정리, 정적분을 계산하는 정리, 무한급수의 합에 관한 정리, 급수와 적분의 변환에 관한 정리, 급수와 적분의 복잡한 근사값을 제시하는 정리 등이 있었는데, 아마 전부 합하면 쉰 가지는 될 것 같았다.

모두 열 장으로 쓰여진 그 편지는 큼직한 글씨체라 읽기 쉬웠고, 가로줄을 긋지 않은 t자만 보아도 구분이 가능한 둥그스름한 학생 필체였다. 그의 필체는 한결같고 깔끔했다. 마치 하디와 따로 떼어놓으려는 회의론자의 틈새를 인식한 듯, 여기서 한층 더 깔끔해졌다.

이것은 현명한 예방책이었다. 그 틈새라는 것이 사실은 대단했기 때문이다. 하디에게 라마누잔의 정리가 담긴 문서는, 익숙하면서도 한편으로는 다른 행성에서 온 것처럼 낯설어 보였다. 라마누잔의 정리를 접하고 난 하디의 첫 느낌은 탁월함이 아닌 생소함이었다. 만만찮은 괴짜라는 생각이 들었다. 하디의 친구 스노가 기록한 대로, 〈피라미드의 예언적 지혜, 시온의 원로가 내린 계시, 또는 베이컨이 한때 셰익스피어의 희곡에 삽입했던 암호문을 증명하는 척〉하는 낯선 사람이 보낸 기괴한 원고를 하디는 처음 받아들었던 것이다.

그래서 그는 한 번 슬쩍 본 후 원고를 제쳐놓고는, 그 날의 ≪런던 타임스≫를 보았다. 1913년 1월 말 중국에서의 아편 남용과 리스본에서 항구 노동자의 파업, 모가도르 Mogador 부근에서 아라비아 반란군과 싸우는 프랑스인, 아일랜드의 지방자치 문제로 논쟁하는 상원 등의 기사가 있었다.

하디는 그 날 아침 9시부터 1시 무렵까지 수학 연구를 계속하다가, 점심 식사를 하러 식당으로 향했다. 테니스 경기(이른바 영국인들이 실내 변종 경기라고 부르는, 오늘날의 잔디 테니스에 앞서 나온 더 인기 있던 경기) 때문에 그랜지 로드 Grange Road에 있는 대학 교정으로 가는 길이 막혀 있었다. 평소 차분하던 마음 한구석에서 인도인의 원고가 평정을 흔들며, 스노의 표현처럼 〈거침없는 정리, 전혀 본 적도,

상상한 적도 없는 정리〉가 마음을 붙들고 있었다.

그 정리가 거침없고 믿기 어려운 이유는 어이없기 때문일까, 아니면 시시해서일까, 아니면 뒷받침할 근거도 없이 그냥 완전히 틀렸기 때문일까? 아니면 별난 천재가 드물게 내놓은 주옥 같은 연구 결과이기 때문에?

아니면, 아마도 그 인도인이 책 몇 권에서 찾아내어 약간 다른 형태로 표현한 것으로, 하디가 발견하기 이전이라는 식으로 단지 시간상의 문제로 만들어 교묘하게 위장해 놓은, 그저 잘 알려진 정리에 불과한가?

아니면 그 모두가 못된 장난일까? 사실, 바로 그 무렵엔 짓궂은 장난이 인기가 많았다. 인도 공무원의 고위직을 차지한 많은 영국인들은 트라이포스를 잘 견디어 냈거나 그렇지 않더라도 수학을 잘 알고 있었다. 그런 곡예를 할 만큼 정통해 있었던 것이다. 그러니까 케임브리지 친구 하디를 가장 잘 속이는 방법은? 왜, 잘 아는 〈정리〉를 생소한 차림으로 갈아 입히고, 일부러 이상한 모양으로 꼬아 놓았을까? 인도인 가운데 그걸 해낼 만한 명수는 누굴까? 아마 짓궂은 장난은 유럽에서 시작했겠지. 그러나 진짜 마드라스 우편물 소인을 찍을 필요까지 있을까……?

출입구 2층 자기 방에 돌아온 그는 인도에서 온 편지를 다시 들고 앉았다. 고딕 양식의 창 밖에서 겨울 햇살이 점점 사라지고 있었다.

저녁 식사 무렵이 되었다. 공식은 더 이상 간단한 것이 아니었다. 천재인가, 아니면 사기꾼인가? 빈둥거리면서 몇 페이지 넘겨봐서는 알 수 없는 거야. 그래, 하디는 리틀우드에게도 보여 주어야겠다고 생각했다.

존 에든서 리틀우드 John Edensor Littlewood는 라마누잔보다 두 살 위지만, 라마누잔이 인도에 박혀 있었던 것과 달리 수학적으로 영국의 최고 학부에서 공부하였다.

그 집안은 고대 영국 농민 의용병 출신이었다. 리틀우드 궁수들은 1415년 아긴코트 전투 Battle of Agincourt에서 활약한 것으로 전해진다. 그의 조상들은 최근까지 성직자, 교사, 의사 등 중산계급 전문인이었다. 할아버지와 아버지도 케임브리지에서 수학을 전공했고, 할아버지는 신학자, 아버지는 남아프리카에서 교장을 지냈는데, 그 곳에서 리틀우드는 8년 동안 살았다. 그는 열네 살 때 영국으로 돌아와 성 베드로 학교에 다니면서 수학광이 되어 버렸다.

『수학자의 논문집 A Mathematician's Miscellany』이라는 회고록에서 리틀우드는, 자만심에서에서 한 말은 아니지만, 자신을 〈신동〉이라고 했다. 신동이건 아니건, 그는 라마누잔이 받지 못한 소중한 교육을 통해 큰 득을 보았다. 라마누잔이 로니의 삼각법을 공부할 무렵, 리틀우드도 마찬가지였다. 그러나 라마누잔이 수학적 아이디어에 공식적으로 노출된 것이 그것으로 끝나 버린 데 비하여, 리틀우드는 시작이었다. 뒤이어 3년 동안 그는 매콜리 Macaulay의 『기하 원뿔곡선론 Geometrical Conics』, 스미스의 『해석적 원뿔곡선론 Analytical Conics』, 에드워드의 『미분학 Differential Calculus』, 윌리엄슨의 『적분학 Integral Calculus』, 케이시 Casey의 『유클리드 속편 Sequel to Euclid』, 홉슨의 『삼각법 Trigonometry』, 루스 Routh의 『분자역학 Dynamics of a Particl』, 머레이 Murray의 『미분방정식 Differential Equations』, 스미스의 『입체 기하학 Solid Geometry』, 번사이드 Burnside와 팬턴 Panton의 『방정식론 Theory of Eguations』 등을 두루 섭렵했고, 1902년 12월 트리니티 대학 입학 학력고사를 치를 만큼 충분히 모든 것을 미리 공부해 두었다. 그 때까지 라마누잔은 카조차 마주친 적이 없었다.

2년 후인 1905년, 리틀우드는 수학 졸업시험의 수석 랭글러가 되었다. 그러나 특별연구원의 지위가 이상하게도 다른 사람에게 넘어갔기 때문에, 3년 동안 맨체스터 대학의 강사직으로 떠나 있다가 1910년에야 트리니티로 돌아왔다.

그는 〈자신만의 매력이 있는 투박하면서도 세속적인 사람〉이었다.

그는 튼튼하고, 남자답고, 씩씩했다. 그는 학창시절 한때 뛰어난 체육인이기도 했고, 크리켓도 즐겼다. 만년에는 훌륭한 암벽등반가였고 스키를 즐겼다. 그다지 큰 키는 아니었으나, 거대하고 몸집이 큰 사내의 풍모를 보였다. 하디와 함께 찍은 사진을 보면 모자를 깊숙이 눌러 쓴 채 발을 벌리고 도전적인 자세로 서 있는 리틀우드가 돋보여, 왜소한 하디는 위축되어 보인다.

하디처럼 리틀우드도 결혼을 하지 않았다. 그러나 하디와는 달리, 리틀우드는 여성과의 친분 관계를 좋아했다. 맨체스터에 있는 동안에도, 그는 동료 중에서 춤을 가장 잘 추었다. 유부녀와의 불륜이 케임브리지에 알려졌는데, 그녀와의 사이에는 딸이 하나 있었다.

수학자로서 리틀우드에 대해 하디는 〈참으로 어렵고 만만치 않은 문제에 정면으로 부딪치고 돌진할 사람이다. 통찰력, 기교, 능력 등을 자유자재로 할 수 있는 사람은 그 말고는 없을 것이다〉라고 했다. 런던 수학회로 보낸 초기 리틀우드의 논문에 대해 의견이 일치하지 않자, 하디가 중재자가 되어 1906년, 두 사람은 첫 대면을 하게 되었다. 리틀우드는 1910년 트리니티로 돌아왔다.

하디와 리틀우드의 100편이 넘는 논문 중 처녀작이 1912년 세상에 모습을 드러낸 후로 둘은 수학적으로 불가분의 관계가 되었다. 후에 누군가가 〈진정으로 훌륭한 영국 수학자가 세 사람 있다. 하디, 리틀우드, 그리고 하디-리틀우드이다〉라고 말했다. 1913년 라마누잔의 편지를 받아보고 하디가 그에게 보여 주어야겠다고 생각한 것은 당연했다.

리틀우드는 네빌 교정의 D층 방으로 이사했다. 두 사람은 편지나 학교 심부름꾼을 통해 연락하곤 했다. 1913년 겨울 저녁, 하디는 리틀우드에게 회식 후 만나자는 약속을 심부름꾼을 통해 전했다.

스노는 그날 있었던 일을 다음과 같이 묘사하였다. 그들은 아홉 시 정각 리틀우드 방에서 만나 원고를 펼쳐 놓았다. 어떤 정리는 익숙한 반면, 또 어떤 것들은 〈믿기 어려울 정도인 것 같다〉고 하디가 써 놓앞다. 20년 후 하디는 하버드 대학에서 강연하면서 자신의 삶을 풍요하게 해주었던 그날의 기억으로 청중을 초대했다. 〈낯선 인도 사무원에게서 이와 같은 편지를 받은 어느 평범한 수학자가 취한 즉각적인 반응을 재연하면서 시작하겠습니다.〉 수학자들이 청중이었기에, 하디는 라마누잔의 정리 몇 가지를 내 놓았다. 3쪽 하단의 내용은 이런 것이었다.

$$\int_0^\infty \frac{1+\left(\dfrac{x}{b+1}\right)^2}{1+\left(\dfrac{x}{a}\right)^2} \cdot \frac{1+\left(\dfrac{x}{b+2}\right)^2}{1+\left(\dfrac{x}{a+1}\right)^2} \ldots dx$$

$$= \tfrac{1}{2}\,\pi^{\frac{1}{2}} \frac{\Gamma(a+\frac{1}{2})\ \Gamma(b+1)\ \Gamma(b-a+\frac{1}{2})}{\Gamma(a)\ \Gamma(b+\frac{1}{2})\ \Gamma(b-a+1)}$$

S자를 늘려 놓은 듯한 왼쪽의 기호는 적분을 나타내는 것으로, 뉴턴의 경쟁자 라이프니츠가 고안한 표기법이다. 그리스까지 거슬러 올라가는 적분은 본질적으로 덧셈, 곧 합이다.

핫도그를 얇게 채를 썰듯 자른다고 상상해 보자. 반 인치 두께로 열 조각 정도로 자르거나, 종이 두께로 수천 조각 낼 수도 있을 것이다. 그리고 아무리 얇게 썰었다 해도 조각들을 다시 핫도그로 모을 수도 있을 것이다. 적분학이라는 것은 무한히 많은 한없이 얇은 조각들을 다시 한데 모아 놓는, 즉 이를 전체로 만드는 수학적 식을 도출하는 방법이다. 이 강력한 덧셈 과정은 비행기의 날개가 공기를 지날 때 방해하는 힘을 계산하거나, 여러 가지 영향력의 요소들을 한데 합치는 모든 문제를 해결하는 데 사용할 수 있다.

직사각형의 농지 면적을 구할 때는 적분이 필요하지 않다. 길이와 너비를 곱하기만 하면 된다. 그러나 적분을 이용할 수도 있다. 그리고 같은 적분법을 비행기의 날개와 인공 위성에 적용하여 길이 곱하기 너비로 계산할 수 없는 불규칙한 형태의 넓이를 계산할 수도 있다. 그 형태를 수학적으로 정의한 함수가 주어지면, 그 함수를 적분함으로써 면적을 구할 수 있다.

적분 책에는 함수의 적분을 구하는 수백 가지 방법이 있지만 임의로 함수를 하나 택했을 때 적분할 수 없는, 적어도 직접적인 방법으로는 적분이 불가능한 경우가 많다. 그렇지만 라마누잔이 하디에게 보낸 편지에서 제시한 것과 같은 〈정적분〉을 이용하면 해결책을 찾을 수 있다.

한정된 수의 범위에서 함수의 적분을 구한다는 점에서 정적분은 〈한정〉되어 있다. 위아래로 늘인 S자의 위와 아래에 적힌, 즉 라마누잔의 방정식에서 작은 ∞와 0이 그것이다(달리 말해, 계산하려는 토지의 경계를 표시한다). 정적분을 구할 때에는 (부정적분을 구할 때처럼) 일반적인 대수식으로 구하지 않고, 원칙적으로 실제 수로 구한다. 그리고 때로는 적절한 수학적 도구를 이용하여, 미리 함수의 적분을 구하지 않고서도, 설사 전혀 적분을 구할 수 없다 해도 적분값을 결정할 수 있다.

대체로, 이것이 라마누잔이 하디에게 보냈던 편지의 3쪽에 있는 정리와 〈Ⅳ절. 적분에 관한 정리〉라고 이름 붙인 절에 실린 내용이다.

그는 이 특별한 적분을 감마 함수로 나타낼 수 있다고 했다(〈4 계승(팩토리얼)〉이라고 읽는 4!은 4×3×2×1로 우리에게 익숙한 개념이다. 감마 함수는 바로 이 계승과 유사한 것으로, 정수 이외의 다른 수에까지 확대 적용시킨 것이다). 하디는 자신이 이 정리를 증명할 수 있을 것으로 생각했다. 그리고 생각보다 어려웠지만 나중에 증명에 성공했다. 라마누잔의 다른 적분도 하찮은 것은 없었으며, 몇 년 후에는 그것들을 다룬 논문이 각광을 받기도 했다.

더 인상적인 것은 무한급수였는데, 그 가운데에는 다음 두 가지가 있었다.

$$1-5\left(\frac{1}{2}\right)^3+9\left(\frac{1\cdot3}{2\cdot4}\right)^3-13\left(\frac{1\cdot3\cdot5}{2\cdot4\cdot6}\right)^3+\cdots=\frac{2}{\pi}$$

$$1+9\left(\frac{1}{4}\right)^4+17\left(\frac{1\cdot5}{4\cdot8}\right)^4+25\left(\frac{1\cdot5\cdot9}{4\cdot8\cdot12}\right)^4+\cdots=\frac{2^{3/2}}{\pi^{\frac{1}{2}}\left\{\varGamma\left(\frac{3}{4}\right)\right\}^2}$$

처음 것은 하디에게 생소하지 않았다. 그것은 바우어 Bauer라는 수학자로부터 비롯된 것임을 알아차렸다. 두번째 것도 거의 비슷해 보였다. 사실, 라마누잔의 편지에 담긴 내용들은 문외한에게는 거의 위협적으로 느껴지지 않을 것들이다. 파이와 감마 함수를 제외하고는 평범한 숫자에 지나지 않았기 때문이다. 그러나 하디나 다른 수학자들은 오일러와 가우스 Carl Friedrich Gauss가 맨 처음 연구했던 초기 하급수 hypergeometric series라고 부르는 함수들의 집합으로부터 이들 급수를 어떻게 도출해 낼 수 있는가를 보이려고 하였는데, 그것은 대수적으로 만만한 작업이 아니었다.

하디는 뒤에, 라마누잔이 1910년 전 이미 알맞은 조건 아래에서 무한급수를 도출하는 일반적인 공식을 얻었다는 것을 알았다. 후에 이 공식은 더갈-라마누잔 등식 Dougall-Ramanujan Identity이라고 알려졌다. 평범한 맥주 캔 하나를 큰 공장에서 만들어 내듯, 라마누잔의 급수에 나오는 평범한 숫자들은 복잡한 수학적 장치에서 나온 최종 결과라고 하기엔 믿을 수 없을 정도로 단순했다. 물론 라마누잔의 편지를 받던 날, 하디는 이것을 전혀 몰랐다. 단지 이 급수 공식이 예사롭지 않다고 느꼈을 뿐이다. 정수에 비하면, 이것들은 라마누잔에게 〈훨씬 흥미로운 것이었다〉. 분명해진 것은, 그가 틀림없이 훨씬 더 일반적인 정리를 갖고 있다는 것과 그 많은 것을 언제든 내놓을 수 있도록 몰래 준비해 두고 있다는 사실이다.

물론, 라마누잔의 편지에 있는 어떤 정리는 눈에 익었다. 이를테면, $\alpha\beta=\pi^2$이면,

$$\alpha^{-\frac{1}{4}}\left(1+4\alpha\int_0^\infty\frac{xe^{-\alpha x^2}}{e^{2\pi x}-1}\,dx\right)=\beta^{-\frac{1}{4}}\left(1+4\beta\int_0^\infty\frac{xe^{-\beta x^2}}{e^{2\pi x}-1}\,dx\right)$$

하디는 이와 비슷한 정리를 증명한 일이 있었고, 14년 전 ≪교육 타임스 *Education Times*≫에 문제로 제시하기도 했다. 라마누잔의 어떤 공식들은 실질적으로 1세기 전의 라플라스와 야코비 시절로 거슬러 올라가기도 하였다. 물론, 이 인도인이 이들 공식을 재발견했다는 것은 대단한 일이었다.

그렇다면 라마누잔의 편지 마지막 쪽의 다음 식에 대해 하디는 어떻게 생각했을까?

$$u = \frac{x}{1+}\ \frac{x^5}{1+}\ \frac{x^{10}}{1+}\ \frac{x^{15}}{1+\cdots}, \ v = \frac{x^{1/5}}{1+}\ \frac{x}{1+}\ \frac{x^2}{1+}\ \frac{x^3}{1+\cdots}$$ 이면

$$v^5 = u\ \frac{1-2u+4u^2-3u^3+u^4}{1+3u+4u^2+2u^3+u^4}$$

이것은 연분수 사이의 관계인데, 여기에서 함수 u를 간략히 표기하면 다음과 같은 의미이다.

$$u = \cfrac{x}{1+\cfrac{x^5}{1+\cfrac{x^{10}}{1+\cfrac{x^{15}}{1+\cdots}}}}$$

그로부터 몇 년 후 이 결과를 출판하자 영국 수학자들 사이에서는 이에 대한 연구가 성행하였다. 로저스 Rogers는 1921년 이에 대한 열 쪽 분량의 증명을 제시했다. 달링 Darling 역시 이를 연구했다. 1929년 윗슨은 다른 각도에서 접근하여, 세타 함수 theta function라는 까다로운 한 영역을 비켜 가려고 시도했다. 그러나 1913년 하디는 그에 대하여 아무것도 할 수 없어서, 이를 따로 분류하고 〈나를 완전히 패배시킨 정리다. 예전에 그 같은 것을 조금도 본 적이 없다. 한번만 봐도 최고의 경지에 오른 수학자만이 생각할 수 있는 내용이라는 것을 알 수 있다〉라고 했다. 그러면서 전형적인 하디식의 미사여구로 그는

덧붙였다. 〈정리들은 틀림없이 성립할 것이다. 왜냐하면, 만약 정리가 참이 아니라면, 그 정리를 생각해 낼 사람이 없을 것이기 때문이다.〉

하디와 리틀우드는 앞에 놓인 정리들을 깊이 있게 살펴보고, 의미하는 바가 무엇인지, 수학 목록의 어디에 적합한 것인지, 그리고 어떻게 증명이 가능하고 반증할 수 있는지 알아보다가 어떤 판단에 이르게 되었다. 이 인도 수학자의 수학은 생소하고, 그의 개성은 처음부터 분명하다. 이제 그들은 그의 업적을 가치 있는 것으로 보게 되었다. 이상한 옷차림이나 머리 모양으로 평범을 위장하는 반항적인 십대에게서 드러나는, 그런 〈개성〉이 아니었다. 훨씬 그 이상이었다. 〈가장 쉬워 보이는 것들을 증명하려고 연구를 시작한 사람들은 누구나 알게 되지만, 라마누잔의 공식에는 눈에 보이는 것보다 더 큰 게 있었다〉고 하디는 나중에 기록했다. 〈어떤 공식에는 흥미로움이 깊은 곳에 있기도 하고, 어떤 공식에는 표면에 드러나기도 하지만, 신기하지 않거나 재미없는 것은 없다.〉

들여다볼수록, 그들은 더욱 놀라움을 금치 못했다. 자정이 가까워질 무렵, 하디와 리틀우드는 세 시간 동안 어느 수학 천재의 논문을 샅샅이 살펴보았다는 것을 인정하게 되었다.

유명한 수학자의 이력을 내세운 편지를 접한 것이 처음은 아니었다. 사실, 수학자 루이스 모델 Louis J. Mordell의 주장처럼, 〈빛나는 수학적 업적을 이룬 사람이라면 수학의 세계에서 자신을 주목받게 하는 건 정말 쉬운 일이다. 비록 세상에 명성이 없을지라도, 아무리 하찮은 직책에 있다 해도 말이다. 다만 필요한 것은 자신이 얻은 결과를 지도적인 권위자에게 보내는 일이다.〉 야코비가 르장드르에게 타원함수에 관한 편지를 보냈듯이, 샤를 에르미트 Charles Hermite가 야코비에게 수론에 대한 편지를 했던 것처럼 말이다.

그럼에도 불구하고, 만일 모델이 옳다면, 〈그것이 정말로 쉬운 일〉이라면, 왜 가우스는 아벨을 무시했을까? 가우스는 당대는 물론, 고금을 통하여 최고의 수학자였다. 노르웨이 청년 아벨은 그 때 갓 스물두 살이었는데, 가우스에게 편지로 어떤 오차방정식($x^5+3x^4+\cdots=0$ 과 같은)은 대수적으로 절대 풀 수 없음을 증명했다고 했다. 그것은 일대 혁명이었다. 왜냐하면 지도적인 수학자들이 몇 년 동안 찾아 왔던 해를 아벨이 존재하지 않는다고 증명했기 때문이다. 그러나 그가 가우스에게 자신의 증명을 보냈을 때, 〈수학의 왕자〉라는 그 사나이는 읽지도 않고 한쪽 구석에 팽개쳤다. 그는 아벨의 논문을 괴짜의 연구로 생각했다. 〈여기 괴상한 것이 또 있군.〉

또 〈그것이 정말 쉬운 일〉이라면, 라마누잔이 편지했던 또 다른 두 케임브리지의 수학자 베이커와 홉슨은 왜 라마누잔의 뛰어남에 매료되지 않았을까?

라마누잔의 편지를 받았을 때, 마흔여덟 살의 베이커는 모델이 생각하는 〈지도적 권위자〉로 인정받을 만했다. 그는 케일리 Cayley 특별 강사직에 있었다. 1898년 서른두 살의 나이로 영국학술원 특별연구원으로 선출되었으며, 1910년에는 실베스터 메달을 받았다. 그리고 바로 전해까지 런던 수학회의 회장을 역임했다.

그러나 베이커는 〈20세기 첫 10년 동안 하디에 의하여 케임브리지의 해석학자 사이에서 야기되었던 대변혁〉의 영향을 거의 받지 않았다. 이 기간에 베이커의 신분은 본질적으로 나이 많은 세대의 리더 가운데 한 사람이었다.

또 다른 케임브리지 수학자는 수석 랭글러였던 홉슨이었는데, 그는 라마누잔에게서 편지를 받았을 때 오십대 후반이었으며 베이커보다 더 유명한 수학자였다. 높이 솟은 이마와 특이한 턱수염, 그리고 강렬한 눈빛을 가진, 하디의 표현에 따르면 케임브리지 근처에서 〈뛰어나고 이채로운 인물〉이었다. 그는 다가오는 전쟁에 대해 보수적인 견해를 취했으며, 여성의 학위 수여를 적극 반대했다. 이러한 태도는 이단적이며 친숙하지 않은 이론을 대하는 감정을 대변하는 것이다.

라마누잔의 운명은 언제나 칼날 끝에 매달려 있었고, 조금만 상상력이 부족하거나 잠깐이라도 주저하면 균형이 흐트러질 듯하였다. 라마누잔은 친구 라자고팔라차리의 고집으로 라마찬드라 라오의 동정을 얻었었다. 그리고 하디는 라마누잔의 편지에 망설이고 있다.

인도에서는 라마누잔의 연구를 극구 칭찬하는 사람이 없었다는 것은 그다지 놀랄 만한 일이 아니다. 하디는 영국 최고의 수학자이자 가장 우수한 교육의 혜택을 받은 사람이었고, 가장 최근의 수학적 사고를 접했을 뿐만 아니라, 라마누잔이 열심히 공부했던 여러 분야의 전문가였다. 그럼에도 라마누잔의 정리를 접하고 당황스러워했다. 이런 것들을 전혀 본 적이 없었기 때문이다. 인도인처럼, 하디는 라마누잔의 연구물을 어떻게 받아들여야 할지 혼란스러웠다. 그들과 마찬가지로, 라마누잔의 성과에 대한 스스로의 판단을 미심쩍어했다. 사실, 하디는 자신의 명성으로 되돌아오게 될 라마누잔의 천재성을 인정한 것만이 아니라, 회의적인 태도라는 스스로의 벽을 무너뜨렸던 것이다.

라마누잔이 인도인이라는 사실이 하디의 눈에 거슬린 것은 아닌 듯했다. 사실 인도인에 대한 하디의 인식은 대부분의 영국인과 다름없이 제국주의적 인습에 오염되어 있었다. 그러나 1913년까지 하디는 이미 인도 수학자들을 몇 번 만났었다. 알라하버드의 수학 교수 우메스 찬드라 고시 Umes Chandra Ghosh는 1899년 《교육 타임스》에 발표했던 하디의 초기 문제에 답을 제시하였다. 1908년에는 무한급수에 관한 하디의 또 다른 문제에 라마스와미 이예르가 답을 보냈다. 그는 인도 수학회를 설립하고, 2년 뒤에 라마누잔과 친구가 되었던 사람이다.

호스슈 레인을 따라 자라고 크랜레이 학교를 다닌 하디는 케임브리지의 다른 연구원들보다 이국적 차림새에서도 장점을 더 잘 알아보게 되었는지도 모른다. 그는 패자에게 동정적이었다. 라마누잔과 함께 보낸 몇 년 뒤에 하디를 만났던 카트라이트는, 여성 수학자로서 〈나는 억압받는 계층이었다〉라고 회고하면서, 그래서 하디의 친절을 대단히 즐겁게 받아들였다고 했다. 하디는 〈그가 하층 대중 large bottomed이라고 부르는 사람들보다〉 더 학대받는 모든 사람들에게 우호적이었다고 스노는 말했다. 하층 대중은 급속히 성장하는 제국주의 부르주아 영국인들인데, 그 가운데는 대부분의 주교, 교장, 판사, 정치인도 포함되었다. 하디는 크리켓 경기에서 상대편에 아는 사람이 없으면 즉석에서 맘에 드는 사람을 골랐는데, 그들은 〈혜택 받지 못한 사람, 벽지 출신, 인도인, 불행하고 자신감이 결여된 사람들〉이어야 했다. 하디는 그들의 성공을 바랐으며, 그것이 안 되면, 그들의 적대자가 망하기를 바랐다.

라마누잔에게 호감을 갖는 쪽으로 더욱 기울어지는 것은 안전하고 익숙한 행로에서 벗어나고 싶은 하디의 마음이기도 했다. 하디는 젊은 세대였으며, 정통에서 벗어나거나 예기치 않은 것에 호기심을 가졌다.

하디는 자신의 마음을 터놓을 때마다, 호화로운 것과는 거리가 먼 듯 느끼곤 했다. 이제, 전혀 새롭고 성질이 다른 것이, 긴 수학 이야기로 촘촘히 박힌 인도에서 온 편지가 되어 앞에 나타났다. 그는 이 편지에 자신의 마음을 다시 한번 열었다. 또다시 그는 편지 덕분에 오히려 이익을 보게 되었다.

선생님 덕에 친구라는 것을 알게 되었습니다

몇 년 뒤 네빌은 〈당시 케임브리지에서 수학과 관련된 사람들은 모두 (라마누잔의) 편지가 남긴 감흥을 잊을 수 없었다〉고 기록했다. 하디는 편지를 모두에게 보여 주었고, 전문가들에게 그 일부를 보내기도 했다. 하디는 라마누잔에게 관심이 있다는 사실과 케임브리지로 와 주었으면 한다는 의견을 런던의 인도 사무실에 통지했다.

케임브리지가 알게 된 라마누잔의 재능에 대한 의견을 라마누잔에게 전달한 것은 하디의 생일 이튿날인 2월 8일, 바람 부는 토요일이었다. 〈케임브리지 트리니티 대학교〉라고 첫머리에 쓰고 날짜를 적고 이렇게 시작했다. 〈선생, 저는 선생의 편지와 정리를 무척 흥미 있게 읽었습니다…….〉 라마누잔이 읽어야 할 대목에서는 이런 식으로 말문을 열었다.

그러나 바로 다음 문장에서 하디는 넌지시 주의를 환기시켰다. 〈그러나 선생이 해놓은 것을 적절하게 판단하기 앞서, 몇몇 주장에 대한 증명을 알아보아야 하는 것은 당연히 중요한 일입니다.〉

〈증명〉이라는 단어가 라마누잔의 수학 인생에 등장한 것은 이번이 처음이 아니었다. 그러나 지금까지 그런 부담과 고상함을 한번도 지녀 본 적이 없었다. 라마누잔이 수학적 결과를 제시할 때 모델로 삼았던 카의 『개요』는 증명을 제시하지 않았거나 개요 정도를 한두 마디 써 놓은 것에 불과했다. 카에게는 그것으로 충분했고, 라마누잔에게도 충분했다. 그러나 지금 하디는 그건 충분하지 않다고 말하고 있다. 결과가 참일 것 같아도 단순히 주장만으로는 충분하지 않다는 것이다. 편지에서 온통 그는 이런 내용을 강조했다.

특히 이곳에 대한 선생 주장의 증명을 보고 싶습니다. 이 이론에서는 엄밀하고 정확한 증명에 따라 모든 일이 좌우된다는 점을 이해하실 것입니다.

그리고 다시 이렇게 이어진다.

선생의 증명이 엄밀하다고 생각하고…….

그리고 하디는 다음과 같이 또 한번 강조하였다.

물론 이 모든 질문에서는 절대적인 엄밀함에 따라 모든 것이 좌우됩니다.

전체적으로 하디의 편지는 라마누잔에게 아낌없는 격려를 하고 있었다. 사실, 라마누잔의 정리 가운데 몇 가지는 이미 잘 알려진 것이거나, 알려진 정리를 단순히 확장해 놓은 내용이었다. 그러나 이런 것조차 공로라고 인정해 주었다. 〈선생의 교육이 부족했다는 점에 대해 말씀하신 바를 그대로 받아들이는지에 대해서는 언급할 필요가 없습니다만, 그런 흥미로운 결과를 재발견하였다는 사실은 모두 선생의 공적이지요.〉

그리고 나서 하디는 라마누잔의 몇몇 결과가, 그 자체는 거의 주목할 만한 것이 아니었으나, 보편적인 방법의 예증이었으므로 보기보다는 훨씬 중요하다는 의견을 과감히 밝혔다. 〈늘 결과를 그런 특별한 방식으로 밝히니 이 결과에 대해 확신하기가 어렵군요.〉

하디는 리틀우드도 라마누잔의 연구에 흥미를 갖고 있다고 하면서, 〈리틀우드가 제안한 주석〉이라는 일종의 부록 같은 말을 덧붙이기까지 했다. 이 주석은 대부분 라마누잔의 소수에 대한 연구를 다룬 것이었다. 그런데 이 주제는, 아직 출간되지는 않았지만 리틀우드가 최근에 놀라운 발전을 이룩한 분야였다. 그래서 하디가 전하는 말 속에는 리틀우드의 열렬한 간청이 담겨 있었다. 〈부탁하건대, 소수의 개수에 대한 공식과……을 보내 주시고 ……〉, 〈가능한 한 빨리 많은 증명을 보내 주십시오〉라는 간절함도 담겨 있었다.

하디의 편지는 전체가 그런 식이었다. 다급하고 흥분을 감추지 못한 심정이 그대로 담겨 있어 둔한 사람이 아니라면 그 간절함을 너무도 잘 알 수 있을 정도였다. 하디는 6쪽 하단에, 〈가능한 한 빨리 답장해 주기를 간절히 바랍니다〉라고 썼다. 그는 밑줄을 긋고는 그 페이지를 가로지르는 사선을 그었다. 〈선생의 증명 몇 가지를 보내 주시고, 뒤이어 시간이 날 때 소수와 발산급수에 대한 선생의 연구를 자세히 설명하는 증명들을 더 보내 주시기 바랍니다.〉

그리고 하디의 생각이 계속 이어졌다. 〈선생께서는 출판할 만한 가치 있는 연구를 많이 했다고 생각합니다. 그래서 만족할 만한 증명을 보내 주시면, 저는 대단히 기쁜 마음으로 잘 보관하겠습니다.〉

하디의 편지는 아마 2월의 셋째 주쯤에 도착한 것 같다. 그러나 라마누잔에 대한 하디의 보증서가 마드라스에 먼저 도착해 있었다. 라마누잔에게 편지하기 거의 1주일 전에 하디는 인도 사무소에 연락했고 2월 3일까지는 도착하도록 말레트라는 사람이 이미 〈마드라스의 인도 학생을 위한 자문위원회〉의 사무장 아서 데이비스 Arthur Davies 에게 편지를 썼던 것이다. 그 달 말, 데이비스는 라마누잔과 만났다. 그리고 프랜시스 경의 강요로 나라야나 이에르도 만나, 라마누잔이 케임브리지로 오기를 바란다는 하디의 뜻을 알려 주었다.

그러나 하디도 알게 되었지만, 라마누잔은 오지 않았다. 종교적 망설임 또는 문화적 저항감이 방해가 된 듯했다. 바라문들과 관습을 엄히 지키는 힌두교도들에게 바다를 건너는 것은 금지되어 있었다. 그리고 이 같은 금기 사항은 오랫동안 지켜졌다.

그러는 동안 마드라스에서는, 1910년 말 라마찬드라 라오와 라마누잔의 만남 이후 성공과 실패 사이에서 흔들리던 균형이, 이제는 확실히 라마누잔 편으로 기울었다. 그들이 진정 원하는 것은 의견을 자신 있게 내놓을 수 있도록 탄핵의 여지가 없는 정부의 신임장을 가진 수학자가 되는 것이었다. 하디가 그것을 전해 주었다.

2월 25일, 길버트 워커 Gilbert Walker는 라마누잔의 연구물을 보았다. 워커는 전에 수석 랭글러와 트리니티 대학의 강사와 특별연구원을 역임한 나이 마흔다섯의 인물로서, 심라 Simla에 있는 인도 기상청장이었다. 청장에 임명되었을 때, 그는 기상학에 대한 지식이 전혀 없었지만, 인도에서 몬순이 발생하는 시기를 결정적으로 예견했다든가 처음 몇 년 동안 그의 예상이 빗나갔다고 언론이 흥분했어도, 전문적인 수학자라는 워커의 신분 덕택에(얼마 전에 영국학술원 회원으로 지명되었다) 위기를 잘 모면한 것이라고들 생각했다.

워커가 마드라스에서 잘 나가는 유력 인사였으므로, 프랜시스 경이 그에게 라마누잔의 노트를 살펴보라고 권유했다. 워커는 이튿날 마드라스 대학에 라마누잔을 연구학생으로 지원해 주도록 요청하는 편지를 썼다.

　이 연구의 특징은 독창성에서 케임브리지 대학의 수학 특별연구원의 그것과 비교할 수 있을 만큼 저를 감동시켰습니다. 그런 환경에서 예상할 수 있듯이 부족한 듯하지만, 그 결과의 보편 타당성에 앞서 필요한 완벽함과 정확성을 인정할 수 있습니다. 그가 연구한 순수수학 분야를 전공하지는 않아, 확실히 평가할 수는 없지만, 유럽의 평판을 들을 정도의 능력이 된다고 봅니다. 확실한 것은 대학측에서 당연히 S(satisfactory) 학점을 인정해 줄 것이라는 점입니다. 라마누잔은 몇 년 동안 적어도 생계 걱정 없이 수학을 연구하는 데 모든 시간을 보낼 수 있어야 합니다.

　다른 사람이 모두 그랬듯, 워커도 라마누잔의 연구를 보고 편지에서 토로했듯이 당혹해했다. 그가 순수수학자가 아니라는 것은 아무도 모른다. 젊었을 때, 그는 회전의 gyroscopes와 전자기학에 관심이 있었다. 학부생이었을 때 케임브리지 뒤뜰에서 즐겨 던지곤 했던 부메랑에 미치는 공기의 힘을 연구하여 일찍이 유명해졌고, 이제는 인도의 최고 기상가가 되었다. 최근 논문은 〈북인도의 추운 날씨에 일어나는 폭풍우〉였다. 달리 말하면 그는 응용 분야의 수학자로서, 라마누잔의 연구와 매우 거리가 있었다. 〈전공하지 않아서……〉라는 진술은 상당히 조심스러운 표현이었으며, 라마누잔의 능력을 확실히 평가할 수는 없다는 말은 진실이었다.
　그럼에도 불구하고 특별 장학금을 받도록 라마누잔을 간절히 추천하는 데 거리낄 것이 없었다. 이제는 라마누잔을 평가할 때 고려해야 할 새로운 요인, 즉 하디가 있기 때문이었다. 프랜시스 경은 라마누잔의 연구물을 워커에게 소개했고, 트러스트 항 사무소에 근무하는 다른 사람들도 모두 라마누잔이 하디의 인정을 받았다는 것을 알게 되었다. 거의 10년 동안 줄곧 삐걱거리기만 하던 라마누잔의 경력이라는 자동차는, 이제 하디의 인정을 받아 기름을 치고 잘 정비한 경주용 자동차 엔진처럼 경쾌한 소리를 내기 시작했다.

라마누잔이 하디의 보증 효과를 의심했다 해도, 지난 이틀 간 일어난 일과 워커의 영향력 있는 보증으로 그런 의심은 사라졌을 것이다. 2월 27일 그는 하디에게 이번에도 정리로 빽빽이 들어찬 편지를 썼다. 〈1913년 2월 8일 보내 주신 선생님의 편지를 읽고 매우 기뻤습니다. 저의 노력을 따뜻한 마음으로 보아 주신 선생님에게서 친구라는 것을 알게 되었습니다.〉

사실, 하디의 편지에 고무된 사람은 워커와 프랜시스 경, 그리고 마드라스의 수학계에 몸담고 있는 사람들에 그친 것이 아니었다. 누구보다 라마누잔 자신에게 큰 힘이 되었다. 자신의 수학적 활동에 대한 확신을 위해 라마누잔은 외부인의 인정과 확인이 필요했다. 그리고 이제 그것을 얻은 것이다. 하디의 편지는 그를 진지하게 사로잡았다. 그러면 이 만나 보지 못한 F.R.S라는 사람, 영국에서 가장 훌륭한 순수수학자라고 하는 이 사람이 전해 준 의견은 무엇일까? 그것은 마음 졸이는 순간 무시하고 넘어갈 수도 있는 칭찬이 가득 찬 애매하고 공허한 의견이 아니라, 오히려 아홉 장에 달하는 구체적이고 매우 자세한 논평이었다. 이를테면 파이와 오일러 상수로 표현할 수 있는 급수에 대해 라마누잔이 여섯 쪽에 걸쳐 쓴 정리들은 브롬위치의 저서 『무한급수』에 나온 정리에서 유도될 수 있다는 것이다. 같은 쪽에 있는 쌍곡 코사인 정리는 하디 자신이 ≪계간 수학≫에서 증명한 것이었다. 하디는 알고 있었던 것이다.

라마누잔에게는 어느 모로 보나 〈누구도 따라가지 못할 독창성〉이 있기 때문에 하디가 나중에 그를 믿음직하게 생각했는데, 그렇다고 해서 라마누잔에 대한 다른 사람들의 생각에 관심을 기울이지 않았다는 뜻은 아니다. 그는 오히려 이러한 세평에 관심이 있었다. 라마누잔의 연구를 평가하면서, 비공식적으로 하디는 이를 세 가지 부류로 나누었다. 이미 알려져 있거나 잘 알려진 정리에서 쉽게 추론할 수 있는 것들, 신기하면서도 어렵기까지 하지만 그다지 중요하지는 않은 정리, 그리고 증명할 수만 있다면 참으로 중요한 가치를 가질 만한 유망한 것들. 하디의 견해로는 가장 역점을 두어야 할 부분이 세번째 부류에 속하는 것들이었다.

그러나 라마누잔의 견해는 달랐다.

그는 하디에게 이렇게 썼다. 〈이 단계에서 제가 원하는 것은, 저도 약간의 가치가 있다는 것을 선생님 같은 유명한 교수님께서 인정해 주시는 것입니다.〉 그리고 그 〈가치〉라는 것은 하디가 참신하고 중요하다고 여기던 정리에 의해 단독으로, 또는 원래부터 그렇게 생기는 것이 아니라, 세번째 부류에 속하는 것들, 즉 이미 알려진 것에 의해 자연히 생긴다고 생각했다. 〈저를 계속 앞으로 나아가도록 기운을 북돋는 것도 바로 이러한 것들입니다. 빈약한 근거로 제 입장을 정했는데도 저의 결과가 사실로 입증되었으니까요.〉 그에게는 큰일 날 판단을 내린 세상 앞에서 의기양양한 입장을 취하며 그는 선언했다. 〈예전에 제가 말씀 드렸던 것처럼, 이제 저는 충분한 자격을 갖춘 권위자라는 확언을 들었습니다.〉 예를 들면, 이런 행동은 그가 학교에서 겪었던 몇 번의 낙제 의미 그 이상이었다.

하디에게 두번째로 보낸 장문의 편지에서 라마누잔은 고무되어 있었고, 으스대는 듯했다. 하디가 증명을 요구했다고? 그래, 그는 이렇게 썼다.

저의 증명 방법을 제시하면 선생님께서는 런던 교수(힐)를 따를 것이 확실합니다. 그러나 사실은, 어떤 증명도 제시하지 않았으나 저의 새로운 이론에 따라 다음과 같이 몇 가지 주장을 했습니다. 그에게 제 이론으로는 급수 $1+2+3+4+\cdots$의 무한개의 항들의 합이 $-1/12$이라고 했습니다. 만일 선생님께 이렇게 말씀드렸다면 선생님께서는 즉시 정신병원으로 가야 마땅하다고 지적했을 겁니다. 한 장의 편지에서 제가 전개했던 부분을 지적한다면, 선생님께서는 분명히 저의 증명 방법을 따를 수 없을 거라는 것을 말씀 드리기 위해 부언 설명하였습니다. 잘못된 전제를 바탕으로 한 결과를 어떻게 수용할 수 있겠느냐고 하시겠지요. 말씀 드리려는 것은 다음과 같습니다. 오늘날 수학자들의 관례를 따라서 제가 제시한 결과를 증명하고 그것이 선생님의 결과와 같다면, 선생님께서는 적어도 제 기본적인 근거에 얼마간 진실이 있다는 것을 인정하셔야 합니다.

〈관례를 따라서!〉 라마누잔은 뜻을 크게 품고 있었다. 그의 수학 작품을 퍼뜨리고 다니는 4년 동안 그는 필요한 것을 좇는 데 수줍어하지 않았으며, 거리낌없이 자기 연민을 보이기도 했다. 〈저는 이미 반쯤 굶주린 사람입니다〉라고 하디에게 편지를 썼다. 〈저의 두뇌를 보존하는 데 먹을 것이 필요하며, 지금은 이것이 제가 맨 먼저 생각할 일입니다. 대학교나 정부의 장학금을 받으려는 저에게 선생님의 호의적인 편지는 어느 것이나 도움이 됩니다.〉

라마누잔의 이런 마음이 두 쪽에 걸쳐 계속되었다. 그러고 나서 하디가 그에게 요구했던 소수에 관한 아이디어를 확장하고, 새로운 연구로 계속되는 정리들을 쌓아 가기 시작했다. 정리로 가득 찬 것이 아홉 장이 넘었다. 〈저는 곱에서뿐 아니라 급수에서도 분수항이나 음수항에 의미를 주었습니다. 그리고 그 정확한 값과 근사값을 계산하는 정리들을 얻었습니다. 많은 놀라운 결과들을 그런 정리에서 얻었지요…….〉

사람들은 라마누잔에게서 호소하는 듯한 태도나 진정으로 겸손한 면모를 볼 수 있다. 그러나 여기서는 라마누잔에 대한 또 다른 면이 엿보이는데, 스스로 수학의 역사에서 한 자리를 차지하고자 꿈꾸는 모습이었다. 〈증명 방법에 관해서 아무런 설명이 없다고 호되게 평하실지 모르겠습니다.〉 그러나 침묵을 지킨 것은 써 내려 갈 공간이 부족해서였지, 그렇게 하기 싫어서는 아니었다. 그래서 그는 〈증명 방법이 저와 함께 사장되는 것을 원하지 않습니다〉라고 썼다.

그는 겸손했을까? 네빌은 나중에 라마누잔을 〈완벽한 예절, 간결한 방법, 역경에 묵묵히 순종하고 명성에도 우쭐거리지 않으며, 잘못을 지적해 준 데 대해 감사할 줄도 알고 친구들에게도 매우 성실한 사람〉이라고 묘사했다. 그러나 그의 겸손한 자세를 엿볼 수 있는 곳은 없었다. 나중에 자나키에게 했던 말도 마찬가지였는데, 그녀의 표현으로, 〈내 이름은 100년 동안 살아 있을 것이다〉라고 했다던 말이 필요 이상의 겸손을 암시하지는 않는다. 처음부터 라마누잔에게는 완고하고 자신만만한 기질이 있었다. 몇 년 동안을 홀로 연구하면서 연구 그 자체를 낙으로 삼는 것만으로 견딜 수 있으려면, 그런 기질이라도 있어야 했다. 하디에게 보내는 두번째 편지에 그 기질이 드러났다.

그러나 하디는 이런 편지에 불쾌해 할 사람이 아니었다. 이런 편지를 보낸 적도 있었다. 〈훌륭한 연구라는 것은 '겸손한' 사람이 이룰 수 없는 것이지요.〉

3월 13일 기계공학부의 수학교수 하누만타 라오 B. Hanumantha Rao는 워커의 편지에 끌려 나라야나 이예르를 수학연구위원회 Board of Studies in Mathematics의 모임에 초대하고 토론을 하였다. 〈우리가 라마누잔을 위해 할 수 있는 건 말입니다……보시다시피 몇몇 그의 결과를 살펴보면 연구 당사자보다 그 결과를 더 잘 이해하는 데 도움이 됩니다.〉 제9차 회의에서는, 한 달에 75루피의 연구 장학금을 라마누잔에게 2년간 지급하도록 대학 이사회에 권고했다. 트러스트 항 사무소의 월급보다 두 배나 많은 돈이었다.

그러나 4월 7일 이사회가 소집되었을 때, 난관에 부딪쳤다. 그 장학금은 석사 학위 소지자에게 주게 되어 있는데, 라마누잔은 학사 학위조차 없었기 때문이다. 그는 왜 다니던 대학마다 낙제를 했을까? 이런 기술적인 사항에 대해 자문을 구하고, 〈온갖 열렬한 연설로〉 그를 위해 준비한 사람은 다름 아닌 영국인이었다. 관구대학에서 수학 교수로 재직 중인 옥스퍼드 대학교 출신 리처드 리틀헤일스 Richard Littlehailes를 비롯한 영국인들은 나중에 라마누잔의 후원인으로 불리기도 하였다. 사정이 어쨌든, 이사회의 부총장이며 마드라스 고등법원의 수석 재판장이기도 한 순다람 이예르P. R. Sundaram Iyer가 일어섰다. 대학 설립 조약의 서문에는 대학의 여러 기능 가운데 하나가 연구를 장려하는 것이라고 밝히고 있지 않습니까? 그리고 라마누잔의 학력에 생긴 착오가 어찌 되었든, 수학 연구원으로서의 자질이 입증되지 않았습니까?

그날 논쟁은 친라마누잔계가 승리했다. 〈대학의 규정으로는 그런 특별 장학금을 지급하지 않는다. 그러나 이사회는 이사회장 포트 세인트 조지 지사의 승인에 따라 1904년의 설립 조례 제15조 및 인도 대학교 조례 제3조가 그에 대한 장학금 수여를 허용함을 인정한다.〉

하디의 편지를 받은 후 6주 동안 라마누잔의 배후에서 마드라스의 의견이 얼마나 흔들렸는지를 알 수 있다. 이제는 권위자들이 그를 받아들이기 위해 법을 확대 해석하고 있었다.

4월 12일 라마누잔은 이 좋은 소식을 들었다. 마음껏 수학을 공부하며, 대학 강의도 들을 수 있고, 도서관도 이용할 수 있게 된 것이다. 그래서 〈한 마음으로 수학에 전념하는 것이 9년 전 쿰바코남에서는 악덕이었는데, 이제는 마드라스의 관구대학에 입학하여 수학을 하는 것이 미덕이 되었다〉.

라마누잔이 폴란드어를 압니까?

좁은 길을 벗어나면 규모가 그리 크지는 않지만, 이탈리아 힐 타운의 광장처럼 넓고 푸른 하늘이 한눈에 보이는 탁 트인 공간이 나온다. 그러나 그것은 이탈리아식 광장이나 거리 광장 또는 공원이 아니었다. 일종의 종교적인 수영장이라 할 수 있는 〈수조〉였다. 수면이 넓게 펼쳐지고, 대개는 거의 정사각형으로 되어 있으며, 바닥에는 모래가 깔려 있고, 변두리 쪽에는 물 속으로 내려가도록 단단한 계단이 마련되어 있다. 중앙에는 화려하고 섬세한 종교적 조각품으로 장식한 인공 섬도 있다.

가로질러 90미터쯤 되는, 크고 멋진 곳이었다. 전설적인 선조들이 그 일대의 이름을 트리플리케인 Triplicane이라고 지었는데, 〈신성한 백합 수조〉라는 뜻의 티루 알리 케니 Tiru Alli Keni에서 변한 이름이었다. 그 옆으로 고대의 파르타사라티 Parthasarathy 사원이 있다. 이 사원은 바이슈나비테의 신전으로 주신은 〈사라티〉 또는 바가바드 기타 Bhagavad Gita 대전투에서 전차를 몰았던 크리슈나인데, 기원전 792년 팔라바 Pallava 왕이 하사한 토지라는 명문이 지금도 있다. 이곳에서 신자들은 의식이 있을 때마다 목욕을 했는데, 어떤 때는 한 번에 몇 명씩, 때로는 몇천 명의 사람들이 들어차 바다를 이루었다.

수조를 남쪽 경계로 거리 하나를 지나면, 하누만타라얀 코일 Hanumantharayan Koil 가(街)라고 하는 작은 길이 나온다. 그리고 몇 집 더 내려가면 길이 왼쪽으로 갑자기 꺾이는 근처에, 길 쪽으로 안뜰이 있는 작은 집이 나온다. 관구대학에서 1마일 반쯤 떨어진 이곳에서, 라마누잔은 가족과 살았다. 연구 장학금을 받게 되어 트러스트 항 사무소를 그만두고, 5월경에 혼잡한 조지타운에서 트리플리케인으로 다시 돌아왔다.

이제 라마누잔은 수학을 연구하고 3개월마다 진행 보고서를 제출하는 것 외에 할 일이 없었다. 이것으로 그는 한 달에 75루피를 받았다. 쿰바코남에 있을 때에는 하숙생에게서 매달 받은 5루피나 10루피의 돈이 꽤 큰 수입이었다. 트러스트 항 사무소에 있을 때도 그는 고작 25-30루피를 벌었고, 많아야 50루피를 받았다. 자나키, 코말라타말과 코말라타말의 친정 어머니가 주는 돈은 별로 도움이 되지 않아, 때로는 야간에 대학생들을 개인 지도해야 했다. 그러나 이제 한 달에 100루피를 벌어 부유하달 정도가 되었으므로, 인도 수학회는 그에게 전액 회비를 내도록 했다. 라마누잔은 고위직에 있는 친구들도 생겼고, 수학회지에 논문도 발표했으며, 서구의 최고 수학자들과 교류하게 되었다.

이른 아침에도, 또다시 밤이 되어도, 이제는 감독관이 아닌 동료가 된 나라야나 이예르와 함께 연구를 하곤 했다. 때때로 그는 길 아래 살고 있는 통계학자 마다바 K. B. Madhava에게서 책을 빌리기도 했다. 코네마라 도서관의 작은 방에서도 그를 종종 볼 수 있었다. 장학금을 받은 뒤로 라마누잔은 이곳에서 즐겁고 자유로운 생활을 만끽하였다.

그것은 결혼 전의 기간과 약간 흡사하였다. 신경 쓸 일은 다른 사람들에게 맡긴 채 그 어느 때보다 더 완전하게 그는 수학에 몰두했다. 〈때때로 자정이 지나 조용하고 서늘할 때 연구를 할 수 있도록, 자정이 지나면 깨워 달라고 어머니나 할머님께 부탁하곤 했다〉고 자나키는 말했다. 때때로 그에게 식사하라고 일러 주어야 했고, 어떤 경우에는 할머니나 어머니가 쌀밥과 삼바를 섞어 만든 라삼과 커드를 연달아 손에 쥐어 주기도 했다. 라마누잔이 생각의 흐름을 깨지 않도록 이렇게 배려했던 것이다. 어머니는 아들이 좋아하는 브린잘을 준비해 주기도 했다. 평소에는 복숭아 크기만한 물방울 모양의 이 채소를 조리해서 먹었으나, 라마누잔은 어머니가 그를 위해 특별한 방법으로 만든 것을 좋아했다. 네 조각을 내고 다시 네 조각을 내어 하나로 연결해 그 덩어리를 타마린드와 마살라에 한 시간 남짓 담가 두었다 날로 먹는 것이다.

라마누잔은 이제 위층에 연구실을 갖게 되었다. 그와 자나키는 잠자리에 드는 시간이 서로 달랐다. 그녀의 회상에 따르면, 〈눈을 떠 보면 그이는 연구 중이어서〉 철필로 석판을 긁적대는 소리가 온 집안에 나는 듯했다. 한번은, 아내를 위해 갑자기 간단한 과학 실험을 하였다. 물주전자와 배관 기구 같은 것으로 흡수관을 만들어 물이 중력 때문에 낮은 곳으로 떨어지는 원리를 보여 주었다. 이들 부부가 서로 마주치는 일은 별로 없었다. 자나키는 겨우 열네 살이었다. 그가 보수적 학문 분야인 순수수학을 연구한 반면, 영특한 그녀는 전혀 교육을 받지 않았다. 때때로 라마누잔이 휴식을 취할 때에는, 〈당신

194

이 아래층에서 연구하던 것〉이라든가 〈당신이 식사 전에 연구하던 것〉이라는 등의 말을 해서 나중에 생각이 나도록 해 달라고 아내에 게 부탁하곤 했다. 그러나 지적인 면에서 공유하는 것은 아무것도 없 었다. 그는 억지로 알려 주려고 하지도 않았다. 그녀는 질문하지 않 았고, 그는 스스로 알려 주지 않았다.

한편 라마누잔과 하디는 서로 주변을 겉돌고 있었다. 서신 왕래를 하던 중에 하디는 영국에서 자신이 공들인 수학적 대변혁에 대한 항 변을 하며 라마누잔에게서 근거 있는 증명을 얻어내려 했다. 라마누 잔은 이를 말리며 변명을 늘어놓았다. 결국 이런 이유로 인해 그의 입장을 읽을 수 있었고, 3월 중순경 상황은 말다툼으로 이어지게 되 었다. 〈이런 상황에서 그의 편지를 보니 어찌나 화가 나던지 말입니 다.〉 리틀우드가 하디에게 편지했다. 〈아무래도 자신의 연구를 선생 님이 도용할까 우려하는 것 같습니다.〉 라마누잔에게 보내는 다음 편 지에 그 문제를 거론하면서 하디는 그를 안심시키려 했다.

그 일을 분명히 밝히겠습니다. 제가 보낸 장문의 편지를 세 통 갖고 계 시겠습니다만(라마누잔에게는 편지가 두 통만 있었다), 저는 선생이 이미 증명했거나 증명이 가능하다고 주장하신 것에 대해 분명히 말해 둔 바 있습니다. 저는 선생의 편지를 리틀우드와 반스 박사, 베리 씨를 비롯한 여러 수학자들에게 보여 주었습니다. 명백한 것은, 만일 제가 선생의 결 과를 부조리하게 이용하려 한다면, 선생이 저를 웃음거리로 만드는 것은 대단히 쉬운 일이라는 것입니다. 이렇게 무례하게 예를 들어도 너그러이 봐주시리라 생각합니다. 선생의 분명한 수학적 재능을 최고로 돋보이게 할 더 나은 기회를 드리기 위해 제가 할 수 있는 일을 알고 싶어하지 않 는다면 그렇게 하지는 않을 것입니다.

하디와 리틀우드가 라마누잔의 편지를 잘못 해석했든 않았든, 라마누잔은 이번에는 의심했었다는 것을 부인하면서 마음이 상한 듯하다는 뜻을 잘 전했다. 〈리틀우드 씨의 권유로 선생님께서 써 놓은 글을 보고 약간은 괴로웠습니다.〉 4월 중순에 보낸 편지였다.

　　다른 사람들이 제 방식을 사용하는 것에 대해 조금도 염려하지 않습니다. 지난 8년간 제가 갖고 있었지만 그 진가를 아는 사람은 아무도 없었습니다. 지난번 편지에서 말씀 드렸듯이 저는 선생님 덕분에 마음에 맞는 친구를 알게 되었으니, 보잘것 없는 제 것을 선생님이 갖고 계신다 해도 저는 아무 이의가 없습니다.

　　특별 연구학생 라마누잔, 케임브리지의 친구인 라마누잔은 이제 마드라스 학계에서 새로운 이야깃거리가 되었고, 사람들은 언제나 그에게 충성을 맹세한 듯 그의 집안 구석구석을 떼지어 몰려다녔다. 8월에 그의 이름이 교수와 제자들 간의 모임에서 화제가 되었다. 라마누잔이 〈책이나 선생의 도움 없이〉 그런 지식층의 지위를 얻게 된 경위에 모두들 놀라워했다.

　　9월에 나라야나 이예르가 《인도 수학회》에 급수의 합에 대한 정리 몇 가지를 제출하면서 한군데 덧붙인 말에는 다음과 같은 내용이 있었다. 〈다음 정리는 마드라스 대학의 수학 연구원 라마누잔의 도움을 받았습니다.〉

　　10월 26일 나라야나 이예르는 공립학교 public instruction의 마드라스 이사가 된 리틀헤일스를 만났다. 라마누잔은 자신의 방식을 설명하는 데 서툴렀으므로, 나라야나 이예르가 이야기했다. 리틀헤일스는 12월 1일 이후에 라마누잔의 결과를 검토해 보겠노라고 확약했다.

　　11월에 크리스천 대학의 수학자 로스 E. B. Ross가 수업 시간에 눈을 빛내며 뛰어들어와 학생들에게 물었다. 〈라마누잔이 폴란드어를 알고 있나?!?〉 물론 라마누잔은 폴란드어를 모른다. 그러나 그의 최근 계간 논문집에는 그날 도착한 어느 폴란드 수학자의 논문 내용이

예견되어 있었다.

연구 장학생으로서 라마누잔이 해야 할 일은 석 달마다 연구 경과를 상세히 기술한 보고서를 작성하는 것이었다. 그는 1913년 말과 1914년 초에 세 개의 보고서를 제출하였다. 그의 수많은 연구처럼 그가 기술한 정리들은 그의 노트를 기본으로 한 것이며, 몇 가지는 180여 쪽 분량에 달하는 첫번째 노트에서 비롯된 것이고, 몇 가지는 두번째 노트의 3장과 4장에 기초한 것이었다.

1913년 8월 5일자의, 수학연구위원회로 발송된 그의 첫번째 보고서에는 이렇게 쓰여 있다. 〈값이 유한하다는 것은 알고 있지만 현재 알려진 방법으로는 그 값을 계산할 수 없는 정적분이 많이 있습니다.〉 나중에 〈라마누잔의 마스터 정리〉라고 불리는 그가 제시한 정리에는 그런 정적분의 값을 구하는 방법이 들어 있었다. 그는 편지 앞장에 이렇게 적었다. 〈이 논문은 제가 정리에서 얻어낸 결과 가운데 1회분이라고 생각하시면 됩니다.〉 그는 나머지를 곧 제출하겠다고 약속했다. 과연 그 나머지 내용이 두번째, 세번째 보고서에 있었다.

그 해 초 하디에게 보낸 편지에서처럼, 라마누잔은 더 간단히, 더 유용한 형태로 줄이려는 갖은 노력에도 끄떡없던 정적분을 공략하고 있었고, 마침내 그렇게 버티던 온갖 수학적 도구의 무기고를 장악하고 말았다.

드라이버, 톱 또는 선반처럼, 수학적 〈도구〉란 무엇인가를 해낼 수 있어야 하는 것이다. 정적분을 계산하는 데 사용되는 도구들은 정적분에 수학적 연산을 실행하여 다음 도구, 곧 정리나 기법을 사용할 수 있도록 해 줌으로써 궁극적으로 해답이 유도될 수 있기를 바란다. 그러나 드라이버는 나사를 조이지만 나무를 톱질할 수는 없듯이, 수학적 도구도 하나의 적분 수치를 구하는 데 유용할 뿐 다른 것을 구할 수 없었다. 다른 것으로 시도해야 한다.

라마누잔이 1896년 적분에 관한 교재에서 분명히 접한 적 있는 한 가지 수학적 도구는 프룰라니의 적분 정리 Frullani's integral theorem

였다. 1913년 말 지금 라마누잔은, 이전에 확고하던 적분 분야의 광범위한 부분을 물리칠 수 있는 강력한 일반화에 관해 말하고 있었다. 프룰라니의 정리를 적용하려면 두 개의 특정 함수가 동등해야 한다는 조건이 필요했다. 라마누잔의 일반화에는 그럴 필요가 없으므로, 더 많은 경우로 적용 범위를 넓힐 수 있다. 1902년 하디는 프룰라니 적분에 대하여 논문을 쓴 적이 있었다. 그러나 당시 그는, 라마누잔이 지금 이해한 것을 알아채지 못했다.

이번에는 라마누잔이 그의 주장에 대하여 많은 증명을 제시했지만, 더 많은 수학자들이 뒤에 이들 증명을 궁지에 몰았다. 그러나 결과 자체, 즉 라마누잔이 참이라고 제시한 정리들은 참이었다. 미국의 라마누잔 학파인 브루스 베른트 Bruce Berndt는 그런 이상한 불화를 통해 오늘날의 수학자에게 전하는 메시지를 깨달았다. 〈우리는 때때로 사고가 엄밀함의 사슬에서 벗어나도록 해야 하며, 사고의 자유로움 가운데 숲을 통과하는 새 길을 찾게 된다.〉

나마칼에서의 꿈

이 기간 동안 라마누잔에게는 삶이 즐거웠지만, 하디와 서신을 주고받는 일은 고역이었다. 8월에 작성한 1/4분기 보고서의 편지 첫장에서 그는 하디를 많이 언급했다. 〈논문의 5절 예 (v)에서 다룬 적분에 대하여 케임브리지 트리니티 대학의 이학석사이며, 영국학술원 회원인 하디 씨는 '새롭고 흥미롭다'고 생각합니다.〉 그러나 그때에는 사실, 두 사람은 거의 편지를 주고받지 않던 상태였다. 아마도 그 전에 주고받은 편지로 인한 쓰라림 때문이었을 것이다. 아니면 영국으로 오라는 제의에 대한 라마누잔의 거절로 하디가 실망했고, 결코 만만치 않은 물리적·문화적 격차를 넘어 연락하는 데 차질이 생겨 그랬을는지도 모른다. 아니면 단순히 다른 업무가 과중해서 그랬을 수도 있다. 어쨌든 라마누잔은 이 기간 동안 적어도 한 차례 하디에게 편지를 했지만, 하디는 몇 달이고 답장을 쓰지 못했다.

1월 초순경 라마누잔은 하디가 보낸 장문의 편지를 받아 보았다. 이 편지에서 하디는 이전에 라마누잔이 제공했던 증명에 대한 반응을 보이며 결점을 지적했고, 그 결점이 잘못된 길로 빠지고 있다는 것을 보여 주기도 했다. 〈증명에 나타난 이 모든 차이점으로 봐서 그 결과가 분명히 틀렸다는 것을 알게 될 것입니다.〉 그러나 하디는 살얼음을 밟는 느낌으로 계속하였다. 〈제 비판으로 낙담하지 않기를 바랍니다. 선생의 논쟁은 매우 주목할 만한 정교한 것이라고 생각합니다. 이미 증명했다고 주장하시는 것을 증명하는 것은 수학 역사상 가장 주목할 만한 위업이라고까지 할 수 있을 테니까요.〉

게다가, 한 가지 더 있었다. 그는 경솔하다 싶을 정도로 덧붙였다. 〈지금은 마드라스에서 강의하는 네빌 씨와 친해지도록 하세요. 그는 우리 대학 출신인데, 학식과 연구에 관한 한 대단히 귀중한 충고를 받을 수 있지요.〉

이것은 정확히 말하면 거짓말은 아니지만 완전한 진실도 아니었다. 하디는 라마누잔에게 적절한 책을 권할 때보다 더 신경이 쓰였다. 그는 라마누잔을 영국으로 데려오는 일을 네빌에게 맡겼다.

물론 처음부터 그것이 그의 의도는 아니었다. 스노가 말했듯이, 〈일단 하디가 결정했으므로 어떤 힘으로도 라마누잔을 데려오는 문제를 중지시킬 수는 없었다.〉 라마누잔에게 편지를 쓰기 전에 하디는 그런 취지로 인도 사무실에 연락을 했다. 그러나 그때 마드라스에서 온 회답으로는 종교적인 이유로 라마누잔이 영국에 올 계획이 없다는 것이었다.

라마누잔이 1년쯤 후 하디에게 보낸 편지에서 그 이야기를 꺼낸 것으로 보아, 마드라스에 있는 인도 학생 자문위원회의 사무관 데이비스에게서 1913년 2월에 편지를 받았으리라. 라마누잔이 다음 날 정오 그의 연구실에서 데이비스를 만날 수 있었을까? 프랜시스 경은 나라야나 이예르였을 것으로 추측되는 라마누잔의 〈상급자〉에게 같이 가느냐고 물었다.

이튿날, 데이비스는 넌지시 그 중대한 문제를 물어 보았다. 영국에 갈 준비가 되어 있나요?

라마누잔은 갈피를 잡지 못했다. 그 제안이 뭘 의미하는 걸까? 영국에 가 수학을 공부해? 영국에서 시험을 보면 여지없이 떨어질까? 무슨 뜻일까……?

그러나 그가 뭐라고 하기도 전에 라마누잔이 〈외국에 가는 것에 대해 꺼림직해하는 독실한 바라문〉이라고 말하는 나라야나 이예르가 안 된다며, 〈라마누잔은 영국에 갈 수 없다. 그러니 그 문제는 끝났다〉고 대답했다.

적어도 이 내용은, 이 일에 대한 라마누잔의 나중 설명이다. 그러나 거의 확실히 이 이야기는 영국에 갈 마음이 내키지 않았던 지난날의 마음을 변명하기 위해 꾸며낸, 자기 체면을 세우는 이야기였다. 사실, 그의 영국행을 방해했던 것은, 〈외국에 가기를 꺼리는 바라문교의 양심〉이었다. 그러나 그것은 나라야나 이예르의 망설임이 아니라, 라마누잔의 친구와 가족, 그리고 라마누잔 자신의 망설임이었다.

유럽을 여행하여 카스트를 박탈당한 18세기 초 어느 남인도 사람의 기록에는 〈주위 사람들이 카스트를 잃을까봐 자기를 멀리하였다〉라고 되어 있다. 〈그는 실제적으로 죽은 사람이나 다름없었다.〉 해외에 있는 동안 그 사람은 수많은 명예를 얻었고 성 미카엘이라는 훈장의 수훈자로 지명되었다. 그러나 인도에 돌아와서는 아무도 그 명예를 알아주는 이도 없었고 오히려 무시당했다. 몇 세대가 지난 후, 다른 인도인인 라마크리슈나는 영국으로 공부하러 가도 되겠느냐고 어머니께 묻자, 경고를 들었다고 했다. 라마크리슈나는 어머니가 돌아가실 때까지 기다렸다.

라마누잔은 매우 독실한 힌두교 가족 출신이다. 정통 힌두교 사람에게 유럽이나 미국으로의 여행은 일종의 불결함을 의미했다. 그런 행위는 종교적 연결고리를 버린다든지, 육식을 한다든지, 과부와 결혼하는 것과 같은 것으로 공공연하게 여겨졌다. 그리고 전통적으로 카스트에서 배척되는 결과를 낳았다. 그런 행위는 친구나 친척이 집에 오지도 않는다는 의미이기도 했다. 아이를 위해 결혼 상대자를 구할 수도 없다. 결혼한 딸이 파문 당할 위험을 각오하지 않고서는 집에 찾아올 수도 없으며, 때로는 사찰에도 들어갈 수 없다. 가족의 장례를 치르기 위해 카스트 신분을 지닌 친구에게 도움을 청할 수도 없다. 여기에는 버림받은 사람이라는 가차없는 뜻이 담겨 있었다.

라마누잔이 태어나기 25년 전, 간디가 학업 때문에 영국에 가게 되었을 때도 비슷한 난관에 부딪힌 적이 있다. 〈카스트 계급을 저버리시겠습니까?〉라며 카스트의 계급 지도자가 물었다. 그는 그렇게 하겠노라며 버림받은 사람이라는 것을 표명했다. 라마누잔 세대에도 외국으로 나가는 것에 대한 거리낌이 조금 완화되는 듯했으나, 아주 조금만 완화되었을 뿐이다. 대단한 모험가를 제외하고 그건 여전히 금기였다.

라마누잔이 영국에 몹시 가고 싶어했을지라도, 그는 마드라스에서 전통의 위력으로부터 모면할 수 없다는 사실을 알았다. 마드라스는 석유로 흥청대는 휴스턴Houston이나 철도가 사방으로 뻗어 있는 시카고가 아니었다. 그런 곳은 야망이 소용돌이치고 꿈이 삶의 의미가 되는 곳이다. 마드라스의 인구는 10년 동안 거의 변하지 않았다. 주민들은 고르게 퍼져 있었고, 낮은 건물들이 전역에 퍼져 있었다. 솟구치는 호기심을 불러일으키는 히말라야 정상도 없었고, 인간의 포부를 상징하는 거대한 탑 같은 것도 없었다. 인도의 거대한 도시와 달리 마드라스는 주변에 있는 시골 마을과 도회지를 따라 물들어 갔다. 캘커타와 봄베이에는 인도 전역에서 몰려 온 미혼 노동자들로 혼란스러웠고 거칠었을 뿐만 아니라, 남성적이며 미국 서부의 힘이 있었다. 그러나 마드라스는 시골에서 아내와 아이들을 데려온 남자들이 한데 모여 사회적으로 응집력이 더 있었다. 라마누잔처럼, 열여섯 개의 마드라스 부류 가운데 하나인 브라만들은 대개 트리플리케인의 파르타사라티 사원 주위에 거주하였다. 그의 어머니처럼, 전통을 지지하고 국교신봉을 장려하는 전통적 브라만들이 라마누잔의 주위 곳곳에 살았다. 도처에 사회적 계급의 힘은 안전하게 자리잡고 있었다.

게다가 라마누잔은 반역자가 아니었다. 그가 외국 여행을 받아들이는 데 주저하였다면, 그는 그렇게 말하지 않았을 것이다. 그리고 그의 맘대로, 무시하려고 하지도 않았을 것이다. 그를 영국으로 가게 하는 데는, 그가 모든 것을 이겨낼 수 있을 만큼 강력한 외부의 힘이 있어야 했다.

1914년 정월 초하루쯤, 하디의 부탁을 받은 네빌이 마드라스에 도착했다.

결코 〈어떠한 진정한 열정에 의하지 않고는 그 무엇〉도 하지 않았던 유능한 수학자. 이는 몇 년 후 하디가 네빌을 평가한 말이었다. 겨우 25세 때, 그는 옛날식 트라이포스를 마지막으로 치른 사람 가운데 한 사람이 되었다(그는 2등을 했다). 2년 후 1911년, 네빌은 스미스 상을 받고, 한 해 뒤에 트리니티 대학의 특별연구원에 임명되었다. 1913년 겨울, 그는 대학에서 미분기하 강연을 하려고 마드라스에 왔다.

그는, 라마누잔이 영국으로 건너오도록 확신을 심어 주라는 또 다른 임무를 지니고 있었다.

정월 초 두 사람은 대학 시험을 보는 홀과 연구실을 겸하던 평의원 회관에서 만났다. 네빌은 다음 달까지 남인도 전역의 수학자들을 대상으로 스물한 개의 강의를 하러 이곳에 온 것이다.

첫 강의 중 하나가 끝난 후, 그에게 라마누잔이 소개되었다. 훗날 네빌은 〈그는 라마찬드라 라오의 사진에 있는 무뚝뚝하고, 면도하지 않은, 흐릿한 모습이 아니라, 수줍고 동시에 열성적인 사람이었다〉라고 했다. 그의 영어는 한때 너무 서툴러 유급까지 당한 적도 있었지만, 〈10년 동안 놀랄 만한 발전이 있었다〉.

　그들은 라마누잔의 노트와 함께 세 번 자리를 같이하였다. 세번째 자리에서 라마누잔이 그에게 노트를 가져가 시간 날 때 읽어 보지 않겠느냐고 했을 때 네빌은 놀랐다. 여지껏 받아 본 적이 없는 〈가장 놀라운 인사〉로 감동시켰기 때문이다. 〈그 귀중한 책은 결코 그의 손에서 벗어나지 않았다(네빌은 그렇게 생각했다). 그것을 이해할 수 있는 인도인은 아무도 없었고, 믿고 맡겨 둘 영국인도 없었다.〉 아마도 네빌은, 라마누잔이 마드라스에서 만난 영국인을 불신하는 거라고 생각했을 것이다. 대륙을 건너 서신만 주고받은 하디를 불신했는지도 모른다. 그러나 네빌은 멀리서 불어온 신선한 바람이었고, 오래된 낡은 인습의 어느 것도 갖고 있지 않았다. 라마누잔의 수학에 자연스럽게 감동하는 순수한 수학자 네빌은 라마누잔 평생의 연구물인 그 노트에 사흘을 아끼지 않았다. 그는 라마누잔의 신임을 얻었다.

　그리고 그는 이제, 하디가 그에게 준 임무를 실행에 옮길 생각을 했다. 라마누잔, 케임브리지로 오시지 않겠습니까? 거절하리라 예상하면서, 네빌은 속으로 자신의 주장을 정리하였다. 그러나 그런 하디의 생각을 전할 필요조차 없었다. 왜냐하면 네빌은 〈기쁘고 놀랍게도 라마누잔은 종교를 바꿀 필요가 없을 뿐 아니라 부모의 반대도 끝났다는 사실〉을 알게 되었기 때문이다.

　어떤 기적이 이런 변화를 일으켰는가?

　누군가의 말을 빌리면 그것은 나라시마 이엔가르의 공이라고 한다. 그는 라마누잔이 1911년 초 마드라스에 있을 때 머물렀던 가족의 친구로 계속 왕래를 하던 사이였다. 그는 확실히 결정적 장애였던 라마누잔의 어머니로 하여금 그 여행에 동의하도록 도움을 주었다. 세슈 이예르도 어머니에게 압력을 가했고, 라마스와미 이예르와 라마찬드라 라오는 라마누잔에게 압력을 가했다. 〈그가 영국으로 떠날 수 있도록 모든 힘을 발휘했다〉라고 후에 라마찬드라 라오는 말했다. 방갈로르의 수학자이자 3년 전 라마누잔의 첫 논문 출판 준비를 위해 함께 작업했던 ≪인도 수학회≫의 편집인 나라야나 이엔가르도 그랬다. 성실한 정통파인 그의 주장에는 무게가 더 실려 있었다.

이러한 힘들이 결국은 승리했다고 말할 수도 있지만, 그들의 힘만으로 라마누잔의 마음을 바꾼 것은 아니었다. 무언가가 더 필요했다. 적어도 대중적인 것, 라마누잔 어머니의 인간적 의지, 또는 라마누잔의 의지를 넘어서는 것이 필요했다. 네빌은 그것이 무엇인지 알게 되었다. 〈꿈속에서 어머니는 유럽인들에 둘러싸인 '라마누잔'을 생생하게 보았다. 그리고 나마기리 여신의 말, 즉 그녀더러 아들과 아들의 삶의 목표 사이를 더 이상 가로막지 말라는 명령을 들었다.〉 자세한 이야기는 서로 다르지만, 그에 관한 여러 이야기들은 본질적으로 일치하고 있다. 나마칼에 있는 그녀 신전의 여신 나마기리가 꿈에서 개입하여, 라마누잔을 떠나게 하라고 암시했다는 것이다.

나마칼 근처 쿰바코남 서쪽으로 130킬로미터 지역에 위치한 언덕들은 평평한 평야에서 우뚝 솟아 있다. 그렇게 우뚝 솟아 노출된 것 중 다른 것에 비해 훨씬 인상적인 것을 나마칼이라고 부른다. 가장 가까운 기차역에서 30킬로미터 가량 떨어진 카루르 Karur(라마누잔의 어머니와 조부모의 원래 고향에서 가까운 곳이다) 지역의 7,000명의 인구가 사는 읍에서, 나마칼은 60미터나 위로 솟아 있고 둘레가 반 마일(800여 미터) 정도 되는 거대한 흰 바위 자락에 위치하고 있다. 그 바위 도처에는 바위에 뿌리를 내린 푸른 나무와 눈비가 서로 갈라진 틈을 파고들어 오랜 세월 형성된 신성한 동굴, 조나이스 jonais들이 있다. 남서쪽 비탈로 좁은 계단을 통해 올라가는 꼭대기에는 오래된 요새가 있었다. 거대한 바위가 풍화되어 수직으로 깊이 갈라진 틈은 나맘 namam이라고 알려져 있는 바이슈나비테 카스트 표시인 수직의 하얀 줄무늬를 상징하고 있다. 그러므로 나마칼이라 부른다.

1913년 12월 말, 라마누잔과 어머니, 나라야나 이예르, 그리고 나라야나 이예르의 아들이 바로 이곳을 찾아 길을 떠났다. 자나키도 가게 해 달라고 했지만, 라마누잔은 너무 어리다며 말렸다.

나마칼에서 그들이 거대한 바위 기슭 가까이 돌기둥 모양의 정면에 이르자 사자 얼굴을 한 비슈누의 네번째 화신 주 나라시마의 신전을 지키는 거대한 나무문이 있었다. 그리고 왼쪽에는 따로 더 작은 기둥이 받들고 있는 신전에는 비슈누의 아내인 여신 나마기리가 모셔져 있었다.

그 여신의 강력한 힘을 믿는 사람들은 라마누잔의 가족만이 아니었다. 일주일 중 어느 특정한 날에는, 열광적이고 광적인 여자들이 악마를 몰아낸다는 그 신전을 찾곤 하였다. 고생하는 성직자들이 자신들의 신앙을 실현하고 있는 비좁은 통로는 연기로 가득 차 있고, 돌로 된 벽은 향내로 더럽혀져 있다.

나라야나 이예르와 라마누잔은 사흘 밤을 신전 바닥에서 잤다. 석판 바닥 위에 앉아, 그들은 신전의 검은 벽을 형성하고 있는 얇은 바위 표면을 볼 수 있었고, 하늘을 배경으로 검은 윤곽을 뚜렷이 나타내고 있는 오래된 요새의 부채꼴 모양의 총안이 있는 흉벽을 볼 수 있었다. 이틀 밤을 맞을 때까지 아무 일도 일어나지 않았다. 그러나 사흘째 되는 날 밤 라마누잔은 꿈에서 깨어 찬란한 빛의 번쩍임 또는 어떤 계시와 같은 것, 다시 말해 외국 여행에 대한 금지 명령을 무시하라는 아데시 adesh, 즉 명령을 받았다는 걸 전하기 위해 나라야나 이예르를 깨웠다.

나라야나 이예르의 가족들은 라마누잔 심리 속의 날카로운 통찰력과 나마기리 여신에 대한 헌신을 잊지 않았기 때문에, 나마칼을 향한 여행을 생각해 낸 것이라고 믿었다. 그 신념이 너무 강렬했기 때문에 라마누잔은 영국으로 가고 싶어했고, 나마기리에 대한 헌신이 너무 컸기 때문에 우연처럼 어떤 일이 일어나야 했다. 그리고 그 일이 일어났을 때, 나라야나는 라마누잔이 경험한 어떠한 계시라도 〈정확히〉해석하게 될 것임을 예측했었다.

라마누잔은 언제나 그의 결정이 신성한 영감 때문이라고 생각했다 〈잔 다르크 Joan of Arc도 그녀의 예언 때문이라고 생각했다. 〈하루 밤 하루 낮을 다락방에 틀어박혀 있었다. 그러자 하나님께서 나에게 말씀하시기를 천국의 장군이 되어 프랑스 군대를 끌고 영국을 몰아내게 되리라고 하셨다〉〉. 1913년 2월, 인도 사무소가 관련되는 한 라마누잔이 영국행을 거절했다는 것은 이미 알려진 사실이다. 12월에 그가 나마칼을 방문했다는 것도, 한두 주일 후 평의원 회관에서 네빌을 만나 자진해서 영국행 비행기를 타겠다고 말해 그를 놀라게 했다는 것도, 1월 22일 하디에게 그와 리틀우드가 〈저를 데려가시는 데 따르는 어려움을 제거해 주실 수 있었으면 합니다〉라는 내용의 편지를 썼다는 것도 알려진 사실이다. 그는 글 사이에 〈몇 개월 안에〉라고 흘려 써 놓았다.

라마누잔은 자신의 편지에서, 케임브리지측에서 볼 때 1년 동안 영국에 가기를 완고하게 거절했던 사실로부터 거리를 두려고 하였다. 〈이제 저는 선생님의 편지와 네빌 씨를 통해 선생님께서 저를 케임브리지로 데려가고 싶어하신다는 사실을 알게 되었습니다〉라고 마치 그 말을 처음 들은 것처럼 썼다. 〈만일 선생님께서 그 전에 제게 편지를 보내셨다면 저는 선생님께 저의 생각을 분명하게 나타냈을 것입니다.〉 지난 2월 데이비스와 만났을 때 그는 상관의 지배 아래 있는, 어쩔 수 없는 인질이었다고 했다. 자신의 종교적 양심이나 가족의 종교적 양심, 또는 나마칼 여행에 관해 말하지 않았다.

전체적인 계획은 나라야나 이예르의 주도 아래 진행되었다. 그때가 라마누잔이 난처한 상황을 피하기 위해 진실을 가린 유일한 때는 아니었을 것이다. 영국으로 떠나기 바로 전 1914년 초 라마누잔은 쿰바코남을 방문하여, 아난타라만과 수브라마니안 친구들의 가족에게 이별의 말을 하러 왔다고 했다. 그는 캘커타로 떠난다는 사실을 알렸다. 그러한 상황에서, 거짓말은 생각이 깊은 일이었는지 모른다. 아버지가 진실을 알았을 때, 그는 라마누잔에게 떠나지 말라고 설득하려 마드라스로 갔다.

결정적인 장애물은 제거되었고, 네빌은 라마누잔의 다른 불신들을 해결하기 시작하였다. 영국으로 갈 돈과 거기서 살 돈은? 걱정할 필요 없다. 네빌은 자기가 책임지겠다고 확신시켜 주었다. 영어 실력이 썩 좋은 것은 아니지 않는가? 네빌은 그 정도 실력이면 충분하다고 말했다. 그의 채식주의는 어떠한가? 그것은 존중될 것이다. 그리고 시험은? 그가 전에 대학에서 치러 본 모든 시험에서 사실상 낙제를 했기 때문에, 네빌이 그에게 다시 용기를 북돋아 주지 않았다면, 그는 아무것도 하지 않았을 것이다.

영국행을 택함에 있어, 라마누잔은 계속 반대의 어려움을 겪었다. 예를 들어, 장인은 왜 그가 인도에서 수학을 연구할 수 없었는지 이상하게 생각하였다. 어머니는 영국의 추위 때문에, 까다로운 아들의 건강을 걱정하였다. 인도 음식밖에 먹지 못하는 채식주의자인 아들이 그 어려움을 어떻게 견뎌낼지 걱정하였다. 또 아들이 그 곳 사람들의 노골적인 편견에 부딪치게 될 것을 걱정하였다. 그가 영국 여자들에게 시달리지나 않을까도 걱정하였다.

한편, 네빌의 말에 따르면, 라마누잔의 친구 중 몇몇은 그 여행을 〈마드라스의 영광을 영국 대학으로 옮겨가려는 수단〉이라고 생각하였다고 한다. 네빌은 그들에게 간청했다. 〈영국에 가서 공부하겠다는 제안은 라마누잔 자신의 흥미에서 비롯된 것이라고 인도 친구들을 설득했다.〉 다음으로, 네빌은 하디에게 라마누잔이 영국을 방문하는 데 재정적 장애를 처리할 시기가 바로 지금이라고 편지했다. 네빌은 마드라스에서 돈을 구하려고 했으나 이내 그만두었다. 〈돈은 어떻든 영국에서 구해야 한다. ……재정적 어려움이 방해물이 되지 않아야 한다.〉

네빌은 돈에 관해 어려움을 겪었다. 리틀헤일스는 그를 대학 또는 정부에서 영향력 있는 사람들에게 소개하였고, 그는 때와 장소를 가리지 않고 라마누잔을 칭찬하였다. 1월 28일, 그는 대학의 등록관인 프랜시스 듀스베리 Francis Dewsbury에게 편지를 보냈다.

리틀헤일스는 듀스베리에게 정식으로 1년에 250파운드의 장학금을 청구하고, 준비를 위한 100파운드의 보조금도 함께 청구했다.

프랜시스 경은 마드라스의 총독 펜틀런드 경 Lord Pentland의 비서 코테렐 C. B. Cotterell에게 편지를 했다.

저는 제가 생각하고 있는 문제가 오는 며칠 안에 그에게 나타날 것이라는 점을 걱정하고 있습니다. 저는 문제가 매우 절박하다고 믿고 있습니다. 그것은 제 사무소의 라마누잔이라는 이름을 가진 사무원과 관련된 일입니다. 그의 우수함은 저의 편지에서 이미 들었으리라고 생각하는데, 그는 수학의 최고 권위자들로부터, 설령 탁월하지는 않을지라도 천재의 수준에 이르는, 새롭고 뛰어난 수학자가 될 것이라는 평을 받았습니다.

프랜시스 경은 대학교가 600파운드에 상당하는 액수와는 별도로 영국에서 2년 동안 생활하는 데 충분한 금액인 1만 루피를 준비해 두고 있다는 사실을 알았다. 그러나 그 결정은 더 높은 지위에 있는 사람의 승인에 달렸다. 그는, 〈아마 각하가 결정권을 갖고 있을 것이다〉라고 생각했다.

총독 펜틀런드 경은 〈우리는 언제나 최고의 신사를 인도에 보내며, 머리가 나쁜 사람을 인도로 보낸 적이 없다〉라고 말한 적이 있다. 호리호리한 체격의 그는, 영국의 웨스트 포인트인 샌드허스트 Sandhurst 졸업생이었다. 콧수염이 많고 가냘픈 용모의 그는 로열 아이리시 랜서 Royal Irish Lancers에서 8년 간 근무하였다. 그 후 정계로 방향을 바꾸어, 최근에는 데이비드 로이드 조지 David Lloyd George 수상 밑에서 스코틀랜드의 장관을 역임했다. 작년 10월 그는 포트 세인트 조지 Fort St. George 총독으로, 그 곳의 4,000만 명을 지배하는 권한을 갖고 마드라스에 부임했다. 그는 지위의 기능은 〈모든 국민들이 인격 완성을 위해 얻을 수 있는 최고의 조건들을 보장할 수 있어야〉 한다고 했다. 그리고 지금 라마누잔의 경우에, 그것을 보장해 줄 기회를 쥐고 있었다.

그는 이미 한 해 전 라마누잔의 전공 연구 장학금에 찬성했을 때 그를 적극 원조한 적이 있다. 이제 그는 다시 〈이익에 개입할〉 준비가 되어 있었다. 〈각하께서는 진심으로 라마누잔에게 케임브리지에서 연구를 계속할 수 있는 수단을 대학교에서 제공해 주어야 한다는 경의 바람에 공감하고 계십니다. 그리고 도움을 줄 수 있다는 사실에 기뻐하실 것입니다〉라고 그의 비서는 프랜시스 경에게 회답했다.

장학금 지급은 결정되었다. 마지막 장애물은 사라지고, 라마누잔은 영국에 가게 되었다.

부두에서

2월 26일, 비니 회사 Binny & Co는 라마누잔에게 2등석 티켓을 보냈다.

3월 11일, 프랜시스 경은 선박 대리인에게 여행 중에 채식주의자가 먹을 수 있는 음식을 꼭 가져가라는 편지를 썼다.

3월 14일, 라마누잔은 어머니를 모시고 아내와 함께 마드라스의 에그모레 Egmore 역까지 갔다. 아치 기둥 두 개가 떠받들고 있는 작은 대기실에서 그들은 기차를 기다렸다. 10년 전, 그는 파차이야파의 대학에서 공부를 시작하기 위해 여기 왔었다. 그의 눈에는 눈물이 비쳤다. 가족을 쿰바코남으로 보내 버리면, 유럽 신사로 변해 가며 고통스러워하는 그를 볼 수 없을 것이다.

시어머니가 신전에 있던 어느 날, 자나키는 영국으로 함께 데려가 달라고 그에게 부탁했다. 그러나 라마찬드라 라오의 영향을 받은 라마누잔은 영국에서 아내를 돌보게 된다면 수학에 집중할 수 없다는 이유를 들어 달랬다. 게다가, 그녀가 너무 젊고 예쁘기 때문에 그는 그녀에게서 등을 돌려야만 할 테고, 그러면 영국 남자들은 그녀에게 열을 올리게 될 것이다……

그렇게 바쁜 나날을 보내는 동안 라마누잔을 보았던 사람들 중 어느 누구도 그가 어떠한 유쾌함도, 예견도, 기쁨도 갖고 있었다고 상기하는 사람은 없었다. 〈그는 미래 여행 내내 환희에 넘쳐 있지 않았다〉, 〈그는 마치 초청에 복종한 채 (움직이고) 있는 것 같았다〉라고 라마찬드라 라오는 상기하곤 하였다.

그의 친구들은 그에게 서양식 예법을 지도하였다. 여전히 젊은 부하를 거느리는 독점의 소유권을 갖고 있으면서, 라마찬드라 라오는 그의 머리 뒤에 머리카락을 길게 묶어 매듭을 하는 쿠투미 kutumi를 해야 할 운명이다. 그리고 그것은 관습에 따라 행해졌다. 거기에다, 라마누잔은 서양식 옷을 입어야 한다. 리틀헤일스는 오토바이에 그를 태우고 시내 이곳 저곳을 돌아다녔다. 라마누잔은 사이드카에 탔다. 그리고 목걸이와 넥타이, 스타킹, 그리고 구두와 셔츠를 사기 위해 여기저기를 다녔다.

며칠 동안 라마누잔은 그 나라에 있는, 유럽식으로 생활을 한 라마찬드라 라오의 친구 집에서 나이프와 포크 사용 방법을 배우면서 머물렀다. 그의 후원인이 보았던 것처럼 〈비록 야채 음식만 제공되어야 한다〉는 〈엄격한 조건하〉에서일지라도. 그러나 외국 양식을 배우는 시험적인 수단마저도 라마누잔을 불행하게 만들었다. 〈그는 낯선 하인이 제공하는 음식을 맛있게 먹지 않았다.〉

라마누잔은 영국에서 채식주의자로 지내야 할 일을 생각하니 벌써부터 걱정이 되었다.

그는 서양식 머리 형태를 싫어했다. 그는 자신이 입어야 하는 옷에 대해서도 불만이 있었다. 떠나는 날 하루 전, 그는 큰 여행 가방을 들고 관구대학에 있는 학부 특별연구원 사교실 안으로 걸어 들어갔다. 그리고 그 여행 가방을 열고 그를 위해 산 서양식 옷들을 테이블 위에 펼쳐 놓았다. 그는 항변하였다. 어떻게 그 옷들을 입어야 하는

가? 모든 사람들이 즐겁게 넥타이를 걸치고 매듭을 만드는 일은 그를 난처하게 했다. 라마누잔은 그것을 웃음으로 넘기려고 했지만, 그의 오랜 쿰바코남 친구이자 지금은 그 대학의 직원으로 근무 중인 라구나탄은 그가 정말로 불행하다고 생각하였다. 그 후 어머니가 영국에서 온 그의 사진을 받았을 때 목걸이, 넥타이, 그리고 재킷 속에 파묻혀 있어 그녀는 아들을 알아볼 수 없었다.

그날 밤, 나라시마 이옌가르와 그의 사촌은 트리플리케인에 있는 집으로 라마누잔을 초대했다. 페인트칠이 된 뿔에서 딸랑딸랑 울리는 종을 단 황소가 끄는 짐마차, 도티를 두른 가슴이 바짝 마른 남자들, 사리를 두른 여자들로 거리는 가득 차 있었다. 그들의 코걸이와 팔찌는 그들의 검은 피부와 대조적으로 번쩍거렸다. 코를 찌르는 소똥 타는 냄새가 거리를 가득 메우고 있었다. 이 모든 것은 라마누잔에게 극히 자연스런 일상이었다. 그러나 영국은 어떠한가? 무엇이 일어나고 있는가? 밤새 라마누잔의 친구들은 자지 않고 그와 함께 있었다. 그들은 예민해진 그의 신경을 진정시키려고 하였으며, 그에게 멋진 모험을 준비시키려고 애썼다.

3월 15일 브리티시 인도 라인의 선박 British India Lines 네바사 Nevasa 호가 새로 건설된 북쪽 항구의 입구를 통해 마드라스에 도착하였다. 그 항구의 입구는 프랜시스 경이 재직 기간 중에 건설한 것이다. 대부분의 배들은 항구의 방파제 안에 계속 정박되고, 그 배들의 화물은 선창으로 거룻배에 의해 운송된다. 선객, 군대 말들을 들여오는 전용 부두는 항구의 남쪽 끝에 건설되어 있다. 목재 갑판으로 된 선창이 있는데, 이 선창은 작은 판자 산책로 모양을 하고 있으며 방파제에서 항구로 돌출되어 있다. 네바사 호가 정박한 곳이 바로 여기였다.

네바사 호는 인도 항해를 위해 특별히 설계되어 갓 건조된 것이었다. 그 배의 선체는 빨간색 강조 부분과 배 안 전체에 쭉 뻗어 있는 흰색의 가는 띠를 제외하고는 검은색 칠이 되어 있었다. 그 배는 세

런되어 보였고, 꽤 우아했다. 배의 중앙부쯤에는 한 개의 굴뚝이 적당한 경사를 이루면서 세워져 있었다.

출발하는 날 아침, 공식적인 송별식이 라마누잔을 위해 거행되었다. 그 송별식은 총대변자, 스리니바사 이엔가르가 준비하였다. 바로 곁에는 미들마스트 교수와 프랜시스 경, 유명한 재판관, 그리고 ≪힌두≫ 발행인인 카스투리랑가르 이엔가르 Kasturirangar Iyengar가 있었다. 라마누잔과 아주 가까이서 연구를 했었던 나라야나 이예르도 있었다. 그는, 라마누잔이 밤새 사람들을 집안에 붙들어 놓고 끊임없이 딸각거리며 석판을 문질렀다고 한다. 〈나의 아버지는 그에게 이상한 요구를 했다〉라고 몇 년 후 그의 아들 수바나라야난 N. Subbanarayanan은 기록할 것이다. 〈아버지는 기념으로 자신의 석판을 라마누잔의 석판과 바꾸어 갖고 싶어했는데, (그 요청은) 받아들여졌다. 아마 그는 (라마누잔이) 없어도 석판을 통해 영감을 얻을 수 있으리라고 생각했던 것 같다.〉

이윽고 주위 사람들에게 라마누잔이 소개되었다. 마드라스 공립학교의 스톤 J. H. Stone 교장이 그의 성공을 기원하며, 영국에서 그를 돌보아 주도록 친구들에게 편지를 해 두었다고 말했다. 승객 가운데 라마누잔은 사우샘프턴 Southampton으로 가는 구세군 한 사람을 만났고, 무투 Muthu라는 폐결핵 전문의를 만났다. 그는 선장도 만나 보았는데, 선장은 라마누잔이 수학 얘기로 그를 괴롭히지 않는다면 서로 잘 지낼 수 있을 것이라는 농담도 건넸다.

대부분의 사람들에게는 들뜨거나 가벼운 농담을 주고받을 시간이었다. 그러나 한 친구가 〈눈물을 흘렸다〉고 회상하듯이 라마누잔은 그렇지 않았다.

마지막엔 할 일이 없었다. 라마누잔은 배에 올랐고, 항구에는 그의 성공을 기원하는 사람들이 남았다. 1914년 3월 17일 아침 10시쯤, 네바사 호는 부두에서 천천히 멀어져 갔다.

6

라마누잔의 봄
1914년부터 1916년까지

인도에서

네바사 호는 글래스고 조선소에서 건조된 지 거의 1년이 지나서야 동방으로 처녀 항해를 떠난 9,000톤급의 배로 영국령의 인도항로 선단 중 규모가 가장 큰 배였다. 라마누잔은 처음 경험하는 바다 여행에서 뱃멀미로 아무것도 먹을 수 없었다. 인도 남동부 근해의 큰 섬 실론(오늘날의 스리랑카)의 수도 콜롬보에 배가 처음 정박했을 때 잠시 숨을 돌릴 수 있었다. 네바사 호가 정박하기 한참 전부터 콜롬보의 계피나무 밭 향내를 맡을 수 있었다. 항구와 희미하게 빛나는 주택의 흰색 벽과 붉은 지붕 위로 푸른 언덕들이 솟아 있는 게 보였다.

3월 19일 네바사 호는 다시 항구를 출발하여 인도 대륙 끝에 있는 케이프 코모린 Cape Comorin 남부를 지나, 곧바로 아덴 Aden으로 향하여 아라비아 해를 항해했다. 라마누잔은 이제 뱃멀미도 가라앉아 항해에 재미를 붙이며 배에서 여유를 즐길 수 있었다. 그는 채식을 하며 200명이 넘는 승객들 가운데 몇몇 사람들과도 사귀었다. 라마누잔은 내성적인 성격이 아니었다. 하디가 말하듯이, 두드러지게 자신의 삶과 정신적인 면에 관심이 있는 사람도 아니었다.

끝없이 펼쳐진 바다 한가운데에서 네바사 호는 매일 14노트(시속 26킬로미터)의 속도로 서쪽으로 나아갔다. 상쾌한 바닷바람이 갑판을 휩쓸며 지나갔다. 라마누잔은 깊은 생각에 빠져들었다.

5년 전, 그는 쿰바코남의 집 피알에 혼자 있었다. 그는 세상에 알려진 존재도 아니었고, 결혼도 않은, 남자라기보다는 소년에 가까웠다. 하지만, 이제는 마드라스의 엘리트들이 영국으로 떠나는 그를 배웅해 주었다. 예전 쿰바코남 관립대학의 낙제생이었던 그가 지금은 케임브리지의 트리니티 대학으로 유학을 떠나는 길이다. 예전에 마드라스에 갈 때 기찻삯 3루피는 만만찮은 비용이었으나, 지금 이처럼 멋진 증기선을 타고 영국까지 항해하는 400루피의 비용은 신경 쓰지 않아도 되었다.

무엇이 이 같은 변화를 만들었는가? 분명히 그는 하룻밤 만에 더 나은 수학자가 되지는 않았다. 변화된 것은 그가 자기 자신에게 신뢰를 갖고 있다는 사실이다. 그의 결혼을 결정한 어머니 때문에 그는 생계 수단으로 수학자의 길로 들어서게 된 것이었다. 그러고 나서 많은 노력과 약간의 행운이 곁들여져 하나가 다른 하나를 이끌어 냈다.

그가 결코 생각해 보지 않았던 미래란 상상할 수 있는 것인가? 아마도, 그는 미지의 것에 대한 막연한 공포를 느꼈으리라. 혹 그의 불안이 좀더 확실한 형태로 다가왔을지도 모른다. 영국에서 그는 이채로운 사람일 것이다. 얼굴은 특출 났고 억양은 외계인 같다. 그에게 미래란 네빌, 하디, 리틀우드, 케임브리지와 트리니티를 의미했다. 하지만 그때까지도 네빌만이 사람이었고, 하디는 단지 몇 개의 문자에 지나지 않는 육체에서 분리된 추상적 개념이었다.

몇 주간 계속된 항해 후 네바사 호는 콜롬보에서 2,000마일이 훨씬 넘게 떨어진 홍해의 최남단 끝 에덴에 도착했다. 사막의 열기를 뚫고 네바사 호는 홍해를 따라 올라가 운하의 입구 수에즈에서 다른 쪽 끝에 있는 포트사이드를 지났다. 마르세유를 들렀다가 지브롤터 해협을 통과해 비스케 만을 거쳐 영국을 향해 스페인 해안선을 따라 올라갔다. 플리머스 Plymouth에 정박한 후 영국 해협으로 들어가 4월 14일 템스 Thames 강에 도착했다.

화창하고 멋진 날이었다. 기온은 평소보다 따뜻했고 흐린 흔적조차 없는 맑은 날이 계속되었다. 이틀 전 부활절을 맞은 런던 시민들은 공원으로, 도로로 쏟아져 나왔다. 차로 그 곳에 미리 도착한 네빌과 그의 형은 부두에서 라마누잔을 기다리고 있었다. 그들은 런던 사우스 켄싱턴에 있는 크롬웰 가 21번지로 갔다. 그 곳에는 영국에 도착한 인도 학생들을 위한 연회장이 있었다.

런던은 인구 500만의 도시로, 서리 Surrey 주와 미들섹스 Middlesex 주의 작은 마을과 촌락이 옛날의 경계를 점차 넓혀 가고 있었다. 인구로 볼 때 런던은 마드라스보다 열 배나 더 많았다. 마드라스가 남인도의 수도라면, 런던은 세계의 수도이자 제국을 관리하는 신경 센터였다. 런던에서는 그때까지도 말굽 소리와 마구의 잘랑거리는 소리, 그리고 자갈이 깔린 도로 위로 멋지게 치장한 마차들이 덜컹거리며 달리는 소리를 들을 수 있었다. 그러나 스튜드베이커 Studebaker 캐브리올레 Cabriolets 자동차나, 울슬리 Wolsley 〈토피도 페이턴 Torpedo Phaetons〉 자동차, 네슬레 초콜릿 광고판을 달고 다니는 2층 버스의 굉음과 매연에 밀려 점차 그 길을 내주기 시작했다. 런던의 변화는 빨랐다.

마드라스에 있을 때 라마누잔은, 영국 사람들은 대부분 교육받은 상류층이며, 그에 어울리는 억양을 사용하고, 수공업 노동자들에게 허리 숙이는 겸양을 결코 보이지 않는 부류로 알고 있었다. 지금 그는 런던 거리에서 초라한 상인들이 비음 섞인 런던 사투리로 말하는 소리를 들었다. 저녁 무렵 긴 막대를 들고 거리를 돌며 가로등에 불을 켜는 점등부도 있었다. 작은 2륜 수레를 끌고 다니며 칼 가는 사람과 종을 울려 상품을 알리는 머핀 파는 사람들도 보았다. 이곳에는 중산모를 쓴 사람, 납작한 일꾼 모자를 쓴 사람, 화려하게 치장한 여인, 누더기를 걸친 여인 등등 모든 종류의 영국 사람들이 있었다.

배에서 바로 내린 인도인이라면, 영국은 이미 낯설고 새로운 세계였다. 네빌이 지금 라마누잔을 데리고 가는 크롬웰 가는 변화가 더딘 곳으로 알려져 있었다. 물론 꼭 그렇지만은 않았다. 국립인도협회는 그 곳에 사무실을 두었는데, 웅대한 조지아식 모퉁이 빌딩의 방 몇 개는 그 곳을 지나는 학생들이 사용할 수 있도록 되어 있었다. 그리고 거리를 가로질러 2톤짜리 돌 위에 멋지게 빛을 발하며 그리핀 조각으로 장식된 자연사 박물관의 거대한 건물은 영국에 입국해 첫날을 보내는 그들에게 확실히 위풍당당한 빛을 더했다.

영국에 있는 대부분의 인도인들과 달리, 라마누잔은 인도 사무실에서 일이 순조롭게 진행되도록 도와주는 케임브리지 사감 네빌이 곁에 있어 별 어려움을 겪지 않았고, 4월 18일에는 네빌과 함께 케임브리지로 갔다.

캠 강 바로 건너 케임브리지의 작은 외곽 지역에 있는 체스터타운 가 네빌의 집에서 라마누잔은 영국 생활을 시작했다.

체스터타운은 작은 탑과 둥근 지붕, 그리고 전형적인 철제 울타리로 치장한, 앞마당을 갖춘 도시 주택이 도로와 분리되어 있어 쾌적한 느낌을 주었다. 퇴창이 있는 네빌의 집은 길가 쪽으로 5미터, 뒤쪽으로는 15미터도 넘게 펼쳐진 독특하게 형성된 작은 주택가에 자리잡고 있었다. 네빌과 그의 새 아내 엘리스는 1914년 봄에 이곳으로 이사해 왔다. 18세기 중반쯤 지어졌을 당시에는 적당한 크기의 2층 건물로 꽤 널찍했다. 집 뒤편으로는 배 과수원 자리였던 큰 정원이 마주하고 있었다. 2층 거실에 서면 캠 강 너머로 빅토리아 다리와 오래된 석조 교정, 그리고 대학으로 연결되는 보도들이 교차되는 넓게 펼쳐진 미드서머 커먼Midsummer Common을 바라볼 수 있었다.

해야 할 일, 지불해야 할 요금, 작성해야 할 서류들이 있었지만 이러한 잡무는 하디와 네빌이 대부분 처리해 주었다. 인쇄된 1년차 학생 명단은, 전년도 가을 학기 미켈미스 Michaelmas(10월 중순에 시작된) 후 작성되는데, 라마누잔의 이름은 푸 Pugh와 롤린스 D. Rawlins 사이에 수기로 적혔다.

처음 몇 주 동안은 새로운 약속들로 풍요했으며, 멋진 봄기운으로 더 아름다웠다. 나날이 날씨가 따뜻해져 5월에 개화하는 꽃들이 4월에 일찍 피었다. 시골 지방의 넓은 들은 블루벨 꽃들로 바다를 이루었다. 그 달 말, 조지 왕 King George이 케임브리지를 방문했는데, 수천 명의 학생들이 작은 영국기를 흔들고 그를 환영하며 다임러 Daimler 승용차에 기대 앉은 그의 눈길을 끌려고 하였다.

라마누잔은 이미 하디와 리틀우드와 함께 연구에 착수했다. 리틀우드는 일주일에 한 번 정도 만났고, 하디는 훨씬 자주 볼 기회가 있었다. 라마누잔은 활기 있게 열심히 연구했으며 행복해했다. 6월에는 집에 보내는 편지에 〈하디 씨, 네빌 씨, 그리고 다른 분들도 매우 겸손하고, 친절하고, 부지런합니다〉라고 썼다.

라마누잔은 학교에 다니러 케임브리지에 온 것은 아니었다. 그런데 4월 말에 시작된 봄 학기 중에 도착한 그는 몇몇 강의에 참석했다. 그 중에는 하디의 강의도 몇 개 있었다. 나머지는 타원적분에 관한 내용이었는데, 50대 초반의 킹스 대학의 수학자 아서 베리 Arthur Berry가 강의했다.

학기 중 어느 날 아침 베리는 칠판 앞에 서서 학생들에게 몇 개의 공식을 풀어 보였는데, 한 부분에서 흥분으로 얼굴이 상기된 라마누잔을 보았다. 〈강의를 이해할 수 있겠나?〉 베리가 물어 보았다. 라마누잔은 고개를 끄덕였다. 무언가 첨가해 볼 생각은 없는가? 그러자 라마누잔은 칠판으로 걸어가서 분필을 들고는 베리가 아직 증명하지 않은 결과를 써 내려갔다. 베리가 나중에 술회하기를, 그것은 자신이 전에 몰랐던 내용이었다고 했다.

곧 라마누잔에 대한 이야기가 퍼졌다. 그 당시 대학생이었던 베일리 W. N. Bailey는 〈그에 대해, 시험에 통과할 수 없었다거나, 테러 같은 것에서 도망했다는 이상한 소문이 돌았다. 그러나 이런 소문과는 따로, 우리는 그의 이름이 라마누잔이란 것만은 알고 있었다〉.

사람들은 그를 자주 보지는 못했다. 그는 평소 자신의 방에서는 바쁘게 지냈다. 그런데 사람들은, 그가 아직 서양 신발을 신을 줄 몰라서 슬리퍼를 신고 트리니티의 대교정을 〈어정어정〉 걸어가는 고독한 모습으로 기억했다.

하디의 방은 라마누잔이 잘 찾지 않았던 뉴 코트에 있었다. 이 작은 정방형 건물은 물론 케임브리지 기준으로 〈새(new) 것〉이었는데, 대학의 대부분의 건물들은 건축된 지 200년 정도 지난 1823년에 지어졌다. 하디는 A계단의 2층에 살았는데, 뒤쪽을 가로질러 늘어서 있는 200년 된 라임나무가 두 줄로 서 있는 대로 바깥으로 향하는 입구 바로 너머에 있었다. 네빌의 집에서 하디의 방까지는 상당히 먼 거리였다.

6월 초 체스터타운 가에서 6주 정도 보낸 라마누잔은 훼웰 교정 Whewell's Court의 P계단 방으로 옮겼다. 그는 〈내가 대학 밖에서 머문다면 교수님이나 나 자신에게 불편할〉 것이라고 했다.

아마 그는 네빌가(家)를 떠나는 게 슬펐을 것이다. 네빌은 라마누잔에게 자신감을 갖게 한 최초의 영국인이었고, 라마누잔이 네바사호에서 내리던 그 순간부터 영국 생활에 쉽게 적응하도록 많은 도움을 줬다. 게다가 그와 그의 아내 엘리스는 진심으로 환대를 해 주었고, 훌륭히 대접해 주었다.

하디의 연구실에서 5분 거리 정도 떨어져 있는 훼웰 교정에서 라마누잔은 창문 너머로 20년 전 하디가 대학원생일 때 생활하던 곳을 바라보았다. 하지만 라마누잔은 뒤진 수학을 만회하기 위해 20년치 분량보다 훨씬 더 많은 공부를 해야 했다. 어느 의미에서 그는 1886년 카의 『개요』를 끝냈을 때 그의 교육도 끝난 셈이었다. 그리고 카의 수학은, 당시로서는 새로웠지만 거의가 1850년이 지나면서 개발된 내용이어서 진부했다.

그래서 라마누잔은 배워야 할 게 많았다. 그렇지만 하디 역시 마찬가지였다.

하디와 함께

이젠 하디와 케임브리지에서 함께 지내기 때문에, 문화나 지리적인 차이로 오해할 수도 있는, 길고도 읽기 어려운 편지가 더 이상 필요하지 않았다. 이제 라마누잔은 하디를 거의 매일 보았고, 국제 우편으로는 설명하기 싫었던 인도에서 개발했던 방법들을 그에게 보여줄 수 있었다. 하디도 라마누잔의 노트를 앞에 함께 놓고 마음껏 연구할 수 있었다.

하디는 라마누잔이 처음에 보낸 두 통의 편지에 담긴 120개 정리 가운데 다수가 그의 노트에서 그대로 가져온 것임을 알 수 있었다. 두번째 노트 제5장 30절에는 〈다른 소수 제수 가운데 한 홀수〉로부터 얻어진 수들에 대하여 라마누잔이 첫번째 편지에 썼던 것이 있었다. 제5장에는 베르누이 수에 관해 라마누잔이 처음 출간한 논문에 언급된 내용도 많이 있었다. 제6장에는 라마누잔이 고민하고, 하디가 정신병원까지 생각해 볼 정도로 생각했던 발산급수에 관한 첫번째 편지에서 나온 이상한 공식도 있었다. 그것은 설명하기 힘든 $-1/12$까지 더해진 $1+2+3+4+\cdots$였다. 표면상으로 볼 때는 엉터리지만, 더해서 드러낼 것이 없거나 무한대보다 정확해질 때까지 발산급수에 의미를 부여하려고 시도한 그의 노력을 한 눈에 알 수 있었다. 하디는 그 뒤에 숨어 있는 라마누잔의 추론 같은 것을 발견했다. 그것은 어느 곳에나 있는 초등 물리에서 빌린 개념으로, 라마누잔이 적었듯이, 〈물체의 무게 중심과 유사한〉 〈상수〉를 포함하고 있었다.

하디는 라마누잔의 결론 가운데 몇몇 오류를 발견할 수 있었다. 몇 개는 라마누잔이 생각했던 것만큼 깊이 있는 내용이 아니었다. 몇 개는 서양 수학자들이 50년 전, 또는 100-200년 전에 발견한 것을 독자적으로 재발견한 것이었다. 그러나 깜짝 놀랄 만큼 새로운 내용이 많았다. 그 중 3분의 1은 하디가 계산했을 것이고, 3분의 2는 이후의 수학자들이 추정할 것들이었다.

하디가 지금 보니, 라마누잔이 보낸 두툼하고 수학으로 가득 찬 편지에는 그가 지난 10여 년 동안 노트에 쌓아 놓은 것 중에서 보잘것없는 표본과 빙산의 가장 작은 부스러기만 있었다. 거기에는 수천 개의 정리와 따름 정리, 그리고 예들이 있었다. 아마 3,000-4,000개는 되는 듯했다. 이 같은 내용이 쪽마다 가득히 적혀 있지만, 증명이나 설명이 있어 알기 쉬운 것은 드물고, 대부분이 압축되어 경귀처럼 보였으며 정리는 모두 한두 줄로 축약되어 있었다.

이 노트는 수학자들이 갖고 있는 수학적 풍부함의 밀도를 언제나 과소평가했던 모든 수학자들을 좌절시킬 수 있을 것이었다. 라마누잔의 노트를 보는 데 7년이라는 시간을 들이고 나서, 1921년 하디는 〈발표되지 않은 자료 뭉치〉는 지금도 분석을 기다리고 있다고 말하곤 했다. 첫 노트의 12장과 13장에 있는 라마누잔의 연구 논문에 열중한 지 2년이 지난 후, 그는 초기하급수에 관해서는 현재까지 그가 따라 연구할 만한 것은 사실상 이 두 장뿐이라고 말하지 않을 수 없었다.

그 무렵, 헝가리의 수학자 폴리아 George Polya가 하디를 방문했다가, 당시에는 아직 출판되지 않은 라마누잔의 노트 사본을 빌려 갔다. 며칠 뒤 폴리아는 약간 질린 기색으로 그것을 하디에게 흔쾌히 돌려주었다. 그렇다. 그는 노트를 원하지 않았다. 그는 넋을 잃게 하는 라마누잔의 정리가 쳐놓은 거미줄에 한번 사로잡히면, 그것을 증명하느라고 남은 생을 보내 버리고 자신의 것은 아무것도 발견하지 못하게 될 게 뻔하기 때문이라고 말했다.

1929년 버밍엄 대학의 순수수학 교수이자 전임 트리니티 연구원이었던 왓슨 G. N. Watson과 케임브리지에서 라마누잔을 알았고 당시에는 리버풀 대학교에 있었던 윌슨이 라마누잔 노트를 들고 수학적 항해를 출발했다.

2년이 지난 후, 그들의 진행 상황을 얘기하면서 윗슨은 그 일이 〈가벼운 일이 아님〉을 인정했다. 예를 들어 방정식 .한 쌍을 증명하는데 한 달이 걸렸다. 그러나 그와 윌슨은 〈라마누잔의 노트를 편집하고 초기에 발견한 것들을 이해하기 쉽게 만드는 일에 자신들의 일생 대부분을 바칠 만한 가치가 있다〉고 생각할 정도로 라마누잔을 높이 평가한다고 했다. 그는 그 일이 다시 5년은 더 걸릴 것 같다고 생각했다. 실제로 1930년대 말쯤 그의 정열이 시들기 전에 윗슨은 그 일에 10년을 보내며 24편이 넘는 논문과 수많은 미발표 논문들을 만들었다(윌슨은 4년여 정도밖에 이 일에 참여하지 못했다. 1935년 대단치 않은 수술을 받은 후 사망했기 때문이다).

1977년 미국의 수학자 브루스 베른트가 윗슨과 윌슨이 그만둔 부분을 이어받아 연구에 착수했다. 13년간의 작업 후에 노트에 충실한 내용만으로 세 권의 책을 펴냈고, 그는 현재까지 그 일을 계속하고 있으며, 작업은 끝나지 않고 있다.

분명히 그 당시 라마누잔이 영국에 도착한 후 몇 달 동안 하디와 리틀우드는 노트를 대충 훑어보는 일밖에 할 수 없었다. 요점을 깊이 파고들거나, 특별히 흥미 있는 결과를 음미하거나, 특정 공식을 증명해 보려 하거나, 다른 것을 단순히 이해하려는 시도조차 할 수 없었을 것이다. 그렇지만 이렇게 한 번 훑어보고도 편지에 대한 강한 인상이 남기에 충분했다. 두번째 편지를 받은 후, 리틀우드는 하디에게 편지를 썼다. 〈나는 그가 최소한 야코비 정도는 된다고 믿을 수 있습니다.〉 하디는 그보다 더한 찬사로 평가했다. 〈대수적 공식이나 무한 급수의 변환 등은 그의 통찰력이며, 매우 놀라운 것이다.〉 이러한 분야에서 〈나는 그와 동등한 사람을 만난 적이 없다. 오직 오일러나 야코비와 견줄 수 있을 뿐이다〉라고 했다.

오일러와 야코비는 둘 다 수학사에 금자탑과 같은 인물이다. 오일러는 〈18세기에 가장 많은 연구를 한 수학자〉로 불리고 있는데, 그의 시대에 알려진 수학의 모든 분야에서 거의 800권의 서적과 논문을 저술했는데, 놀랍게도 그중 많은 부분이 시력을 잃은 후에 이룩한 업적이었다.

삼각함수를 오늘날의 형태로 제시한 사람이 바로 오일러로, 1748년 그의 책 『무한 해석 입문 Introductio in analysin infinitorum』에서였다.

오늘날 수학 교과서는 오일러의 상수, 오일러의 판정법, 오일러-매클로린 공식, 오일러 적분, 오일러 수로 가득 차 있다. 오일러가 사망한 지 20년 후에 태어난 야코비는 천재성 면에서 오일러와 거의 대등했다. 베를린 은행가의 아들이었던 야코비는 타원함수를 개척했고, 이를 수론에 응용했다. 그의 이름 역시 수학 분야에서 야코비 정리와 야코비 다항식에 잘 간직되어 있다.

그러나 오일러와 야코비는 단순히 〈위대한 수학자〉가 아니었다. 또한 하디와 리틀우드가 라마누잔을 이들과 비교한 것도 일시적으로 한번 해 본 말이 아니었다. 좀더 정확히 말하자면 이 두 사람은, 라마누잔 역시 〈형식주의〉에 속했던 것처럼, 특별한 수학적 전통을 보여 주었기 때문이다. 여기서 〈형식적〉이란 〈격식적〉이라거나 〈진부한〉 것을 암시하는 것이 아니다. 오일러와 야코비, 그리고 라마누잔은 (깊은 안목으로 보면) 수학적 형식 자체의 기쁨이라 할 수 있는 공식을 다루는 기술을 갖고 있었다. 〈형식적인 결과〉란, 공식이 무엇을 의미하는지 거의 개의치 않고, 공식 그 자체에서 완전히 나온 것들을 말한다. 오늘날에는 컴퓨터가, 경제 예측을 하든 자동차 범퍼를 나타내든 상관없이, 3차원 등고선으로 다루어 준다. 어떤 화가들은 주제 물체를 나타내는 만큼 형식이나 선 또는 성질에 대해서도 다룬다. 수학적 형식주의자들도 비슷한 식으로 일을 한다.

물론 모든 수학자들이 공식을 다룬다. 하지만 형식주의자들은 흥미를 돋구는 새로는 결과를 얻는 데 있어 마치 불가사의하게 모아 놓은 속임수나 기교를 필요로 하는 것과 같이, 형식에 대해서는 거의 마법사나 다름없다. 이들은 다른 것으로 등식이 되도록 바꾸어 놓는 식으로 하나의 변수를 간단한 형식으로 줄였다. 이들은 함수를 적분할 때, 미분할 때, 새 함수를 만들 때, 정밀함에 대해 고려할 때, 또는 이것을 무시할 때를 알았다.

하지만 이미 1914년경에는, 약간 조롱하는 듯한 평판이 그들을 따라다녔다. 하나의 예를 들어 보면, 훨씬 까다로운 입맛의 수학자들은 형식주의자들이 가끔 특정한 수학적 미세점들을 강압적으로 밀어붙인다고 따졌다.

게다가 형식주의자들은 수학적 침체 속에서 사는 것으로 보였다. 유용한 공식들은 미래의 연구 방향을 제시하며 새로운 수학적 분야가 개발되는 초기에 발견되는 경향이 있다. 그러나 분야가 성장하고 초기의 공식들이 적용되고 확장되면서, 종종 이들 공식은 사용하기에 너무 복잡해지는 경우가 있다. 라마누잔의 시대에, 이러한 일들이 수학의 여러 분야에서 일어나곤 했다.

그리고 전에 그랬던 것처럼, 엄청난 돈이 공식을 찾느라고 소모되었다. 형식주의자는 단지 마법사의 속임수에 불과한 것을 사용하여 중요한 새 영역으로 전환하는 데 실패하고, 깊은 사고의 부족과 옹색한 결과만을 만들어 내는 사람처럼 보이게 되었다. 그들의 것은 영리한 만큼 깊이가 있는 수학이 아니었다. 고도의 과학이 아니라 낮은 예술, 또는 검은 마술 같은 느낌을 주었다.

적당히 걸맞은 분류를 찾는다면, 라마누잔의 수학은 이에 적합하다. 그렇지만 라마누잔이 만약 마술사의 기술을 지녔다면, 그것은 거의 메피스토펠레스의 능력과 같은 것이라는 사실을 하디는 알 수 있었다. 라마누잔은 형식주의자의 진부한 전형을 무너뜨리는 형식주의자였다. 〈공식들이 활개를 치던 시대는 끝났다고 할 수 있으므로, 라마누잔은 100년 전에 태어났어야 했다〉라고 하디는 말했다. 그러나 〈그는 지금까지 가장 위대한 형식주의자이며, 누구도 대적할 자가 없는 수학적 재주를 가진 사람이며, 어떻게 얻었든 그의 정리들은 우아하고, 예상할 수 없으며, 깊이 있는 것으로 후세대의 수학자들이 평가할 것이다〉라고 하디는 인정했다.

그래서 하디와 리틀우드가 라마누잔의 노트를 처음 오랫동안 살펴보면서 느낀 감정은, 신비스러움과 경외감이 다소 뒤섞인 것이었다. 후에 출판된 라마누잔의 논문들을 논평하면서 리틀우드는 〈그가 이룩해 낸 결과는 아름답고 독특할 뿐만 아니라 거의 불가사의하다〉라고 말했다. 〈독특하기 때문에 선택된 것이라 독특할 것이라고 예상되는 만큼보다 더 독특할까? 교훈은, 우리가 결코 충분할 정도로 예상하지 못할 것처럼 보인다. 어쨌든 독자는 기쁜 놀라움의 충격을 경험할 것이다.〉

하디로서는 라마누잔의 정신적 신비감에 직면했던 일이, 친구 스노의 말처럼 〈가장 심오한 통찰력을 지녔으면서 현대 수학의 대부분에 대하여 문자 그대로 한번도 들어 본 적이 없는 사람에게 현대수학은 어떻게 보일까 생각에 잠기게 하는, 그의 생애 중 가장 독특한 경험〉이 되었다.

하디는, 〈라마누잔은 일반화하는 능력과 형식에 대한 감각, 그리고 가설을 신속하게 조정하는 능력을 모두 갖추었다. 이러한 능력은 실로 놀랍고, 그 자신의 독특한 분야에서 그에게 경쟁자가 있을 수 없도록 했다〉고 결론지었다. 그의 궁극적인 영향력에 대해 하디는 집필하던 당시에는 단적으로 말할 수 없었다. 왜냐하면 라마누잔의 특이성이 대단했기 때문이다. 〈조금 덜 이상했더라면 더 훌륭했을 것이다〉라고 덧붙였다.

그러나 그는, 〈그가 지닌 아무도 부정할 수 없는 한 가지 재능은 심오하고 누구도 필적할 수 없는 독창성이다〉라고 평가했다.

케임브리지로 라마누잔을 데려오는 데 어려움을 겪은 하디는, 이미 그의 노트에 익숙해진 뒤라서 다소 안도했을 것이다. 그리고 자랑스러웠다. 〈라마누잔은 내가 발견했다.〉 그는 〈나는 그를 만들어 내지 않았다. 어느 위대한 사람들처럼 그가 자신을 만든 것이다. 그러나 그의 업적을 접할 기회가 주어진 사람 중에 진정 능력 있는 사람으로서는 내가 첫번째였고, 발견한 보물을 즉시 알아볼 수 있었다는 것을 지금도 만족스럽게 생각한다〉고 했다.

라마누잔의 노트에는 출판할 만한 가치가 있는 내용이 많다는 것을 아는 데에는 그리 오랜 시간이 걸리지 않았다. 물론 편집이 필요했고, 모양을 갖추어야 하고, 분명한 영어를 사용하고, 좀더 익숙한 표기로 고쳐야 했다. 하디는 이제 그 일을 진행했다. 〈라마누잔의 원고는 모두 내 손을 거쳤다.〉 〈그리고 출판을 위해 매우 신중하게 편집했다. 초기 것은 내가 완전히 다시 썼다〉고 했다(그러나 그는 수학 자체에는 전혀 손을 대지 않았다고 덧붙였다. 이는 그가 공헌을 했을 경우 공저 논문이 전적으로 신뢰받을 수 있도록, 즉 신뢰를 위한 배려에서 한 말이다. 〈라마누잔은 미미한 도움이라도 감사를 나타내고자 하는 마음에 있어서 과도할 만큼 정확했다〉). 라마누잔의 꾸밈없는 노트 내용이 수학 논문으로서 세상 사람들이 보고 읽기에 알맞도록 새롭게 형식을 갖추기 시작했다. 6월쯤 그와 하디는 논문 두 편의 앞부분을 준비했는데, 그 가운데 하나는 서로 돌려보기에 충분했다.

매월 둘째 주 목요일에 하디는 케임브리지를 떠나 런던 수학회의 저녁 회의에 참석하러 오후 2시 15분발 기차를 탔다. 1914년 6월 11일, 피카딜리 근처 회의장에서 하디는 친구들에게 인사를 하며 라마누잔의 정리가 있는 원고를 내놓았다. 그들 가운데는 1년 반 전 라마누잔의 편지를 받은 홉슨도 있었다. 브롬위치도 그 곳에 있었는데, 라마누잔은 무한급수에 대한 그의 저서를 읽어 보도록 강력하게 권유받은 적이 있었다. 하디의 대학 시절부터 지도교수였던 러브 교수와 리틀우드도 있었다. 그러나 정작 라마누잔 본인은 이 자리에 없었다.

이듬해 1915년 6월 런던 수학회 저녁 회의의 하디의 발표를 포함해서, 라마누잔은 수많은 논문을 발표하게 된다. 1914년 그가 영국에 도착했던 해에는 단 하나밖에 없었다. 그것은 대부분 인도인의 연구물이 실리는 ≪계간 수학≫에 「모듈러 방정식과 파이(Pi)의 근사치」란 제목으로 게재되었다.

모든 학생들은 파이란 약 3.14인 원의 지름에 대한 원주의 비율이라는 것을 알고 있다. 그런데 이 파이의 근사값을 구하는 새로운 방법을 찾는 데 왜 시간을 낭비하는 걸까? 좀더 정확한 파이의 값을 구하려는 목적은 확실히 아니다. 이미 19세기 중반에 수학자들은 실제적인 필요를 훨씬 초과하는 소수점 이하 500자리까지 파이 값을 결정했다(캐나다의 두 수학자 조나단 보웨인Jonathan M. Borwein과 피터 보웨인 Peter B. Borwein 형제는 그때까지 알려진 우주의 둘레를 계산할 때 오차가 수소 원자 반지름보다 작도록 하려면 소수점 이하 39자리까지 필요하다고 했다).

그러나 파이는 단지 고등학교 기하 문제 여러 곳에서 찾아볼 수 있는 것만은 아니다. 파이는 기하학의 작은 부분뿐만 아니라, 수학으로 짠 태피스트리 전체를 꿰매 놓은 것이다. 수학자들이 각을 일상적인 단위인 도보다 파이에 기반을 둔 〈라디안 radians〉으로 표현하는 것이 훨씬 편리하다는 사실을 알아낸 이래, 파이는 삼각법에서도 중요한 자리를 차지하고 있다. 이것은 또한 또 다른 초월수 e, 그리고 다음과 같은 오일러의 우아한 관계식을 통해서 허수와 곧바로 관계가 된다.

$$e^{i\pi} = -1$$

수학적 사실을 나타내는 조금 낯설지만, 멋진 이 간단한 식 하나가 삼각함수와 기하학을 자연 로그로, 또 그로부터 허수의 세계를 전체로 묶고 있다. 파이는 심지어 확률론에서도 나타난다. 바늘 길이만큼 떨어져 있는 평행선들이 그어진 테이블 위에 바늘을 떨어뜨리면, 바늘이 평행선을 교차할 확률은 $2/\pi$이다. 파이는 나오고 또 나온다. 파이를 표현하는 새로운 방법을 찾아내면 겉으로 전혀 별개인 듯한 수학 영역들의 숨겨진 관계를 벗길 수 있다.

고대 사회에서는 흔히 파이의 근사값을 간단히 3이라고 했다. 7세기에 인도 수학자 브라마굽타는 10의 제곱근이라고 했는데, 이 값은 대략 3.16이다. 서양에서는 일찍이 파이를 기하학적으로 정의하고자 했다. 외접원을 그리고, 수직선을 세우고, 각을 이등분한다. 그러고 나서 평행선들을 그리고 둘러싸면 어떤 선분의 길이가 파이가 될 것이다. 〈원적 문제 squaring the circles〉라고 불렀던 이 고전적 문제는 불가능한 것으로 밝혀졌다. 하지만 아르키메데스는 다른 방법으로 기하학적 접근을 시도하여 파이의 값이 $3\frac{10}{70}$과 $3\frac{10}{71}$ 사이에 있다는 사실을 알아 냈다.

17세기 중반 미적분이란 강력한 도구가 나타나 파이로 수렴하는 다양한 무한급수가 나오게 되었다. 뉴턴 자신도 파이를 소수점 이하 15자리까지 계산했다. 그는 동료에게 털어놓길, 〈당시 다른 관심사가 없었기에 몇 자리까지 이런 계산을 했는지 말하기 부끄럽다〉고 했다.

파이를 계산하거나 근사값을 구하는 급수가 이처럼 놀랄 만큼 세련된 것은 라이프니츠나 스코틀랜드 수학자 제임스 그레고리 James Gregory, 케랄라 Kerala 같은 수학자들의 공로이다.

$$\frac{\pi}{4} = 1 - \frac{1}{3} + \frac{1}{5} - \frac{1}{7} + \frac{1}{9} + \cdots$$

존 월리스 John Wallis는 거의 동시대에 다음과 같은 무한 곱을 얻었다.

$$\frac{\pi}{2} = \frac{2}{1} \times \frac{2}{3} \times \frac{4}{3} \times \frac{4}{5} \times \frac{6}{5} \times \frac{6}{7} \times \cdots$$

다음과 같은 급수도 있다.

$$\frac{\pi-3}{4} = \frac{1}{2\times3\times4} - \frac{1}{4\times5\times6} + \frac{1}{6\times7\times8} - \cdots$$

따라서 파이는, 규칙에 따르지 않는 수라고 생각할 때(숫자에 규칙성이 없다. 소수 몇백만 자리까지 살펴보아도 규칙성은 전혀 발견되지 않았다), 급수로 나타내면 가장 간단하게 이해시킬 수 있다.

하디에게 보낸 라마누잔의 초기 편지에는 급수 근사법이 몇 개 포함되어 있었다. 그 당시 23쪽에 달하는 그의 논문은 파이를 구하는 다른 방법들로 채워져 있었다. 많은 부분이 모듈러 방정식에서 나왔는데, 모듈러 방정식은 1825년 프랑스 수학자 르장드르의 연구에서 비롯된 것이다. 라마누잔은 자신의 노트에서 이것을 철저히 조사했다. 대강 말해, 모듈러 방정식은 변수 x의 함수와 x의 정수멱(예를 들어, $x^{3.2}$이 아니라 x^3이나 x^4)으로 표현된 동일한 함수와의 관계이다. 물론 기법은 그것을 만족시키는 함수 $f(x)$를 찾는 것이다. 이들 함수는 희귀하지만 종종 수학자들이 연구할 수 있는 특별한 성질을 드러낸다. 라마누잔은 특정한 환경에서 파이 값을 매우 근접하게 구할 수 있는, 특정한 모듈러 방정식을 만족하는 함수들을 발견했다.

그의 결과 가운데 일부는 크로네커 Kronecker, 에르미, 웨버 Weber 같은 유럽의 수학자들이 예견했던 것으로 밝혀졌다. 하디는 라마누잔의 논문이 〈가장 흥미롭고 새로운 결과를 많이 포함하고 있다〉고 했다. 그의 급수 가운데 어떤 것은 얼마나 빨리 파이에 수렴하는지 놀랄 만한 일이었다. 그중 하나는 첫 항만으로 파이 값을 소수점 이하 8자리까지 계산할 수 있다. 몇 해 뒤에 라마누잔의 연구는 컴퓨터로 파이 값을 결정하는 데 가장 빠르다고 알려진 알고리듬인 점진적 단계법 step-by-step method의 기본이 되었다.

라마누잔은 카의 『개요』를 접한 후 10년이라는 긴 시간의 대부분을 지적으로 황무지인 곳에서 생활했다. 인도에서 그는 가족과 친구들과 익숙한 얼굴들에 둘러싸여 있었다. 그는 다른 남인도인들 사이의 남인도인이었고, 타밀어를 사용하는 사람들 사이에서 타밀어를 사용하는 사람이었으며, 다른 브라만들 사이에 있는 브라만이었다.

그렇지만 그는 한 세기에 나올까 말까 한 그 시대 수학자들 중 가장 뛰어난 수학의 천재였다. 그는 자신의 정리들을 대강 살펴본 나라야 나 이예르, 세슈 이예르와 같은 이들의 경이와 존경심을 일으켰다. 그러나 그때까지 그의 업적을 진실로 이해할 수 있는 사람은 없었다. 그는 혼자였고, 동료를 가져 본 적도 없었다.

이제 그에게는 리틀우드와 하디가 함께 있다. 케임브리지에서 마침내 그는 지적인 안식처, 그의 연구에서 그가 생각해 온 모든 것을 지켜보는 수학자들의 공동체를 발견했다. 하지만 적어도 처음에는 외계의 땅에 발을 디딘 이방인보다 더했다.

1914년 4월 그가 찾은 케임브리지는 밀 가 Mill Road에 있는, 〈신나는 여우 사냥으로 장대하고 흥미진진한 드라마〉라고 광고했던 〈위대한 유산 The Fatal Legacy〉이 공연된 극장이 있는 케임브리지였다. 구체스터타운 유원지는 행락객들로부터 잔디를 보호하는 철조망을 설치하고 있었고, 신문의 화젯거리는 고 에드워드 왕의 애견 케사르 Caesar가 지난 토요일 죽었다는 것이었다.

남인도인에게는, 영국인들이 사용하는 칼과 포크, 그리고 인도에 있을 때 라마찬드라 라오가 라마누잔에게 가르치려 했던 것들이 입 안으로 뚫고 들어오는 단단한 금속의 침략으로 느껴졌다. 자유로웠던 발이 신발에 익숙해지는 데 몇 달 걸렸다. 영어 이름들은 한 덩어리로 느껴져 모두 흐릿했다. 그리고 둥글든 모나든, 갈색 또는 금발 머리를 한 얼굴들이 모두 같아 보였다. 어떤 영국인과 몇 시간이나 이야기를 하고도 나중에 길에서 만났을 때 알아보지 못할 수도 있었다.

그럼에도 불구하고 라마누잔은 도착의 흥분 속에 보낸 처음 몇 달 동안 감정의 물결에 완전히 휩쓸려 그 어떤 향수도 외로움도 좌절도 느끼지 않았다. 그가 적응하는 모습을 가까이에서 지켜본 네빌은 이렇게 말했다. 〈그는 아직 익숙지 않아 입에 맞지 않는 채소와 26년간 자유롭던 발을 구속하는 신발과 낯선 문명의 삶에서 사소한 불편만을 느낄 뿐이었다. 하지만 그는, 그가 입문한 수학자의 사회를 충분히 즐기는 행복한 사람이었고, 인도 학생들의 우상이 되었다.〉 그는 돈도 쓸 만큼 지니고 있었다. 연구하는 데 충분한 자유 시간도 있었다. 오래된 마을의 자갈길에서, 잔디가 덮인 교정에서, 그리고 중세의 예배당 같은 마드라스와는 동떨어진 세계에서 라마누잔은 일종의 지적 해탈 상태를 발견했다.

그러나 그때, 첫번째 대포 소리가 울렸다.

루뱅의 불꽃

제1차 세계대전은 예측된 일이기도 했지만, 동시에 예측하지 못한 일이기도 하였다.

누구나 전쟁이 일어나리라는 것을 알고 있었다. 1913년과 1914년, 유럽은 소용돌이에 빠져들었다. 1914년 6월 28일 발생한 오스트리아 황태자 프란츠 페르디난트Franz Ferdinand의 피살이 결과적으로는 어쩔 수 없는 사건들의 도화선이 되었다. 동맹 관계였던 독일과 프랑스가 전쟁을 선포했다. 독일 군대가 벨기에를 휩쓴 후 프랑스를 포위했을 때, 영국 또한 전쟁을 선포했다. 1914년 8월 4일 오전 11시가 되자 전 유럽이 곧 프랑스와 영국과 다른 연합국에 맞서 정비된 독일과 동맹제국에 끼여들게 되었다.

많은 사람들에게 전쟁은 40년 넘게 지속된 평화의 시기 동안 쌓인 긴장을 불태우려고 뜨겁게 찾아 헤매던 기회였다. 유럽은 깃발을 휘날리며 군가 소리에 맞추어 전쟁 속으로 행진하였다. 군인들은 생기가 넘쳤고, 하사관 병사들은 건장하였다. 적들은 대가를 치를 것이고, 전쟁은 한두 달이면 끝날 것 같았다. 누군가 말했듯이 군대는 〈낙엽이 지기 전에 고향으로 돌아오게 될 것이었다〉.

전쟁의 가공할 경악스러움은 전혀 예상하지 못한 부분이었다. 아무런 설명도 없었고, 군대의 영광스런 흥분은 달이 가고 잔혹한 해가

230

연달아 지나도록 전쟁터에 좌초될 뿐이었다. 8월에 독일군은 프랑스를 유린하려는 슐리펜 작전 Schlieffen Plan에 따라 벨기에를 쳐들어 갔다. 프랑스는 그들의 세븐틴 작전 Plan Seventeen에 따라 베를린을 목표로 비슷한 공세를 취했다. 조급하게 승리를 바라면서 전쟁 초기 6주 동안 격돌하였다. 대군이 맞닥뜨려 피를 흘렸다. 작전이 잘못되어 갔다. 그리고 9월의 마른 강 전투 Battle of Marne가 막을 내린 후, 전장의 기동작전은 참호전으로 바뀌었다. 바바라 터치먼 Barbara Tuchman은 『8월의 대포 *The Guns of August*』라는 책에서 〈프랑스와 벨기에 지역을 가로질러 썩은 상처처럼 스위스에서 영국 해협까지 이어진 서부전선 the Western Front의 참호들이 전쟁의 유리한 위치와 진흙탕 속의 잔인하고 미친 살인 행위인 소모전을 4년 넘게 결정하였다〉라고 했다.

9월 11일 독일과 프랑스가 마른 강에서 격돌하는 동안, 라마누잔은 어머니에게 편지로, 〈이 나라에는 전쟁이 없습니다. 전쟁은 이웃나라에서만 계속되고 있습니다. 말하자면, 전쟁은 (마드라스)시에서 멀리 떨어진 랑군 Rangoon만큼이나 먼 나라에서 벌어지고 있는 셈이에요〉라며 안심시켰다.

그것은 진실이 아니었다. 전쟁은 훨씬 가까이 있었다. 사실 케임브리지는 이미 전쟁의 충격을 받았었다. 8월 첫 주에 아일랜드에서 온 제6사단이 케임브리지에 집결하여 체스터타운 네빌의 집 바로 건너 미드서머 커먼에 진을 쳤다. 그리고 코퍼스 크리스티 대학 Corpus Christi College은 장교 교육부의 임시 사령부가 되었는데, 교수와 학생들과 연구원들이 모두 자원 봉사를 했다. 렌 Wren 도서관 아래 세로로 나눠진 지역에 있는 트리니티는 야전 병원이 되었다. 침대의 수평을 맞추기 위해 울퉁불퉁한 돌 바닥 위에 나무판이 깔렸고, 교정 남서쪽 모퉁이의 도서관으로 올라가는 나선형으로 생긴 계단 근처에는 병실들이 설치되었다. 리틀우드가 살던 근처의 남쪽 회랑은 수술실이 되었다. 하디의 뉴 코트에 있는 방들은 사무실로 변하였다.

8월 14일 적십자 마크가 새겨진 구급차 한 대가 트리니티에 급조된 야전 병원인 제일동부통합병원 First Eastern General Hospital에 공식적인 첫 환자를 실어 왔다. 8월 말 독일은 루뱅을 불태웠고, 벨기에 몬스 운하 Mons Canal를 따라 방어하던 영국의 2개 사단이 퇴각했다. 후퇴하기 전 9시간의 전투에서, 영국은 1,600명의 사상자를 냈다. 많은 부상병이 네빌 교정 도서관에 마련된 침대로 옮겨졌다.

9월 초 제6사단은 프랑스로 떠났다. 하지만 케임브리지에는 여전히 군대 사람들로 가득했고, 전방으로 갈 사단의 뒤를 이을 훈련소가 남아 있었다. 비가 오면 대포 수레를 끄는 말과 군차량이 도로의 진흙 속을 휘젓고 다녔다.

전쟁 초기에는 강경 정책이 냉소주의에 의해 아직 파묻히지 않았다. 〈죄악과 이기주의를 신조로 독일이 타락하는 것이 지독하게 싫다〉라고 잭슨은 기록했다. 〈왜냐하면 내가 프러시아 사람들을 결코 신사라고 생각하지는 않지만, 그들의 근면과 효율성을 깊이 존경했으며, 그것들을 국민적 덕성이라고 생각했기 때문이다. 그렇지만 지금은 그들의 장점이 악을 도와주고 있다.〉 트리니티의 학장 헨리 버틀러 Henry Butler는 이러한 생각을 하였다. 〈독일 보병은 총을 쏠 수도 없고 총검을 견딜 수도 없다. 마지막으로 그들은 달아나다가 후방에서 일격을 당할 것이다.〉

독일에 대한 반감은 커져 갔다. 심지어 라마누잔조차 어머니에게 보내는 편지에 벨기에로 진격한 독일에 대해 다음과 같이 썼다. 〈독일군은 도시에 불을 지르고 아이, 여인, 노인 할 것 없이 모든 사람들을 학살하고 있습니다.〉

영국의 대중 잡지 ≪스트랜드 Strand≫에는 〈당혹감〉이라는 제목이 붙은 오래된 고정 면이 있는데, 매력적인 제목으로 흥미를 끄는 퍼즐을 싣고, 정답을 다음 달 호에 실었다. 1914년 12월, 〈마을 여관에서의 퍼즐〉에서 상상의 도시 리틀 부르첼폴트 Little Wurzelfold로 독자를 끌었는데, 주된 흥밋거리는 바로 벨기에의 루뱅에서 벌어진 일이 었다.

8월 말 독일군은 문명화된 대중들에게 노골적으로 야만적 정책을 추구하면서 리에주 Liège와 브뤼셀 사이에 있는 벨기에의 중세 도시 루뱅을 불태웠다. 그들은 루뱅 전역에 불을 질러, 25만 권의 서적과 중세의 필사본을 소장한 대 도서관을 파괴했을 뿐만 아니라 수많은 시민을 죽였다. 루뱅의 방화는 세계를 공포에 떨게 했고 독일에 반대하는 여론을 일으켰으며, 프랑스·러시아·영국을 전에 없이 굳건히 결합시켰다. 영국의 신문들은 〈야만인의 행진 The March of the Hun〉이라면서 비난의 목소리를 높였다. 루뱅은 문명의 몰락에 대한 상징이 되었다. 그리고 이제 그것이 ≪스트랜드≫의 〈당혹감〉 난에까지 오르게 된 것이었다.

12월 호가 나온 지 얼마 안 된 어느 일요일 아침, 마할라노비스는 ≪스트랜드≫를 들고 훼웰 교정의 라마누잔 방 식탁에 앉아 있었다. 마할라노비스는 그 당시 자연과학 우등시험을 준비하고 있던 킹스 대학의 학생이었는데, 벽난로 옆에서 떨고 있는 라마누잔을 발견하고 영국 담요의 차이점을 가르쳐 주었다. 그리고 난 지금, 라마누잔은 작은 뒷방에서 가스 불 위에 얹은 야채를 젓고 있었는데, 마할라노비스는 그 문제에 흥미를 느끼고 친구에게 얘기했다.

〈문제를 내볼 테니 풀어 보겠나?〉 하고 옆방에 대고 소리쳤다.

〈무슨 문제인데? 말해 보게.〉 라마누잔이 여전히 야채를 저으며 말했다. 마할라노비스가 문제를 읽었다.

여관 난롯가에 둘러앉은 마을 사람들에게 윌리엄 로저 William Roger 가 말했다. 〈며칠 전 어떤 신사에게 독일군이 폐허로 만든 루뱅이란 곳에 대하여 이야기를 하고 있었지요. 그는 그 곳에 사는 벨기에 친구를 방문하곤 해서 그 곳을 잘 안다고 합디다. 그 친구의 집은 긴 거리에 있었는데, 그의 집 이쪽부터 1, 2, 3, … 이런 식으로 번지가 매겨져 있다는군요.

그런데 그 집 이쪽의 번짓수를 다 합하면 다른 쪽 번짓수 전부와 꼭 같답니다. 재미있지 않습니까? 그가 알기론, 그 곳 길에는 쉰 채 이상의 집이 있었다고 합니다. 그러나 500채가 넘을 정도는 아닙니다. 이 문제를 동료에게 말하니, 그는 연필을 집어들고 벨기에 사람이 살던 집의 번지를 계산했습니다. 그런데 난 그가 어떻게 계산해 냈는지 모르겠어요.〉

아마 독자들도 그 집 번짓수를 알고 싶을 것이다.

시행착오를 통해, 마할라노비스(그는 인도 통계 연구소 설립을 추진했고 영국학술원 회원이 되었다)는 몇 분 만에 답을 알아냈다. 라마누잔도 답을 생각해 냈으나 복잡한 것이었다. 〈풀이를 받아적어 주게나〉라고 말했다. 그러고는 분모가 어떤 수와 분수의 합이고, 그 분수의 분모는 어떤 수와 분수의 합이고, 이렇게 무한히 계속되는 연분수를 받아쓰게 했다. 이것은 그 문제의 풀이만이 아니었다. 그 퍼즐이 암시하고 있는 문제 전체에 대한 풀이였다. 말한 대로의 문제에는 288채의 집이 있는 거리에 204번지라는 하나의 답만 있다. $1+2+\cdots+203=205+206+\cdots+288$. 그러나 쉰 채 이상 500채 이하라는 조건이 없다면, 다른 답도 있다. 예를 들어, 여덟 채의 집이 있는 거리에서는 6번지가 답이 될 수 있다. 왜냐하면 왼쪽의 $1+2+3+4+5$와 오른쪽의 $7+8$이 같기 때문이다. 라마누잔의 연분수는 모든 정답을 단 하나의 식으로 나타냈다.

마할라노비스는 깜짝 놀랐다. 그는 라마누잔에게 답을 어떻게 구했느냐고 물었다. 〈문제를 듣고 분명히 연분수가 답이라고 생각했네. 그래서 생각했지. 어떤 연분수일까? 그러자 답이 머리 속에 떠올랐네.〉

제타 함수의 근

〈답이 머리 속에 떠올랐다.〉 그도 가끔 말하듯이, 여신 나마기리의

호의로든, 아니면 서양인들도 〈직관〉이라고 막연하게 둘러대는 것이
든, 그렇게 복잡한 내용을 금방 떠올리는 라마누잔의 직관력은 매우
뛰어났다. 하지만 이것이 그의 수학적 발전을 침해했다. 직관력이 현
대 수학적 방법들을 배워야 하는 이유를 별로 느끼지 못하게 했고,
그의 무지를 감싸 주고 있었던 것이다.

〈그의 지식의 한계는 그 심오함만큼이나 놀라운 것이었다〉라고 하
디는 기록했다.

공적으로 들은 바는 없지만, 연분수를 능숙하게 다루는 데 전세계의
어떤 수학자보다 뛰어나고 모듈러 방정식과 복잡한 곱셈에 관한 정리들
을 연구해 낼 사람이 하나 있다. 그는 혼자서 제타 함수의 함수 방정식과
해석적 수론에서 가장 유명한 문제들의 핵심적인 용어들을 발견했다. 그
는 이중주기 함수나 코시의 정리 Cauchy's Theorem에 대하여 들어 본 적
도 없다. 그는 실제로 복소변수 함수의 막연한 개념조차 알고 있지 않다.
수학적 증명이 무엇으로 구성되었는지에 대한 그의 생각은 너무 희미하
다. 그의 모든 결과들은 새롭든 오래되었든, 옳든 그르든, 어떤 일관성 있
는 근거를 완전히 댈 수는 없지만, 논의와 직관과 귀납이 뒤섞여 이루어
진 것이다.

그 신비한 〈과정〉은 라마누잔으로 하여금 종종 심각하게 길을 잃
게 했다. 하디의 제타 함수에 대한 설명에서 그와 같이 구체적인 예
를 볼 수 있다.

라마누잔은 첫번째 편지에서 소수와 관련된 하디의 〈무한의 순서
Orders of Infinity〉에 대하여 언급했다. 그는 편지에서 무한급수의 형
태로 〈x보다 작은 소수의 개수를 정확하게 나타내는 함수를 발견했
다〉고 했다. 대단한 흥미를 느끼며 하디는 증명을 보여 달라는 답장
을 보냈다. 다음 번 편지에서 라마누잔은 〈소수에 대한 것이 잘못되
었다〉라고 자세히 설명했는데, 리틀우드는 이 편지를 보고 즉시 하디

에게 말했다. 이제 하디는 영국에 있는 라마누잔과 함께 그가 잘못된 이유에 대해 자세히 알아보게 되었다.

라마누잔이 소수의 매력에 빠진 최초의 수학자는 아니었다. 6이나 9(각각 2×3과 3×3으로 〈합성〉되는)와는 달리 2, 3, 5, 7, 11과 같은 소수는 수체계의 건물을 이루는 벽돌이었다. 수를 세어서 언제 소수가 나올지 알아보는 것은 어렵다. 어떤 패턴이 있지 않을까?

첫눈에 보기에는 아무것도 없다. 그러나 다시 살펴보면, 눈앞에 무언가 보일 것이다. 수를 계속 셀수록, 더 많은 소수가 있다. 마지막 소수란 없다. 유클리드는 2300여 년 전에 이것을 증명했다. 〈소수는 이론을 세워야 할, 세련되지 않은 거친 재료이다. 유클리드의 정리는, 우리가 이 문제에 대하여 많은 재료를 갖고 있다는 것을 확신시켜 준다〉라고 하디는 말했다. 수를 다 셀 수 없는 것처럼 소수도 결코 다 셀 수 없다.

자, 그렇다면 그것은 대단한 사실이다. 하지만 더 말할 것은 없는가? 있다. 수를 계속 셀수록 평균적으로 소수의 밀도가 낮아지는 것 같다. 소수는 계속 나타나지만, 소수를 만나는 비율은 떨어진다. 예를 들어 처음 100까지의 수에는 25개의 소수가 있다. 다음 100개의 수에는 21개가 있고, 아홉 번째 100개에는 15개가 있다. 때로는 짧은 간격에 높은 밀도로 존재하는 경우도 있다. 이를테면 1,100과 1,200 사이에는 16개가 있다. 그러나 평균적으로는 감소한다.

그 밖에 다른 내용은 없는가? 있다. 소수의 밀도가 감소하는 반면, 속도는 천천히 떨어진다. 10억을 셀 때쯤이면 처음 1,000 안에는 100개마다 15개가 있었던 것에 비하여, 아직은 100개마다 5개씩 소수를 얻을 수 있다. 떨어지는 효과는 느리다.

이보다 더 정확히 알 수 있을까? 얼마나 천천히 감소하는지 말할 수 있는가? 달리 말해 어떤 수가 주어지더라도 그보다 작은 소수의 수를 나타내는 수학적 식을 만들 수 있는가?

한때 수학자들은 그 억제력, 곧 소수의 수가 증가하는 것을 감소시키는 수학적 〈힘〉이 로그적이라고 생각했다. 로그라고 알려진 수학적 함수가 어떻게든 작용하고 있다는 것이다.

〈로그적으로 줄어든다〉고 하는 것은 〈지수적으로 증가한다〉고 하는 것과 반대된다. 지수적으로 증가한다는 것은 자신의 증가력을 토대로 더욱 빠르게 오르고 또 오르는 일종의 도약을 의미한다. 복리는 지수적 과정으로 처음에는 천천히 증가하다가, 곧이어 가속이 붙는다. 그러나 로그적 증가는 이와 반대이다. 이자가 점점 더 조금씩 불어나는 것이다.

로그적인 반응은, 예를 들어 인간의 감각 영역 같은 자연 현상 어디에든 존재한다. 방 안의 불빛을 두 배로 밝히면 이는 잘 알아볼 수 없다. 눈은 한낮의 태양 빛이나 1마일 떨어져 가물거리는 성냥불도 알아볼 수 있다. 왜냐하면 이 반응은 로그적이기 때문이다. 만일 빛의 세기를 10^3인 1,000배로 올린다면, 그 결과는 대체로 1,000이 아니라 세 배 정도일 것이다.

수학자들이 소수를 보고 오랜 동안 생각했던 증가 속도가 떨어지는 효과는 그와 같이 느린 로그적 증가, 곧 수학적으로

$$\pi(x) = \frac{x}{\ln x}$$

이었다. 여기에서 $\pi(x)$는, 〈파이 오브 엑스〉라고 읽는데, 이는 수 x가 처음 나올 때까지 만나는 소수의 개수를 의미한다. 그리고 방정식은, 이것이 단순히 x를 x의 자연 로그로 나눈 값과 같다는 것을 말하고 있다. 사실 이것은 정확한 답이 아니다. 오히려

$$\pi(x) \sim \frac{x}{\ln x}$$

이다. 이 식은 근사값이라는 점을 빼고는 앞의 식과 같은 개념인데, x가 커질수록 더 나은 근사값을 나타낸다고 생각했다(가우스는 실제

로 이것을 로그 적분으로 나타냈는데, 이것은 원칙적으로 비슷한 것이다).

1896년 프랑스의 수학자 아다마르Hadamard와 벨기에의 발레 푸생 Vallee-Poussin이 이와 같은 관계식으로 알려진 오랫동안 예측되었던 소수 정리를 증명했다. 그리고 이것은 1914년까지 확립된 이론이었다. 이 정리에 따르면, x가 커지면 핵심이 되는 비율 —— $\pi(x)\ln x/x$ —— 이 1로 가까이 간다는 것이다. 이는 썩 훌륭한 사실로, 확실히 확고한 수학적 기초 위에 보탬이 되는 것이었다. 그렇지만 여전히 추정 값일 뿐, 정확성에는 어떤 실마리도 주지 않는다. 이 비율이 얼마나 빨리 1로 접근하는지 설명하지 못하며, 하물며 임의의 수에 대하여 그 수까지의 소수의 개수를 나타내는 공식도 도출할 수 없다. 예를 들어, 처음 100만까지의 정수에는 정확히 7만 8,498개의 소수가 있다고 말할 수도 없다. 그런데 라마누잔은 자신의 편지에서 하디에게 자신은 할 수 있다고 자신 있게 선언한 것이다. 〈x보다 작은 소수의 개수를 정확히 나타내는 함수를 찾았습니다.〉

하지만 그는 그렇게 하진 못했다.

라마누잔의 공식은 두번째 편지에서 그가 제시한 세 가지의 변형으로서 무한급수였다. 예를 들어 1,000까지 이르는 x값에 대하여 실질적으로 정확히 일치하는 값을 제시했다. 라마누잔의 함수는 더 큰 값들에서도 놀라울 정도로 근접하고 있다는 것을 하디는 나중에 발견했다. 처음 900만까지의 수에는 60만 2,489개의 소수가 있다고 알려져 있었다. 라마누잔의 공식이 제시한 수는 소수 정리의 표준적인 형태가 제시하는 것보다 더 가까워서, 오차가 53에 불과하였다. 게다가 이것은 결정적인 가치를 갖고 있는데 그것을 사용할 때 수반되는 어떤 오차도 유계이며, 이 오차는 주어진 범위 안에 있다고 그는 주장했다. 이것이 첫번째 편지에서 그가, 오차항의 〈정확한 크기〉가 〈아직 결정되지 않았다〉는 하디의 주장을 반대한 이유다. 자신의 공식은 오차항의 정확한 크기를 결정했다고 그는 주장했다.

하지만 그렇지 않았다. 1913년으로 거슬러 올라가, 하디의 첫 격려

238

편지가 도착한 지 얼마 되지 않아 라마누잔의 친구 나라야나 이예르가 소수에 대한 라마누잔의 결과 중 몇 가지를 ≪인도 수학회≫에 실었다. 그리고 〈증명은 다음에 게재될 것이다〉라고 덧붙였다. 하지만 결코 그렇게 될 수 없었을 것이다. 왜냐하면 라마누잔의 결론이 틀렸기 때문이다.

라마누잔이 영국에 있을 때, 하디는 라마누잔의 노트를 연구했다. 더욱이 라마누잔이 주장하는 내용을 충분히 검토해 왔으므로 그가 어디에서 실수를 했는지 알게 되었다. 라마누잔은 그의 공식에서 x보다 작은 값에 필요 이상 의지했기 때문에 잘못된 결과를 이끌어 낸 것이다. x보다 더 큰 값에 대한 오차는, 그가 생각했던 것보다 훨씬 더 컸다. 그가 이러한 것들을 시도했더라면, 그의 접근 방법에서 좀 더 근본적인 결함을 알았을 것이다. 라마누잔의 정리는 〈(말하자면) 제타 함수 zeta function가 복소수 근을 갖지 않는다면 성립할 이론이었다〉고 하디는 말했다.

리만 제타 함수는 간단히 복소 변수의 항으로 표현된 무한급수라고 할 수 있다. 여기서 〈복소〉의 의미는 어렵다거나 복잡하다는 것이 아니라, 〈실부〉와 〈허부〉의 두 성분을 가진, 한데 합치면 2차원 평면 위를 움직이는 점으로 생각할 수 있는 변수를 말한다. 1860년에 게오르크 프리드리히 베른하르트 리만 Georg Friedrich Bernhard Riemann은 제타 함수와 관련하여 여섯 개의 가설을 제시했다. 라마누잔의 시대에 이르러서는 다섯 개가 증명되었다. 하나는 오늘날 리만의 가설로 남아 아직 증명되지 않고 있다.

제타 함수를 0이라고 하면, 그 결과 생기는 방정식의 어떤 해들, 즉 그 〈복소수 근〉들은 그래프로 나타냈을 때 〈허축〉에서 오른쪽으로 2분의 1만큼 떨어져 허축과 평행한 특정한 직선 위에 놓여 있다고 리만은 추측했다. 그리고 이 가설로부터, 가설이 성립한다면 소수 정리 자체를 뛰어 넘어, 소수 분포에 대한 어떤 중요한 결론들이 자동적으로 나오게 될 것이었다.

그러나 리만의 가설이 성립할 것인가? 이는 오늘날까지 아무도 입증하지 못한 상태인데, 수학에서 증명되지 않은 가장 큰 가설 가운데 하나로 남아 있다. 라마누잔이 영국에 도착할 무렵, 하디는 결정적인 직선에 있는 무한개의 해들에 관하여 간단한 것만을 증명했다. 하지만 이것은, 그것들이 모두 있다는 말과 같은 것은 아니다. 유명한 독일 수학자 다비트 힐베르트David Hilbert는 언젠가 이렇게 말했다. 〈내가 1000년 동안 잠을 자고 깨어난다면, 맨 처음 내가 던질 질문은 '리만의 가설이 증명되었나?'일 것이다.〉

라마누잔은 혼자서 리만의 제타 함수 같은 것을 다루게 되었지만, 그는 그가 알아낸 사실을 잘못 이해하고 있었다. 그는 결정적인 복소수 근들을 무시하여 그들이 존재하지 않는 것으로 생각했기 때문에 잘못된 소수 정리의 변형을 간단히 얻게 된 것이다. 〈현대적 엄밀함에 대한 교훈이 비교적 안전성으로 인해 고려되지 않는 수학의 영역이 있다.〉 하디는 말했다. 〈그러나 해석적 수론은 그 안에 포함되지 않는다.〉

리틀우드는 소수에 기울인 라마누잔의 노력에 대해 이렇게 평했다. 〈이 문제는 해석학의 마지막 과제가 될 것이며, 푸는 데 100년도 넘게 걸릴 것이다. 그리고 1890년(아마 소수 정리가 증명된 1896년을 의미했을 것이다) 이전까지는 전혀 풀리지 않았었다. 라마누잔이 성공하지 못할 가능성도 있다. 그가 했던 일은 이 문제에 대한 시도가, 적어도 형식적인 측면에서 시작될 수 있으리라는 점을 인식한 것이며, 주된 결과가 성립할 것 같다는 점에까지 도달했다는 것이다. 그 공식은 최소한 표면에 있지 않고, 그의 성과는 전체적으로 볼 때 가장 뛰어난 것이었다.〉

하디도 리틀우드와 비슷하게 라마누잔의 오차를 너그럽게 생각하게 되었다. 하디는 〈어떤 면에서, 그의 실패가 그가 이룩한 어떤 성공보다 훌륭하지 않다고 생각하지는 않는다〉라고 했다. 하지만 그는 라마누잔이 잘못된 결론에 도달하는 과정에서 소수 정리를 재발견하였고, 소수들을 연구하면서 비록 기술적인 결함은 안고 있지만 뛰어난 것을 추구했다는 사실을 알게 되었다.

이제까지 라마누잔은 잘못된 길을 걸어 왔지만, 지금은 영국에서 하디의 지도 아래 스스로의 오류를 이해하게 되었다. 〈그의 직감이 그를 잘못 이끌었다〉라고 하디는 말했다. 그 말이 핵심이었다. 라마누잔의 〈직감〉은 확실히 어떤 면에서 볼 때 당시 어떤 수학자보다 좋았지만, 충분한 것은 아니었다.

기계적인 직관에 의존하는 자동차 기술자는 엔진을 지배하는 물리적·화학적 원리를 설명하지 못하면서도 그것이 어떻게 작동하는지 알 수도 있다. 작가는 왜 그런지 설명할 수 없더라도 어떤 장면이 다른 장면 앞에 나와야 한다거나, 뒤에 나와서는 안 된다는 것을 아는 것만으로도 충분히 아는 것이다. 그러나 수학자들은 어떤 것이 참이라는 것을 생각해 본다든지, 가정한다든지, 주장하는 것으로 만족하지 않는다. 반드시 증명해야 하거나, 또는 하디가 말하듯이 〈참인 것이 인정되고 규칙에 따라 정리된 일련의 명제들, 곧 변환된 명제 패턴의 절정으로서 결론을 보여 주었다〉고 느낄 수 있어야 한다.

증명은 단순히 케이크 위에 얹어 놓는 크림이 아니다. 정수의 수열 31, 331, 3331, 33331, 333331, 3333331을 보자. 각각은 소수이다. 이 수열에서 다음에 나오는 수도 소수이다. 어떤 숨겨진 패턴을 발견했는가? 그렇지 않다. 패턴은 뒤에 나오는 17과 19,607,843의 곱에서 스스로 깨진다. 또는 $2^{2^n}+1$ 형태의 수는 어떤가? $n=1, 2, 3, 4$에 대하여 모두 소수이다. 모든 n에 대하여 그런가? 페르마가 그렇게 추측했으나 그의 추측은 틀렸다. 왜냐하면 오일러가 발견했듯이, 바로 다음 수마저 소수가 아닌 641과 6,700,417의 곱이기 때문이다.

보기에는 〈분명한〉 패턴이 전혀 패턴이 아닌 것으로 드러나는, 이와 비슷한 많은 예가 수론을 비롯한 수학 전반에 걸쳐 나타난다. 하디가 즐겨 인용했던 것 또한 소수 이론에서 나온 것이었다. 소수 정리에 따른 근사값과 계산으로 드러난 실제의 소수 개수를 비교하면, 근사값이 항상 더 높게 나왔고, 오차는 항상 같은 방향에 있었다. 천, 만, 억, 조, 그래도 항상 같은 결과가 나오고, 그래서 언제나 그렇다는 직관적 주장을 더욱 강화하므로, 그 사실을 구체화하는 정리는 아마 술술 써 나가고 증명하는 데 엄청난 가치를 지닐 것이었다. 그러나 그러한 정리는 증명되지 못했다. 왜냐하면 직관적으로 분명하고, 또 그렇게 보일지라도, 간단히 그것은 참이 아니었다.

라만누잔에게서 소식을 듣기 1년 전, 리틀우드는 만약 충분히 큰 수에 대하여 소수 정리는 실제 소수 개수보다 많지 않고 더 작은 값을 추정하게 된다는 것을 증명했다. 후에, 누군가가 그보다 작으면 역이 성립하는 수를 찾아냈다. 하지만 웃음이 나올 만큼 큰 수였다. 우주 안의 입자 수보다 더 크고, 체스의 가능한 게임 수보다 더 컸다. 하디는 〈수학에서 어떤 확실한 목적으로 사용된 가장 큰 수〉라고 했다. 그리고 직감이 얼마나 나쁘게 적용되는지, 그래서 언제나 증명에 따라야 한다는 가장 극단적인 실례를 만들었다.

그러므로 무언가를 증명하는 것은 수학적 대상 A, B, C와 따라야 하는 제한 D, E, F에 대하여, 그 정리가 성립한다는 일종의 보장이다. 정리는 힘들게 사용되는 경우도 견뎌 내야 하며, 때로는 예기치 못한 새로운 상황에서 적용되기도 할 것이다. 적용되는 조건에 정확히 들어맞지 않으면, 틀릴 수도 있다. 충분히 엄격한 증명 절차를 거치지 않은 수학자는, 용의자의 유죄를 확신하다가 〈그래, 그렇지만 그만한 증거로는 배심원이 납득하지 않아〉라는 상관의 주의를 받는, 영화에 나오는 건방진 젊은 경찰관과 비슷한 면이 있다.

그의 노트 전반에 걸쳐, 그리고 그가 인도에서 보냈던 시간과 초기의 편지에서 라마누잔은 〈용의자가 죄를 범했다〉라고 하면서 수천 가지 증거를 주장했다. 대부분 그가 옳았고, 용의자가 죄를 지었다. 즉 그의 결과가 사실이었다. 그리고 그가 영국으로 오기 전까지는, 확신에 대하여 보장을 할 능력이 없었다. 소수 정리의 새로운 변형에 대한 라마누잔의 〈증명〉은 전혀 증명이 아니었다.

어떻게 증명이 잘못될 수 있는가? 어떻게 자신이 말한 것이 옳다고 확신하면서, 단지 다른 수학자들이 그렇지 않다고 보여 주는 추론을 의무적으로 따라야 하는가? 바꿔 말해, 겉으로 보기에 명확한 단계가 냉정하게 〈논리〉에 따라 연속되어 전개된 수학적 증명이 잘못될 수 있는가?

한 마디로, 모두 다 잘못될 수 있다.

그와 같은 실패의 예는, 사소한 것이지만 2=1이라는 것을 보여 줄 목적으로 제시한 〈증명〉이다. $a=b$라고 하자. 이제 식의 양변에 a를 곱하면

$$a^2=ab.$$

양변에 a^2-2ab를 더하면

$$a^2+(a^2-2ab)=ab+(a^2-2ab).$$

간단히 하면

$$2(a^2-ab)=a^2-ab.$$

이제 양변을 a^2-ab로 나누면,

$$2=1.$$

자, 보라. 식의 양변을 엄밀한 등식으로 다루면서 우리는 상식을 무시하는 결과에 도달한 것이다.

무엇이 잘못되었는가? 바로 기본적인 증명에서 흔히 잘못하는 것으로, 의미 없는 〈답〉을 나오게 하는, 수학적으로 허용되지 않은 연산인 0으로 나누는 것이다.

그러나 증명이 0으로 나누게 된다고 도중에 끼여들어 말하는 곳은 없다.

반대로, $a=b$로 시작했다면, 끝에 가서 a^2-ab로 나누므로 이것이 0이다.

라마누잔은 무척 순수했으므로, 그런 실수는 결코 범하지 않았을 것이다. 그럼에도 불구하고 그것은 바쁘게 기호들을 조작하고, 진행 중인 작업에 대한 사소한 차이점을 검토하지 않는 가운데 틀릴 수도 있다는 것을 보여 준다.

수학자는 수많은 어려움에 빠져들 수 있다. 미분할 수 없는 함수라는 것을 깨닫지 못한 채 함수를 미분할 수도 있다. 또는 급수에서 뒤에 나오는 항들이 앞에 나오는 항들보다 크기가 작다고 가정하고, 뒤의 항들을 생략할 수도 있는데, 실제로는 그것들이 급수의 합에 본질적인 부분일 수도 있다. 또는 유한개의 항에 맞는 연산이 무한개의 항에도 맞는 것으로 간주할 수도 있다. 또는 적분이 정의되지 않는 곳을 살피지 못하고 두 점 사이에서 함수를 적분할 수도 있으며, 그래서 〈무한대 마이너스 무한대〉와 같이 의미 없는 양을 다루며 증명을 해 나갈 수도 있다.

하디는 소수에 대한 그의 연구에서 이렇게 말했다.

라마누잔의 증명은 발산급수의 총체적인 사용에 의존하고 있다. 그는 2중 극한 연산의 교환에 포함되는 모든 어려움을 완전히 무시했다. 예를 들어, 그는 급수 $\sum a_n$의 합을 아벨의 극한

$$\lim_{x \to 1} \sum a_n x^n$$

의 값과, 또는 현대의 해석학자들에 의해 비슷한 목적으로 사용될 수 있는 다른 극한과 구분하지 않았다.

라마누잔의 직관은, 그를 중도 하차시킨 교육이 그에게 경고하는 데 실패한 많은 방해물을 제거하도록 했다. 문제는, 그가 가끔 틀린

다는 데 있는 것이 아니었다. 그가 옳았거나 틀렸을 때 정확히 그 시비를 가릴 수 있는 수학적 지식의 부족에 있었다.

라마누잔에 대해 리틀우드는 뒤에 말했다. 〈요즘엔 당연하다고 여겨질 만큼 친숙하지만, 증명이 의미하는 것이 무엇인지 명확한 개념을 전혀 갖고 있지 않았다. 만일 어디선가 추론의 중요한 부분이 나타나고, 증거와 직관력의 전체적인 혼합이 그에게 확신을 준다면, 그는 더 멀리 내다보지 않았다.〉

그래서 라마누잔이 하디와 함께 할 수 있다는 것은 그의 행운이었다. 엄밀함에 대한 하디의 고집은 그로 하여금 거의 독자적으로 영국 수학을 개혁하고, 순수수학에 대한 고전적 교과서를 집필하게 했다. 그는 2년 전 러셀에게 〈무엇을 증명하면, 진실로 증명하면 즐겁다〉고 했다. 〈만약 내가 당신이 5분 안에 죽을 것이라고 논리적으로 증명할 수 있다면, 당신이 죽는 것에 대해 유감을 표해야 하겠지만, 슬픔은 이 증명에 대한 기쁨으로 한결 경감될 것이오.〉 직감의 화신인 라마누잔은 증명의 사도인 하디에게 특별한 충격을 주었다.

그리고 이제, 그 후 몇 달 몇 년을 그랬듯이, 하디는 라마누잔의 지적 고립에 대해 지불했던 비용으로 생긴 적자를 보상해 주려고 그에게 일을 맡겼다. 스물여섯 살의 라마누잔은 장기적으로 세운 계획이 있었다. 그럼에도 불구하고 그는 응했다. 하디는 후에 다음과 같이 썼다.

그의 마음은 어느 정도 완고했고, 결코 〈정통〉 수학자가 될 수 없었다. 그러나 그는 여전히 일을 배우고, 게다가 특출하게 잘 해낸다. 체계적으로 그를 가르치는 것은 불가능했지만, 그는 새로운 관점을 점차 잘 받아들였다. 특히 증명의 의미를 알게 되어 특이했던 과거의 틀에서 벗어나 이후 그의 논문은 잘 배운 수학자의 논문처럼 읽을 수 있게 되었다.

1915년 초 마할라노비스가 《스트랜드》에 실린 루뱅 가 문제를 라마누잔에게 읽어 주던 무렵 라마누잔은 이미 사고 방식을 바꾸기 시작했고, 하디가 요구하는 방법으로 자신의 연구를 고치기 시작했다. 〈나는 연구 결과를 출판하려는 계획을 바꾸었네.〉 1914년 11월 크리슈나 라오에게 보내는 편지에서 라마누잔은 말했다. 〈내 노트에 있는 모든 연구 결과를 전쟁이 끝날 때까지 출판하지 않으려 하네. 이곳에 온 뒤 나는 그들의 방법을 배웠네. 그들의 방법으로 새로운 결과를 얻으려고 하네.〉 이듬해 초 그는 문자 그대로 새롭게 탈바꿈해 버린 옛날 연구 중 많은 부분을 따로 제쳐 두었다. 〈내 노트는 최근 4-5개월 동안 한쪽 구석에서 잠자고 있네.〉 2년 전 여름 별장에서 잠시 함께 기거했던 어릴 적 친구 수브라마니안에게 편지로 말했다. 〈내 노트에 있는 결과들을 아직 엄밀하게 증명하지 않아 현재의 연구만을 출판하고 있네.〉

증명과 엄밀성. 그는 하디를 따라서 그 복음서를 받아들이고 있었다.

그러나 새로운 방식을 받아들이면서도, 하디가 말하듯이 라마누잔의 〈독창적인 아이디어의 흐름이 줄어드는 징후는 보이지 않았다〉. 예를 들어 수브라마니안에게 보낸 편지 가운데 어느 한 대목에서 라마누잔은 갑자기 다음과 같은 얘기를 꺼냈다. 〈자네에게 매우 신기한 함수를 소개하겠네.〉 그러고는 다음과 같은 분수의 패턴을 적었다.

$$1, \frac{1}{2}, \frac{2}{1}, \frac{1}{3}, \frac{3}{1}, \frac{2}{3}, \frac{3}{2}, \frac{1}{4}, \frac{4}{1}, \frac{2}{4}, \frac{4}{4}, \frac{3}{4}, \frac{4}{3}$$

이렇게 해서 그는 독창적으로 함수를 만들었는데, 이 함수는 분수에 대해서는 수학적으로 정의되지 않는 급수로서, 분수로 표현되지 않는 〈무리수〉에 대해 존재하는 것이었다. 이것을 〈매우 신기한 함수〉라고 불렀다. 그리고 〈여기에 또 다른 신기한 점이 있는데……. 바로 이 함수가 어떤 성질을 갖는지 생각해 보게〉라고 했다. 이 함수의 독특한 성질을 발견한 그의 기쁨이 편지 전체에 나타났다. 이 함수는 라마누잔의 상표였다.

라마누잔의 위대한 성취에 있어 하디는 그의 창의력을 억압하거나 열정의 불꽃을 시들게 하지 않고 수학적으로 급속한 성장을 할 수 있도록 이끌어 준 사람이었다. 섬세한 필사본을 자신의 방식대로 가차없이 정정하는 못된 편집인처럼, 오류를 충실히 정정하고 그의 단점을 간파하는 것은 쉬운 일이었다. 하지만 하디가 알기로 라마누잔의 수학적 안목은 가장 뛰어난 기술적 숙달보다 훨씬 더 뛰어난 것이었다. 정리를 증명하는 데 필요한 모든 수학적 도구를 아는 것도 좋은 일이지만, 먼저 증명하기 위한 정리가 있어야 했다.

런던 수학회 논문집을 훑어보기는 쉽다. 거기에는 여느 수학 논문집과 같이 10여 쪽을 차지하는 증명이 100단계의 밀접한 추론의 절정으로 보이도록 만들어져 있다. 거기에서는 A에 뒤이어 B가 따라 나온다. 그리고 C는 B에서, ……, Z는 Y에서……, 이런 식으로 수학이란 확실성을 향해 밀집 행진하는 것에 지나지 않는 것처럼 보인다. 그러나 실제로 그런 식으로 연구하는 수학자는 없다. 형식적 증명에 대한 요구를 반영하는 것 같은 논리는 Z를 유도하는 통찰력에 대한 힌트를 전혀 주지 않는다. 오히려 하디 스스로가 말했듯이, 〈수학자는 통상 직관의 노력을 통해 정리를 발견한다. 결론이 그럴 듯하다고 판단되면, 증명을 만드는 일에 착수한다〉.

다른 창조적 산물이 그러하듯이, 정리 그 자체는 통찰력의 섬광 속에서, 또는 문제를 풀기 위해 수없이 많은 시간을 보내면서 계속 이어지는 작은 직관들을 통해 별안간 나타나는 경향이 있다. 자기만의 만족을 위해 하나의 결과를 비공식적으로 증명해 본 몇몇 특별한 경우가 있을지도 모른다. 그 후에는 다시 처음으로 되돌아가, 수학적 무기로 가득한 무기고에서 하디가 도전했던 잘 짜여진 증명 같은 것을 제공할지도 모른다. 하지만 모든 것은 증명할 무언가를 소유한 뒤에야 이루어졌다.

〈수학의 진보는 대부분 증명의 엄밀한 방법보다 직관력이 뛰어난

사람들에 의해서 이루어졌다.〉독일 수학자 펠릭스 클라인 Felix Klein
이 언젠가 말했다(미국의 수학자로서 나중에 케임브리지에서 하디의 뒤
를 잇게 되는 모델은 여기에 덧붙여, 〈클라인의 말이 라마누잔에게 적합
한 정도로……적용되는 다른 수학자는 매우 적다〉고 했다). 〈진짜 아이
디어〉는 수학 우등 시험처럼 어떤 무명의 수학적 지식에 의거해서
만들어지지 않는다. 그것은 어디선가 와야만 하고, 증명할 수 있기
전에 보여져야 한다. 그것이 어디서 왔을까? 이것이 창의력 과정의
학생들을 항상 따라다니며 괴롭히는 순환적이며, 공허하고, 궁극적으
로 만족할 수 없는 모든 설명의 근원이며, 불가사의한 것이다. 여기
에 〈재능〉이 대두되고, 여기에서 〈천재성〉과 〈예술〉이 나온다. 이는
확실히 가르쳐서 될 수 없는 일이다. 그리고 손에 들어왔을 때는, 육
성하고 보호해야 한다.

많은 수학의 기술자들이 지칠 줄 모르고 한 단계 한 단계 논리정
연하게 따라갈 수는 있었지만, 라마누잔의 재능에 비할 수 없다는 사
실을 하디는 알았다. 몇 년 뒤 하디는 타고난 수학적 능력에 대한 비
공식적인 척도를 생각해 냈는데, 자신을 25로 하고, 리틀우드에게는
30을 주었다. 동시대의 가장 뛰어난 수학자 힐베르트에게는 80을 주
었다. 그리고 라마누잔에게 100을 주었다.

〈그런 사람에게 체계적인 교육을 받고, 다시 한번 처음부터 수학
을 배워 보라고 요구하는 것은 불가능했다.〉하디는 말했다. 〈라마누
잔이 귀찮아하는 것을 내가 지나치게 강요하고 있는 것은 아닐까, 그
의 자신감을 파괴하거나, 그에게 샘솟는 영감의 주문을 깨뜨리지나
않을까 두려웠다.〉그래서 그는 라마누잔의 창의력을 방해하지 않고,
그를 가르칠 수 있는 방안을 모색했다. 〈그가 반드시 알아야만 하는
것들……. 제타 함수의 모든 근이 실수라고 생각하도록 그를 평생 내
버려두는 것은 불가능했다. 그래서 나는 그를 가르치려고 했고 어느
정도 성공을 거두었지만, 그가 내게 배웠던 것보다 내가 그에게 배웠
던 것이 더 많았다.〉수학자 로렌스 영 Laurence Young은 〈라마누잔

을 가르치는 일은 훨씬 흥미로운 강의에서 발췌해 온 내용으로 가득 채워진 칠판 위에 글을 쓰는 것과 같았다〉라고 했다.

하디는 훌륭하고 섬세한 꽃을 손에 쥐고 있었다. 그리고 그 꽃을 길러야 할 책임은 전쟁으로 인해 배가되었다.

이학사 라마누잔

〈케임브리지의 우리는 암흑 속에 있다〉라고 트리니티의 부학장 잭슨은 1915년 1월 기록했다. 〈거리나 교정에는 가스도 없고, 전깃불도 별로 없어 사방이 어둡다. 식탁의 주빈석에는 촛불을 켰다. 케임브리지로 들어가는 도로는 동부 해안 체펠린 the East Coast Zeppelins으로 가는 자동차들의 접근을 막기 위해 봉쇄되었다.〉

라마누잔이 도착한 지 1년쯤 되는 4월, 잭슨은 다음과 같이 기록했다. 〈프랑스와 플랑드르에서 진격하지 못했다. 다르다넬스 Dardanelles 해협에서는 정체 상태에 빠져 있다. 군은 필요한 만큼 증강되지 않는다. 군대에 지급할 탄약조차 없는데, 독일은 몇 년 동안 만행을 준비해 왔다.〉

케임브리지는 부상병으로 넘쳤고, 1915년 7월에는 거의 1만 2,000명이 제일동부통합병원으로 들어왔다. 불구가 된 사람, 부상병, 온갖 환자들이 케임브리지로 몰려들었고, 건강하고 힘센 사람들은 빠져나갔다. 학생들도 케임브리지를 많이 떠나갔다. 보통 때는 3,500명 정도가 머물렀으나, 지금은 500~600명 정도를 헤아렸다. 대학 연구원들은 군대에서뿐 아니라, 외무부, 육군본부, 재무부에서 복무를 했다. 대학교의 의학 실험실은 제일동부통합병원의 관리 아래 있었다. 화학 실험실에서는 가스전을 연구하였다. 공학 실습실에서는 군수부의 총구와 포탄을 만들기 시작했다

트리니티 연구소를 떠난 연구원 중에 리틀우드도 있었는데, 지금

그는 영국 요새 포병대 Royal Garrison Artillery 소위였다. 그는 전쟁이 전혀 쓸모 없다고 생각했지만, 우등 시험 제도에 대해서 그랬던 것처럼, 〈기꺼운 무관심〉으로 순응하려 했다. 1915년 말 그는 새로운 수학적 접근으로 대공망 배치표를 만드는 일에 착수했다(〈리틀우드조차 탄도학을 평가할 만큼은 아니었다〉고 하디는 응용수학을 조롱했다. 〈그가 할 수 없었다면, 누가 할 수 있었겠는가?〉).

그는 케임브리지에서 멀리 있었고, 라마누잔과도 떨어져 있었다.

하디는 후에 〈더비 계획 Derby Scheme〉에 따라 군복무를 지원하려 했다. 그런데 더비 경은 자발적으로, 그리고 사회적인 압력에 떠밀려 지원 복무하겠다는 지원 〈증명서〉를 통해 인기 없는 강제 징발에 기선을 제압하려는 정치적 책략을 구사하였다. 그러나 1915년 10월 더비 계획이 시작될 때 하디는 38세였는데, 리틀우드에 따르면 그는 군복무를 가치 없는 일로 생각하고, 전쟁 중 대부분을 케임브리지에서 보냈다고 한다.

라마누잔의 성문 바로 밖에서는 전쟁이 휩쓸고 있었고, 하루하루 더 가까이 다가오고 있었다. 멋진 케임브리지는 훈련 캠프와 병원으로 변했다. 1915년 5월에는 루시타니아 Lusitania가 독일에 완강하게 대적하다 쓰러졌다. 6월에는 식료품비가 전년보다 32퍼센트나 올랐다. 독일 수학자들과의 교류는 중단되었다. 리틀우드와 다른 수학자들도 떠나 버렸다. 하지만 하디는 특별한 수학적 관심거리로 위안을 삼았다.

전쟁이 아직 라마누잔에게 닿지는 않았다. 전쟁에 대한 그의 개인적인 반감이 무엇이건 간에, 그는 일종의 지적인 봄에 몸을 녹이고 있었다.

영국에 도착한 후로 라마누잔은 집에 정기적으로 편지를 했다. 처음에는 한 달에 서너 번, 그리고 1915년에는 한 달에 두 번 정도 편지를 했다. 그는 편지를 통해 여전히 채식주의와 종교적 실천을 지키고 있다면서 가족들을 안심시켰다. 인도 친구들에게 보내는 편지에서는 전쟁에 대해 거의 말하지 않았다. 그보다 자신의 연구 상황을 일러 주고, 가족의 안부를 묻고, 충고를 하기도 했다. 인도에 있는 두 동생들에게는 영국 문학책으로 가득한 소포를 보냈다.

자신에게 맞는 음식을 구하고 준비하는 일이 힘들어져 건강이 다소 나빠졌다. 영국의 쌀쌀한 추위와 뚱뚱한 허리를 꼭 조이는 옷도 그랬다. 그리고 이상하게 자나키한테서 편지가 없었다. 그러나 대체로 여전히 행복하게, 그리고 열심히 연구를 거듭한 결과 수학의 절정에 달하고 있었다.

하디에게 보내는 첫번째 편지에서 그는 연구 결과를 발표하는 일에 그의 도움을 구했었다. 1914년과 1915년, 집에 보낸 편지에는 그가 자신의 연구 결과를 출간하고 싶어하는 감정이 잘 나타나 있다. 〈저는……지금까지 두 편의 논문을 썼습니다〉라고 1914년 6월 편지에 썼다. 〈하디 선생님은 런던 수학회가 보기 전에 제 연구 논문을 보려고 오늘 런던에 갈 것입니다.〉

〈저는 지금까지 세 편의 논문을 썼습니다. 증명 부분은 나왔습니다. 그리고 세 편의 논문을 더 쓰고 있습니다. 이 모든 것이 방학이 끝날 무렵, 즉 10월에는 다 출판될 것입니다〉라고 8월에 썼다. 1914년 11월 편지에서는 〈전쟁 때문에 저는 연구 결과를 매우 천천히 출간하고 있습니다〉라고 말했다. 〈그 논문을 체계적으로 써서 출간하는 데는 몇 달 더 걸릴 것입니다〉라고 1915년 11월 나라야나 이예르에게 편지했다.

라마누잔은 유명한 영국 수학 저널에 자신의 글이 실릴 것이란 기대로 기뻐했다. 출판은 바로 세상에서 인정받았다는 것을 가족이나 친구들에게 보일 수 있는 확실한 표시였고, 자신이 이뤄 놓은 일을 세상이 알아주는 유일한 방법이었다. 마드라스 법관의 아들이자 라마찬드라 라오의 친척인 킹스 대학 수학과 학생 아난다 라오 Ananda Rao가 스미스 상 Smith's Prize을 받기 위해 소론을 준비하고 있다는 소식을 듣고 라마누잔은 하디에게 곧바로 가서 자기도 그 작업을 해도 괜찮겠느냐고 물어 보았다. 수학을 하는 일은 라마누잔에게 정서적이며 지적인 필요를 만족시켜 주었다. 그러나 명성, 평판, 그리고 감사는 매우 다른 요구였다. 지적으로 볼 때 라마누잔은 〈다른 사람들과 같은 사람〉이 아니었고, 결코 그렇게 될 수도 없다. 그러나 사회적으로는 다른 사람과 마찬가지였다. 그는 인정받기를 원했고, 그것이 필요했다.

이제 그것을 얻었다. 그는 지난 27년 동안 여섯 편을 출간하여, 이 가운데 한 편만 빼고 나머지는 ≪인도 수학회≫에 실렸었다. 이에 비하여 1915년에 아홉 편 이상의 논문이 출간되었고, 그중 다섯 편이 영국 학술지에 실렸다.

그는 본래 2년 후 인도로 돌아가기로 약속했었다. 그리고 1915년 6월 친구 수브라마니안에게 편지를 쓸 때도, 그는 다음 해에 인도로 돌아갈 것이라고 이야기하였다. 하지만 다음 달의 다른 편지에서는 일시적인 귀국이 될 것이라고 했다. 〈마드라스에서는 연구를 하는 데 도움도 안 되고, 참고 문헌들도 없으므로 몇 년 동안은 이 곳에 더 머물 필요가 있다고 생각하네.〉

케임브리지에 온 뒤 한동안, 부끄러워하는 라만누잔의 태도는 불친절하게 보였고, 학생들은 가끔 그를 비웃었다. 그러나 이제 그는 유명해졌고, 전설적인 인물로까지 되어, 사람들은 그의 방을 성지처럼 여겼다. 〈라마누잔이 최근에 이룬 성과는 우리 인도 학생들 사이에서 일상적인 화젯거리였다.〉 그는 수학 천재이자, 영국인이 하늘과 땅을 움직여 케임브리지로 데려온 사람으로, 인도 학생들의 축배의 대상이 되었다.

라마누잔은 학기 사이의 긴 시간을 대부분 케임브리지에서 머물렀다(학사력에는 1년에 22주만 있다). 가끔 런던에 가서 동물원 또는 대영 박물관을 찾았다. 한번은 친구 차테르지 G. C. Chatterji와 함께 옥스퍼드 학부생들의 생활에 관한 희극 「찰리의 아주머니 Charley's Aunt」

를 보았다.

1915년 10월 중순경, 라마누잔은 훼웰 교정의 방에서 대교정 바로 뒤에 있는 주교의 숙소 D계단의 새 방으로 옮겼다. 동쪽 창 밖으로 어렴풋이 보이는 가파른 지붕과 박공 창이 도드라져 보이는 이 건물은 1669년 건축 당시에는 주교 숙소가 아니었다. 폭이 4미터, 길이 6미터 정도 되는 큰 거실 하나, 그리고 작은 침실과 작은 조리실이 있었는데, 조리실은 석탄 저장고와 식품 저장실과 부엌이 합쳐진 사환의 방이었다.

방의 배치는 전에 있던 훼웰 교정과 거의 같았지만 이제 하디는 더욱 가까이 있었다. 쿰바코남……마드라스……체스터타운 가……훼웰 교정……마치 어떤 강력한 힘이 끊임없이 그를 하디에게 더 가까이 끌어 당기는 듯했다. 이제 주교 기숙사에서, 그들을 갈라놓는 것은 100보 정도의 거리뿐이었다.

1915년 말 케임브리지에서 라마누잔이 처음 한두 해 동안 했던 연구 중 가장 중요한 부분인 고도 합성수에 대한 대논문이 『런던 수학회 논문집』에 실렸다. 그 해 6월 하디는 수학회에서 그것을 친구들에게 소개했었다. 1914년 11월에 원고가 준비되었는데, 수정을 못 해 1915년 3월까지 완성시키지 못하다가 마침내 출판되었다.

이 논문은 매우 길고 다루는 영역도 광범위해 여러 절로 나뉘어 작성되었고, 독자들이 전체를 볼 수 있도록 쪽 번호가 표시된 차례까지 따로 있었다. 언젠가 라마누잔은 베일리와 수학자 폴러드S. Pollard를 초대해 그 논문을 보여 준 적이 있었다. 〈그는 처음부터 시작해서, 아이디어와 정리들을 매우 간략히 설명하면서 재빠르게 페이지를 넘겨 나갔다. 폴러드는 전력을 다해 정리들과 씨름했지만 심한 두통만 얻었다. 나는 더 일찍 싸움을 포기했었다〉라고 베일리는 회고했다.

앞서 합성수는 소수가 아닌 수라고 했다. 21은 3과 7의 곱으로 된 합성수이다. 22도 합성수다. 반면 23은 자신과 1과의 곱으로만 된 소수이다. 이제 각 합성수에 대해 그 약수를 열거해 보자. 예를 들어 21의 약수는 1, 3, 7, 21이다. 22의 약수는 1, 2, 11, 22이다. 24는 1, 2, 3, 4, 6, 8, 12, 24로 나뉜다.

마지막에 말한 24는 라마누잔의 논문에서 다루었던 종류의 수이다. 여덟 개의 약수는 24보다 작은 다른 어떤 합성수보다 많은 약수의 개수이다. 그리고 이것이 라마누잔의 용어로 〈고도 합성수〉이다. 22는 네 개의 약수를, 21도 네 개, 20은 여섯 개를 갖고 있다. 24보다 작은 수는 여덟 개보다 훨씬 적은 약수를 갖고 있다. 그래서 합성수는 하디의 표현으로 〈가장 소수가 아닌 수〉였다. 라마누잔은 한동안 고도 합성수의 성질을 연구했다. 그는 두번째 노트 맨 앞부분에 100개가량의 고도 합성수(2, 4, 6, 12, 24, 36, 48, 60, 120, ……)를 열거하고 패턴을 찾는 데 성공했다.

임의의 합성수 N의 소인수는 다음과 같이 쓰여진 식에서 구할 수 있다.

$$N = 2^{a_2} \times 3^{a_3} \times 5^{a_5} \cdots$$

여기서 a_2, a_3, a_5, …들은 소수 2, 3, 5에 해당하는 거듭제곱이다. 예를 들어 고도 합성수 24는 $2^3 \times 3^1$로 나타낸다. 이 표기법에서 $a_2 = 3$, $a_3 = 1$이다. 라마누잔은 어떤 고도 합성수에 대해서나 a_2는 항상 a_3보다 같거나 크고, a_3는 항상 a_5보다 같거나 크다는 등의 사실을 알아냈다. 아무리 계산해도 $N = 2^3 \times 3^4 \times \cdots$와 같은 고도 합성수를 결코 찾지 못할 것이다. 그는 또, 두 개의 예외(4와 36) 이외에는 고도 합성수를 만드는 데 필요한 마지막 a_n은 항상 1이라는 것을 증명했다. 그는 이어서 하디가 〈초보적이지만 매우 정교한 특성〉이라고 불렀던 추론들에 대한 여러 가지 사실을 52쪽에 걸쳐 증명했다.

하디는 〈라마누잔이 다룬 문제는 매우 특이한 것으로서 수학적 연구의 주류에서 다소 벗어난 것이다. 하지만 그것을 다루면서 보여 준 비상한 통찰력과 재간은 이론의 여지가 없으며, 그의 논문이 몇 년 동안 영국에서 출판된 가장 뛰어난 논문 가운데 하나라는 것은 의심할 필요가 없다〉라고 말했다.

케임브리지의 학생에게는 돌보아 주고 진전을 조정해 주는 개별 지도 교수가 있다. 라마누잔의 개별 지도 교수는 반스 E. W. Barnes였다. 그는, 라마누잔이 그가 지금까지 맡았던 최고의 트리니티 학생들(리틀우드를 포함해) 가운데 아마 가장 뛰어난 학생일 거라고 했다. 뒤에 영국 성공회의 주교가 되었지만, 반스는 당시 상당히 뛰어난 수학자였다. 1915년 11월 그는 마드라스 대학 사무장 듀스베리에게 라마누잔의 진전에 대하여 다음과 같이 편지했다. 〈우수합니다. 그가 이곳에 왔을 때 품었던 희망을 완전하게 증명하고 있습니다.〉 그에게 주어진 2년 장학금 혜택은 곧 끝나게 되는데, 〈제가 믿고 기대하는 대로 그가 대학 연구원으로 선출될 때까지 연장되어야 할 것입니다. 연구원 선출은 1917년 10월로 예정되어 있습니다.〉 그는 라마누잔이 트리니티 특별연구원에 뽑힐 것이라고 말하였다.

며칠 후 하디 또한 듀스베리에게 편지를 보냈다. 〈라마누잔이 현시대 인도 최고의 수학자라는 것은 물어 볼 필요도 없습니다. …… 그는 항상 주제 선택과 주제를 다루는 방법에서 기인이라 할 수 있을 것입니다. ……그의 비범한 재능에는 의문의 여지가 없습니다. 어떤 면에서 그는 제가 지금까지 알고 있는 가장 뛰어난 수학자입니다.〉

마드라스에서는 프랜시스 경이 라마누잔의 장학금을 2년 연장하는 특별 요청 발언에 동의했다. 1915-16년 사이 늦가을부터 초겨울까지, 마드라스 당국은 장학금을 1년 연장해야 하는지, 아니면 2년 연장해야 하는지를 논의했다. 프랜시스 경은 듀스베리에게 편지를 보냈다. 〈장학금을 1년만 연장한다면 라마누잔은 1916년 여름 동안 인도로 돌아가려던 계획을 취소할 것이다. 왜냐하면 1917년 봄이면 장학금 수혜가 끝나게 되므로, 어떻게 하더라도 그는 아홉 달 뒤에는 인도로 돌아가게 될 테니까.〉

그렇지만 대학에서는 트리니티 장학금이 계속된다면, 대학의 장학금이 겹친다고 생각하고 더 연장될 수 있다는 가능성을 남긴 채 1년으로 결정했다.

마드라스 장학금은 1년에 250파운드 지급되었는데, 여기에 트리니티에서 1년에 60파운드가 추가로 나왔다. 1914년 평균적인 영국의 산업 노동자들이 연간 75파운드 정도 벌었다. 소득세 부과는 160파운드부터였는데, 이 같은 과세 대상자는 노동 인구의 7퍼센트도 채 안 되었다. 따라서 인도에 있는 가족을 부양하기 위해 보내는 50파운드까지 생각해도, 라마누잔에게는 안정적인 고정 수입이 있는 셈이었다.

라마누잔은 대학에 공적인 의무가 없었으므로, 하고 싶은 대로 연구를 할 수 있었다. 자신이나 가족이 모두 재정적으로 궁핍하지 않고 수학에 매진할 수 있었다. 하지만 여전히 그를 괴롭히는 것이 있었다. 학업 성취의 공식적 지표, 즉 학위가 없다는 것이었다. 형식적인 것에 불과했지만, 그는 학위를 원했다.

연구생으로 받아들인다는 것은 공식적으로 이미 대학 졸업 증서를 갖고 있어야 했지만, 그에게는 이런 조건이 무시되었다. 1916년 3월 라마누잔은 고도 합성수에 대한 그의 긴 논문을 기초로,〈연구에 기초한〉학사 학위를 받았다. 타운 하이를 떠난 지 12년이 지나서, 그리고 두 개의 대학에서 실패한 뒤, 이제 그는 학위를 갖게 되었다.

장학금이 1년만 연장되었기 때문이든 당시 영국 해운업에 피해를 주던 U보트에 대한 두려움 때문이든, 라마누잔은 그 해 봄 인도에 가지 않았다. 대신 이듬해 내내 하디와 함께 수학 연보에 두 사람의 이름을 확고히 맺어 주는 문제에 대한 연구를 계속했다.

그 해 6월 하디는 전해에 보냈던 편지에 이어 듀스베리에게 공식 보고서를 보냈는데, 라마누잔의 진전에 대한 기쁨이 곳곳에 배어 있었다.

한 가지 면에서 라마누잔은 매우 불행합니다. 전쟁은 수학 연구의 진전에 나쁜 결과를 끼쳤습니다. 전쟁은 그의 연구가 받을 관심의 4분의 3을 흐트러뜨렸고, 좋은 평가를 받을 게 확실한 유럽 수학자들에게 그의 연구를 알리려는 시도를 불가능하게 했습니다. 더욱이 그의 영국 방문에 가장 큰 도움을 준 리틀우드의 가르침도 받을 수 없게 만들었습니다. 모든 일은 시간이 흐르면 해결될 겁니다. 이런 것들에도 불구하고 라마누잔은 인도에서 했던 연구를 기초로 간직했던 꿈을 충분히 정당화했고, 활기 있고 나름대로 뛰어난 수학자의 능력을 보여 주었습니다.

라마누잔의 연구에 대하여 하디는 〈어쩔 수 없이 단편적이고 불완전한〉 것이었다고 설명하며 변명했다. 하지만,

놀라운 개성과 능력에 대한 생각을 갖도록 충분히 조언을 해주었으며, 그랬기를 바랍니다. 인도는 최근에 재능 있는 수학자들을 많이 배출하였으며, 그 중 상당수가 케임브리지에 와서 학문적으로 높은 성과를 이루었습니다. 그들은 라마누잔의 연구가 색다른 범주에 속한다는 것을 인정해 줄 최초의 사람들이 될 것입니다.

지난 12월 영국, 호주, 그리고 뉴질랜드 군대는 갈리폴리 Gallipoli에서 비극적인 패배를 당했다. U보트는 연합군 함대로부터 끊임없이 피의 통행료를 가져갔다. 기관총 소리는 프랑스에서 멀리까지 들렸다. 그 해 말에 가서는 4,000명의 사상자 명단이 매일 신문에 실렸다. 1916년 중반 라마누잔에게 모든 일들이 더 이상 밝아질 수는 없었다. 그리고 그 또한 전쟁의 타격을 받아 결국에는 쓰러질 운명이었다.

7

영국의 한기
1916년부터 1918년까지

주빈석

영국이 전쟁을 치르는 동안 겉으로는 평온해 보이는 생활 속에서 라마누잔은 신경이 극도로 긴장되고 감각이 예민해 있었다.

1916년 초 어느 날, 라마누잔은 친구 기아네시 찬드라 차테르지 Gyanesh Chandra Chatterji가 곧 결혼한다는 사실을 알았다. 그는 스물한 살의 펀자브 출신으로 인도 정부 장학금을 받아 케임브리지에서 공부하게 되었다. 라마누잔은 이 기쁜 소식을 알리고 축하해 주려고 그와 그의 약혼녀를 저녁 식사에 초대했다.

라마누잔은 인도에서 요리를 해 본 적이 없었다. 아마 부엌에 들어가 보지도 않았을 것이다. 그러나 여기서는 챙겨 줄 아내도 어머니도 없고, 대학 식당의 야채가 신선한지도 의심스러워 직접 요리해야 했다. 그는 일요일이면 종종 인도 친구를 불러 라삼 rasam이나 다른 남인도 음식을 만들어 나누어 먹었는데, 한 친구는 〈맛있었다〉라고 회상하였다. 또 한번은 남인도의 유명한 영어 신문 ≪힌두Hindu≫의 소유자이며 편집자인 카스투리랑가르 이옌가르가 라마누잔을 방문하였는데, 콩과 쌀로 만든 요리 폰갈pongal에 칭찬을 아끼지 않았다.

그는 자신의 요리 솜씨에 자만하지 않고, 다만 차테르지와 그의 약혼녀를 축하해 주려고 성찬을 준비했다.

약속한 날 차테르지는 주교 기숙사의 라마누잔 방을 찾았다. 그는 지방 교육대학 학생인 약혼녀 일라 루드라Ila Rudra와 그녀의 보호자 음릴라니 차토파디아 Mrilani Chattopadhyaha와 함께 왔다. 그녀는 하이데라바드Hyderabad 출신으로 케임브리지 뉴햄 대학에서 윤리학을 공부하고 있었다. 차토파디아는 후에 인도의 노동 운동에 참여하고, 최하층 천민들을 위한 학교를 경영하였다.

아파트에 남인도 음식 냄새가 진동하는 가운데 라마누잔은 수프를 대접하였다. 모든 것이 좋았다.

〈더 드시겠어요?〉 라마누잔의 권유에 그들은 음식을 더 들었다.

그리고 나서 음식을 더 들겠냐고 묻는 라마누잔의 말에 차테르지는 분명하게 응했다. 그러나 여자 손님 둘은 사양하였다. 대화는 계속되었다.

〈라마누잔은 어디 있죠?〉 그들은 갑자기 주위를 둘러보고 그들만 남은 것을 알았다. 주인이 사라진 것이다.

한 시간 가량 차테르지와 일행은 그를 기다렸다. 마침내 차테르지는 계단을 내려가 대교정 정문을 지나 자갈 깔린 뜰을 가로질러 수위실로 가서 라마누잔을 보았는지 물었다. 수위는 〈글쎄요……그렇지, 라마누잔 씨가 택시를 불렀어요〉라고 차타르지에게 말했다. 그는 당황하며 라마누잔의 방으로 돌아와 다른 사람들과 함께 10시까지 기다렸지만 라마누잔은 오지 않았다.

이튿날 아침 차테르지가 확인하러 들렀을 때도 라마누잔은 없었다. 나흘 동안 그는 아무런 소식도 듣지 못해 두려움이 생겼다. 그러다, 닷새째 되는 날 그는 약 130킬로미터 가량 떨어진 옥스퍼드로부터 라마누잔의 전보를 받았다. 그에게 5파운드를 송금해 줄 수 있느냐는 내용이었다. 그 액수는 오늘날의 300-400달러와 맞먹는다.

다음 날 라마누잔은 케임브리지에 돌아왔다. 〈내가 대접한 음식을 숙녀들이 들지 않았을 때, 기분이 상하고 모욕을 느꼈네.〉 그는 차테르지에게 말했다. 〈나는 그들이 집에 있는 동안 돌아오고 싶지 않았네.〉 그는 가능한 한 멀리, 그리고 빨리 떠나고 싶었다. 주머니에 있는 돈으로 그가 간 곳은 옥스퍼드였다.

10년 전 비자가파트남으로 달아났던 것과 마찬가지로, 그가 모욕이라고 여기는 일을 당하면 일어나는 충동이었다. 그것은 팽팽히 긴장한 사람이 보이는, 돌발적이고도 무모한 행동이었다.

외견상 라마누잔은 외국에서의 낯선 생활에 놀랍도록 잘 적응하였다. 수학적으로 그는 하디와 리틀우드, 네빌, 그리고 다른 영국인 친구들의 따뜻한 기대를 받으며 지냈다. 최소한 사회 생활 면에서도 그는 처음에는 적응하는 것처럼 보였다.

그러나 내적으로 라마누잔은 예금은 하지 않고 인출하여 쓰기만 하는 은행 계좌와 같았다. 수학을 연구하는 것은 엄청난 에너지를 요구한다. 낯선 문화를 이해하려고 애써 본 사람이라면 누구나 말하듯이, 영국에서 새로운 삶에 적응하는 것도 그러했다. 그 두 가지가 함께 그의 육체적·정서적인 적립금을 고갈시키고 있었다. 결국 계좌는 바닥나게 마련이다.

라마누잔은 유난히 자신의 정교에 엄격한 채식주의자였다. 남인도 사람들이 일반적으로 그렇지 않다면, 최소한 영국에 있는 그들은 그러하였다. 바다를 건너면서, 그는 브라만의 비난은 무시하였다. 그는 실타래도 버렸다. 그는 대부분 신발을 신고 서양식 복장을 입었다. 그러나 그는 어머니에게 약속했기 때문에 브라만의 삶에서 가장 근본적인 금지, 즉 음식에 관한 것을 필사적으로 고수했다.

길에서 만난 어떤 낯선 사람에게 먹을 것을 구걸하는 굶주린 브라만에 관한 이야기가 있다. 그는 낯선 사람의 카스트도 성격도 몰랐지만, 너무 배가 고파 구걸을 하였다. 배가 부르자 그는 다시 길을 떠나 몇 분 후 한 브라만의 집에 이르게 되고 주인은 그를 재워 주었다. 저녁에 그는 주인 집에 있는 금으로 된 조각상을 보고, 갖고 싶어 애를 태우다 밤을 틈타 몰래 훔쳐 도망쳤다. 그러나 그는 이튿날 종일토록 죄의식에 괴로워했다. 마침내 양심의 가책으로 마음이 변해 돌려주려고 그 집을 찾았다. 주인은 〈나는 당신이 물건을 훔치리라는 짐작을 하고 있었다〉고 말했다. 〈당신이 어제 그 사람한테서 음식을 받은 것을 보았으며, 그가 도둑임을 알고 있었다.〉

그것은 누구의 음식을 먹는지가 〈중요하다〉는 브라만의 음식 금지에 담긴 정신이다. 아무에게서나 음식을 받아먹으면서, 그가 현생이나 전생에 무슨 죄를 지었는지 누가 알겠는가?

초기에 그는 대학 식당에서 한두 번 감자 튀김을 주문했었다. 한 인도인이, 그도 타밀 브라만이었는데, 라마누잔을 놀려 주려고 감자는 돼지 기름에 튀긴다는 농담을 하였다. 그것이 전부였다. 사실이든 아니든, 그 후 라마누잔은 대학 식당에서 다시는 아무것도 주문하지 않았다.

대신, 그는 거실에서 바로 나오면 전기와 가스 난로가 있는 작은 창문이 달린 조그만 골방에서 음식을 만들었다. 그는 쌀, 요구르트, 과일, 라삼, 그리고 진하고 매콤한 감자를 넣어 끓인 야채 스튜 등 인도에서 먹던 음식을 만들어 먹었다. 그의 친구 마할라노비스는, 그가 작은 스토브 앞에 서서 야채를 불 위에 올려 놓고 휘젓고 있는 모습을 회상하였다. 그러나 요리는 거의 대부분 그가 혼자서 하던 일이었다.

라마누잔은 창을 통해 이어져 있는 건물 지붕 너머로 대학 홀의 첨탑 꼭대기까지 볼 수 있었다. 그 곳 주빈석에서는 1916년 긴 겨울 저녁 내내 흔들거리는 촛불을 사이에 두고 대화가 울려 퍼졌다. 그러나 그 모든 것을 라마누잔은 공유한 적이 없었다.

262

영국에 있는 인도인

라마누잔은 교육 때문에 영국에 와서, 그 자신을 둘러싼 낯선 세계로부터 고립되었다고 느낀 첫번째 인도인이 아니었다. 장차 비폭력의 주창자이자 인도독립운동의 지도자 간디는 1887년, 라마누잔이 태어난 해 영국에 건너왔다. 후에 그는 다음과 같이 썼다.

나는 늘 나의 고향과 나라를 생각했다. 어머니의 사랑은 언제나 내 주위를 맴돌았다. 밤이면 눈물이 볼을 타고 흘러내렸고, 당연히 집에서의 어떤 기억이라도 나를 잠재울 수 있었다. 나의 비참함을 다른 사람과 나눈다는 것은 불가능했다. 그리고 비록 내가 그렇게 한다고 해서 무슨 소용이 있겠는가? 나는 나를 달래 줄 어떤 것도 알지 못했다. 모든 사람, 그들의 방식, 그들의 거주지까지 낯설었다. 나는 영국식 예절에 관한 한 완전히 신출내기였으며 늘 조심해야 했다.

때때로 인도인은 노골적인 인종적 편견을 경험했다. 그러나 인도인을 더 표류하게 만든 것은 영국인의 독특한 수줍음이었다. 1922년 인도 학생들에 대한 리턴 위원회 Lytton Committee의 보고서는, 〈영국인 학생과 인도인 학생은 각기 친밀함에 대한 초기의 장벽을 초래하는 자신의 인종적 특성을 지니고 있음을 인정해야 한다고 생각한다〉고 결론을 내리고 있다. 인도인은 자신의 입장에서 후원의 기미에 과민한 경향이 있는 반면, 〈영국인은 조국의 사람에게까지 친구를 만드는 데 속도를 늦출 정도이며, 그와 교제하려는 어떤 이방인의 처음 시도도 의심스럽게 생각하는 경향이 있다.〉

훨씬 뒤에 공부한 어느 학생은 〈초반의 어려움은 영국인의 남다른 무뚝뚝함을 깨뜨리는 것이었다〉고 말했다. 〈그들의 정확하지만 냉담한 행동, 공식적이고 감정이 없으며, 어느 정도 예절바르고 점잖지만 공평한데, 이 모두 양쪽 편을 들거나 자신들을 포함하기 위한 것이다.〉

더 뒤에 한 학생은 〈부탁드립니다〉와 〈감사합니다〉라는 말을 늘 입에 달고 다녀야 한다는 사실에 불만을 토로했다. 그에게 인사말은 퉁명스러운 물물교환일 뿐이었다. 나에게 무언가를 주었으니 〈감사합니다〉라는 말을 되돌려준다는 것이다. 그렇지만 더 나쁜 것은 영국인의 무관심이었다. 어떤 인도인은 그러한 면을 〈사생활에 대한 존중〉으로 받아들이거나 끌어안으려고까지 하지만, 대부분은 단순히 그것을 무감각하고 차가운 마음의 일면으로 보았다. 네빌은 1913년 〈내가 아는 한 우리 가운데 아무도 라마누잔이 영국에 오는 것을 처음에 거절했던 진짜 이유를 발표하지 않았다〉는 사실을 〈그의 영국 친구들의 과묵함〉에 대한 전형이라고 생각했다.

물론 이러한 특징이 귀족 계층만큼 만연된 곳은 없었다. 제1차 세계대전 직전에 왕궁에서 한 일원은 정중하게 〈거의 무관심에 달하는 냉담함〉을 인식하였다. 후에 영국을 방문한 니라드 차우두리는 〈어느 날 저녁 클럽에서 저녁 식사를 하면서 테이블 맞은편 사람들과 순수한 마음에서 대화를 하려 했다. 그런데 나는 조금도 예의에 어긋나지 않고 그러한 침입을 따돌리는 기술을 존경하게 되었다〉라고 했다.

인도인들은 〈고국에서는 이야기를 시작하면, 5분도 지나지 않아 당신에 대한 모든 것, 즉 결혼을 했는지, 자식이 있는지, 어디 출신인지, 직업이 무엇인지 등을 알게 된다〉고 한다. 인도에 돌아온 인도인들은 고국 사람들에게 충고하였다. 영국에서 공식적인 소개는 예의상 있는 것이라고 말이다. 인도에는 물에 빠져 살려 달라고 외치는 사람의 이야기가 있다. 모든 사람들이 도와주려 달려들었는데, 영국인만 자리에 앉아 있었다. 그에게 왜 도와주지 않느냐고 묻자, 그는 〈아, 우리를 소개했던가요?〉라고 대답했다.

케임브리지는 무관심이라는 상표를 자랑하였다. 로렌스 영은 케임브리지의 수학자 하디와 리틀우드의 계승자였는데, 리틀우드가 나이 들어 그가 있는 위스콘신에 찾아오면, 석양을 보러 호수에 배를 타러 나가곤 했던 이야기를 했다. 리틀우드는 한 마디도 하지 않아, 영은 때때로 그가 지루한 사람이라고 생각했다. 그러나 어느 날 물살이 너무 거세 배를 띄울 수 없다고 말하자, 〈그는 얼굴을 떨구었다……. 나는 얼른 호수를 다시 살펴보고 잔잔하다고 말해 버렸다. 이것이 전형적인 케임브리지다. 당신이 존중하는 것이라면, 그것에 대해 말하지 마라.〉 리틀우드는 〈트리니티 연구원 선거에서 연설을 한다면, 그들이 억제할 수 없는 갈채를 보내리라고 기대하지 마라. 아무도 눈썹 하나 깜박이지 않을 것이다〉라고 했다.

그것은 사람의 감정을 둘러싸고 있는 벽이며, 감정의 위대한 침묵이다. 케임브리지에서는 생각, 사건, 물건, 일, 게임 등 모든 것을 강조하는 듯이 보이지만, 케임브리지는 매우 개인적인 공간이다.

서구의 관광객들이 델리나 마드라스 가에 소들이 돌아다녀도 아무도 신경 쓰지 않는 것을 보았을 때와 마찬가지로, 처음에 라마누잔은 영국인의 이와 같은 특이함에 놀랐을 것이다. 그러나 그는 외국의 관습을 껴안으려고 노력하는 사람은 아니었다. 오히려 그들로부터 떨어져 있으려 했다. 고집 세고, 나름대로 제멋대로인 그는 철저히 자기 나라와 그 풍습의 산물이었다. 마드라스의 몇몇 지식인들과는 달리 그는 인도에서 서구적 생활을 한 적이 없었다. 영국에서 그는 확고 부동하게 채식주의로 지냈다. 방 안에는 인도 신의 포스터를 붙여 놓고 매일 아침 까다로운 브라만의 아침 의식을 행하였다. 그는 의식을 위하여 새롭고 깨끗한 도티를 두르고, 이마에 나맘 카스트 표시를 하고, 예배를 드린 다음 그것을 닦아 냈다. 외출할 경우에는 양복을 걸쳤다.

설사 마음이 항상 고향으로 돌아가 있지는 않았다 하더라도, 남인도의 사소하고 친근한 일들이 때때로 그의 의식으로 스며들었다.

영국인들 사이에서 라마누잔은 오랫동안 자신이 외국인이라는 사실을 잊을 수 없었다. 영국인들의 몸에서 풍기는 냄새도 그를 어리둥절하게 만들었다.

라마누잔은 외국의 문화에 맞추기 위해 자신을 개조하는 카멜레온 같은 유형은 아니었다. 그는 그리 유연하지 않았으며, 새로운 영국의 삶에 무력하게 주저앉을 수도 없었다. 일반적인 영국인들의 성향, 즉 미묘하고 은근한 거절이 연속되는 상황에 익숙해지기까지는 많은 시간이 걸렸다. 그는 외로움에 어떠한 사건들이 일어나기를 바라고 있었고, 그의 밝은 면을 가려 줄 무엇을 필요로 하였다. 그는 자신의 수학적 연구가 살아 있는 아늑한 동굴로 돌아갔다.

그는 주춤했다. 윌슨은 〈나는 한번도 그에게 말을 걸지 않았지만, 그 무렵의 그를 기억한다〉고 회상하였다. 〈그는 사실 좀처럼 눈에 띄지 않았다.〉 오랜 긴장 때문에 그는 거의 방을 나서지 않았다. 인도에서도 그는 서늘한 밤에 연구하는 것을 즐겼으며, 조금 더 나은 것은 한낮의 열기로 달아나는 것이었다. 이제 더위도 없지만, 그는 밤이면 혼자서 작업을 하였다.

라마누잔은 새로운 나라에서 자신의 껍질 속으로 물러난 최초의 외국인은 아니었다. 사실, 그의 반응은 예외적인 것이 아니라 전형적인 것이었다.

1916년 부활절 주간 동안, 하디는 트리니티 주말 수필 협회 회원이었다. 네빌도 마찬가지였다. 러셀도 마찬가지였다. 그러나 라마누잔은 아니었다. 하디는 전쟁 중에도 테니스나 크리켓을 하였지만, 라마누잔은 여전히 혼자였다. 그의 친구 중 몇몇이 마질리스 Majilis라는 인도인 학생 토론 클럽(인도 귀족 자제로서 민족주의와 과격주의를 택하였다)에 참여하였을 때에도, 라마누잔은 참석하지 않았다. 1916년 10월 30일 케임브리지 철학회에서 라마누잔의 디오판투스 방정식 중 한 형태에 대한 논문이 소개되었을 때, 그 논문은 라마누잔이 아닌 하디가 읽었다. 1917년 1월 18일 런던 수학회에서 공동 논문을 읽을 때에도 리틀우드, 네빌, 브롬위치는 참석했지만 라마누잔은 참석하지 않았다.

비숍 기숙사에서도 라마누잔은 갇혀만 있었다.

잠자는 다락마루에서 서쪽으로 난 작은 창 너머로는 새 법원의 고

딕식 창문과 석벽이 몇 피트 너머에 어른거렸다. 동쪽 창은 가로막는 건물이 없어, 한껏 아침 햇살을 받아들였지만, 눈이 부셔 가릴 만큼은 안 되었다. 영국의 하늘은 무척이나 음침하고, 크리스마스 즈음이면 북쪽으로 멀리 있는 케임브리지는 오후 4시에도 매우 어두웠다. 긴 여름 낮도 마드라스와 비교한다면 햇볕이 없는 것이었다. 7월에는 한 달에 열흘 가량 비를 뿌렸다.

전쟁은 모든 것을 더욱 악화시킬 뿐이었다. 케임브리지와 주변의 이스트 앵글리아 East Anglia(영국 동부 지방)는 대륙을 향해 북해 쪽으로 불룩 나와 있는데, 체펠린 비행선의 폭격에 특히 노출되어 있었다. 그리고 킹스 대학 예배당을 보호하기 위해 밤에는 소등을 실시했으므로 거리가 깜깜했다. 영국의 거리 풍경이 대체로 칙칙한 회색 빛에 적막하다고 한다면, 이제는 사람들을 안으로 밀어붙이는 검은 빛이 되었다.

특히 겨울이면 라마누잔은 기숙사가 마치 감옥처럼 느껴졌다. 아마도 호화롭게 늘어선 감옥이겠지만, 어쨌든 감옥이었다. 그리고 영국식 제한, 겨울의 추위, 어두운 거리, 그리고 전시의 우울함 때문에 그 안에 갇혀 있는 동안, 그는 하디와의 연구에서 얻는 기쁨을 찾아 다시 그 안으로 빨려 들어갔다.

특이하게 행복한 공동 연구

수학자 위너는 수론이 어떻게 순수수학과 응용수학의 경계를 흐리게 하는지 주목했다. 순수수학을 응용하려는 사람은 일반적으로 물리학, 이를테면 열역학이나 화학으로 돌아서게 된다. 그러나 수론학자 앞에는 언제나 생활 문제가 쌓여 있다. 수체계 자체가 생생한 자료의 저수지이다. 〈구체적인 경우가 빈번하게 발생하고, 공식으로 만들기 쉬운 정확한 문제들을 해결하기 위해 수학자의 능력과 기술을 필요로 하는 것〉이 바로 수론이라고 위너는 말했다.

수론의 영역에서 그러한 문제 가운데 하나로 〈분할 partitions〉이라고 알려진 것이 있었다.

겉보기에 매우 단순해서 2+2=4, 거의 초등학교 수준이라고 할 수 있다. 그러나 이것은 수를 더하여 4를 얻는 방법 중 하나에 지나지 않는다. 1+3, 또는 1+1+2, 또는 1+1+1+1 등 다른 방법도 있다. 그리고 마지막으로는 바로 4 자신이 있다. 재배열하는 것은 제하고, 이러한 것은 정수를 더하여 4를 얻는 방법이다. 이들 다섯 가지 다른 방법, 곧 〈분할〉에 대하여, 수학자들은 4의 분할의 수는 5라고 말한다. 그리고 다음과 같이 표시한다.

$$p(4)=5$$

더 일반적으로 $p(n)$은, 〈p of n〉이라고 읽는데, 이는 어떤 수 n의 분할의 수를 나타내며, 분할 함수 partition function라고 한다. 수학자들이 궁금해하는 것은 분할 함수에 대해 무엇을 말할 수 있는가, 그리고 임의의 n에 대하여 어떻게 계산할 수 있겠는가의 문제이다.

원칙적으로, 주어진 수에 대하여 모든 가능성을 실제로 조사해 보고 그것들을 더하는 것은 어렵지 않다. 〈원칙적으로〉 그렇다는 것이다. 문제는 분할의 수가 매우 빠르게 증가한다는 것이다. 3의 분할 수, $p(3)$은 단지 3(곧 3, 1+1+1, 1+2)이다. 그러나 10에 이르면, $p(10)=$ 42가 된다. 그리고 $p(50)=204,226$이다. 정수를 더하는 20만 4,226가지의 서로 다른 방법을 전부 나열하는 데만, 하나에 5초씩 걸린다 해도 2주일이 걸린다. 그리고 그것은 단지 $n=50$일 때이다. 그래서 문제는 끔찍한 계산을 하지 않고, 원하는 어떤 수에 대해서도 분할의 수를 알 수 있는 $p(n)$에 대한 공식을 찾아 내는 것이다.

일반적으로 오일러가 그 문제에 돌파구를 마련한 첫번째 인물이다. 오일러는 후에 타원 모듈러 함수 elliptic modular functions라고 알려진 것에서부터 연구하여, 생성 함수 generating function를 구성하는 문제를 연구했다. 이론적으로 생성 함수는 특정한 문제에 대한 특정한 답이 아니라, 관련된 모든 문제에 대한 모든 답을 제공한다. 그것은 숫자가 대입되자마자 답이 〈생성〉된다. 이렇게 해서 관심의 대상이 더 이상 $p(n)$이 아니라 어떤 새로운 함수 $f(x)$가 되는 새로운 영역에 발을 들여놓게 된다. 이 경우, 오일러의 생성 함수는 〈멱급수 power series〉를 만들어 내는데, 이것은 바로 순차적으로 더 높은 거듭제곱과 적당한 계수와의 곱으로 된 항들로 이루어진 급수이다.

$$f(x)=1+\sum p(n)x^n$$

이것은 다음을 의미한다.

$$f(x)=1+p(1)x^1+p(2)x^2+p(3)x^3+\cdots$$

잠재적으로 답을 제공하는 것은 이러한 계수, $p(1)$ 등등이다. 오일러의 이론에서, 만일 $p(50)$을 구하고자 한다면, 그 급수의 쉰번째 항을 찾아, x^{50}의 계수를 주목하면 된다. 그래서 옳게 했다면, 급수의 그 부분은 다음과 같이 될 것이다.

$$\cdots+204{,}226x^{50}+\cdots$$

이것은 마술이 아니다. 거듭제곱은 덧셈이 결합된 것이므로, 분할의 생성 함수가 멱급수로 되는 것은 당연하다. $4\times8=32$는 다음과 같이 쓸 수 있다.

$$2^2\times2^3=2^5$$

지수는 〈더해진다〉. 그리고 더하는 것은 바로 분할에서 하는 것이다(하디는 멱급수와 분할 사이의 대수적 관계를 조사하면서, 〈n의 분할은 x^n의 계수의 1에 해당하는 것을 알 수 있다〉고 했다). 그래서 서로 무관해 보이는 두 영역 사이에 길이 있음을 알 수 있다.

어떻든 오일러는 이렇게 문제를 시작했다. 그러나 오일러는 이 문제를 풀지는 못했다. 그는 $p(n)$에 이르는 전략을 제공하였지만, 그 이상은 아니었다. 하디와 라마누잔이 『런던 수학회 논문집』에 실은 그들의 대논문에서 쓴 것처럼, 〈우리는 그 주제에 관한 문헌에서 $p(n)$의 크기에 대한 계수 문제에 대하여 어떤 내용도 찾을 수가 없었다〉. 즉 아무도 실마리를 갖고 있지 않았다.

이 문제를 공격하기 위해 라마누잔과 하디가 택한 단서는 1913년 1월 라마누잔이 하디에게 보낸 첫번째 편지에서 나왔다. 그는 7쪽에서, x^1, x^4, x^9과 같이 제곱멱의 항만을 포함하는 특정한 유형의 먹급수인 특별한 세타 급수를 제시하고, 그 계수를 결정하기 위해서는 자신이 제시하는 수학적 식을 계산하여 그 값에 가장 가까운 정수를 택하면 된다고 주장했다.

이것은 완전히 옳은 생각은 아니다. 하디는 〈그 함수는, 비록 라마누잔이 생각하는 것만큼 가까운 것은 아니지만, 계수의 근사치이다〉라고 했다. 〈그러나 라마누잔의 잘못된 진술은 분할에 관한 우리의 공동 연구를 유도하였기 때문에, 그가 이룬 연구 중 가장 결실 있는 것 중 하나였다〉라고 평했다. 실제로 라마누잔의 함수는 1913년부터 문제의 궁극적인 해결에 거의 유사하였으며, 그것은 1937년에 가서야 이루어졌다.

연구를 하면서 라마누잔과 하디는 원 방법 circle method이라고 알려진 것에 이끌리게 된다. 원 방법은, 얼핏 보기에 이 일에 적절치 않아 보이는 코시의 정리를 사용한다. 코시의 정리는 〈해석학〉의 영역, 즉 〈이산적〉 양보다는 미적분학을 포함해 〈연속적인〉 성질을 다루는 수학의 넓은 영역에 속한다. 임신 기간은 연속적 양이고, 자녀의 숫자는 이산적 양이다. 분할은 이산적인 양이다.

그러나 코시의 정리는 지금까지 그러한 문제에 적용되었던 역사를 갖고 있다. 그는 〈해석적 수론〉을 창시하는 데 앞장섰던 20세기 수학자 중 하나였다. 하디는 라마누잔과 함께 한 연구를 설명하면서, 〈(코시의 정리를 이용하려는) 아이디어는 매우 분명한 것이었다. 이 아이디어는 해석적 수론에서 현대의 연구 가운데 10분의 9를 주도하였다. 그리고 지금까지 이 문제에 그 아이디어가 적용되지 않은 것은 의아한 일이다〉라고 했다. 그는 계속해서, 〈단위 원 위의 점 근처에서 생성 함수 $f(x)$의 행태가 극도로 복잡하다〉는 부분적 이유로 인해 적용될 수 없었다고 하였다.

하디는 적분되는 〈경로 contour〉가 값이 정의되지 않은 허용할 수 없는 점을 갖고 있기 때문에, 코시의 정리의 중심부에서 적분이 계산될 수 없다는 사실을 언급했다. 그래서 금지된 〈단위 원〉에 가까운 다른 길을 찾아야 했고, 체계적으로 그것을 분석함으로써 근사치를 만들어야 했다.

일련의 근사치에 대한 결과를 토대로 한다는 것은, 그 자체가 근사치인 것을 말하는 것이다. 그러나 더 나은 것을 기대할 수 있지 않을까? 소수들은, n이 증가할수록 상대적으로 더 정확해지는 대강의 어림값만으로 수학자들을 만족하게 하여, 정확한 계산에 대한 모든 노력을 거부하지 않았던가? 소수 정리를 만들려는 라마누잔의 모든 시도는 수학적 함정에 빠져들지 않았던가? 확실히 분할은 어떤 상당한 근사치로 만족을 주지만, 비슷하게 다루기 어려운 것으로 드러날 것이었다.

자신들이 얼마나 정확한 결과에 다가갔는지 근사치를 점검해 보려고 그들은 퍼시 알렉산더 맥마혼 Percy Alexander MacMahon 소령에게 그 일을 하도록 했다.

육군 준장의 아들인 맥마혼은 수학에 본격적으로 전념하기 전에는 1870년대의 마드라스 복역 기간을 포함해서 왕립 포병대에 근무했던 61세의 수학자였다. 그는 군대 출신이라는 점 때문에, 〈위대한 수학자의 중심 배역에 선택될 만한 유형은 아니다〉고 한다. 그러나 제대 후 그는 울위치 Woolwich 군사 학교의 교수가 되었고, 1904년 이후에는 케임브리지의 세인트 존 대학과 관계가 있었다. 그의 전공은 조합론, 즉 주사위 던지기를 이상화하는 수학이었는데, 그 분야에서 1890년 영국학술원 회원으로 지명될 정도로 독자적인 공헌을 했다. 맥마혼은 계산 분야에서 탁월한 사람이었다. 실제로 그는 가끔 라마누잔과 우정의 암산 시합을 겨루기도 하였는데, 거의 그가 이겼다.

그 때까지 맥마혼은 계산을 잘했고, 분할에 관한 오일러의 초기 연구의 간단한 공식을 이용하여 불가능하리만큼 끝없이 늘어져 있는 수들을 끈기 있게 계산하여, $p(n)$의 처음 200까지의 값들을 구했다.

그들의 근사치 전략은 상대적으로 원시적이었지만, 연구를 시도할 초기에는 이미 상당히 근접했다. $p(50)$과 $p(80)$에 대한 오차는 단 5퍼센트에 지나지 않았다. 더 작은 오차로 개량시킨 것은, 제 길로 가고 있다는 확신을 주었다.

그리고 1916년 12월, 아마 1월 사순절이 시작될 때 각자 큰 진전을 이루었을 것이다. 라마누잔은 하디에게 엽서를 보냈다.

그러므로 〈$p(n)$이 근사 합에 가장 가까운 정수가 되기 위해서는 S가 $\beta\sqrt{n}/\log n$ 이상이 되어서는 안 되고 $\alpha\sqrt{n}/\log n$ 이하여서도 안 되는 것〉으로 나타났습니다. 이것은 쉽게 증명하실 수 있으리라 생각합니다. 그러면 문제는 완전히 풀립니다. 맥마혼 소령께서는 친절하게도 저에게 200까지 수들의 복사본을 보내 주었습니다. 근사치는 정확한 수를 보여 줍니다. 저는 선생님이 이미 그에게 들어서 알고 계시리라 생각합니다.

라마누잔은 n에 따라 $p(n)$ 자체의 근사치를 계산하는 데 그들이 사용하는 급수의 항의 수를 만드는 방법을 시사하고 있었다. 후에 리틀우드가 말했듯이, 이것은 〈매우 위대한 단계이고, 분명 라마누잔이 혼자서는 발견할 수 없었을지도 모르는 새롭고 심오한 함수론 방법을 포함하고 있었다〉. 이 말이 의미하는 바는, 하디와 라마누잔이 말하듯이 〈어떻든 오차의 위수가 e^{an} 형태인 어떤 지수보다, 이를테면 n의 거듭제곱의 위수보다 적거나, 심지어 유계인 공식을 발견하리라는 것을 논리적으로 기대할 수 있다〉는 것이었다.

272

〈유계〉인 오차는 주어진 범위 내에 고정시킬 수 있는 오차이다. 그 것으로도 그들은 행복하였을 것이다. 그러나 그들의 결과는 이보다 훨씬 나았다.

맥마혼이 친절하게 제공한 수치 자료들을 토대로 이 가설에 대한 검정을 계속하면서, 우리는 실제와 근사치가 그렇게 놀랍게 일치하는 것을 보고, 더 나은 것을 기대하게 되었다. $n=100$일 경우, 우리 공식의 처음 여섯 항에서

$$190568944.783$$
$$+\ 348.872$$
$$-\ 2.598$$
$$+\ .685$$
$$-\ .318$$
$$+\ .064$$
$$\overline{}$$
$$190569291.996$$

을 얻게 되는데, $p(100)=190569292$이므로, 여섯째 항 이후의 오차는 .004에 불과하다.

유사한 정확성이 $p(200)$에 적용된다. 그들의 방법은 오차가 단지 〈유계〉(유계이지만 크다는 뜻인데)일 뿐만 아니라 가장 가까운 정수로 반올림할 수 있을 만큼 작다는 답을 제공하는 것이었다. 하디와 라마누잔에 따르면 〈이러한 결과는 크기의 위수와 구조를 보여줄 뿐 아니라 어떤 n의 값에 대해서도 정확한 값을 계산하는 데 사용될 수 있는 $p(n)$에 대한 공식을 얻는 것이 가능하다〉는 강력한 제안이 된다.
이것은 충격이었다. 이 문제에 관한, 소수에 관한 어떤 연구에서도 이와 같은 것을 마련하지는 못했었다. 게다가 신비하게도 정확한 그들의 결과는, 그들이 근사치를 구하는 데 사용했던 기법의 위력을 증

명하였다. 원 방법이라고 불리게 될 이 방법은 금지된 원 경로에 아주 가까이, 그러나 결코 닿지 않도록 접근하는 방법을 제시한다. 허용하는 근사치가 참값에 대한 근사치를 뛰어넘는 매우 섬세하고 고무적인 결과였다. 20년 후 한스 라데마허 Hans Rademacher는 문제에서 빠뜨린 부분을 찾아내고 그 공식을 완전하게 정리했다.

라마누잔은 처음부터 정확한 해가 있으리라고 예상했을까? 노르웨이의 수론학자 아틀 셀베르그 Atle Selberg는 바로 이 점을 거론하였다. 셀베르그는 실제로, 고전적 해석학의 특정한 방법을 주장한 하디가 그들의 노력을 실질적으로 방해했다고 하면서, 라마누잔의 직관에 대한 불신 때문에 그는 라데마허가 20년 후에 해낸 정확한 해결책과 같은 연구를 격려하지 못했다고 했다.

어쨌든 그들의 분할 해결은 큰 뉴스였고, 그들이 사용했던 원 방법은 놀라운 성공을 이루었다. 1916년 말 하디는 스톡홀름에서 개최된 스칸디나비아 수학자 회의 Quatrième Congrès des Mathèmaticiens Scandinaves에서 자신의 이름으로, 그러나 〈저명한 인도 수학자 라마누잔과 나의 공동 연구 결과〉임을 제시하면서 이를 서둘러 발표했다. 이듬해 초 ≪보고서 Comptes Rendus≫에 「n의 분할 수에 대한 근사 공식에 대하여 Une Formule Asymptotique Pour le Nombre Des Partitions De n」라는 제목으로 간단한 공동 논문이 실렸다. 그리고 3월에는 ≪런던 수학회≫에 프랑스 저널의 논문을 언급하는 단락이 하나 실렸다. 40쪽에 달하는 논문 전문은 1918년에야 비로소 나왔다.

수학 팀으로서 라마누잔과 하디는 펜실베이니아 주립대학교의 수학자 조지 앤드류스 George Andrews의 〈두 사람에 관한 이야기〉를 연상시킨다. 한 사람은 눈이 멀고 또 한 사람은 다리가 없었는데, 둘이는 힘을 모아 어떤 정상인도 할 수 업는 일을 해낼 수 있었다. 그들은 무서운 짝이었다. 분할 하나에 대해 그들이 보여 준 연구의 위력은 그 자체만으로 라마누잔의 영국행을 정당화시켰으며, 수학사에 영원히 그들의 이름을 연결시켰다.

케임브리지 수학자 벨라 볼로바스Béla Bollobás는 문제를 공격하는 데 필요한 기술적 방법을 제공한 하디에 대해 다음과 같이 언급하였다.

나는 하디가 그 일을 해낼 수 있었던 유일한 수학자라고 믿지 않는다. 아마 모델은 할 수 있었을 것이다. 폴리아도 할 수 있었을 것이다. 나는 하디의 역할을 해낼 수 있는 인물이 꽤 있다고 확신한다. 그러나 그렇게 특별한 동료로서 라마누잔의 역할은 당시 어느 누구도 할 수 있었다고 생각하지 않는다.

리틀우드는 이렇게 말했다. 〈우리는 서로 상당히 닮지 않은 재능을 타고난 두 사람의 행복한 협력 덕택에 그 공식을 얻었다. 그 두 사람은 그 안에서 가장 개성적이고, 가장 운이 좋은 작업으로 서로에게 기여하였다. 라마누잔의 천재성은 그만한 가치가 있는 기회를 얻었다.〉

라마누잔에게 그것은 맛좋은 중독이었다. 10년 전 카의 발견은 그를 일반 대학생으로 남겨 두지 않고 일편단심 수학에 헌신하게 만들었다. 이제 그와 비슷한 일이 다시 벌어지고 있었고, 사태는 더 악화되었다. 지금 그에게 박차를 가하는 것은 수학에 대한 정열뿐 아니라 하디로부터 받은 격려였다. 서양 수학 전통의 최고봉을 이루고, 영국과 대륙의 전반적 수학 세계에 해박한 지식을 지닌 하디는, 라마누잔이 바라던 동료이자 지도자였다. 그리고 하디는, 라마누잔 안에 깃들여 있는 숨막히는 독창성이 연구에 대한 그의 열정을 억제할 수 없다는 사실을 알았다.

〈특이하게 삶의 천박함으로부터 자유로운 인물…… 가장 고결한 사람.〉 이것은 스노가 하디를 일컬은 말이다. 또 그에 대해 〈내가 아는 어느 누구보다 (시기의) 감정이 없는 사람〉이라고 했다. 사실, 하디는 라마누잔의 타고난 수학적 재능이 자신의 능력보다 월등하다고 생각했고, 어떤 작은 시기심 때문에 라마누잔과의 관계를 훼손시킨 흔적은 없다. 개인적인 회한에도 불구하고, 언제나 변함없이 라마누 잔의 친구이자 지지자였다. 그는 평생 라마누잔을 격려했으며, 그의 재능에 갈채를 보냈다. 라마누잔의 천재성을 알아냈으며, 그 한계를 향해 밀어붙이기만을 원했다.

그리고 문제가 있다면, 바로 그것이었다.

하디는 많은 면에서 라마누잔에게 가장 훌륭할 뿐더러 최고이자 진실한 친구였다. 그는 사려 깊고 정중했으며, 그에게 친절했다. 그렇 지만 적어도 한 가지 면에서, 본의 아니게 라마누잔에게 해를 주고 있었다. 그에게 가졌던 열렬한 기대, 그의 잠재력에 맞추어 사는 모 습을 보고 싶어하는 무한한 소망, 즉 목표를 향해 그를 몰아 세우면 서, 하디는 라마누잔의 중독을 부추길 뿐이었다.

그는 라마누잔이 스스로 구멍을 더 깊이 파 내려가는 것을 막을 수 없었다. 오히려 더 깊이 파도록 도왔다.

더 깊은 몰두

하디는 훌륭한 업적을 높이 사고 어떤 것도 후퇴하지 않도록 키워 진 지적인 귀족이었다. 수학자로서 그는 라마누잔이 바랄 수 있는 모 든 것이었다. 그러나 그는 또한 언제나 라마누잔에게서 최고만을 요 구하는 두렵고 거리가 먼 인물이었다. 옥스퍼드의 경제학자이자 후 에 하디를 알게 된 로빈스는 하디에 대해 이렇게 말했다. 〈뛰어남에 대한 그의 생각은 절대적이었다. 조금이라도 부족한 것은 쓸모 있는 것이 아니었다.〉

1919년 케임브리지 대학에 입학하여 후에 뛰어난 수학자가 된 버 킬 J. C. Burkill은 언제나 하디를 두려워했던 감정을 기억했다. 그의 표 현에 따르면 그는 〈하디의 아래〉에 있는 듯한 느낌을 가졌다. 리틀우드는 철저히 인간적이고 접근하기 쉬웠으며 홀에서 상냥하게 수다를 떨지만, 하디는 명석함으로 분주했었다고 했다. 버킬은 말하기를, 〈그는 논쟁할 때 늘 우위에 있어야 한다고 생각했다〉. 헝가리의 위대한 수학자 폴리아는 유망한 수학적 아이디어를 계속 연구하지 않는 자신에게 한때 하디가 어떻게 비난을 했는지 이야기했다. 두 사람이 또 다른 수학자와 함께 동물원엘 갔었다. 한 곳에서 우리에 갇힌 곰이 자물쇠에 대고 쿵쿵대며 발로 차다가, 조금 으르렁거리더니 돌아서 가 버렸다. 〈저 녀석은 마치 폴리아 같군.〉 하디가 말했다. 〈놀라운 아이디어를 갖고 있지만, 실행하지 않는단 말이야.〉

하디는 간단히 말해 엄격한 감독이었다. 그는 기대와 높은 성과의 인물이었다. 라마누잔은 그로부터 격려를 받고, 하디가 표현하는 방식으로 우정을 얻었다. 그러나 순수하고 무비판적인 배려는 거의 없었다.

인도에서 라마누잔이 보낸 첫번째 편지에 대한 하디의 대답은 말 그대로 〈증명하라〉였으며, 라마누잔이 영국에 왔을 때도 이 같은 주문은 끊임없이 계속되었다. 한번은 라마누잔에게 그들이 연구 중인 최근의 작업에 대해 편지했다. 라마누잔은 그때 입원 중이었으며, 하디는 수학적 성과를 기대하는 열망과 친구의 건강을 염려하는 마음 사이에서 갈등하였다. 〈내가 더 이상 해 나갈 수 없으면 자네에게 다시 편지하겠네. 자네가 회복되어 돌아오기 바라네. 연구해야 할 놀라운 문제들이 몇 개 있을 걸세. 지금 그런 어려운 문제들을 생각할 수 있을 정도인지 모르겠네.〉 그리고 추신이 이어졌다. 〈지금은 의사가 말하는 대로 해야 하네. 하지만 이들 문제에 대해 조금은 생각해 볼 수 있을 것이네. 매우 재미있는 문제들이네.〉 편지가 모호해서 라마누잔은 실제로 그 속에 들어 있는 메시지, 즉 〈일이 너를 기다린다〉는 의미를 놓쳤을 것이다.

하디의 재촉은 라마누잔의 완고한 성향에 비옥한 토양을 마련해 준 셈이었다. 후에 그는, 환자들이 불편할 정도로 추운 병원에 있으면서 하디에게 이렇게 편지를 보냈다.

> 욕실은 따스하고 훌륭합니다. 저는 날마다 한 시간 정도 펜과 종이를 들고 욕실에 갑니다. 조만간 선생님께 두세 편의 논문을 보내겠습니다. 전에는 이 생각이 떠오르지 않았습니다. 그렇지 않다면 저는 이미 기록해 두었을 것입니다. 일주일쯤 지나 매일 목욕을 한다고 의사가 나에게 불평할지 모르겠습니다. 하지만 미리 확실하게 말씀드리지만 목욕을 하러 가는 것이 아니라, 무언가를 적기 위해 가는 것입니다.

라마누잔은 병원에 있으면서, 더 많은 수학을 할 수 없게 된 데 대해 하디에게 〈사과〉했다.

1909년의 결혼은 라마누잔으로 하여금 더 넓은 사회로 들어가게 했었다. 이제 영국에서 연결의 실이 다시 효력을 발휘했다. 1917년 초까지 그는 사명을 띠고 운명에 밀려, 수학말고는 모든 것에 무관심한 사람이었다. 케임브리지에서의 3년을 보낸 후 그의 삶은 하디와 사면에 벽이 있는 방과 연구가 전부였다. 긴장의 30시간 동안 그는 간간이 연구를 하고 그 다음 20시간을 잤다. 그의 삶에는 규칙성, 균형, 휴식이란 것이 없었다.

그가 수학의 제단에 건강을 바친 최초의 인물은 아니었다. 자코비는 몸져누울 만큼 연구에 몰두하는 자신을 염려하는 친구를 이렇게 꾸짖었다. 〈물론 나는 과로로 건강을 위태롭게 하기도 하지만 뭐가 어떤가? 양배추만이 신경도 없고 걱정도 없다. 양배추는 완벽한 안녕으로 무엇을 얻어내는가?〉 자코비 이전에는 뉴턴이 있었다. 벨은 뉴턴이 〈육체적 건강에 전혀 주의하지 않는다〉고 썼다. 〈뉴턴은 연구에 몰두하면 자신의 건강을 생각지도 않았다. 그리고 음식과 잠을 필요로 하는 육체를 갖고 있다는 사실을 잊어버렸다.〉

라마누잔은 하디에게서 오랫동안 비어 있던 지적 동료를 얻었다.

케임브리지의 조용한 석조 성당과 정원, 그리고 커다란 도서관과 함께 그는 풍부한 서구 문명을 모두 갖고 있었다. 그는 인도에서 그를 지탱해 주었던 모든 것을 깨닫지 못한 채 지내고 있다. 가족도, 어둠도, 낯익은 얼굴과 빛나는 인도인의 미소도 없다. 친근한 타밀어 소리도 없다. 이제 그러한 숨겨진 버팀목들이 자긍심과 주체성을 위해 그로부터 빠져 나왔다. 그에게 음식을 챙겨 줄 사람도 없었다. 자나키와 그의 어머니가 했던 것처럼, 그가 일할 때 음식물을 가져다 줄 사람이 없다. 귀가를 재촉하는 사람도 없다. 라마누잔은 마치 완전히 길든 말에게 돌봐 주고 먹여 주는 사람이 없어진 것과 같았다.

지적으로 그는 고향에 와 있었다. 그러나 라마누잔은 근육과 조직, 호르몬과 신경 화학적인 육체였다.

한 세대 전인 1890년, 마드라스에서 인도인 학생을 대상으로 『영국 대학에서의 4년 Four Years in an English University』이라는 책이 출판되었다. 저자는 마드라스에 있는 관구대학의 논리와 윤리 교수인 사티아나단 S. Satthianadhan이었다.

캔타브 Cantab(케임브리지를 일컫는 중세 라틴어)에서는 적어도 하루에 두 시간 운동을 하도록 하였다. 아무리 학업에 푹 빠져 있다 하더라도 오후에 자신의 방에 남아 있는 사람을 찾아보기란 드물다. 학업에 몰두하거나 하루 종일 책과 씨름하는 사람들은 동료 학생들로부터 놀림감이 되고 별종으로 간주되었다. 건강한 신체에 건강한 정신 Mens sana in corpore sano이라는 격언은 보편적이고 합리적으로 적용되었다. 이렇게 건강한 근육질 젊은이들이 바로 랭글러나 수석 자리에 올랐다.

인도 학생들이 영국 학생들로부터 배워야 할 점이 있다면, 그것은 바로 정신과 육체 모두에 주의를 기울이는 자세이다.

물론 라마누잔은 그렇지 않았다. 그는 운동에는 관심이 없었다. 하디가 크리켓에 흥미를 붙여 보도록 유도해도 받아들이지 않았다. 그는 항상 뚱뚱했으며, 자신의 신체에 대해 자주 잊어버리곤 해서 병리학적으로 아주 정체되어 있었다. 〈아무런 활력도 없이 공부에만 전념하고 폐병환자처럼 보이는 그는 실제 나이보다 두 배 정도는 더 들어 보였고, 강의를 듣는 학생이라기보다는 병원의 환자에 가까웠다.〉

라마누잔은 전쟁 전 영국에 처음 왔을 때부터 식사 〈숭배〉를 지켰다. 그가 도착하고 나서 바로 친구에게 보낸 편지에 그는 〈마땅한 음식을 구하기 어렵네. 좋은 우유와 과일이 없었다면 더 심하게 고생했겠지. 지금은 내가 직접 한두 가지 요리를 만들어 먹기로 했네. 그리고 고향에 몇 가지 요리에 필요한 물건들을 보내 달라고 편지했네〉라며 불평했다. 나라야나 이예르는 매달 그에게 양철통에 들어 있는 쌀가루를 보내고, 향료와 절인 과일과 야채를 보냈다.

인도에 있었을 때를 자나키는 후에 이렇게 회상했다. 〈라마누잔은 때때로 갑자기 식사를 하다가 중단하거나 서둘러 먹어 치우고 수학 연구를 하러 갔다. 식사는 필요 없는 것이었다.〉 그러나 이제 요리해 줄 이도 없으니, 식사는 정말 귀찮은 일이 되었다. 네빌의 아내 앨리스 역시 기록하기를, 〈라마누잔은 때때로 하루나 이틀에 한 번 요리를 했는데, 그것도 이른 아침 시간에 하였다.〉

물론 가장 간단한 〈해결책〉은 일종의 금욕주의였다. 1915년 그는 수브라마니안에게 〈나는 입에 맞는 것들을 더 이상 요구할 수 없게 되었네. 소금 뿌린 밥과 레몬 주스 한 잔으로 식사를 하네〉라는 편지를 보냈다.

물론 얼마 동안은 버틸 수 있었다. 그러나 언제까지나는 아니었다. 이제 전쟁 중에 그의 건강은 위험을 무릅쓰게 되었다. 라마누잔의 엄격한 채식주의는 전쟁 중에 그의 건강을 더욱 위협하게 되었다.

거대한 증기기관

거리는 어두웠고 분위기는 우울했다. 전쟁은 계속되고 있었다.

전쟁은 애국 열기를 고조시켰고, 쉽게 끝나지 않고 끝없이 울리는 조종(弔鐘) 속에 완강해져 갔다. 초기의 낙관주의는 사라졌다. 죽은 듯이 조용하던 도랑은 전장의 기동 활동으로 휩쓸렸다. 기관총이 쓸고 간 100야드(100여 미터)를 얻으려고 1,000여 명이 희생되었다. 끔찍한 희생자를 통해 나타난 이러한 갈등의 슬프고 어리석은 현실은 영국 전역에 홍역처럼 번져 갔다.

전쟁은 모든 것에 영향을 미쳤다. ≪케임브리지 매거진≫에는 〈열 맞춰 선 전장의 군화〉라는 광고가 실렸다. 음식값이 오르고, 궁핍이 밀려 왔다.

〈살아 있는 사람들이 잘 아는 이름이 공식 리스트에 나타나지 않는 날이 하루도 없었다.〉 대학마다 사상자가 기록되었다. 호프굿 Hopgood, 허드슨 Hudson, 존슨 Johnson, 킬링 Keeling, 나이트 Knight…….

학회 회장직을 역임한 조지프 라모 Joseph Larmor 경은 런던 수학 학회에서 이렇게 말했다. 〈우리가 과학의 개척자들 이름을 회고하는 것은 우리의 자부심이자 슬픈 특권이다. 그들은 위험한 시기에 나라의 부름을 받아 국가를 위해 목숨을 바쳤다. 케임브리지 트리니티 대학의 학자인 웨이크퍼드 E. K. Wakeford는 장차 기하학의 선두주자로 그 이름이 기억될 것이다.〉

라마누잔의 지도 교수인 반스는 이러한 소식에 더 차갑고 쓸쓸한 빛을 던졌다. 반스는 전쟁 종식을 앞두고 행한 연설에서 〈케임브리지에 있는 나의 학생들 가운데 최소한 반은 죽거나 불구가 되었다. 내가 한 일(수학을 가르친 일)은 대부분 낭비였다〉라고 말했다.

모든 사람들이 죽은 것처럼 보였다.

바바라 우턴 Barbara Wootton은 『내가 결코 만들지 않은 세상 In a World I Never Made』에서 가장 기억에 남는 일은 다음과 같은 것이라고 적었다.

케임브리지 교회나 대학 예배당에 조문 행렬이 끊이지 않았다. 나를 가장 지치게 하는 것은…… 젊은이의 아버지가 부끄럼 없이 공공연히 슬퍼하는 모습이었다……. 우리 가족의 기준에 따르면, 눈물은 아이들만 흘리는 것이다. 드물게 여자는 눈물을 흘릴 수 있다. 그러나 성인 남자는 결코 아니었다……. 내가 경외하며 자라온 훌륭한 교수와 유명 인사들이 교회에서 우는 모습은 나를 매우 혼란케 했다.

트리니티의 부학장 헨리 잭슨 Henry Jackson은 1917년 1월 25일 이렇게 썼다. 〈여기 있는 것들이 슬프고 서럽다.〉 그는 열렬한 군국주의자였는데 네빌의 대정원에서 훈련 받고 있는 신병들과 명령하는 장교들, 행진하는 사람들을 보고 열광하였다. 그러나 〈많은 친구들이 죽었다. 겨우 몇 명만 여기에 남았다. 집안 식구들이 걱정스럽다. 통풍과 관절염이 나를 벌하고 있다. 귀가 멀어 무기력해졌다〉고 했다.

1915년 2월 독일은 영국섬으로 잠수함 봉쇄를 감행하였다. 1916년 10월 봉쇄는 더 강화되었다. 선박들이 침몰하였다.

전쟁 전 영국은 5분의 3 정도의 육류와 5분의 4 정도의 밀을 수입에 의존하고 있었다. 이제 거대한 함선은 통과하지 못하게 되었다. 어떤 영국인은 굶기 시작했다. 식량은 배급되고 가격은 뛰었다. 1916년까지 노동 계층 가족의 식비는 전쟁 전에 비해 65퍼센트가 상승했다. 1917년까지 심각한 결핍이 시작되었다.

주빈석에서도 결핍이 느껴졌다. 잭슨은 1917년 5월 26일 〈우리는 완전히 음식 관리자에게 순종했다〉고 했다. 〈화요일과 금요일에는 고기 없이 생선과 감자뿐이었다. 나머지 요일에는 감자 없이 고기뿐이었다. 빵은 옛날에 비해 반 정도로 크기가 줄었다.〉

영국인이 감자와 설탕을 구하기가 힘들었다면, 평화시에도 구하기 힘들었던 라마누잔의 특별한 음식들은 어떠하였겠는가? 1914년 6월 그는 음식 문제에 도움을 줄 만한 〈신선한 우유와 과일〉을 쉽게 얻을 수 있는지 묻는 편지를 썼었다. 이제는 모든 과일과 채소를 구하기가 어려웠다.

전쟁은 라마누잔에게까지 이르렀다.

그의 불규칙적인 식사 습관과 함께 식량난은, 외로움과 과로, 기후 때문에 그가 걸리기 쉬운 질병들로부터 그를 보호하지 못했다.

영국의 유명한 요양원 원장을 지낸 윙필드 W. C. Wingfield는 그 당시 흔하던 질병인 결핵이 찾아왔고, 악화되었다고 말했다. 이는 잘못된 생활 방식 때문인데, 윙필드는 〈과로, 지나친 놀이, 지나친 걱정, 영양 부족, 햇빛과 신선한 공기 부족, 또는 여러 형태의 만성적인 무절제〉가 그 원인이라고 했다.

라마누잔에게는 〈지나친 놀이〉를 제외한 모든 것이 원인이 되었다.

덴마크 현상

그의 생애 동안, 그리고 그 후로도 라마누잔을 저조하게 만든 것은 어떤 불가사의한 일이었다. 1917년 봄에 그런 일이 있었다. 5월에 하디는 마드라스 대학에 라마누잔이 어떤 불치병으로 판단되는 병을 앓고 있다고 전했다.

이제 그를 인도로 돌려보내야 할 때인가? 그러나 많은 인도인 의사들은 전쟁에 나가 있다. 적절한 치료를 위해서라면 그것은 불가능했다. 그는 인도 땅을 다시 밟아 볼 수 없을지도 모른다. U보트들이 해상 여행을 위험하게 했기 때문이다. 전쟁은 라마누잔과 그를 영국에 데려갔던 사람을 비롯해 수학자들의 접근을 거절했다. 그것이 그에게 영양 부족을 초래했고 아마도 병을 얻도록 작용했을 것이다. 이제는 병이 그를 영국에 머물도록 하였다.

걱정스러운 시기였다. 그는 네빌 건물에서 멀지 않은 톰슨 가의 막

달렌 대학 Magdalene College 너머 캠 강이 바라보이는 트리니티 환자를 위한 작은 개인 병원인 〈요양원〉에 입원했다. 그는 몹시 않았다. 진료는 매우 부실해 하디는 트리니티에 도움을 청하고 인도에 있는 라마찬드라 라오에게 서한을 전해 달라고 했다. 후에 라마누잔이 어느 정도 차도가 보이자, 그는 수브라마니안을 통해 라마찬드라 라오의 두려움을 진정시켰다.

라마누잔은 병원을 나와 주교 기숙사로 돌아갔다. 하디가 얼마 동안 돌봐 주었다. 그러나 그것은 누가 하든 쉬운 일이 아니었다. 수브라마니안에게 보낸 하디의 편지가 라마누잔의 건강을 회복시키려는 일이 얼마나 힘든지 보여 주고 있다. 하디는 〈라마누잔을 제대로 간호하는 일이 매우 어려웠다〉고 했다. 그가 말하기를 라마누잔은 끔찍한 환자였다.

이것은 결코 새로운 사실이 아니다. 1910년, 마드라스 시절 라마누잔이 아팠을 때 친구 라다크리슈나 이예르가 한동안 그를 데리고 있었다. 후에 그는 이렇게 회상했다. 〈환자로서 라마누잔은 모범적인 사람이 아니다. 그는 고집스러웠다. 뜨거운 물을 먹으려 하지 않고, 시고 몸에 해로운 포도를 먹겠다고 우겼다.〉 라다크리슈나는 의사를 만나 라마누잔을 쿰바코남의 부모에게 보냈다.

그는 7년의 치료 기간 동안 변하지 않았는데, 이는 그에게 도움을 주던 사람들에게는 재앙이었다. 〈아주 힘든 환자는 항상 병원 치료에 반항하는 경향이 있었다〉라는 것이 그의 인도 전기 작가들이 그를 표현한 말이었다. 하디는 〈다루기 힘든 일〉이라고 말했다. 리틀우드의 친구이자 트리니티 대학의 수학자였고 라마누잔의 생애에 깊은 관심을 가졌던 볼로바스는 〈의사와 함께 치료를 시작할 때마다 그는 자신감, 신념, 그리고 희망에 가득 찼다〉고 말한다. 〈하지만 의사들이 그를 도울 수 없다는 사실을 깨달았을 때 그는 '나는 속임수에 빠졌어, 어떻게 빠져나가지?' 하면서 반대 쪽 극단으로 향했고 의사들을 쓸모 없는 사람으로 생각했다.〉

라마누잔은 음식에 특히 까다로웠으며, 지시대로 하지 않고, 고통과 통증을 불평했다. 그는 약을 〈믿지〉 않았다. 〈요양원에서 그를 돌볼 수 있는 의사는 거의 없었다. 그리고 라마누잔의 기호를 참아 낼만한 의사는 더더욱 없었다.〉

라마누잔의 병을 둘러싼 불확실함과 그의 완고함 때문에 최소한 여덟 명의 의사가 바뀌었고, 최소한 다섯 번 병원에 드나들었으며, 2년 동안 요양원에서 안정을 취해야 했다. 10월 즈음 그는 웰스 Wells 시 근처의 서머셋 Somerset에 있는 힐 그로브 Hill Grove의 멘딥 힐 요양원 Mendip Hills Sanatorium에 있었다. 그 곳에서 인도인인 초리무투 의사의 진찰을 받았는데, 그는 우연히 3년 전에 네바사 호에 라마누잔과 동승했었다. 무투 의사는 결핵 전문의였다.

라마누잔의 초기 진단은 위궤양이었는데, 치료 기간 내내 증세는 호전과 악화를 반복하였다. 한번은 수술이 고려되기도 하였다.

한 의사는 암이 자라고 있다는 생각을 하기도 했다. 그러나 라마누잔의 상태가 악화되지 않게 되자, 대부분의 의사들은 그 생각을 버렸다.

그러나 라마누잔이 멘딥 힐에서, 그리고 이듬해에도 지속적으로 치료받은 질병은 폐결핵이었다.

결핵은 19세기 중반 유럽 도시에서의 3대 사망 요인 가운데 하나였다. 결핵은 반세기가 지난 20세기 초까지 영국에서 여덟 가지 사인 가운데 하나였다.

결핵균에 감염되면 폐결핵에 걸린다. 신체의 면역 체계는 대체로 결핵균의 공격을 막아내지만, 감염에는 〈생활 방식〉이라는 요인도 영향을 미친다. 윙필드 박사가 말하는 〈과로, 지나친 놀이, 지나친 걱정, 영양 부족, 햇빛과 신선한 공기 부족〉이 실패한 세균의 침입을 성공으로 바꿀 수 있다.

현대의 연구는 신경 체계와 면역 체계의 긴밀한 연관성을 들어 스트레스와 병의 관계를 지적한다. 스트레스, 즉 과로라든지 근심 또는 외로움은 면역 체계를 약화시키고 질병에 걸리기 쉬운 상태로 만들

수 있다.

　채식주의와 불규칙한 식사 습관, 그리고 식량 결핍으로 인해 영양 공급이 곤란해져서 라마누잔이 이러한 병에 걸린 것일까? 한 가지 증거가 설득력을 갖는데, 덴마크의 현상이 강력한 예로 떠오른다.

　1908년 H. 팀브렐 벌스트로드 H. Timbrell Bulstrode는 의회에 「결핵의 실상과 결핵에 관한 여러 질문에 대한 보고서 Report on Sanatoria for Consumption and Certain Other Aspects of the Tuberculosis Question」를 제출하였다. 여기에서 그는 영국과 웨일스에서 폐결핵으로 인한 사망률이 1850년경에 10만 명 중 300명이었으나, 1904년까지 120명으로 안정적인 감소를 보여 주는 차트를 싣고 있다. 유사한 감소 현상이 이 기간 동안 스위스와 독일, 덴마크와 미국에서도 나타났다.

　그리고 세계대전이 일어났다.

　사망률에 불규칙적인 상승이 나타났다. 프러시아에서 폐결핵 사망률이 10만 명당 150명에서 250명으로 치솟았다. 벨기에, 이탈리아, 그리고 다른 호전적인 국가에서도 똑같은 현상이 나타났다. 만약 불특정한 증가가 나타났다면 1913-17년 사이 17퍼센트의 증가율을 보인 영국은 조금 덜 극적이었다.

　그러나 덴마크는 왜 30퍼센트라는 급속한 증가세를 보였는가? 덴마크는 중립국이었고, 전쟁이나 내전의 영향을 받지 않았다. 더구나 덴마크는 왜 다른 나라들보다 2년 일찍 1917년에 폐결핵 사망률이 증가했을까?

　덴마크는 전쟁 개시 2년 동안 영국으로 육류와 유제품을 대량으로 실어 나르고 있었다. 본국에서 가격이 극적으로 상승했지만, 임금은 보조를 맞추지 못했다. 덴마크의 소비는 급감했다. 하지만 1917년 잠수함 전쟁과 함께 덴마크 음식은 덴마크 안에 쌓여 갔다. 국내 소비는 상승했고, 그것과 함께 결핵의 저항도 높아졌다. 영국 의사 키어스 R. Y. Keers는 전쟁이 결핵에 미치는 영향을 설명하면서 〈실제적으로 모든 것이 인정하는 증거는, 이러한 죽음의 주요 요인이 덴마크에서 나타난 것과 같은 영양 실조이다〉라고 말했다.

육류와 유제품에 결정적으로 부족한 영양은 무엇인가? 비타민 D 이다. 이것은 라마누잔에게 부족했고, 이로 인해 더 결핵에 감염되기 쉬웠다.

1920년에 구루병과 뼈 질환에 관한 비타민 D의 역할이 발견되었다. 그러나 더 최근 연구에서는 면역 체계와도 연관된다. 〈전염병 감염에 관한 탁월한 연구〉로 일컬어지는 웨일스인 의사 데이비스 P. D. O. Davies의 논문에서는 비타민 D 결핍이 면역 체계에 미치는 영향과 인도에서 영국으로 이민 온 이들에게 결핵 발병률이 훨씬 높다고, 특히 영국 토박이보다 인도인에게 서른 배나 더 높다고 주장했다. 비타민 D는 단핵 백혈구와 거대 식세포라는 면역 체계에서 주요한 역할을 하는 것들을 정렬하는 기능을 한다.

비타민 D를 함유하는 식품은 달걀 노른자와 육류, 그리고 살진 생선이다. 대구의 간유는 결핵을 치료하기 위해 18세기부터 사용되었다. 라마누잔은 그중 아무것도 먹지 않았다. 비타민 D를 함유하고 있는 또 다른 식품은, 특히 영양을 강화한 우유이다. 라마누잔의 시대에 강화 우유는 구할 수 없었다.

비타민 D의 또 다른 주요 제공원이 있다. 태양은 가시 광선뿐만 아니라 눈에 보이지 않는 자외선을 발산하는데, 이 자외선은 피부의 콜레스테롤을 활성화시켜 비타민 D의 생성을 활발하게 한다.

라마누잔은 거의 햇볕을 쬐지 않았다. 케임브리지는 북극권 가까이 높이 있어 말할 필요가 없다. 그리고 영국의 구름은 그마저도 대부분 가려 버린다. 게다가 라마누잔은 대개 방을 떠나지 않았고 때로는 밤에 일하고 낮에 잠을 잤다. 햇빛이 들어오는 창은 비타민 D를 생성시키는 자외선을 차단해 아무런 효과가 없다.

당대 의학적 통념과 우리 시대의 과학적 증거에 따르면 라마누잔은 영국에 있는 첫 3년 동안 결핵균의 성장을 부추기는 기름진 토양이 되고 있었다.

1899-1913년 사이에 멘딥 힐 요양원은 수백 가지 〈치료법〉을 주장했다. 그리고 30킬로미터 반경 안에 있는 다섯 개의 요양원들도 브리스톨 해협과 웨일스로부터 흘러나오는 세번 Severn 강을 건너 회복에 도움이 되는 지역을 발견하였다. 하지만 지리와 치료율의 관계에도 불구하고 멘딥 힐의 라마누잔에게는 무언가가 맞지 않았다. 그는 11월경 곧바로 더비셔에 있는 매틀록 Matlock 요양원으로 옮겨졌다. 그곳에서 거의 한 해를 보내면서 세 명의 의사에게 진료를 받고 오늘날 2만 달러에 상당하는 240파운드를 지불하였다.

그 곳에 머무는 초반에 그는 하디에게 편지를 했다.

저는 이곳에 한 달 가량 머물렀는데 단 하루도 불을 가까이할 수 없었습니다. 수없이 추위에 떨었고 어떤 때는 식사도 하지 않았습니다. 처음 제가 이곳에 들어올 때는 한두 시간 불을 쬐지 못할 수도 있다는 말을 들었습니다. 그들은 저에게 선생님의 편지를 받았으며 제가 수학을 연구하는 날에는 불을 피워 주겠다고 약속했습니다. 그날이 아직 오지 않았지만 저는 이 끔찍하게 추운, 열린 방에 남겨져 있습니다.

라마누잔의 방에 불을 피워 주지 않을 만큼 매틀록 직원들은 잔인하지도 무정하지도 않았다. 이 시기에는 추운 환경이 결핵에 가장 적절한 치료법이었다.

오늘날 결핵을 마주한 의사들은 비용과 가능한 부가 효과에 적합한 약물 치료를 다양하게 선택하고 있다. 그러나 1950년대까지 스트렙토마이신 streptomycin은 개발되지 않았다. 그때까지 폐결핵은 의학이 떨쳐 버리지 못하는 하얀 역병으로 남아 있었다.

라마누잔의 시대에 가장 활발하게 받아들여진 것은 19세기 말 시작된 야외 치료법이었다. 즉 신선한 공기에 노출된 트인 곳에서 충분한 음식과 가벼운 운동을 병행하는 침대 휴식이었다.

매틀록에서의 비참한 생활을 하는 동안 라마누잔은 홀로 있지 않았다.

그러나 라마누잔이 요양 기간 동안 행복하지 않았으며, 또 행복하지 않은 데는 또 다른 이유가 있었다.

1917년 9월 하디는 수브라마니안에게 라마누잔이 호전되고 있다는 소식을 전했다. 편지에서 그는 이렇게 적었다. 〈불과 몇 달 전 그가 이곳 요양원에 잠시 머물 때, 친지들에게 전혀 기별도 않고 소식도 듣지 않는다는 것을 알게 되었다. 그는 매우 꺼려하였고, 어떤 다툼이 있었던 것으로 보인다.〉

어떤 충격적인 사실이 이제 막 밝혀지려 하고 있었다. 〈…… 있었던 것으로 보인다.〉 이런 애매한 말은 하디답지 않다. 그리고 하디는 자신이 몰랐다는 사실을 라마누잔이 꺼려한다는 탓으로 돌리고 있었는데, 역시 자신을 변호하는 투의 말이다.

얼마 후에 또 다른 단서가 드러났다. 라마누잔은 처음으로 하디에게 개인적인 사실을 알려 주고 있었다.

어머님께 2년 후 돌아가겠다고 약속한 것은 사실입니다. 저는 그들에게 1년 반 전에 몇 번 편지를 보냈습니다. 그러나 저는 석사 학위를 받기 전까지는 인도로 돌아가지 않겠다고 어머님께 반발하는 편지를 보냈습니다. 그리고 저는 그 곳에 돌아가겠다는 생각을 포기했습니다. 제가 아내나 자형 또는 어느 누구의 편지를 받았다는 것은 사실이 아닙니다. 저는 아내에게서, 아내가 왜 집을 떠나야 하는지를 설명하는 형식적인 편지를 받았을 뿐입니다. 제 이름의 첫 글자 S는 아버지 이름 스리니바사를 딴 것입니다. 저는 사실 이름이 없습니다.

라마누잔은 1916년 집으로 돌아가지 않았다. 어머니가 애원했기 때문에? 아내가 그에게 편지를 하지 않았는가? 아내는 그의 집을 떠났는가? 라마누잔은 정말로 이름이 없는가?

하디에게는 온통 새로운 사실이었다.

사실 인도 집에 문제가 있었다. 〈다툼〉은 적당한 표현은 아니다. 그리고 그 사실은 영국에 있는 라마누잔에게 전해져 그를 화나게 했다. 하디는 그 내용을 전혀 모르고 있었고, 그의 근심을 덜어 줄 만한 어떤 일도 할 수 없었다.

고향에서의 문제

라마누잔은 자나키로부터 편지를 받지 못하고 있었다. 아내가 편지를 하지 않았기 때문이 아니라 시어머니가 방해하였기 때문이다.

한번은 라마누잔에게 보낼 짐을 꾸리다가 시어머니가 잠시 밖으로 나가자 자나키는 짧은 메모를 짐 속에 집어 넣었다. 그러나 코말라타말은 돌아와 그 쪽지를 보고는 유치하고 어리석고 바보 같은 짓을 했다며 며느리의 편지를 보내지 않았다. 자나키는 화가 났지만 무슨 말을 할 수 있었겠는가? 또는 무슨 일을 할 수 있었겠는가? 그녀는 17세의 소녀였고, 시어머니는 그러니까…… 시어머니였다. 그녀는 그러려니 하고 자신을 달래며 아무 말도 하지 않았다.

그것이 바로 인도의 대가족이 겪는 일이었다. 고부 간의 갈등은 많은 인도 가정에 던져진, 아마도 가장 큰 문제였으리라. 그러한 갈등은 인도에서 보았던 수많은 것에 감정이 상한 서양 사람들에게는 도덕적 비난이나 농담거리에 지나지 않았다. 콤프턴이 1904년에 전하는 바로는, 어린 신부의 교육은 너무나 혐오스러웠고 시댁에서 겪는 소녀들의 일반적인 운명은 더욱 비참하였다.

인도인의 결혼은 집안끼리의 결합 또는 대립이었다. 남편의 가족에 새로운 식구로 편입된 아내는 간혹 간섭자로 생각되었고, 시어머니의 살림살이를 위협하는 존재로 인식되기도 했다. 자신이 신부였을 때 같은 상황을 겪었던 시어머니는 신병을 훈련시키는 하사관처럼 며느리를 다루었다. 이 〈신병 훈련소〉는 며느리가 임신할 때까지 계속되고, 시간이 지나면 며느리는 시어머니로 변해 있게 마련이다. 그 과정에서 남편은 적어도 공개적으로는 무관심하다. 어떤 가정에서는 시어머니에게 먼저 건네지 않고는 남편에게 물건을 주지도 못했다.

그런 상황에는 명백히 가정 불화의 씨앗이 잉태되어 있었다. 그리고 라마누잔 가정의 경우에는 그 씨앗이 훨씬 더 자라고 있었다. 오랫동안 기다릴 뿐 아니라 수많은 기도의 대상이었던 아들에 대한 코말라타말의 동일시는 특히 강했다. 젊은 인도 남자들이 종종 아내보다 어머니 편에 섰지만, 라마누잔은 더했다. 그는 어머니를 닮았고 어머니처럼 생각하고 어머니의 기질을 나눠 가졌다. 자나키는 유순하고 순진한 10대인 반면에 쉰 살이 가까운 코말라타말은 아들에 대한 정신병적 질투를 지닌 무시무시한 모습이었다.

70년 후, 자나키는 여든여덟 살이 되었다. 그녀는 마드라스 트리플리케인에서 마흔네 살의 양자 나라야난 Narayanan 부부, 세 명의 손주들과 함께 살고 있었다. 부르군디 사리를 두른 자나키는 벽에 기댄 채 통나무 의자에 앉아 세계 여러 곳에서 남편의 추모자들이 만들어 놓은 화환을 걸친 라마누잔의 흉상을 바라보곤 하였다. 그녀의 피부는 광택이 났고 뼈는 지방이 없어 길게 늘어졌다. 곱추에다가 쇠약해진 그녀는 귀도 거의 멀어 나라야나가 잡지를 말아 귀에 대고 소리쳐야 알아들을 수 있었다. 질문에 대답할 때는 무슨 말인지 알아 듣기 위해 인상을 찌푸리지만, 그 외에는 항상 크고 매력적인 미소를 지었다.

자나키를 알고 있는 어떤 사람에 따르면, 그녀는 지난 세월보다는 지금 더 대담하고 자신이 있어 보인다. 하지만 그녀가 받아들여야 했던 며느리로서의 지위는, 아흔 살이 가까운 지금까지 오래 전에 죽은 시어머니에게 존경심을 표해야 하는 고통을 안겨 주었다. 나라야나를 통해 그녀는 라마누잔과 결혼할 수 있는 기회를 준 것에 감사의 뜻을 표시했다.

그러나 자나키와 가까운 사람들은 그녀의 분노의 원인을 말한다.

라마누잔이 인도에서 머물 때 어머니는, 그들이 남편과 아내로서 동침하는 것을 막아 왔다. 그가 영국으로 떠난 후 자나키는 가장 거친 사리만을 받았다. 그녀는 가진 돈이 없었고, 지극히 사소한 일까지 시어머니에게 의존하였다. 그녀는 감사의 말 한 마디 듣지 못한 채 시내를 가로질러 초베리의 둑까지 가서 물을 길어 왔다. 그녀는 시어머니의 욕지거리를 참아내야 했다. 결국에는 라마누잔에게 보내는 편지도 빼앗기고 라마누잔이 보낸 편지도 빼앗겼다. 라마누잔은 어머니에게 아내와 함께 영국에 다녀가시라고 한 적도 있었다. 어머니는 자나키에게 상의 한 마디 없이 쓸데없는 말이라고 답장했다.

어머니 편에서의 갈등은 전해지지 않는다. 어떤 설명에 따르면 그녀는 며느리의 운세를 따져 라마누잔의 병을 며느리의 탓으로 돌렸다고 한다. 아들이 자나키와 결혼하지 않았다면 아들은 병에 걸리지 않았을 것이라고 확신했다. 아마 자나키에게 명백한 적개심은 없었을지 모른다. 단지 며느리를 여전히 어린아이로 생각했을 것이다. 거의 마흔 살 연상이며 집안과 라마누잔을 돌봐 온 나름대로의 방식이 있었으니, 자나키가 성장할 때까지 발언권과 자율권을 줄 수 없었다. 자나키의 기원과 항의에 손찌검을 했으리라는 것도 상상이 간다.

상황이 너무나 좋지 않아 처음엔 자나키와의 결혼을 반대하며 집안 일에는 신경 쓰지 않던, 반쯤 실명한 아버지가 오히려 며느리 편을 들었다.

마침내 자나키는 벗어날 핑계를 찾았다. 자신의 하나뿐인 남동생 스리니바사 이옌가르Srinivasa Iyengar가 카라치Karachi에 있었는데 결혼을 하게 되었다. 결혼식이 라젠드람, 그녀와 라마누잔이 결혼한 고향에서 있었다. 쿰바코남의 친구를 통해 친정 부모에게 좋지 않은 일이 있다는 사실도 알게 되었다. 코말라타말로부터 자나키를 벗어나게 하려는 그들의 생각이었을지도 모른다.

얼마 후 자나키는 카라치의 동생 집에서 라마누잔에게 편지를 했다. 새 사리를 사고 동생 결혼 선물을 살 돈을 보내 주시겠어요? 의

무감에 라마누잔은 돈을 부쳐 주었다. 그러나 지금까지 아내로부터 계속된 침묵과 어머니의 편지로만 소식을 들은 라마누잔은 답장에 어떠한 따스한 감정도 담지 않았다.

집안에서의 문제는 둑을 넘어서고 가족과 라마누잔과의 관계를 갈라놓았다. 집으로 보내는 그의 편지는 간간이 이어지다가 한꺼번에 끊겼다. 1914년 라마누잔은 한 달에 서너 번 편지를 보냈다. 1916년까지 한 달에 두세 통의 편지를 보냈다. 1917년에 접어들자 라마누잔의 가족은 그의 소식을 들을 수가 없었다.

오랫동안 아마도 그의 가족에 의해 버림받았다는 수치심으로 라마누잔은 그 일에 대해 침묵하였다. 그러나 결국 케임브리지의 요양원에 있는 동안 하디와 친구 차테리에게 고백하였다. 어느 날 그를 방문한 차테리는 우울한 그의 얼굴을 발견했다. 〈무슨 문제야?〉 그가 물었다.

〈집에서는 결코 편지를 보내 주지 않아〉 라마누잔은 대답했다.

차테리는 그 표현에 익숙하였지만, 〈음, 집은 편지를 쓰지 않지〉라고 농담을 건넸다.

〈다툼〉은 라마누잔의 평온함을 방해했고 인도를 향한 감정적인 생명선에 엉킨 방해물이 되었다. 하지만 하디는 최근 라마누잔의 사적인 내용을 거의 알지 못했다. 아마도 하디는 영국에서 최고의 친구였으리라. 적어도 그가 아프기 전까지 둘은 거의 날마다 만났다. 그러나 집으로부터의 편지가 뜸해진 사실, 영국에서의 긴장감, 그리고 외로운 생각이 문득 들었다는 것을 아마도 하디는 최근까지 몰랐을 것이다. 만약 그들이 절친한 친구였다면, 왜 라마누잔은 오래 전에 말하지 않았을까?

사실 그들은 아주 친한 친구는 아니었다. 라마누잔은 인도에서 배제되었고, 하디는 영국에서 배제되었다. 성격, 문화, 그리고 환경의 격차 때문에 그는 하디에게서 역시 배제되었다.

넬슨 기념비

한 가지 측면에서 하디는 라마누잔에게 보인 날카로운 관심만큼 다른 것들에 관심을 두고 있었다. 그는 국제적인 수학 인사이다. 그는 라마누잔이 생각하는 것 이상으로 다른 수학 분야에 관여되어 있다. 그는 1915-18년까지 45편의 논문을 발표했으며, 다른 것들이 둘의 공동 작업의 영향을 받았다 할지라도 그중 네 편만이 라마누잔과의 공동 논문이었다. 하디는 런던 수학회에서 활동적이었다. 회의에 참석하고 간부직을 맡기도 했으며, 때때로 신문·잡지 같은 허드렛일을 맡기도 했다. 케임브리지 철학학회에서도 그는 활동적이었다.

하디는 또한 수학 외적 세계, 특히 반전 운동에 관여하였다. 하디는 바빴다. 라마누잔과 함께 하는 연구는 정력과 시간 소모가 많아 바빴다. 두 사람이 더 자주 함께 일할수록 필연적으로 라마누잔이 지니는 가치, 즉 하디의 삶에 있어 봉화불의 의미가, 라마누잔에게 있어서의 하디가 지니는 의미보다 더 약해졌다.

그러나 설사 하디가 그렇게 바쁘지 않았다 해도 두 사람의 친밀함 사이에는 개인적이고 문화적인 차이가 가로놓여 있었다. 하디와 라마누잔은 세상을 너무 다른 눈으로 보고 있었고, 이를 극복하기에는 차이가 너무 큰 것이었다.

하디는 멋지고 화려한 베일을 드리우고 자신을 보호하는 정도가 보통 영국인보다 더 심했다. 하디를 존경하는 어느 인도인은 라마누잔에 대한 그의 〈부모 같은 배려〉를 언급한 적이 있다. 그 말은 적절한 표현이다. 그들의 관계는 동료애가 담긴 친밀함이 아니라 거리감이었다. 라마누잔보다 열 살 더 많은 하디는 언제나 친절히 잘 돌봐주는 부모였지만, 가까이하기 어렵고, 요구하는 것이 많고 쌀쌀한 면도 지니고 있었다.

물론 그들의 관계에서 궁극적인 장애는, 하디가 말하듯 〈라마누잔은 인도인이며, 나는 영국인과 인도인이 서로를 제대로 이해한다는 것이 조금은 어렵다고 생각한다〉. 영국인에게 인도는 헤아릴 수 없고 좀처럼 이해할 수 없는 나라였다. 그러나 그들 사이에 더 가까운 관계를 가로막는 문화적 차이의 책임은, 하디가 그 차이를 넘어 보려는 노력을 기울이지 않았다는 데 있었다.

스노는 하디에 대해 〈특정 인간에 대한 통찰력을 지니고 있다는 사실을 저버린 사람〉이라고 말했다. 인간이 지닌 개성의 어수선한 윤곽은 그의 집 잔디가 아니었다. 그는 주빈석에서 곧잘 논의되는 유럽의 예술과 철학에 관해 라마누잔에게 물었을 것이다. 그리고 문학과 정치에 관한 라마누잔의 관심을 알고 있었다. 그러나 그는 라마누잔의 가족이나 남인도 또는 카스트 제도, 힌두 신들에 관해서는 거의 말을 꺼내지 않았다. 자세히 살피지도 않았고, 꼬치꼬치 캐지도 않았다. 하디는 후에 〈나는, 라마누잔이 걸어 온 삶의 편린을 세슈 이예르와 라마찬드라 라오에게 의지하였다〉고 했다. 즉 그가 알고 있는 라마누잔의 인생은 라마누잔에게서 직접 들은 이야기가 아니었다.

인도에서 라마누잔의 수학적 영향 같은 문제도 하디의 노력을 통해 얻어낸 것이 아니었다. 〈잘못이 있었음을 인정한다〉고 하디는 말했다. 〈왜냐하면 우리가 알고 싶어했던 것, 매우 쉽게 알아낼 수 있던 것들이 널려 있었기 때문이다. 거의 매일 라마누잔을 보았고, 서로 약간 살펴보기만 했으면 흐릿한 부분들을 대부분 걷어 낼 수 있었을 것이다.〉 그러나 그는 그렇게 하지 않았고, 수학 영역을 넘어 발을 내딛지도 않았거니와 그런 종류의 질문은 하지도 않았다.

지금 나는 이것에 대해 유감스럽게 생각하지만, 그것은 정말로 그다지 중요하지 않았고, 전적으로 자연스러웠다. (라마누잔은) 직장을 얻으려고 애쓰는 수학자였다. 그리고 나 역시 수학자였으며, 라마누잔과 만나 그의 과거를 짚어 보는 것보다 생각해야 할 흥미로운 것들이 더 많았다. 그가 나에게 거의 매일 새로운 공식을 보여줄 때, 어떻게 이런저런 공식을 발견했는지 염려하는 것은 우스운 일로 보였다.

수학은 그들 관계의 공통된 기반이었다. 서로를 알아 가는 상호간의 즐거움보다 아마 단 하나의 기반이었을 것이다. 많은 영국인처럼 하디는 그의 보호막 뒤에 숨어, 라마누잔의 사생활에 주제넘게 관여하길 꺼렸다. 그는 외로운 인도인을 밖으로 끌어내고, 낯선 문화에 적응하는 어려움을 덜어 주고, 영국의 냉기를 막아 주는 데 적합한 이상적 인물은 아니었다.

라마누잔, 수학, 그리고 신

두 사람 사이의 거리를 더욱 벌려 놓은 요인은 하디에게서 찾아볼 수 있다. 즉 라마누잔이 갖고 있는 종교적 신앙의 문제였다. 하디가 알고 있는 케임브리지 지성인들 사이의 무신론자, 불가지론자, 회의론자들의 통상적인 노선과 라마누잔의 생각이 다르며, 그의 정신은 전적으로 동양적 풍미를 지닌 것으로 보려 하지 않은 것이었다.

1930년대에 벨은, 수학자들이 자신의 것이라고 평가해 온 규칙을 라마누잔이 깨뜨렸다고 말했다. 〈인도인 라마누잔과 같이 진정으로 위대한 인물이 뜻하지 않게 어디선가 나타난다면, 전문 해석학자일지라도 하늘의 선물인 것처럼 환영할 것이다〉라고 했다. 그에게는 보기에 관련이 없어 보이는 공식 사이의 숨겨진 연관성을 간파하는 〈초자연적인 통찰력〉이 있다고 생각했다.

초자연적인 통찰, 하늘이 내린 선물⋯⋯.

다른 일에 대해서라면 매우 완고한 합리주의자들이, 라마누잔의 재능에는 특별한 것이 있다는 무당이나 승려의 말을 믿어 버리는 것이 이상하다. 하디는 라마누잔의 노트를 철저히 점검한 서양 최초의 수학자이지만, 그 후로도 75년 동안 많은 사람들이 역시 그 일을 하였다. 그리고 한결같이 라마누잔의 힘을 대하고는 놀라움과 경이의 표현을 늘어놓으며, 라마누잔의 신비로움을 전달하기 위해 말을 더 듣고 적절한 단어를 찾기 위해 애를 쓴다.

매디슨 Madison에 있는 위스콘신 대학교 University of Wisconsin의 라마누잔 학자인 수학자 리처드 애스키 Richard Askey는 〈우리는 그가 얼마나 놀라운 일을 했는지, 무엇이 그를 그렇게 만들었는지 알지 못한다〉고 말했다. 베른트는 라마누잔의 노트를 몇 년 동안 연구한 후 〈아직도 완전히 이해할 수 없다. 나는 그것들을 증명할 수는 있을 것이다. 그러나 그것들이 어디에서 나왔고, 수학의 어느 부분에 맞는지 모르겠다〉고 말했다. 그는 또 〈라마누잔의 창조 과정의 수수께끼는 아직도 걷힌 적이 없는 장막에 가려 있다〉고 덧붙였다.

불가사의라는 비슷한 말을 라마누잔의 분할에 대한 연구를 설명하는 리틀우드에게서도 찾아볼 수 있다.

폴란드 망명 수학자 마크 캑 Mark Kac의 말에 따르면, 라마누잔은 〈평범한 천재〉라기보다 〈마법사〉였다.

신비와 마법과 어둠, 평범한 사고로는 접근할 수 없는 숨겨진 작용 등은, 라마누잔에 대한 연구를 하다 보면 필연적으로 떠올리게 되고 이성적인 감각이 한계에 달해 벽을 느끼는 것이다.

그것은 오늘날, 어디서나 우위를 차지하는 과학과 서양 합리주의의 입장에서 보면, 시대 착오적이며 이교도적이다. 그러나 라마누잔 자신이 그렇게 생각했다는 것은 의심할 수 없다. 회계사, 변호사, 수학자, 교수 등 어느 정도 합리주의 경향의 남인도 사람들은, 어린 시절에 그의 어머니와 할머니가 그에게 알려 준 영적 세계에서 수학적 영감의 근원을 보고자 했다.

마드라스의 회계사였던 라자고폴란 T. K. Rajagopolan은 라마누잔의 꿈 이야기를 기억했다. 꿈에서 라마누잔은 인도 여신 나마기리의 남편 나라시마 신의 존재를 고지하는 핏방울을 본 후, 〈매우 복잡한 수학이 적힌 두루마리가 그의 눈앞에 펼쳐졌다〉고 주장하였다.

파차이야파 대학 시절의 친구 라다크리슈나 이예르는 라마누잔에게 수학 연구에 대해 물었을 때, 라마누잔의 대답은 오로지 〈나라시마 신이 꿈에 나타나 '너의 연구 결과를 대중에게 알릴 시간이 아직 오지 않았으니 기다리라'고 말씀하셨다〉는 것이었다.

그리고 ♪가 영국으로 떠나기 1년 전쯤인 1912년 또는 1913년 초에 라마누잔은 자신의 연구를 수학자 스리니바사에게 보여 주면서, 신의 정신의 산물로서 방정식을 그렸다고 말하였다.

숨겨진 힘에 대한 라마누잔의 신념은, 적어도 인도에서는 결코 사죄하거나 침묵할 필요가 없는 일이었다. 그에게는 삶의 주변에 할애된 그저 개인적인 신념의 문제나 그가 사색하기 좋아하는 이론 따위가 아니었다.

영국으로 떠나기 전 흥분되어 있을 때, 그는 점성술을 이용해 친구나 친척들에게 종교적 의식을 치르기에 적당한 상서로운 시기를 결정했다. 자신의 손금을 보고 자신이 서른다섯 전에 사망할 것이라고 믿고 있었고, 이를 친구들에게 말했다. 그는 트리치노폴리 근방의 사원에 정신적 고통을 치료하는 힘이 있다며, 사람들에게 그 곳에 가 보라고 충고했다고 아난타라만은 기록했다. 파차이야파 대학에 있을 때는 아이의 죽음을 앞둔 한 가족의 꿈을 꾸고는 부모에게 가서, 아이를 다른 집으로 옮기라고 하였다. 〈사람의 죽음은 특정한 시간과 공간의 접점에서만 일어난다〉는 것이다.

라마누잔은 자신의 문화에 대한 신뢰에 치우쳐 있었다. 그래서 합리주의자 하디가 생각했던 것과는 너무나 다르게, 여러 형태로 쌓여 갔다.

그러나 그것은 하디가 주장한 내용이다. 어느 날 라마누잔을 위한 강연에서 하디는 〈나는 동양의 태고적 지혜를 믿지 않는다〉라고 단언하였다.

내가 그에게 선물하고 싶은 초상은, 유명한 인물처럼 특색 있는 사람의 초상이다. 자신이 속한 사회에서 즐거움을 취하고, 차를 마시고 정치나 수학을 토론할 수 있는 사람이다. 간단히 말해 동양의 경이로움을 간직한 사람이나 영감을 받은 바보나 정신 이상자가 아니라, 위대한 수학자가 될 수 있는 합리적인 인간이다.

하디는 라마누잔의 종교가 〈실천의 문제이지 지적인 신념의 문제는 아니며, 라마누잔이 모든 종교는 그에게 다소 진실이 아닌 것처럼 보인다고 말했던 것을 기억한다〉고 주장하였다.

하디는 〈라마누잔은 신비주의자가 아니며, 엄밀하게 물질적인 측면을 제외하고는 그의 삶에서 중요한 역할을 하지 않는다〉고 확신하였다.

〈라마누잔이 신학적 교리를 하디가 믿는 정도보다 더 많이 믿지 않는다는 하디의 주장에, 자신을 하디로부터 멀리하기 시작했다. 이 면에서 나는 그의 통찰력을 더 이상 믿을 수가 없었다〉고 스노는 썼다.

하지만 대부분의 서양인들과 일부 인도인들은 하디의 생각을 따라 라마누잔의 신비적인 기질이 새로운 수학적 연계를 제조하는 신비스런 능력과 관계가 없다고 믿었다. 하나는 환영하면서 다른 하나는 거부하였고, 점성술을 따르는 것, 터무니없는 미신, 나마기리에 대한 헌신 따위는 그의 수학적 창의성에 부수적인 불행한 기벽이며 어떻든 참을 만한 것이라고 무시해 버렸다.

1914년 4월 하디가 만난 남인도 사람은 인도의 신과 힌두교 신앙의 유동성이라는 토양 위에 성장한 사람이었다. 그 안에는 자연적인 것과 초자연적인 것, 야코비와 나마기리, 수(數)와 신(神)이 공동의 집을 세우고, 편안한 유대를 이루고 있었다.

라마누잔의 종교적 믿음이 수학적 재능을 주었을까? 그렇다면 믿음을 가진 모든 사람들이 그것을 공유해야 하기 때문에, 믿음을 통해 수학적 통찰력을 얻은 것은 아니다. 그의 내면에 신비의 기질이 순수한 수학적 재능과 함께 나란히 놓여 있다는 것은, 정신의 특별한 유연성, 즉 희박한 연관성을 풀어내는 특별한 수용성을 증명하는 것일지도 모른다.

하디는 엄밀함을 강조하면서도 수학에서의 막연한 덕성과 직관적인 정신 작용에 눈멀지는 않았다. 브롬위치는 〈그의 정신이 조금만 덜 치밀하게 작용하였더라면 더 행복한 삶을 살 수 있었고, 더 위대한 수학자가 될 수도 있었을 것이다. 다양한 주제의 기술을 숙달하는데 그를 능가할 사람은 없지만, '모호하게 생각하는' 힘이 부족하다〉라고 지적하였다. 그처럼 특별히 발달된 〈모호하게 생각하는〉 능력은 라마누잔의 특별한 재능에 속한 것이었다.

힌두 신에 대한 라마누잔의 믿음이 그의 수학적 천재성을 〈설명〉하지는 않는다. 그러나 초자연적인 힘에 개방적인 태도는 날렵함과 유연성과 융통성을 갖게 했고, 더 순수하게 논리적인 재능을 갖춘 이들은 볼 수 없는 것도 수용할 수 있게 해주었다. 다른 사람들은 무관하다고 보는 것에서 접점을 발견했다. 아마 비판적인 능력은 창조적이고 종합적인 능력에 비해 약했을 것이다.

하디는 적어도 이러한 정신 세계에 편안함을 느끼지 않았다.

그는 1928년 케임브리지 강의에서 〈수학자란 우선 관찰자라고 생각한다〉고 했다. 〈수학자는 멀리서 산을 응시하고 관찰한 바를 기록하는 사람이다.〉

그러나 처음 목격하는 정상에 이르게 되는, 베일에 감추어진 과정에 대해 하디는 침묵했다. 사실, 긴 세월 동안 수학을 하고 수학에 대해 저술하면서도 창의적인 과정은 뒤로 미루는 쪽을 택했다. 『어느 수학자의 변명』에서도 그 태도를 유지했는데, 그렇지 않았더라면 수학자의 세계에 대한 그의 통찰이 더 풍부했을 것이다. 그에게 흥미있는 것은 그 과정의 〈결과물〉, 공식 그 자체였다. 그는 증명을 통해 공식을 평가하기를 원했을 것이다.

하디의 말처럼 관대하고 말로 표현할 수 없으며, 애매하고 몽롱한 관련성이 성립하고, 갑자기 깨닫게 되는 무의식적 과정의 영역은 그가 머물고 싶어하는 곳은 아니다. 그는 그 영역에 대한 논의를 하는 것조차 불편해했다. 수학이 〈창조적인〉 활동이라는 것은 의심할 바

없다. 그러나 그 근원까지 탐구하고 싶어하지는 않았다. 라마누잔의 수학적 재능을 설명하기 위해 동양의 미신을 들먹이는 것도 하디는 흔쾌히 받아들이지 않을 일이었다.

그러나 충실한 무신론자로서, 극단적인 위치를 차지하고 있는 것은 오히려 하디였다. 라마누잔은 믿음과 신념의 거대한 형체에 더 맞추어, 동양 뿐만 아니라 서양 전통 내에서 한편으로는 창조성과 영감, 그리고 다른 한편으로는 영적 힘과의 관계를 인식하고 있었다.

창조적 통찰력이 신성한 영향에서 기인한다고 보는 곳이 인도만은 아니듯, 라마누잔이 수학자 가운데 강한 종교적 신앙을 가진 유일한 사람은 아니다. 뉴턴도 신앙인으로서 우주의 경이에 겸손해했으며 자신만의 신학을 연구하였다. 벨의 표현에 따르면, 오일러는 〈칼뱅주의 신앙을 절대 저버리지 않았으며〉 나이가 들수록 더 종교적으로 되었다. 코시는 다른 수학자들을 로마 가톨릭으로 개종시키려고 애썼다. 에르미도 신비적인 경향이 강했다. 계몽 합리주의의 아버지 데카르트 Descartes도 영혼의 부름에 답했다. 〈그의 합리적 회의주의에도 불구하고 종교적 믿음은 언제나 단순했다.〉

종교적인 성향이 없는 수학자라도, 믿음과 이성 사이의 흐릿한 부분에 정중한 표현을 해주었다. 가우스는 〈힘겨운 노력이 아니라 이른바 신의 은총에 힘입어〉 한 가지 공식을 증명하였다고 회고한 적이 있다. 리틀우드 역시 마음을 붙잡는 문제의 해법을 〈써 내려갈 때, 신성이 주는 것을 거절한다면 마치 나의 무의식이 언제나 알고 있는 것 같을 것이다〉고 했다. 리틀우드의 말은 문체상 안전하고 아이러닉한 일반적인 케임브리지의 회의주의이지만, 인간이 지닌 창의성의 신비스런 기원에 대한 겸손을 어느 정도 볼 수 있다.

그러나 하디는 그러한 모순을 용인하지 않았다. 그에게는 영적인 모든 영역이 부질없는 것이었다. 그는 라마누잔의 천재성이 어디에서 왔든 간에, 그것을 설명할 수 있는 어떤 간단한 길이 있다고 믿었다.

나는 종종 〈라마누잔에게 어떤 특별한 비밀이 있는가?〉라는 질문을 받는다. 그의 방법이 여느 수학자들과 다르며, 그의 사고에는 정말로 독특한 것이 있느냐는 질문도 있다. 나는 이러한 질문에 어떤 자신이나 확신을 갖고 대답할 수 없다. 그러나 나는 믿지 않는다. 나의 믿음은, 모든 수학자들은 근본적으로 같은 방식으로 생각한다는 것이고 라마누잔도 예외는 아니라는 것이다.

그의 말에 따르면, 라마누잔의 수학은 논리적인 정신의 논리적인 작용의 산물이며, 더 이상 설명할 것은 없다는 것이다.

〈복음주의 무신론자〉라고 일컬어지는 사람을 만나서, 민감한 문제로 후원인이자 친구인 그를 자극하고 싶지 않았던 라마누잔은 자신의 영적 삶을 적나라하게 드러낼 수 없었다.

그리고 그것이 문제였다. 하디와 함께라면 라마누잔은 스스럼없이 행동할 수 없었다. 짐짓 태연한 척 가장해야 했고, 그 자신이 될 수 없었다. 두 사람 사이에는 건널 수 없는 거대한 거리가 남아 있었다. 몇 년간 그와 함께 작업한 후에도, 하디는 라마누잔을 정말로 알지 못했다. 그리고 라마누잔이 영국에서 느꼈던 깊은 외로움에 대한 진정한 완충 장치가 될 수 없었다.

$x=1$에서의 특이성

75년 후 1989년 조지아 Georgia 주 흑인 여자대학의 흑인 학장은 북부에 있는, 대부분이 백인인 대학에서 사무관 승진이 제한되었던 경험을 기억했다. 〈내가 아는 하버퍼드 Haverford 흑인 학생들은 잘 했겠지만, 나는 결코 그들이 행복하다고 느끼지 못했다.〉 왜냐하면 그들은 그들 자신이 될 수 없고 흑인이 될 수 없기 때문이다. 바로 그러한 분열이 케임브리지에 있는 라마누잔에게 적용되었다. 그는 하디의 주도 아래 있었고, 잘했지만 행복하지 않았다.

스스로는 그것을 인식하지 못했을지도 모른다. 라마누잔은 자신의 감정을 잘 조절할 수 있는 사람이 아니다. 틀림없이 그는 수학에서 두각을 나타내고 하디와의 지적인 대화에서 만족을 끌어내고 모든 외적인 상황에 만족하였을 것이다. 그 스스로 만족한다고 생각했다. 그러나 다른 요구에 대해서는 정확히 말할 수 없고 희미하게 느끼지만 완전하지 않았다.

다른 문화에 적응하는 데에는 유연성과 새로운 나라의 색깔을 받아들이려는 태도가 요구된다. 망명자나 이민자, 유학생의 경험에서도 이는 입증된다. 그러나 유연성은 라마누잔이 갖추고 있는 재주는 아니었다. 오래된 것을 벗어 던지고 새로운 것을 받아들이는 데는 엄청난 에너지가 필요하다. 라마누잔은 모든 에너지를 수학에 쏟고 있었다. 그는 주위에서 낮게 불어 오는 낯선 영국의 바람에 굽히지 않았다.

그래서 그는 부러졌다. 먼저 몸에서, 그리고 정신에서……

1916년 라마누잔의 지도교수 반스는 마드라스 대학에 편지를 보냈다. 라마누잔의 성과를 얘기하고, 오는 10월에 트리니티 대학의 연구원으로 선출될 것 같다고 하였다. 그러나 1917년 10월이 왔지만 라마누잔은 연구원에 선출되지 않았다. 그 당시 대학은 러셀 사건으로 소란스러웠고, 라마누잔의 후원인 하디는 멀리 있었다. 그 때에도, 그 후의 사건에 비추어 볼 때 단순한 인종주의가 원인이었다. 라마누잔은 결국 유색인이었다.

실망한 라마누잔은 더욱 우울해했고, 그의 전반적인 인성 구조는 더욱 흔들렸다.

그가 매틀록에 들어간 것은 이 무렵이었는데. 영국식 요양원은 엄격하고 가부장적인 인물과 엄한 훈련자가 철권을 쥐고 있었다. 매틀록도 그 형태였다. 한 친구는 후에 이렇게 회상했다. 〈라마누잔이 닥터 램 Dr. Ram을 겁내고 있었는데, 그는 라마누잔에게 '당신은 환자

이며, 상태가 좋지 않은 한 당신은 자유롭지 못하고 의사가 움직임을 통제한다'라고 말했던 것 같았다.〉

매틀록은 적어도 한 가지 면에서 전형적인 영국식 요양원이었다. 매틀록은 지형상 고립되어 있었다. 영국의 요양 치료를 연구한 브라이더 Bryder에 따르면, 〈요양원의 입원 환자들이 외부와 격리되었다는 느낌을 갖는다는 증거가 있다. 지형적으로 고립된 것이 방문을 어렵게 만들었다. 그리하여 인적이 드물었을 뿐만 아니라 사회적인 태도가 고립을 심화시켰다〉. 매틀록은 런던으로부터 240킬로미터 정도 북쪽에 있는 더비셔의 피크 구 Peak District에 있었는데, 라마누잔은 방문객을 반기지 않았다. 그 곳을 방문하기란 쉬운 일이 아니었는데, 그 곳을 찾은 친구 라말린감은 밤 기차로 가는 일이 〈춥고 지겨운 여행〉이라고 했다. 라말린감의 방문 몇 달 후 하디는 매틀록 시절을 기억하고, 〈오랜 병마와 심한 고독〉이 라마누잔의 정신 상태에까지 영향을 미쳤다고 했다.

매틀록에서 라마누잔은 대부분 춥고 비참하게 보냈다. 트리니티 연구원 선출에 탈락한 사건은 마음을 괴롭혔다. 그리고 너무 몸이 아파 수학적으로 생산적이지 못했고, 그것이 또한 그를 억눌렀다. 의사들도 그와 맞지 않았다. 그는 음식을 구할 수 없었고, 그나마 구할 수 있는 것도 그가 즐기는 것이 아니었다. 때때로 쿰바코남에 있었을 때 아난타라만의 어머니가 요리해 주던 뜨거운 도사이가 먹고 싶었다. 그는 가정으로부터 영양과 감정적 지원을 거의 받지 않고 있었다. 그리고 하디에게도 도움을 구하지 않고 있었다.

그의 우울증은 점점 심각해졌다. 한 번은 〈특이점〉을 수학적 부속 기관으로 달고 있는 자신의 배[腹]가 찾아오는 악몽을 꾸었다. 특이점은 그와 하디가 분할 연구에서 조사했던 것과 같이 분명히 나타낼 수 없는, 수학적으로 급격한 변화를 보이는 공간의 점이다. 극심한 고통이 $x=1$에서 나타나고, 그 반쯤 되는 고통이 $x=-1$에서 계속되었다. 악몽은 반복되었다.

라마누잔은 썰물에 서 있었고. 정신적 불안정의 가장자리에서 불안하게 균형을 잡고 있었다.

트리니티의 거절에 좌절하지 않도록 라마누잔의 사기를 북돋아 주려고, 하디는 라마누잔이 자신을 가치 있다고 느끼고 인식하도록 노력하였다. 1917년 12월 6일 라마누잔은 런던 수학회에 선출되었다. 그리고 2주 후 12월 18일, 하디와 열한 명의 수학자들, 즉 홉슨, 베이커, 브롬위치, 리틀우드, 포시스, 그리고 러셀과『수학 원리』를 펴낸 화이트헤드 등은 그에게 케임브리지 대학의 어떤 연구원보다 더 훌륭한 영예를 주기로 하였다. 그들은 라마누잔을 영국학술원의 회원 Fellow of Royal Society(F.R.S.)에 지명되도록 선출 후보자로 서명한 것이다.

영국학술원은 영국의 주도적인 과학 단체로, 그 역사는 크리스토퍼 렌과 로버트 보일스 Robert Boyles가 설립을 도왔던 1660년까지 거슬러 올라간다. 하디가 라마누잔을 추천할 당시 영국학술원에는 외국인 회원이 서른아홉 명 있었는데, 러시아인 이반 파블로프 Ivan Pavlov, 미첼슨 몰리 Michelson Morley 실험으로 유명한 미국인 앨버트 미첼슨 Albert Michelson, 그리고 노벨상 수상자 여섯 명도 있었다. 영국학술원은 물리학, 화학, 생물학, 수학 등 여러 과학 분야에 종사하는 총 464명의 회원으로 구성되어 있었다. F.R.S.가 된다는 것은 이 머리글자가 영원히 이름 앞에 붙고, 과학 논문에 표시되고, 받아 보는 편지에 적힌다는 의미이다. 그것은 과학 분야의 영예로는 최고의 표시였다. 젊은 과학자들은 그 영예를 갈망했고, 나이 든 과학자들은 능력 부족을 한탄하였다.

하디가 친구를 위해 애쓰며 그 자신의 달필로 라마누잔의 〈자격〉을 기입해 준 것이 바로 이 괄목할 만한 명예였다.

특히 타원함수와 수론의 연구로 뛰어난 순수수학자이다. 다른 논문들과 함께 그는 다음 논문들을 저술했다. 「모듈러 방정식과 파이의 근사치

Modular Equation and Approximations to Pi」, ≪계간지 *Quarterly Journal*≫ 제45권; 「리만의 함수 $\xi(s)$와 $\Xi(t)$의 새로운 표현 New Expressions for Riemann's Functions $\xi(s)$ and $\Xi(t)$」, 같은 책 제46권; 「고도 합성수 Highly Composite Numbers」, 『런던 수학회 논문집 *Proc. London Math. Soc.*』 제14권, ……다음 논문들은 하디 F.R.S.와의 공저이다: 「n의 분할 수에 대한 점근 공식에 대하여 Une formule asymptotique pour le nombre des partitions de n」, ≪보고서≫, 1917. 1. 2…….

그런 식으로 계속해서 라마누잔의 논문을 열거하고, 가장 중요한 논문 「조합적 해석학에서 점근 공식 Asymptotic Formulae in Combinatory Analysis」으로 끝을 맺었는데, 이는 『런던 수학회 논문집』에 게재 예정인 분할에 관한 논문이었다.

1918년 1월 24일 라마누잔의 이름과 103명의 다른 지원자가 학술원 회의에서 거론되었다. 과거의 전례를 적용한다면 단 몇 명만 선출될 예정이었다.

라마누잔이 그 영예를 받을 만하다는 데는 하디, 리틀우드, 그리고 어느 누구에게도 의문의 여지가 없었다. 그러나 첫 지원에 성공한 사람은 거의 없었고, 관행으로 보면 그를 추천한 것은 시기상조였다. 하디는 1910년 서른세 살에 선출되었다. 리틀우드는 불과 지난 2월에 역시 서른세 살의 나이로, 수석 랭글러의 명예를 넘어 10년 이상 수십 편의 저명한 논문을 쓰고 선출되었다. 라마누잔은 이제 스물아홉 살로, 유럽 수학에 공헌한 것은 몇 년에 불과하지만 적어도 양적으로 상당한 출판 기록을 갖고 있었다.

그러나 라마누잔의 건강에 대한 하디의 염려는 평상시 같지 않은 조급함을 일으켰다. 전자를 발견하고 1906년 노벨상을 수상했던 영국 학술원의 톰슨 원장은 하디에게 라마누잔을 후보로 제기한 배경의 개략적인 설명을 요구했다. 〈그가 아프지 않았다면, 자격에 문제가 있어서가 아니라 단지 통상적인 과정을 밟도록 한두 해 늦추어 추천

했을 것입니다. 저는 시간이 없다고 생각합니다.〉

다음 선출 때는 라마누잔이 후보가 되지 못할 수도 있으며, 학술원은 영원히 그에게 영예를 주지 못하게 될 것을 우려했다. 〈저는 그를 몰아붙이는데 과민해 있습니다.〉 하디는 계속했다.

그리고 저는 현재 제가 이상적인 후원인이 아니라는 사실을 알았습니다. 저는 영국학술원이 고려해야 할 다른 일이 많다는 것을 알고 있습니다. 그러나 (특히 연구원 선출 좌절로 그가 실망한 후) 어떤 충격적인 인식이라도 지금 그에게는 두려운 일이 될 것이라는 데 의심의 여지가 없습니다. 이 일은 그에게 자신이 성공했으며, 계속 노력할 만한 가치가 있다고 느끼게 할 것입니다. 그것은 영국학술원이 그를 완전히 잃게 되리라는 두려움, 이것은 중요한 일인데, 그 이상인 것입니다. 저는 그의 자격이 어떤 경우든 길게 보더라도 부정할 수 없을 것이란 전제하에 말하고 있습니다. 이것은 매우 분명한 사실입니다. 그와 다른 수학 후보자 사이에는 절대적인 〈차이〉가 있습니다.

하디의 편지는 라마누잔이 겪는 심리적 고통의 또 다른 원인을 밝히고 있다. 〈그는 자신이 성공했다고 느낄 것이다.〉 하디의 격려에도 불구하고, 라마누잔은 인도로부터의 고립에 대한 대가가 얼마나 큰 것인지 깨닫게 되었다. 배에서 발을 떼어놓는 순간부터 그는 하디를 통해 벌써 10년 전에 배웠어야 할 함수론, 코시의 적분 정리 등, 서양에서는 상식으로 통하는 많은 것들을 전에는 전혀 몰랐으며, 배우지 못하고 제대로 인식하지 못했다는 현실에 직면해야 했다.

하디는 라마누잔이 사망한 후에, 〈그가 26세가 아닌 16세에 현대의 사상과 방법을 배웠다면 어떻게 되었을까 생각해 보는 것은 부질없는 일이다〉고 했다. 〈그가 당대에 가장 위대한 수학자가 되었으리라는 것은 과장이 아니다.〉

라마누잔이 〈말할 수 없는 불리한 조건과 가난하고 고독한 인도인으로서 유럽의 축적된 지식과 겨루며〉고생했기 때문에, 인도에서의 그의 연구에 더 많은 것을 기대할 수 있었으리라는 것은 당연하다고 하디는 생각했다.

그리고 이것은 라마누잔이 관립대학을 떠난 때와 마드라스 항만 사무소에 다니던 시기 사이에 대해 해야 할 말이었다. 〈18세와 25세는 수학자의 경력에 결정적인 시기이고, 상처를 입을 수도 있다. 라마누잔의 천재성은 충분히 개발될 기회를 갖지 못했다.〉

하디는 그러한 감정을 라마누잔에게 전달하는 데 실패할 수 있었을까? 그리고 라마누잔은 그들에게 상처받지 않을 수 있었을까?

라마누잔은 자신에게 F.R.S.라는 명칭을 주기 위한 하디의 노력을 전혀 몰랐을지도 모른다. 그러나 그가 이 사실을 알았더라면, 그는 그것이 아무것도 아니고 10월에 트리니티가 그를 거절했을 때 받았던 모욕을 느꼈을 것이다.

2월 11일, 라마누잔은 1년 넘게 지속된 침묵을 깨고, 인도에 있는 가족에게 편지를 썼다. 거의 그 무렵(아마도 조금 일찍), 매틀록에서 잠시 떠나 있을 때 그는 자살을 기도했다.

1918년 1월인가 2월 어느 날, 런던 어느 역에서 라마누잔은 다가오는 기차를 향해 철로에 뛰어들었다. 역무원이 그를 보고 스위치를 당겨 기차는 기적적으로 바로 앞에서 멈추었다. 라마누잔은 정강이에 깊은 상처를 입고 피를 흘렸지만 살아 있었다.

그는 체포되어 런던 경찰청에 끌려갔다. 현장에서 붙들려간 하디는, 경찰관에게 당신 앞에 있는 사람은 위대한 스리니바사 라마누잔 씨이며, 영국학술원 연구원인데, 어떻게 영국학술원 연구원을 체포할 수 있느냐고 하면서 자신의 모든 지위와 학문적 위치를 들먹이며 으름장을 놓았다.

사실 라마누잔은 F.R.S.는 아니었다. 체포를 면하기 어려웠고, 경찰은 쉽게 속을 만큼 어리석지 않았다. 그러나 그들은, 라마누잔이 정말 뛰어난 수학자로 유명하다는 것을 알고 보내 주기로 결정하였다.

〈런던 경찰청에 있는 우리는 그의 인생을 망치고 싶지 않았다.〉당시 사건을 담당했던 경관은 훗날 말했다.

라마누잔이 절망적으로 철로에 뛰어든 계기가 무엇이었는지는 우리에게 전해지지 않는다. 그러나 저녁 식사 손님이 세번째 서비스를 거절한 것이 그에게 엄청난 수치심을 불러일으켜 자리를 박차고 일어나 떠나 버릴 정도였다면, 더 심한 모욕은 그보다 더 무모한 행동도 가능하게 했을 것이다. 그리고 1917년 그는 그러한 일을 경험했다. 트리니티에서 거절당했고, 외견상 아내에게서 버림받았다. 병으로 요양원 신세를 졌을 뿐더러 원하는 음식을 요구할 수도 없을 만큼 무력했다. 그의 친구가 기대하는 만큼의 실적을 얻어낼 수 없었다. 지식을 대면하고 나서는, 과거 자신의 연구가 재발견에 불과하며 시간 낭비였다는 암울한 생각이 들었다.

영국인 친구 가운데에서 어떤 안전 밸브도 찾을 수 없었다. 리틀우드는 가 버렸다. 네빌도 마찬가지였다. 그는 1917년 아마도 반전 의식 때문에 트리니티 연구원 자격을 박탈당하고 런던에서 벗어나 있었다. 이 시기 동안 하디는 그의 영혼을 내보일 만큼 편안한 사람이 결코 아니었다.

아마 그는 완전히 자살하려는 결심은 아니었을 것이다. 오늘날 우리에게는 알려지지 않은 어떤 새로운 모욕에 자극을 받아 여태 쌓였던 감정이 폭발한 돌발적인 행동이었을 것이다. 라마누잔은 수치심을 극복하기 위해 충동적으로 행동했다.

2월 말 매틀록에 돌아온 라마누잔은 18등으로 케임브리지 철학회에 선출되었음을 알게 되었다. 이것은 과학계에 작게나마 그의 위상을 합법화시키는 정도의 의미가 있었다.

열흘 정도 지나, 그는 런던 피카딜리 Piccadilly에서 보낸 하디의 전보를 받았다.

그는 전보를 읽었다. 그리고 다시, 또다시 읽었다.

그의 말은 여전히 라마누잔의 마음을 얼어붙게 했고, 라마누잔은 아무 감각도 없었다. 하디는 그가 이미 알고 있는, 그가 철학 학회에 선출되었다는 사실을 알려 주고 있었다. 물론 무슨 내용이든 좋다. 그러나 라마누잔은 이미 그 사실을 알고 있다. 그에게 전보를 보낸 것은 하디의 어떤 의도일까?

그가 다시 한번 전보를 읽었을 때, 드디어 새로운 단어가 튀어나왔다. 하디가 그에게 알려 주고 있는 것은 철학회가 아니라 영국학술원이었다.

그 해의 후보 104명 가운데 단 15명만 선출되었는데, 그중 한 사람이었다. 〈선생님께 저의 감사한 마음을 표현하는 데 제 말로는 적절하지 않습니다.〉그는 하디에게 편지했다. 〈제가 선출될 가능성이 있으리라고는 꿈도 꾸지 않았습니다.〉5월 그는 라마누잔, F.R.S.가 되었다.

이 소식을 들은 인도는 감격하여 전율하였다. 5월 22일 인도 수학회의 마드라스 회원들은 하디에게 감사 편지를 보냈다. 〈라마누잔 씨가 연구하도록 베풀어 주신 도움과 지도에 감사드립니다.〉추신에서 세슈 이예르는 〈근래 건강이 좋지 않았을 때 그에게 베푼 염려〉에 개인적인 감사를 덧붙였다.

5월까지 라마누잔의 건강은 여전히 부실하였다. 그는 매틀록에서 공식적인 입회 수속을 위해 런던까지 가기에는 너무 건강이 좋지 않다고 영국학술원에 편지를 보냈다.

이즈음 그는, 인도에서 오는 배에서 내린 직후 크롬웰 가 리셉션 센터에서 만났던 남인도의 공학자 라말린감으로부터 소식을 들었다. 전쟁이 일어나고 얼마 안 있어 라말린감은 전쟁에 참여했고, 1916년 초 스코틀랜드에서 가까운 잉글랜드 북부에 있는 자로 Jarrow의 조선소에서 일을 했다. 1914년 이후 두 사람은 서로 연락이 없었다. 그러다 영국학술원 선출 소식을 듣고 그가 하디를 통해 라마누잔에게 편지를 했다. 답장이 없어 하디에게 직접 글을 전해 라마누잔의 근황을 듣고, 매틀록에 있는 라마누잔에게 편지를 쓴 것이다.

라말린감은 인도 집에 보낸 편지에 음식 배급에 대해 썼다. 그것이 전부였다. 그의 가족은 두 달 동안 남인도의 음식을 무더기로 보냈다. 그는 〈음식을 그만 보내 주세요〉라고 전보를 쳤다. 그때 그는 음식 소포들을 쌓아 두고 있었다. 그는 라마누잔에게 이제 노획물을 나누어 주고 싶다고 했을 것이다.

라마누잔은 기름 비슷한 것에 끓여 정제한 버터와 매운 마드라스 음식을 보내 달라고 했다. 라말린감은 즉시 보내 주었다. 한 일이 다른 일로 이어져, 6월 16일 일요일, 라말린감은 매틀록에 있는 라마누잔을 방문해 화요일 점심 때까지 머물렀다. 사흘 동안 그들은 전쟁과 기독교 선교사와 인도의 상황 등에 관한 이야기를 나누었다. 라말린감은 라마누잔의 정신상태가 불안하다고 들었는데, 지금은 그러한 기미를 볼 수 없었다.

그의 육체적 건강 상태는 또 다른 얘기였다. 〈나는 그가 야위고 약한 상태에 있음을 알고 충격을 받았고 두려웠다.〉 라말린감은 며칠 후 자로에 돌아와 하디에게 편지를 했다. 그의 병세, 자살 기도, 매틀록에서의 음식 문제가 그를 쇠약하게 만들었다고 했다. 라말린감의 편지에는 길지만 분명한 요점이 담겨 있었다. 그가 말했듯이 라마누잔은, 서서히 굶주려 자신을 죽이고 있었다.

식이요법은 요양 〈치료〉에서 중요한 부분을 차지한다. 결핵 환자들은, 병이 환자들을 소진시키므로 〈소모성〉이라고 부른다. 병세 진전과 함께 체중이 줄고, 살이 찐다면 악화되는 것이 더디거나 호전될 수 있다.

매틀록에서는 아침 식사로 라마누잔에게 토스트 위에 달걀 스크램블을 얹어 차와 함께 제공했다. 점심으로는 쌀과 칠리, 버터에 겨자 프라이, 오이와 레몬, 그리고 푸른 콩을 주었다. 어떤 음식이든 끔찍했으며 요리사는 음식 솜씨가 서툴렀다. 음식 배급의 우선권에도 불구하고 요양원은 라마누잔이 좋아하는 음식을 마련할 수 없었다.

물론 요양원은 음식 불평에 익숙해 있었고 통상적으로 병을 내세워 그들을 돌려보냈다. 결핵 환자들은 특히 까다롭다고 생각했다.

진정한 문제는, 라말린감이 보기에 라마누잔의 완고함이었다. 〈그는 건강과 생명을 버리면서까지 채식을 하고 있습니다〉고 하디에게 전했다. 〈그가 크림이나, 그 위에 얹은 자두를 거절할 때는 까다롭고 고집 세다고 하지 않을 수 없습니다.〉 같은 날 라마누잔에게 편지하면서 그는 말을 돌리지 않았다.

나는 자네에 대해 조금 심하게 말해야겠네. 닥터 램과 대화를 해보고 내가 다시 생각해 보아도, 자네는 음식에 대해 너무 까다롭네. 이제, 자네는 음식을 조절하는 것과 자신을 죽이는 것 중 선택을 해야 하네. 자네는 잡탕죽 porridge과 오트밀, 크림 등을 좋아하도록 노력하고, 또 먹어야 하네. 친구들은 자네가 피클이나 칠리만 먹게 내버려둬서는 안 된다고 충고하네⋯⋯.

내가 극으로 가라고 하는 것이 아니며, 자네의 생명을 생각한다면, 쇠고기 차나 보브릴 Bovril(농축 쇠고기 추출물 상표)을 먹어야 하네. 그러한 음식을 먹는 것은 용서받을 수 있고, 아니 바람직하며, 피할 수 없는 일이네. 이성을 찾고 고집 피우지 말게.

그의 채식주의를 진정시킨 시기가 있었다면 그 때였다. 특정 음식을 금하는 정통 유대교는, 건강이 좋지 않을 때는 카슈루트 kashrut의 규범을 해지해 주었다. 그러나 브라만의 관행에는 그러한 제도가 없었고, 라마누잔은 그렇게 하지도 않을 것이었다.

매틀록에 가기 얼마 전에 라마누잔은 병원 밖, 즉 인도인을 위해 마련된 하숙집에 머물면서 정기적으로 기도를 올렸었다. 아침 식사 때 그는 상업용 음료인 오발틴 Ovaltine을 마시면서 채식주의자임을 보여 주었다. 어느 날 통조림을 살펴보다가 육류가 재료로 약간 들어

갔음을 알았다. 그는 분노하며 〈그 곳에서 벗어나야 했다〉. 그는 서둘러 짐을 싸고 문을 박차고 나왔다.

케임브리지행 기차를 잡기 위해 리버풀 역 근처에 갔는데 소리없이 고공 비행하는 독일 체펠린 비행선에서 폭탄이 떨어졌다. 이것은 1917년 10월 19일 공습이었는데, 스물일곱 명이 사망했다. 폭탄 하나가 노동자들의 오두막집 뒷길에 떨어져 가옥 세 채가 부서지고 여자 네 명과 여덟 명의 아이들이 죽었다. 라마누잔은 오발틴을 마신 것 때문에 벌받은 것이라고 생각했다. 그는 여주인에게 급히 떠난 이유에 대해 설명하는 편지를 쓰면서 공습에 대해, 〈신이 저에게 주어야 할 벌을 비채식주의자들에게도 나누어 준 것〉이라고 하였다.

라마누잔은 더 까다로워졌다. 언젠가부터 그는 빵과 우유도 금했다. 이제 더 이상 그는 먹지 않는다. 오로지 남인도의 음식들만 원했다.

라말린감은 그에게 〈이성적으로 하라〉고 썼다. 그러나 영국식 요리의 고약한 맛에 대해 〈이성적으로 대처하라〉는 시도는 어려웠다.

매틀록 방문 이후, 라말린감은 닥터 킨카이드 Dr. Kincaid의 말 때문에 괴로웠다. 〈라마누잔은 자신이 좋아하는 음식이라면 어떤 것이라도, 짜릿한 피클이나 칠리를 먹어도 된다.〉 그러나 라말린감이 알기로 결핵환자는 그런 음식을 먹어서는 안 되었다. 그는 하디에게 편지했다.

환자가 치유되기에 너무 늦어 버린 경우에는, 남은 생애 동안 환자가 행복하고 편안하다면, (그가 무엇을 먹든지) 별로 중요하지 않습니다. 라마누잔에게 아무것이나 먹어도 된다고 허용하는 닥터 킨카이드의 목적이 이것 때문이 아닐까요?

경이로운 자질과 귀중한 공적을 남긴 라마누잔이 그처럼 무력하게 주저앉아야 한다는 사실이 괴롭고 가슴이 미어집니다. 전쟁의 공포 때문에 대량 학살과 생명의 고귀함에 냉담해져 라마누잔도 단념해야 하는 겁니까?

기억에서 사라지다

1918년 가을, 라마누잔의 이름이 다시 트리니티 연구원으로 등록되었다. 하디는 이제 라마누잔과 너무 가까이 연결되어 있었고 오랫동안 트리니티 정책에 휩쓸려 있었기 때문에, 이번에는 그의 이름이 등록되는 것을 반기지 않았다. 대신 리틀우드가 적극적이었다. 인종 문제가 뜨거웠다. 라마누잔의 지원에 반대하는 한 사람은 〈유색인을 연구원으로 둘 수는 없다는 말을 공개적으로 했다〉고 후에 리틀우드는 밝혔다.

자살 기도라는 말이 돌고 라마누잔의 반대자가 그 말을 들었다. 대학 내규는 분명 건강한 정신의 소유자를 요구하지 않는가? 그리고 자살 기도는 라마누잔에게 그 점이 부족하다는 증거가 아닌가?

리틀우드는 소문에 관한 보고서와 라마누잔이 정말 정신적으로 건강하다는 공신력 있는 의료 증명서 두 가지를 제출했다.

〈이것은 분명 선거 위원회의 중립적인 임원들에게 충격을 주었다〉라고 후에 리틀우드는 썼다. 선출 과정은 라마누잔에게 유리하게 진행되었다. 물론 라마누잔은 그의 이름을 높여 준 F.R.S이라는 가장 강력하고 유리한 주장을 쥐고 있었다. 영국학술원의 연구원이 트리니티 연구원 자리를 거절당한다면 불명예가 될 것이었다. 리틀우드는 라마누잔을 거부하는 허먼에게 〈F.R.S.를 거절하시면 안 됩니다〉라고 말했다.

이제 라마누잔은 매틀록을 벗어나 있었다. 라말린감은 하디에게, 라마누잔이 그 곳을 떠나 인도 음식을 더 쉽게 구할 수 있고 편리하게 손님을 맞을 수 있는 런던으로 가고 싶어한다고 편지를 썼다. 라말린감은 좋은 판단이라고 생각지 않았다. 폭격은 어떻게 하나? 그는 라마누잔에게 남이탈리아나 프랑스 남부, 적어도 공격받을 가능성이 적은 곳으로 가라고 제안했다.

그러나 라마누잔은 자신의 길을 택했으며, 그는 트리니티 연구원

소식을 들었을 때 런던 중심부 어느 균형 잡힌 골목의 작은 병원 환자였다. 그 곳은 버나드 쇼 George Bernard Shaw가 1890년대까지 살았었고 버지니아 울프가 1911년까지 4년 간 머물던 곳이다. 그 곳에 있는 동안 라마누잔은 여러 전문의들을 보았지만, 그의 증세는 여전히 불확실하였다. 발작적인 고열이 불규칙적으로 엄습했다. 그는 아무도 짐작할 수 없을 만큼 고통을 겪고 있었다.

라마누잔은 희소식을 듣고 〈선생님의 친절한 전보에 마음 깊이 감사하고 있습니다〉라고 하디에게 소식을 보냈다. 〈선생님이 저를 영국학술원에 선출해 주신 뒤라서 트리니티에서의 저의 선출도 훨씬 덜 어려우셨을 것입니다.〉

그는 아마 10월 18일 금요일 이 편지를 쓴 듯하다. 그 다음 주 월요일 여전히 의기양양해서 하디에게 편지를 썼다. 〈부디 리틀우드 씨와 맥마혼 소령께 제가 매우 감사해한다고 전해 주십시오. 선생님의 수고와 그분들의 격려가 없었다면, 저는 연구원도 아무것도 될 수 없었을 겁니다.〉 그리고 연구원에 대한 구체적인 내용을 문의했다.

그리고 두번째 단락이 시작되었다. 〈저는 $p(n)$의 합동과 일반적인 $pr(n)$의 합동에 대해……네 가지 다른 방법으로 얼마간 전력을 다해 생각해 보았습니다.〉 그 첫번째 결과는 이미 나와 있고, 그는 〈선생님이 지금 출판하시려는……〉이라고 덧붙였다.

하디가 예견하였듯 영예는 그에게 주어졌다. 특히 F.R.S는 라마누잔의 사기를 고양시켜, 네빌이 〈놀라운 발명의 짧은 시기〉라고 일컬은 기간이 1918년 봄 시작되었다. 라마누잔이 언급한 논문은 2주 전에 케임브리지 철학회에 배달되었고, 전문이 게재되었다.

〈하디 씨와 내가 쓴 최근의 논문에는……〉 논문은 이렇게 시작하면서, 그 해 먼저 출판된 분할에 관한 공동 연구를 언급했다.

맥마혼 소령이 $p(n)$의 값과 n의 제한 없는 분할 수에 관해 1부터 200까지의 n에 대한 모든 값을 계산한 표가 나와 있다. 이 표에 있는 수들을 조사하면서 분명히 $p(n)$을 만족시키는 흥미로운 합동 성질을 관찰하였다. 그리하여

   (1) $p(4)$, $p(9)$, $p(14)$, $p(19)$,$\cdots$=0 (mod 5),

   (2) $p(5)$, $p(12)$, $p(19)$, $p(26)$,$\cdots$=0 (mod 7),

이런 식으로 계속된다.

그 논문은 제목을 「n의 분할의 수 $p(n)$의 몇 가지 성질」이라 붙였는데, 이 논문이 중요한 이유는 지금까지 분할 함수의 〈성질〉 대부분이 알려지지 않았다는 점이었다. 분할의 수 $p(n)$은 n을 얻는 데 수를 더하는 방법이 얼마나 많이 있느냐는 것이었다. 그러나 기본적인 사실, 예를 들어 특정 수 n의 분할 함수가 홀수인지 짝수인지에 대해서도 수학자들은 모르고 있었다.

라마누잔이 언급한 표는 맥마혼이 2년 전에 내놓은 길고 무미건조한 수의 목록이며, 힘들게 손으로 계산한 것이었다. 이것은 $p(200)$까지의 값들이며 라마누잔과 하디가 $p(n)$에 대한 일반적인 공식을 점검하는 데 이용했던 기준이었다. 그러나 라마누잔은 맥마혼의 메마른 리스트를 깊이 들여다보고 몇 년 간 수학자들을 놀라게 할 만한 상상의 도약을 이루었다.

자신의 말을 하기 위해, 라마누잔은 나누어지는 성질에 관한 사실들을 표현하는 합동 congruences의 용어를 사용하였다. 두 수를 같은 수로 나누어 나머지(0일 수도 있다)가 같을 때, 그 두 수는 합동이라고 한다. 예를 들어, 다음은 나누어 떨어지는 경우이다.

$$14/7=2$$

합동의 용어로는,

$$14 \equiv 0 (\text{mod } 7)$$

로서, 이것은 14를 〈법 modulus〉 7로 나누면 나머지가 0이라는 것을 의미한다. 그리고

$$15 \equiv 1 (\text{mod } 7)$$

은 15를 법 7로 나누면 나머지가 1이라는 것을 의미한다. 22는 7로 나누었을 때 나머지가 1이므로 15와 합동이다.

〈합동은 일상 생활에서 실질적으로 대단히 중요하다.〉『수론 개론 *An Introduction to the Theory of Numbers*』에서 하디와 공저자 라이트 E. M. Wright는 지적하였다. 〈예를 들어, '오늘은 토요일이다'라는 것은 어떤 고정된 날로부터 지나간 날의 수에 대한 합동 성질(mod 7)이다……. 강의 리스트나 철도 안내는 합동 표이며, 강의 리스트에서 관련되는 법은 365, 7, 그리고 24이다.〉

라마누잔이 맥마혼의 표에서 발견한 것은 이 간단한 언어 안에 가장 잘 표현된 어떤 지속적이고 흥미로운 패턴이다. 예를 들어, 다음을 발견하였다.

$$p(5m+4) \equiv 0 (\text{mod } 5)$$

m에 임의의 수를 대입하여도, 분할의 수는 항상 정확히 5로 나누어 떨어진다는 것을 라마누잔은 보였던 것이다. 이를테면, $m=0$을 대입해 보자. 그러면 $5m+4$는 바로 4가 된다. 4에 대해 분할이 몇 개 있는가? 답은 5이다. 5는 5로 나누어 떨어지는가? 그렇다. $m=1,000,000$을 대입할 수도 있고, p(5,000,004)가 얼마인지 물을 수도 있다. 이 천문학적 수에 대한 단서 하나 없이도, 절대적인 확신으로 5로 나누어 떨어진다고 할 수 있다. 라마누잔은 또한 $p(7m+5)$는 7로 나누어 떨어진다는 비슷한 등식을 얻었다. 이제 그는 케임브리지 철학회에 실린 논문에서, 이들 결과를 증명하고, 다른 공식들을 추측하였는데, 그 중 하나는 그 해 말 증명되었다.

라마누잔의 합동 논문을 실었던 그날, 철학회는 그의 또 다른 논문을 접수하였는데, 그 논문은 라마누잔의 영국에서의 연구를 완성시켰고, 그의 천재성과 수학적 인생에서 잃어버린 가능성을 증명하였다.

이 두번째 논문은 1913년 이전에 그가 발견하여 뒤에 하디에게 보여 주었던 두 개의 놀라운 항등식에서 기원한다(항등식은 변수의 모든 값에 대해 참인 방정식이다. $x-2=3$은, $x=5$일 때만 참인 보통 방정식인 반면, $(x-2)(x+2)=x^2-4$는 x의 모든 값에 대하여 참이다). 그 중 하나는 다음과 같다.

$$1+\frac{q}{1-q}+\frac{q^4}{(1-q)(1-q^2)}+\frac{q^9}{(1-q)(1-q^2)(1-q^3)}+\cdots$$
$$=\frac{1}{(1-q)(1-q^4)(1-q^6)(1-q^9)(1-q^{11})(1-q^{14})(1-q^{16})(1-q^{19})}$$

다른 것도 비슷한 형태를 취한다. 그리고 라마누잔이 영국에 도착한 지 얼마 지나(아마 1915년), 맥마혼은 라마누잔이 보지 않은 한번 더 분할에 대해 담고 있는 어떤 것을 보았다.

이 분야의 공식적인 이름인 수의 가법 이론을 공부하는 학생들은 일반적인 분할뿐만 아니라 분할의 특정한 부류에 관심을 둔다. 10을 들어보자. 그 분할의 수, 또는 정확성을 위해 〈제한되지 않은 unrestricted〉 분할의 수는 42이다. 예를 들어, 이 수에는 다음이 포함된다.

$$1+1+1+1+1+1+1+1+1+1=10$$

그리고

$$1+1+1+1+2+2+2=10$$

그러나 분할을 이루는 수들의 가장 작은 차이가 언제나 2 이상이 되도록 새로운 조건을 첨가하여 이와 같은 분할들을 제외한다면 어

떻게 될 것인지 물을 수도 있다. 예를 들어,

$$8+2=10$$

과

$$6+3+1=10$$

은 둘 다 자격이 있고, 다른 네 가지 경우도 그러하므로, 합해서 여섯 가지가 된다. 다른 36개의 10의 분할들은 모두 2 미만으로 분리되는 수의 쌍을 적어도 하나 이상 갖고 있고, 그래서 자격이 없다.

이것이 분할의 한 부류이다. 여기에 두번째로 형성되는, 매우 다르고 배타적인 방법이 또 있다. 분할이 특정한 대수적 형식만을 만족해야 한다면 어떻게 되겠는가? 예를 들어, 분할이 $5m+1$이거나 $5m+4$(여기에서 m은 양수 정수) 형태를 갖는 부분들로만 이루어지도록 제한한다면 어떻게 되겠는가? 그렇게 하면, 다음 분할은 자격이 없다.

$$6+3+1=10$$

왜 그럴까? 모든 부분들, 곧 분할을 이루는 각각의 수가 조건을 충족시키지 않기 때문이다. 6부분은 된다. $m=1$인 $5m+1$로 볼 수 있다. 1 역시 $m=0$인 $5m+1$로 볼 수 있다. 그러나 3은 어떤가? m에 어떤 수를 넣어도 $5m+1$ 또는 $5m+4$(이들은 끝자리 숫자가 1, 4, 6, 9인 수만 만들 수 있다)로 3을 얻을 수는 없다.
조건을 충족시키는 한, 다음 분할은 분할이다.

$$6+4=10$$

또 다른 것은 다음과 같다.

$$4+1+1+1+1+1+1=10$$

각각이 대수적 조건을 만족시킨다. 전체적으로 자격을 갖춘 분할은 모두 여섯 개이다.

6은 우연히도 첫번째 부류에 맞는 분할의 수와 같다. 그러나 이것은 〈우연히도〉 그렇게 된 것이 아니다. 〈언제나〉 그런 식으로 되는 것으로 드러난다. 임의의 수를 택해 보라. 조건 〈최소 차 2〉를 만족시키는 모든 분할을 더하라. 그리고 나서 〈$5m+1$이거나 $5m+4$〉인 조건을 만족시키는 모든 분할을 더하라. 두 수를 비교해 보면, 언제나 같다.

이것이 라마누잔의 항등식을 적절히 해석하여 보여 준 것이다. 서로 구별되어 보이는 두 개의 내부 세계가 하나의 통일된 관계 속에 녹아 있었던 것이다. 1916년 출간된 맥마흔의 『조합적 해석학 Combinatory Analysis』 제2권에서 그는 이것과 다른 항등식을 합쳐 한 장으로 기술하고, 제목을 「라마누잔의 항등식 Ramanujan's Identities」이라 하였다. 그는 수많은 종이를 사용하며 이성적인 사람이 할 수 있는 한도까지 손으로 계산하고, 〈그래서 실질적으로 그것이 참임을 의심할 이유는 없다. 그러나 공식적인 증명을 통해 제시되지는 않았다〉고 덧붙였다.

그러나 공식적인 증명은 20년 전의 논문에 담겨 있었다.

1916년 또는 1917년 어느 날 라마누잔은 1894년판 『런던 수학회 논문집』을 살펴보고 있었는데, 그 때 318쪽 하단에서 그것을 보았다. 「특정한 무한곱의 전개에 관한 두번째 보고」라는 제목이 붙어 있었고, 그 무한곱 가운데 두 개는 바로 그가 발견했다고 생각하는 항등식이었다. 맥마흔의 책이 나오기 전에, 하디는 라마누잔의 항등식을 주위 사람들에게 보여 주었다. 이 놀라운 정리의 증명을 알고 있는 사람이 있는가? 누구든지 어떤 것이라도 내놓을 수 있는가? 아무도 할 수 없었다. 그러나 여기, 과거의 망령처럼 명백하게, 어떤 사람이 이미 했다는 증거가 있다.

과거의 연구에 대하여 〈그가 놀라고 존경을 나타냈던 것을 나는 잘 기억한다〉고 하디는 라마누잔에 대하여 말했다. 어떤 손실이나 쑥

쓸한 복잡한 감정도 느꼈겠지만, 하디는 아무 말도 하지 않았다.

라마누잔을 앞질렀던 사람은 레오너드 제임스 로저스 Leonard James Rogers라는 뛰어난 인물이었다. 그는 1862년 부친이 경제학자로 있던 옥스퍼드에서 태어나, 케임브리지의 수학 트라이포스에 상응하는 옥스퍼드에서 우수한 성적을 거두었을 뿐만 아니라 1884년에는 음악 석사 학위를 받았다. 그는 훌륭한 피아니스트였으며 흉내를 매우 잘 냈고 요크셔 억양 흉내를 좋아했다. 그는 뜨개질을 했고, 스케이트를 탔으며, 정원을 꾸몄다. 그는 자연 언어학자였다.

로저스는 그의 능력에도 불구하고, 정신적으로 재능 있는 아마추어로서의 명성을 쌓기 위해 헌신하여 수학적인 경력을 추구하지는 않았다. 〈그는 여러 가지 일을 했고, 또 그가 좋아하는 일이기 때문에 잘했다. 그러나 전문적인 견지에서 한 일은 아무것도 없으며, 수학 부문에서 다른 사람의 연구에 대한 그의 지식도 애매했다. 그는 인정받고자 하는 야망이나 욕구가 거의 없었다.〉

라마누잔이 그를 재발견하기 전 몇 년 동안에도, 그는 결코 수학적으로 이름 없는 인물은 아니었다. 리드 대학교 University of Leeds로 이름이 바뀐 학교에서 수학 교수로 있는 동안 그는 꽤 많은 논문을 썼다.

후에 로저스-라마누잔 항등식이라고 알려지게 되는 이 경우에 대해, 하디는 로저스의 원문이 〈일반적인 정리들의 따름정리로서, 그 때문에 흥미롭고 멋진 것이었지만, 눈길을 끌지 못한 것 같다〉고 뒤에 말했다. 그리고 증명들도 꼬여 있었다. 로저스의 미적 감각은 글쓰는 데까지는 발휘되지 못했다.

그러나 분명히 거기에 있었다.

그에 대한 연구가 계속되었다. 1916년 4월 그가 마지막 손질을 한 책에서 맥마혼은 라마누잔의 항등식이 아직 증명되지 않았다고 말했다. 이제, 분명하게 드러난 오류를 갖고, 맥마혼은 로저스에게 편지를 했다. 로저스는 얼마 뒤에 〈그가 늦기 전에 내 연구를 간과했던 것을 후회하는〉 편지였다고 회상했다. 1917년 10월 로저스는 맥마혼에게 새롭고 더 간단한 증명을 써 보냈다. 1918년 4월, 아마 매틀록에 있는 동안 라마누잔은 하디에게 자신의 증명을 적어 보냈던 것 같다.

1918년 10월 28일 라마누잔의 중요한 합동 논문과 함께 두 개의 증명이 철학회의 정기 총회에서 낭독되었다.

2주 후에 전쟁이 끝났다.

볼셰비키 혁명으로 독일과 대치하던 러시아 군대는 붕괴되었다. 독일은 거의 100만 명을 동부 전선에서 중부 유럽을 가로질러 파리로 진군시켰다. 1914년과 마찬가지로 독일군은 한번 더 마른을 돌파했다. 다시 한번 파리가 시야에 들어왔다. 그러나 이번에는 달랐다. 100만 명의 건장한 미군이 프랑스에 도착해 있었다. 독일군은 오랜 전쟁으로 탈진하여 후퇴했고, 평화가 찾아왔다. 1918년 11월 11일 휴전이 선포되었다.

《케임브리지 리뷰》에 실린 기사로 간단히 표현하면, 〈저잣거리에서는 전쟁 전의 눈부신 햇불이 타올랐고, 주위에서 넘실대는 집꾸러미들이 흥을 돋웠다〉. 그날 저녁, 많은 사람들이 킹스 대학 성당에서 열리는 추수 감사절 미사에 참여했다.

11월 26일 하디는 마드라스의 듀스베리에게 보낸 편지에서 라마누잔에 대해 이야기했다. 〈저는 지금이, 그의 인도 귀국과 장래 문제를 전반적으로 고려해야 할 때라고 생각합니다.〉

하디의 부모, 소피아와 아이작 하디.
소피아는 엄하고, 신앙심이 깊었으며,
아이작 하디는 관대하고 낙천적인
사람이었다.

영국학술원 회원이 되었을 때의 하디.
스노는 그에 대하여 〈높은 광대뼈,
가는 코, 숭고하고 엄숙한
그의 얼굴은 아름다웠다〉고 했다.

하디의 누이 거트루드.
그녀는 오빠를 〈해럴드〉라고 불렀다.
두 사람 모두 결혼하지 않고,
지성에 매료되어 학문적인 삶을
살았으며, 종교를 경멸했다.

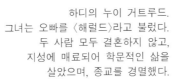

〈기쁨 동산〉에 있는 주택들.
하디는 어렸을 때, 크렌레이
학교 길 건너편에 있는
이 집에서 살았다.

크렌레이 학교.
지금은 〈크렌레이 중학교〉이다.
하디의 아버지는 미술교사였고,
어머니는 길 건너
예비학교의 책임자였다.
하디 자신도 이곳에서 몇 년을
다니다 열세 살 때 좀더
학구적인 학교로 떠났다.

플린트 앤드 스토운 교정.
14세기에 세워진 영국의
전통적인 공립학교
윈체스터의 한 교정.
하디는 이곳을 싫어해
졸업한 후 한번도
방문하지 않았다.

1905년 〈수석 랭글러〉일
때의 리틀우드.
수석 랭글러는 악명 높은
수학 트라이포스 시험에서
가장 높은 점수를 받은
사람에게 주어 지는 영예이다.
하디가 인도에서 온 라마누잔의
놀라운 편지를 보여 준 사람이
리틀우드였다.

하디가 라마누잔에게 소개한 네빌.
그는 1913년 겨울 마드라스
대학에서 강의를 하기 위해
인도에 왔다.
그러나 하디는 그에게 라마누잔을
영국으로 데려오라는 또 다른
임무를 주었다.

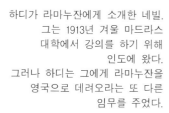

오랫동안 대부분의 인도
학생들의 첫 목적지였던 런던
남켄싱턴에 있는 크롬웰 가
21번지의 최근 사진.
라마누잔은 1914년 4월 중순
이곳에 있었다.

라마누잔이 처음 가 본 영국의 가정집인 체스터타운 가 113번지의 최근 사진. 네빌 부부는
1913년 이 집을 샀고, 라마누잔은 1914년 두 달 동안 여기에서 살았다.

하디가 라마누잔을 알았을 무렵
살았던 트리니티 대학의 뉴 코트.

트리니티 대학 렌
도서관을 뒤에서
찍은 최근 사진.
하디는 오른쪽 건물
이층에서 살았는데,
방은 뉴 코트로
연결되어 있다.

비숍 기숙사.
라마누잔은 대략 1915년에서
1917년까지 사진에서 가장 앞에
보이는 건물에서 살았다.
2층의 빛이 강하게 반사되는
창문에서 (아래 검게 보이는
사람 바로 위) 라마누잔은
대학 식당의 첨탑을 볼 수
있었다. 그러나 그는 엄격한
채식주의자였으므로
그 식당에서 식사하지 않았다.

1918년 2월 라마누잔이 병으로
요양원에 있을 때, 하디가
그들의 최근 연구에 관하여
라마누잔에게 보낸 편지.

라마누잔이 영국에서 만난
공학도 라말린감.
삼 년 후, 라말린감이
결핵 요양원 매틀록에 있는
라마누잔을 방문했을 때,
그는 친구의 쇠약해진 몸과
까다로운 식성을 걱정했다.

1962년 라마누잔을 기념하기
위해 발행된 인도 우표.

마드라스의 체트푸트 구역에
위치한 마을 〈고메트라〉에 있는
라마누잔의 집.
그는 이곳에서 사망했다.

라마누잔이 인도로 돌아 왔을 때,
그를 치료했던 내과의사
찬드라세카르.
라마누잔이 죽자, 그는 다음날
일기에서 〈눈물을 흘리기에는
너무 큰 비극〉이라고 했다.

장년 시절의 하디.
누군가 이 사진을 보고
〈앉은 자세가 공립학교에서 교육을
받은 것처럼 보인다〉고 했다.
(그는 실제로 공립학교에서
교육 받았다.)

1941년 케임브리지와
옥스퍼드의 럭비 경기를
관람하고 있는 하디.
평소 무한한 젊음을
가진 것처럼 보였지만
이때 그의 나이는
64세였다.

8

차도가 없는 건강으로

1918년 이후

온 세상이 다시 젊어 보였다

라마누잔이 회복된 듯했기 때문에 하디는 듀스베리에게 〈정말로 회복되는 중입니다〉라고 편지했다. 라마누잔은 체중이 7킬로그램 가까이 늘었고, 체온도 안정되었다. 의사들도 이제는 라마누잔의 질병을 패혈증으로 진단했으며, 증세도 〈사라진〉 것처럼 보였다.

이제 라마누잔이 인도로 돌아갈 시기였다. 돌아갈 수 없는 이유들이 이제는 사라졌고, 뱃길은 안전했다. 그가 영국에서 시작했던 일들은 모두 이룬 상태였다. 트리니티 특별연구원에게 영국에 머물러야 한다는 의무는 없었다.

일들이 비밀리에 진행되었다. 하디는 다음과 같이 썼다. 〈라마누잔은 분명 몇 사람의 친구들로 인해 (귀향이라는 목표에) 근접해 있었다. 내 생각에 그 제안이 세련된 방법으로 이루어지지 않았을 수도 있다. 어쨌든 이는 라마누잔으로 하여금 떠난다는 생각을 다소 거부하게 했던 것 같다.〉라마누잔의 예민한 감수성을 건드릴 의도가 없었던 하디는 듀스베리에게 〈공식적인 서면을 통해 라마누잔과 저에게 동시에 제의가 들어오는 것이 최선일 같습니다〉라고 했다. 라마누잔이 자유롭게 연구하고 가끔 영국을 방문할 수 있는 자리를 대학에서 준다면, 하디도 라마누잔의 방문에 호의를 보일 것이고, 라마누잔도 그럴 것 같다는 확신이 생겼다.

하디의 편지에는 그 해에 일찍이 라마누잔을 지하철 선로로 뛰어들게 만들었던 정신적 침체가 완전히 치유되지 않았다는 염려가 들어 있었다. 〈라마누잔은 과거 어떤 인도인도 누려 보지 못한 과학적 지위와 명성을 갖고 귀국하게 될 것이다. 그리고 인도는 그를 보배로 여기게 될 것이다. 그의 타고난 순수함과 겸손함은 진실로 성공으로 인해 조금도 영향받지 않았다. 필요한 것은 그에게 자신이 진짜 성공했다는 사실을 인식시키는 일이다.〉

라마누잔은 여전히 자신이 성공했다고 생각하지 않았을까? 지난 4년 간 무려 20여 편의 논문을 발표했는데도? 이름 뒤에 F.R.S.가 붙었는데도? 그리고 트리니티 대학의 특별연구원인데도? 이 모든 영예가 그를 확신시키지 못했을까? 공식적으로 라마누잔은 빌어먹을 껍데기식의 겸손함을 지닌 동인도 출신인 체했다. 하지만 내면에서는 여전히 뭔가를 더 원하고 있었다. 하디에게 그것을 원했을까? 전쟁이 라마누잔을 하디에게 의존하게 했고, 공식적인 자리에서보다 개인으로 만났을 때 하디는 격려에 더 인색하고 초연했다.

어쨌든 이듬해 라마누잔의 인도 귀향을 위해 일이 진행되고 있었다. 하지만 라마누잔은 진짜 회복됐기 때문에 돌아가는 것일까? 아니면 병이 악화되어 영국에서의 회복 가능성이 불확실했기 때문일까? 적어도 이것은 후에 그의 인도 전기 작가가 제시한 의문 중 하나이다. 세슈 이예르는, 하디가 듀스베리에게 편지를 쓴 지 한 달쯤 전 무렵에 대하여 이렇게 썼다. 〈1918년 성탄절 무렵 라마누잔의 병은 심각해 보였다. 그래서 영국 의사들은 깊이 걱정하고, 건강이 나아지

기를 바라며 그에게 인도로 돌아가라고 충고하였다.〉

라마누잔에게 육체적 문제가 무엇이었든, 호전되거나 쇠약해지는 정도가 지지부진하게 느리게 진행되었다. 따라서 매일매일 건강 상태를 지켜보는 사람이 원하는 쪽으로 쉽게 생각할 수가 있었다. 그러므로 인도 귀향의 진짜 이유는 건강상의 변화 때문이 아니라 단순히 종전 때문이었을 수도 있다.

종전 후 몇 주, 몇 개월은 결말과 시작의 시기였고, 피에 흠뻑 젖은 유럽의 대지에도 깊은 휴식의 시기가 왔다. 거리의 가로등은 다시 빛났다. 12월 7일 영국인들은 빵과 패스추리를 굽고, 빵에 초콜릿을 마음껏 바를 수 있는 권리를 되찾았다. 배급제는 지속되었고, 일부 품목은 1920년까지 배급되었지만 1918년 성탄절에는 두 배의 고기 배급이 선포되었다. 12월 9일 동원 해제가 시작되었다.

전쟁 중 케임브리지 학생 2,162명이 전사하고 거의 3,000명이 부상했는데, 이는 군에 복무한 인원의 거의 3분의 1을 차지하는 수치였다. 약 8만 명의 부상자들이 4년에 걸쳐 역을 통해 돌아왔다. 그러나 대학은 종전 후 몇 개월 안 가 전쟁 전의 규모를 되찾고 있었다.

종전 즈음에 이르러 라마누잔은 다른 요양원을 찾아 피츠로이 광장을 떠났다. 이 요양원은 런던으로부터 남동쪽 몇 마일 떨어진 푸트니 Putney 교외의 템스 강 남쪽 둑 언저리에 있었다.

요양원은 콜리네트 하우스 Colinette House라고 불리었는데, 큰 상자 모양의 평범한 건물이었다. 울프는 몇 년 전 실론에서 돌아와 이런 주택에서 살았는데, 이런 집을 인도 거주에 익숙해진 영국인의 호사스러움의 몰락이라고 생각했다. 내부에 정교한 레이스 장식이 되어 있었고, 스테인드글래스와 균형 있는 화려한 방, 그리고 미려한 나선식 계단의 실내 장식이 인상적이었다. 콜리네트 가 2번지에 여덟 개의 침실을 갖춘 주택이 새뮤얼 맨드빌 필립스 Samuel Mandeville Philips라는 사람이 관리하는 자그마한 요양원으로 변모했다.

매틀록과 비교하면 이곳은 라마누잔과의 면회가 훨씬 쉬워 (종전 몇 주 후, 크랜레이에서 모친상을 당한) 하디가 더욱 쉽게 방문할 수 있었다. 열차로 약 2시간 런던으로 가는 것을 제외하면 푸트니는 택시를 탈 만한 적당한 거리였다. 한번은 런던에서 하디가 택시로 오는데 택시 번호가 1729였다. 하디가 라마누잔의 침실에 들어서자 인사도 하는 둥 마는 둥하고 불만스레 얘기했던 것으로 보아 그 숫자에 대해 약간 생각했던 것 같았다. 그는 〈다소 따분한 숫자〉라며 나쁜 징조가 아니었으면 좋겠다고 덧붙였다.

〈아닙니다, 하디 선생님.〉 라마누잔이 말했다. 〈아주 흥미로운 숫자군요. 그건 두 가지 방법으로 두 세제곱의 합으로 나타낼 수 있는 가장 작은 숫자이거든요.〉

한 쌍의 세제곱 합인 숫자를 찾는 것은 쉽다. 예를 들어 $2^3+3^3=35$ 이다. 하지만 다른 쌍의 세제곱을 더하여 35가 될 수 없을까? 그렇게 할 수 없다. 모든 정수를 하나하나 해본다 해도 똑같다. 한 쌍은 때때로 가능하지만, 두 쌍은 12^3+1^3이나 10^3+9^3인데 1,729에 이르기까지 절대 안 된다.

라마누잔이 어떻게 그것을 알았을까? 뜻밖의 통찰력은 아니었다. 몇 해 전 그는 이 사소한 산술을 알게 되었고 노트에 기록해 둔 것이다. 숫자에 친밀한 것이 그의 습성이었기에 그것을 기억해 낸 것이다.

라마누잔은 콜리네트 하우스에 머무는 동안 몇 가지 희소식을 접하였다. 전쟁 중 하디를 통해 그와 접촉을 유지해 온 마드라스 당국은 정기적으로 트러스트 항으로부터 휴가 기간과 대학의 장학금을 연장시켰었다. 1917년 라마누잔의 어머니는 아들이 마드라스로 와서 400루피를 받는 대학 교수가 될 것이라는 사실을 알게 되었다. 이는 인도를 떠나기 전 연구 장학생 시절에 받던 금액의 여섯 배에 해당되었다. 이제 마드라스 당국은 F.R.S.인 라마누잔에게 무언가 해주려고 안달하고 있었다. 1918년 12월 말이나 이듬해 초 라마누잔은 대학이 연 250파운드의 연구비를 승인했다는 소식을 들었다. 그때까지 지급하는 금액의 배에 해당하는 금액이었다. 게다가 기간도 6년이며,

영국으로 정기적인 여행이 가능했다.

라마누잔은 장학생 자격을 잃고 학교를 그만둬야 했던 쿰바코남 시절과 마드라스에서 라마찬드라 라오의 후원과 가정 교사로 벌어가며 근근이 살던 시기를 잊지 못했다. 게다가 지난 1년 반 동안 연구 결과가 상대적으로 부족한 데에 당혹스러워했다. 그래서 1919년 1월 11일 듀스베리에게 편지를 썼다.

안녕하십니까.

저는 선생님이 보내 주신 1918년 12월 9일자 편지를 받아 보았으며, 대학이 제안한 대단히 관대한 요구를 감사히 받아들일 것입니다.

그런데 준비되는 대로 예정하고 있는 인도 귀국 후 제가 받게 될 금액이 제가 필요한 것보다 많다고 봅니다. 영국에서 지급되는 연 50파운드는 저의 부모님께 드리고 필요한 비용의 나머지 금액은 교육적 목적으로 쓰여지기를 바랍니다. 예를 들면 가난한 아이들이나 고아들에게 수업료를 감해 준다거나, 학교에서 교재를 준비하는 데 말입니다. 저의 귀향 후에 이에 대한 조치를 취할 수 있을 것입니다.

제 몸이 불편해 지난 2년간 예전처럼 수학 연구를 그다지 잘 못해 송구스럽게 생각합니다. 곧 더 많은 연구 활동으로 제게 주신 도움에 걸맞게 최선을 다하게 되기를 바랍니다.

선생님의 가장 충실한 종이기를 바라는,
라마누잔

한 달쯤 후인 2월 24일, 라마누잔은 여권 수속을 밟을 수 있을 정도로 건강이 나아졌다. 사무원은 〈나이: 30세〉, 〈직업: 연구원〉이라고 기록했다. 라마누잔은 여권 사진을 찍으면서, 검은 머리칼이 헝클어진 머리를 약간 숙이고, 눈을 빛내며 카메라 위쪽을 응시했다. 이때 찍은 사진, 즉 할리우드식의 잘생긴 모습은 인도 친구들이 알던 라마누잔이 아니었으며, 1914년 하디가 알고 지내던 라마누잔도 아니었다. 병들고 해쓱해진 남자의 모습이었다. 셔츠는 위까지 단추를 채웠는데도 목이 헐렁했다. 재킷을 압박하던 지방층은 간데 없고, 어울리지 않은 셔츠의 목선과 어깨 주변은 두 치수나 컸다.

약 2주 후 1919년 3월 13일 라마누잔의 짧은 논문 두 편이 ≪런던 수학회≫에 실렸다. 이 논문에서 라마누잔은 분할 함수의 새로운 합동 성질과 첫번째와 두번째 로저스-라마누잔 항등식 사이의 새로운 관계를 발표했다. 바로 그날 노트와 다른 논문들을 하디에게 남겨 짐은 가벼워졌지만, 열두 권의 책과 동생들을 위한 건포도 상자, 논문으로 무거워진 가죽 트렁크를 들고 낑낑대며 태평양-동양 노선 나고야 Nagoya 호에 올랐다. 네바사 호와 똑같은 모양에 크기만 약간 작은 나고야 호는 증기를 뿜으며 봄베이로 향했다.

라마누잔이 돌아가는 인도는 유럽에 피를 뿌렸던 전쟁의 상처를 전혀 입지 않은 것은 아니었다. 마드라스 자체도 전쟁터가 되었다. 전쟁이 선포되자 독일 경순양함 엠덴 Emden 호가 인도해 항로를 공격하여 상선을 파괴했다. 어느 날 밤 경순양함은 마드라스 외곽에 나타났다. 전시든 아니든 항구의 불빛은 버마 정유회사의 붉은 줄이 쳐진 흰 탱크를 환하게 비추고 있었다. 착오로 엠덴 호가 침몰했다는 소식을 들은 영국 공직자들은, 엠덴 호가 항구를 포격하여 유조 탱크에 불이 날 무렵 저녁 파티를 하고 있었다. 해안가의 화재로 해상 150킬로미터 떨어진 곳에서도 밤하늘은 붉게 타올랐다.

공격은 전략적 효과는 거의 없었으나 지방 시민들을 공포에 몰아넣었고, 여기에는 라마누잔의 부모와 아내도 포함되었을 것이다. 많은 주민들이 엠덴 호가 돌아올까 두려워 도시를 떠났다. 전쟁은 인도에서 약 1만 5,000명 정도만 남기고 거의 모든 영국군을 몰아냈다. 100만 명이 넘는 인도인 지원군이 모여들었다. 지역 모병 담당자는 이렇게 약속했다. 〈여러분이 황제의 제복을 입으면, 브라만 지역을

다닐 수 있고, 어디에나 침을 뱉을 수 있다.〉

정치적으로는 독립을 향한 새로운 도약의 시대였다. 1915년 영국 사회 개혁가이자 마드라스 신지학회 Theosophical Society 회장인 안니 베산트 Annie Besant가 일간신문 ≪뉴 인디아 New India≫의 발행으로 〈자치 Home Rule〉운동과 〈자치연맹〉 구성을 선동했다. 그 해 간디는 남아프리카에서 고안한 비폭력 시민불복종운동으로 유명해져서 인도로 돌아와 대중 운동을 조직화하기 시작했다. 5년 뒤 그는 인도국민회의 의장이 되었다.

라마누잔이 떠나 있는 동안 인도 사회에서는 카스트 제도의 속박에 대한 분노, 인도 대중의 각성, 인도 민족주의의 부활, 인도 고유방식에 대한 재발견 등의 변화가 일어났다.

지식 분야에서도 그랬다. 1916년 12월 말 인도 수학회는 마드라스에서 최초의 회의를 개최했다. 펜틀런드 경은 학회 4대 회장 라마찬드라 라오와 관구대학에서 개최된 회의에서 말했다. 〈지금 젊은 인도 학생 라마누잔씨 ── 청중들이 환호하며 박수를 쳤다 ── 가 케임브리지에서 수학 중인데 우리 남인도 사람들은 강한 관심과 높은 기대로 그를 지켜보고 있습니다. 여러분은 그의 비범한 재능을 알고 계실 것입니다. 그리고 재능을 마음껏 발휘하도록 그에게 제공해 준 노력을 그가 어떻게 완전하게 정당화시키고 있는지 들으시면 여기 계신 여러분 모두 기뻐하실 것입니다.〉

이제 인도 사람이라면 누구나 알고 있었다. 1914년 3월, 네바사 호가 라마누잔을 태우고 떠난 두 달 후, 그는 이미 마드라스 신문에 알려져 있었다.

고등 수학에서의 업적으로 케임브리지의 경탄을 자아냈던 라마누잔은 현재 트리니티 대학에서 연구하고 있다. 그는 주로 그 대학의 특별연구원 하디와 리틀우드와 함께 연구하게 된다. 그들은 그가 이미 이룬 산더미 같은 연구물을 되짚어 보며 그 안에서 몇 가지 놀라운 발견을 하고 있다고 한다!

라마누잔이 학위를 받았을 때, 고향 사람들도 그 소식을 들었다. 그가 F.R.S.에 지명됐을 때 마드라스의 관구대학에서는, 그 곳에 그가 없는 상태로 기념회를 개최하며 성대하게 환영했다. 라마누잔의 관구대학 시절 학우인 첸갈바라얀 K. Chengalvarayan은 훗날 이 시기를 회고했다. 그의 옛친구들에게 〈라마누잔이 유명해진 이야기〉는 으레 화제가 되었습니다.

라마누잔이 봄베이에 도착하기 10주 전 개최된 인도 수학회의 두 번째 회의에서는, 라마누잔의 〈화려한 업적〉과 〈변변찮은 출신〉, 그리고 영국학술원으로의 등용 등이 모든 연설자의 입에 오르내렸다. 하지만 라마누잔은 나쁜 시기에 돌아오고 있었다. 1,000만 명의 사망자를 낸 유행성 독감이 한창 절정이어서 수학회 회원 중에서도 벌써 다섯 명이 목숨을 잃었다. 라마누잔이 영국에 있는 동안 사망한 사람 가운데는 관구대학 수학 교수 미들마스트와 파차이야파 대학의 수학 교수 싱가라벨루 무달리아르가 있었다.

1919년 4월 1일자 ≪저널≫이란 학회지에서는 주요 뉴스로 라마누잔의 귀국 소식을 알렸다. 그러나 그는 〈차도가 없는 건강 상태〉라고 전했다.

카우베리로 귀향

〈그 사람은 어디 있어요?〉 1919년 3월 27일 봄베이에 닿은 배에서 내리며 라마누잔은 어머니에게 물었다. 그 사람이란 아내 자나키였다. 어머니와 동생 라크슈미 나라시만이 나와 있었다. 하지만 그의 아내는 없었다. 왜 자나키에 대해 안달하느냐고 코말라타말은 비난했다. 배에서 내리자마자 라마누잔은 가족의 혼란 속에 빠져들었다. 가정의 불화는 영국에서의 마지막 3년을 망쳤다. 그런데 이제는 라마누잔의 귀국을 의기소침하게 했다.

사실 양쪽 가족은 1년 넘게 소식을 끊은 채 지내 왔다. 아무도 자나키가 어디 있는지 알지 못했다. 아마 라젠드람에 있거나, 혹시 라마누잔의 도착 소식을 들었다면 언니와 함께 마드라스에 왔을 수도 있을 것 같아 라크슈미 나라시만은 마드라스로 라마누잔을 만나러 오라는 편지를 양쪽에 보냈다.

자나키는 1년 전 동생의 결혼식 때문에 갔던 라젠드람에 있었다. 자나키는 라마누잔의 귀향 소식을 시어머니가 알려 주어서가 아니라 마드라스 신문을 보고 알고 있었다. 동생 스리니바사 이엔가르는 마드라스의 가족과 재결합하지 말라고 충고했다. 하지만 그때 라크슈미 나라시만으로부터 편지를 받았다. 편지에 라마누잔이 그녀를 원한다고 했다. 필요한 것은 그것이었다. 그녀와 동생은 길을 떠났다.

〈제가 돌아가면 절대 장례식에 불려가지 않을 거예요.〉 라마누잔은 떠나기 전 네빌에게 말했다. 이는 엄격하게 정통적인 브라만들의 시선 속에서 그가 영국에 간 것에 대하여 참아내야 할 치욕의 한 형태였다. 코말라타말은 자식의 오명을 지우기 위해 1901년 가족이 순례 여행을 떠났던 위대한 사원에서 정화 의식을 하도록 아들을 라메스와람으로 데려갈 계획이었다. 하지만 봄베이에서 아들을 보고 코말라타말은 그 계획을 취소했다. 라마누잔은 남쪽으로 거의 실론까지 내려가 800킬로미터를 여행한 다음 마드라스를 지나 기차로 하루를 더 가야 했다. 라마누잔은 너무 쇠약했다. 그래서 봄베이에서 며칠 밤을 보내고 우편물 수송 열차로 마드라스로 향했다.

라마찬드라 라오는 라마누잔의 마드라스 도착을 이렇게 회고했다. 〈열차에서 내리는 라마누잔을 봤을 때 나는 최후를 보았다.〉 라마누잔은 두려워 보였다. 설상가상으로 자나키는 없었다. 〈그녀는 왜 안 보이죠?〉 코말라타말에게 물었다. 코말라타말은 몸이 불편한 친정 아버지를 돌보러 떠났다고 했다.

라마누잔은 2륜 마차인 주트카에 옮겨져 혼잡한 시내를 벗어나 역에서 5킬로미터쯤 남쪽의 에드워드 엘리엇 Edward Elliots 가에 있는 부자 변호사의 크고 아름다운 단층집에 도착했다. 그 곳에서 라마누잔은 요구르트와 삼바를 먹었다. 〈영국에서 이런 걸 먹었으면 아프지도 않았을 텐데〉 라마누잔은 말했다.

　그가 마드라스에 도착하기 전 주말, 지방 신문은 그의 생애에 관한 기사를 실었다. 프랜시스 경은, 〈이것은 수학적 재능으로 이미 세상에 위대한 일을 해낸 사람에 대한 합리적이고 공적인 관심을 충족시키기에 충분하지 않다〉고 말하고, 나라야나 이예르에게 트러스트 항의 라마누잔 기록을 찾아보고 더 완전한 전기를 만들라고 지시했다. 4월 6일자 신문에는 〈라마누잔 씨는 마드라스 관구, 탄조레구 쿰바코남 태생이며, 1888년 가난하고 영어에 관한 한 문맹인 브라만의 바이슈나바 분파 부모에게서 태어나……〉라고 실렸다.

　라마누잔은 대학 교수직을 제의받았는데, 건강이 나아지면 수락하겠다고 했다. 마드라스의 명사들이 점차 건강을 회복하는 천재, 남인도인의 본질을 영국인들에게 보여 주고 지식인들을 정복한 영웅을 방문하러 모여들었다. 이듬해까지 그들은 라마누잔의 의료비와 그 밖의 비용을 대주었고, 집을 제공해 주었다. 상류 인사도 찾아 왔다.

　라마누잔을 방문객으로부터 조금이나마 보호하려고 주치의 나눈다라오 M. C. Nanjunda Rao는 남쪽으로 800미터쯤 떨어진 포르투갈 교회 카투 코빌 Kattu Kovil(정글의 사원으로 알려져 있었다)의 이름을 딴 루즈 처치 Luz Church 가의 벤카타 빌라 Venkata Vilas라는 곳으로 라마누잔을 옮겼다. 그 곳은 트리플리케인과 조지타운에서 멀리 떨어진 세련된 마드라스의 중심부였다. 그 곳에는 명문 출신 브라만 지식인들과 변호사, 학자들이 바나나 나무와 빈랑나무 정원이 울창한 대저택에서 살고 있었다. 이곳으로 4월 6일 자나키와 그녀의 동생이 라마누잔을 따라 왔고, 1주일 후 라마누잔의 아버지와 할머니, 어린 동생이 따라왔다.

340

3개월 동안 라마누잔은 루즈 처치 가의 목조 집에 머물렀다. 그리고 여기에서 라마누잔과 자나키는 진실한 관계 비슷한 것을 만들어 내기 시작했다. 그가 떠날 때 자나키는 겨우 열세 살이었다. 이제 그녀는 열여덟이었다. 예전과 달리 그들은 〈대화〉하기 시작했다. 아마도 그제야 두 사람 다 코말라타말이 서로의 편지를 가로챈 사실을 알았을 것이다.

하지만 자나키와 그의 가족, 친구들이 보는 이 남자는 예전의 라마누잔과는 많이 변해 있었다. 물론 외모에서도 약간의 변화가 있기는 했다. 그는 이제 커피도 마셨다. 머리숱도 줄고 피부도 약간 옅어졌다. 자나키는 기침을 하면서 담을 뱉어 내는 그를 보며 그제서야 그가 얼마나 병약한지 깨달았다.

그러나 친구들을 가장 당황하게 만든 점은 성격의 변화였다. 나라시마 이옌가르는 〈유쾌하며 붙임성 좋고 다정했던 과거의 라마누잔이 아니라, 서로에게 애정을 쏟던 친구인 나를 만난 뒤에도 매우 음울하고 차가운 라마누잔으로 변해 있었다〉고 후에 말했다. 아난타라만은 〈그는 예전의 라마누잔이 아니었다. 겨우 말할 수 있었고, 병이 라마누잔을 까다롭게 만들었다〉고 회상했다. 라마누잔은 신랄하고 성급했으며 심술궂었다. 그의 믿음 역시 흐려졌다. 한번은 아난타라만의 형 가나파티 Ganapathy가 신과 신전에 대해 말하자 〈그건 바보 같은 이야기라구. 그들은 단지 악마일 뿐이야〉라고 쏘아붙였다.

다른 소문으로는 돈을 낭비한다고 동생에게 소리를 질렀다거나, 집안의 물건들을 충동적으로 어질러 놓았다거나, 입에 문 체온계를 깨물었다고도 한다.

라마누잔 생애에 관해 가족들이 목격한 사건의 기록은 그의 사후, 아마 동생 라크슈미 나라시만이 재구성한 것으로 짐작된다. 그런데 그 내용은 〈타밀어 서적〉이나 〈문제에 관한 역설〉, 〈그가 미쳤다는 소문〉 등과 마찬가지로 단편적인 언급이 담긴 비밀스러운 낙서와 같이 종종 애매모호하다. 하지만 한 가지 기록은 그 해 내내 반복되어 애매함의 여지가 없다. 〈불화〉때로는 고부 간에, 가끔은 자나키와 라마누잔의 할머니 사이에 다툼이 오갔다.

그 해 내내 가족들이 자주 이사를 다니는 동안 집안은 폭발 직전의 적개심으로 가득 차 지옥과 같은 곳이 되었다. 한번은 라마누잔이 요양지에 가는 문제로, 또 다른 경우는 기부금 문제로 다툼이 발생했다. 라마누잔이 콜리네트 하우스에서 자신의 연구비는 교육 쪽으로 사용되어야 한다고 썼던 편지가 또 다른 자극제였다. 코말라타말은 아들이 이방인이 아닌 가족들에게 새로 얻은 풍요한 부를 더 쏟아주었으면 했다. 자나키 역시 코말라타말보다 금전적 유혹에 강한 것은 아니어서 몇 년 후 라마누잔의 말년에 이렇게 회상했다. 〈그는 다이아몬드 귀고리와 황금 벨트를 사줄 수 있는 5,000루피의 저축이 있다〉고 말했다.

여름이 다가오고, 낮 기온이 올라가자 주치의들은 그에게 내륙 지방으로 가서 열기와 습기를 피하라고 권했다. 후보지로는 코임바토르 Coimbatore가 거론되었다. 그 곳은 쿰바코남 크기의 도시로서 인도 대륙의 남쪽 융기를 가로지르는 구릉지에 있었다. 코임바토르는 더 건조했고, 마드라스보다 10℃ 정도 시원했다. 그러나 라마누잔의 어머니는 코두무디 Kodumudi를 선택했다. 그 곳은 브라만, 비슈누, 시바에게 한꺼번에 예배를 올리는 특이한 마구데스와라 Magudeswara 사원 때문에 알려져 있었다. 몇천 명의 주민이 살고 있는, 생기 없고 작은 마을이었다. 코두무디는 나마칼과 라마누잔의 탄생지 에로데와 함께 30여 킬로미터 넓이의 삼각형을 이루는 정점이었다. 코말라타말 가족 처지에서 보면 특히 코두무디는 마치 귀향과 같았다.

코두무디 구역은 마드라스에 비해 강수량이 반 정도여서 대부분 연한 갈색의 황폐한 곳이었다. 그러나 카우베리 남쪽 둑에 자리잡은 도시 자체는 푸르렀다. 몇 년 동안 쌓여 온 비옥한 제방이 있는 강은 넓었고, 먼 북쪽 강가에 한 줄로 늘어선 야자나무는 이국적인 향취를

풍겼다.

라마누잔은 대학에서 마련해 준 시 기록청 근처 이스트 아그라하람 East Agraharam 가 집에 머물렀다. 아그라하람이란 브라만 구역을 의미한다.

그 시기에 라마누잔은 공개적으로 어머니에게 반발했다. 둘 사이의 불화는 그 곳에 도착하기 전부터 조짐이 보였다. 라마누잔은 일등석으로 여행하고 싶어했지만 어머니는 2등석이나 3등석을 고집했다. 라마누잔이 스라바남 의식의 일부인 목욕을 하러 강으로 가려 할 때, 자나키도 같이 가고 싶어했다. 라마누잔은 흔쾌히 받아들였다. 그러자 어머니가 가로막았다.

라마누잔은 괜찮다고 우겼다.

이는 전환점이었다. 과거 몇 년 동안 쌓여 온 모든 적대감과 빼돌린 편지들, 끝없는 논쟁……. 그는 예의바르지만 단호하게 말했다. 자나키는 그와 함께 갔다.

그 후로 자나키는 남편의 인생에 큰 부분을 차지하기 시작했다. 라마누잔은 아내가 곁에 있어 자유로워졌다. 라마누잔은 그녀에게 몇 번이나 〈당신과 함께 영국에 갔더라면 병이 나지 않았을 거야〉라고 했다. 금요일 오후면 라마누잔은 아내가 머리에 기름을 바르고 씻은 후 머리를 털면서 햇볕에 말리는 모습을 지켜보곤 했다. 이런 모습은 그에게 큰 기쁨을 주어서 때로는 연구마저 중단할 정도였다. 그 뒤 낮에 그를 돌보고 밤에는 약을 먹이거나 간호한 사람은 자나키였다. 한번은 어머니가 아들에게 자나키를 친정으로 보내라고 재촉했으나, 그는 거절했다.

두 달 간 라마누잔은 코두무디에 머물렀다. 매주 일요일 주 보건소 의사 피언사이드 C. F. Fearnside가 방문했다. 옆에서 의사가 라마누잔에게 질문하는 것을 듣고서야 코말라타말은 아들의 건강 상태를 알았을 것이다. 한번은 피언사이드가 라마누잔에게 코임바토르로 가라고 권했다. 한여름의 더위가 꺾이자 덜 외딴 곳으로 거처를 옮기라는 압력은 강해졌다.

코말라타말은 쿰바코남으로 결정했다.

사랑가파니 산니디가에 있는 생가는 겉보기에도 아들의 치료에 부적합해 보였다. 9월 3일 라마누잔과 가족은 코두무디를 떠나 쿰바코남에 도착했다.

그의 유년기와 청년기 시절 환경이 라마누잔의 기분을 조금이나마 좋게 만들었나 보다. 이 시기의 이야기는 부드러운, 심지어 회고적인 특징까지 띤다. 예전 동급생 중 하나는 〈라마누잔이 얼마나 내 숙모님을 뵙기 원했는지〉에 대해 말해 주었다. 〈숙모님은 일흔 고개를 넘은 미망인이셨는데, 그가 20년쯤 전 학교에 있을 때 알고 지낸 사이였다.〉 1910년경 라마누잔이 직장 문제로 만났던 발라크리슈나 이예르는 라마누잔에게 말린 브리날 brinjal 조각들을 보냈다. 파차이야파 대학 동기이자, 1909년 라마누잔을 간호한 적이 있던 라다크리슈나 이예르는 간이 침대에 누워 있던 라마누잔을 〈뼈 뭉치〉로 기억했다. 〈강렬하고 꿰뚫어 보는 듯한 눈이었다. 한순간 알아보는 기색이 스쳤다.〉 그리고 라마누잔은 라다크리슈나의 이름을 중얼거렸다.

라마누잔은 그때 새 의사의 치료를 받았다. 찬드라세카르 P. S. Chandrasekar가 특별히 그를 돌보기 위해 마드라스에서 왔다. 하디는 영국학술원을 통해 마드라스 당국에 얘기했다. 의무감은 쉰 살의 마드라스 의과대 위생학과 생리학 교수이자, 저명한 결핵 전문가인 찬드라세카르에게 자문을 구했다. 찬드라세카르는 라마누잔의 오랜 친구 사랑가파니와 함께 라마누잔이 있던 바크타푸리 Bhaktapuri 가의 집으로 찾아왔다. 1시간 이상 찬드라세카르는 라마누잔을 검진했다. 패혈증 증세에도 불구하고 결핵이라고 확신했다. 〈내겐 자네들보다 날 더 사랑해서 조금도 떠나길 원치 않는 친구가 있네. 그건 바로 결핵이네.〉 라마누잔이 후에 사랑가파니에게 말했다.

라마누잔이 그 해 초봄 인도로 돌아가려 나고야 호에 승선했을 때 적어도 하디의 계산으로는 회복 가능성이 높았다. 그러나 요양원에서 받은 2년간의 치료에는 중요한 것이 빠져 있었다. 그들은 결핵을 치료하지 않았던 것이다. 찬드라세카르는 라마누잔의 질병이 말기에 도달했다고 결론지었다. 그의 운명은 의술보다 신에게 맡겨져 있었던 것이다.

2년 반 전 병으로 쓰러진 이후로 라마누잔은 쓰라린 경험을 했다. 영국에서 많은 의사를 만났고, 셀 수 없이 상반되는 진단을 들었으며, 지친 몸을 이리저리 끌고 수많은 병원과 요양원을 찾았다. 지금 인도에서도 똑같았다. 마드라스에서 두 곳, 코두무디, 아마 코임바토르에서도 약간, 쿰바코남에서도……모두 9개월이었다. 이 모든 과정을 겪으며 그의 상태는 점점 악화되었다. 이제 쿰바코남에서 점점 더 쇠약해졌다.

1919년 성탄절 직전 듀스베리는 하디에게 라마누잔에 대해 보고서를 쓰며 덧붙였다. 〈여전히 건강이 나쁜 상태이며, 다루기 힘들고, 가족과 함께 마드라스에서 떨어져 살고 있습니다. 라마찬드라 라오 씨는 라마누잔을 위해 그가 할 수 있는 일을 하고 있지만, 라마누잔 자신은 적절한 치료를 받으며 알맞은 환경에서 생활하는 것에 동의하지 않을 겁니다. 정말 애석한 일입니다.〉 한 가지 이유는 라마누잔은 더 이상 치료받기를 거부했으며, 또 다른 이유는 살려는 의지를 포기했던 것이다. 연중 가장 선선하고 가장 쾌적한 시기였다. 그를 코두무디로 내몰았던 더위도 한풀 꺾였다. 라마누잔은 누그러졌다.

아마 연초 조금 지난 후 라마누잔과 어머니, 아내와 처남 스리니바사는 마드라스를 향해 떠났다. 1월 15일 듀스베리는 하디에게 다시 편지를 써 라마누잔의 주소가 마드라스주 체트푸트 Chetput 시 해링턴 Harrington 가 〈쿠드시아 Kudsia〉라고 알려 주었다.

최후의 문제

라마누잔은 도시 서쪽 외곽 지역에 20세기 초 영국인을 위해 건축된 건실한 벽토 주택에 거주했다. 테니스장도 구비되어 있었는데, 중산층 인도 공무원과 회사 임원들에게 인기가 있었다. 얼마 동안 그는 먼지 많은 길 끝 막다른 골목에 있는 〈크라이난트 Crynant〉라는 상당히 더 큰 집에서 살았다. 마지막으로 그는 〈고메트라〉로 알려진 다른 곳으로 옮겨갔다.

1920년 1월 12일 라마누잔이 거의 1년 만에 처음으로 하디에게 쓴 편지가 이와 같은 집에서 나왔다.

> 지금까지 제가 편지 한 장 드리지 못하여 정말 죄송합니다. …… 최근 저는 제가 〈모의〉 세타 함수라고 부르는 아주 흥미로운 함수를 발견했습니다. 〈거짓〉 세타 함수(로저스 교수의 관심을 끄는 논문에서 일부로 연구된 바 있습니다)와는 달리, 일반적인 세타 함수처럼 멋지게 수학의 일부가 되었습니다. 이 편지와 함께 몇 가지 예를 보내드립니다.

라마누잔의 관심을 끌었던 많은 주제들과 함께 세타 함수는 무한 급수로 표현될 수 있다. 이러한 급수를 만드는 데는 엄격한 규칙을 따라야 하고, 관찰할수록 언제나 호기심을 자아내는 성질들이 있다. 예를 들면 세타 함수는 〈준 2중 주기적 quasi doubly periodic〉이고 〈전해석 함수 entire functions〉였다. 야코비가 최초로 연구한 이래 몇 년간 세타 함수는 수리물리학에서부터 수론에 이르는 분야에 심오한 영향력을 행사했다.

하지만 세타 함수는 부서지기 쉬웠다. 수학자들의 호기심을 끌었던 속성은, 함수를 구성하면서, 예를 들어 몇 개 항의 부호를 바꾸는 것만으로도 보기에는 세타 함수와 구별할 수 없어 보이나 흥미로운 속성 대부분은 잃어버리게 된다. 사실 라마누잔의 지적 사촌인 로저스에 의해 몇 년 전 논문을 통해 연구되었던 특정한 〈거짓 세타함수〉는 상당한 흥미를 갖고 있었다. 이 연구는 뒤에 분할에도 적용된다. 하지만 수학자들이 의미가 있다고 본 진짜, 즉 〈전형적〉 세타 함수와 비교하면 미약한 대용품이었다.

그 때 하디에게 보내는 편지에서 라마누잔은, 세타 함수는 아니지만 결정적인 모의성을 띠고 있어 충분히 관심을 끄는 새로운 종류의 함수가 어떻게 구성될 수 있는지 설명했다. 로저스가 연구했던 것과 같은 〈거짓〉 세타 함수는 아니었지만 라마누잔은 〈모의〉 세타 함수라고 칭했다.

전형적 세타 함수는 오일러 형식의 한 변형으로 볼 수 있는데, 분모에 $(1-q)$나 $(1-q^3)$과 같은 항이 나온다. 그것은 $q=1$이나 $q^3=1$일 때 함수가 정의되지 않으므로, 다른 방법으로 연구해야 한다는 의미이다(라마누잔과 하디가 그들의 〈순환 방법〉으로 분할 함수를 연구했던 방식과 대체로 비슷한 방식). 두 개의 세타 함수를 예로 들며, 라마누잔은 그러한 〈특이점〉(특별한 연구가 필요한 점들)에서 〈우리는 함수의 점근적 형식이 대단히 깔끔하게 닫힌 지수 형태로 얼마나 멋지게 표현될 수 있는지 알고 있다〉고 했다.

이와 같은 라마누잔의 말은 하디도 익히 알고 있는 기초 작업이었다. 하지만 지금 라마누잔은 그 경계를 넘고 있다.

　이제 매우 흥미로운 문제가 제기됩니다. 그 두 세타 함수에 관한 정리의 역도 성립할까요? 말하자면, 오일러 형식의 함수가 있고, 모든 점 또는 무한개의 점이 지수 특이점이라고 가정하고, 그리고 또⋯⋯.

이런 식으로 라마누잔은 하디의 눈앞에 자신의 함수를 펼쳐 보였다. 그러한 특별한 조건을 만족시키면, 그것을 〈모의 세타 함수〉라고 부르자고 했다. 그는 계속해서 네 개의 3계 모의 세타 함수, 열 개의 5계 함수 등을 제시했다.

〈라마누잔이 '모의 세타 함수'의 뜻을 설명해 놓은 처음 세 쪽은 매우 모호하다.〉최초로 그것들을 연구한 사람 중 하나인 윗슨도 인정하였다. 하지만 비록 모호하고 서투르게 표현됐어도 그것들은 심오한 수학적 진리를 지니고 있어 16년 후 윗슨의 런던 수학회 회장 연설의 주제가 되었고, 몇 년 동안 다른 수학자들을 분주하게 했다. 윗슨은 이렇게 썼다.

라마누잔이 모의 세타 함수를 발견한 것은, 그의 재능과 천재성이 불시에 다가온 최후에 임하여 그를 저버리지 않았음을 명백하게 보여 준 것이다. 그의 초기 연구만큼 모의 세타 함수는 그의 이름을 영원히 기억하게 할 훌륭한 업적이다. 우리 역시 저 프로세르피네 Proserpine의 정원으로 여행을 떠날 그때까지 그의 제자들에게 그러한 발견은 기쁨과 경이의 원천일 것이다.

그는 모의 세타 함수는 라마누잔의 〈마지막 문제〉였다고 말했다.

인도에서 지내는 동안 라마누잔은 모의 세타 함수와 〈q-급수〉, 그리고 관련된 분야를 내내 연구했다. 쪽마다 정리와 여러 계산 흔적과 다양하게 발산하는 무한급수로 가득 차 있었는데, 공식이 대략 합쳐 650개로 집계되었다. 반세기 후 미국의 수학자 조지 앤드류스가 그것을 연구하기 시작했을 때, 그는 그 풍부함과 공식들이 제시하는 놀라운 사실에 기절할 정도로 놀랐고, 어떻게 그런 것들을 생각해 낼 수 있었는지 당혹해했다. 〈수학에 익숙한 사람이라도 전문가가 아니라면 구분하기가 매우 어렵다〉고 그는 말하곤 했다. 〈겉으로 보기에 비슷한 다섯 개의 공식 그룹에서 첫번째는 증명하는 데 15분이 걸렸다. 두번째는 한 시간, 네번째는 두번째에서 따라 나오는 것이었고, 세번째와 다섯번째는 3개월이 걸렸다.〉

임종하기 전 해 라마누잔의 업적은 결핵 문학의 오래된 비법을 뒷받침하는 것처럼 보인다. 즉 결핵 환자는 더 높이 창조의 최고조로 이끌리고, 다가오는 죽음은 평상시에는 불가능했던 창조력의 최후의 격동을 불러일으킨다는 것이다. 그 의견은 예술가와 다른 창조적인 작가들의 가장 위대한 작품이 그들의 병보다 선행하였으며, 임종시 창작품이 전무했던 예를 재빠르게 들어 보이는 현대 학자들에게 심한 질타를 받아 왔다. 하지만 라마누잔의 시대에는 그 의견의 신봉자가 있었다. 적어도 세슈 이예르가 쓴, 라마누잔 말년에 관한 기사는 이런 색채를 띤다. 〈이 숙명적인 나날에 그가 생각해 낸 것들보다 더 귀중하고 직관적인 논문이나 연구는 없다. 육체는 의심할 여지없이 쇠약해져 갔지만 지적 직관은 그와 비례하여 예리해지고 빛이 났다〉고 그는 썼다.

하지만 조지 앤드류스는 라마누잔의 뛰어난 결과물을 더 확실하게, 더 산문적인 어조로 설명했다. 〈역시 라마누잔은 하디와의 공동 연구가 전력을 발휘할 수 있는 뒷받침이 되었으며, 길들여지지 않은 그의 젊음이 독특한 천재성을 뒷받침해 주었다.〉 라마누잔은 능력의 최고조에 있었을 것이다. 그는 마지막 해의 업적에 대하여 이렇게 말했다. 〈그리고 그것이 이 노트에 있다.〉

1920년 늦겨울 언젠가 〈크라이난트〉에 살 때 라마누잔은 어머니에게 마을 이름의 〈크라이 cry〉라는 말이 불길하다고 투덜댔다. 코말라타말은 프랜시스 경의 친구 남베루말 체티 Namberumal Chetty에게 찾아가, 아들에게 더 조용한 곳이 필요하다고 했다. 남베루말은 라마누잔을 크리슈나 신을 가리키는 〈소들의 친구〉 비슷한 의미의 〈고메트라 Gometra〉라는 곳으로 옮겨 주었다.

문이 많이 달린 집이었다. 거리 쪽에서 보면 측면 입구처럼 보이지만, 실제 몇 개의 아치를 지나 집 안의 중앙으로 연결된다. 라마누잔은 집 중앙의 넓은 거실에도 잠시 머물렀지만, 대부분 뒤쪽 계단 반대편 작은 모퉁이 방에서 살았다.

그 쪽은 거리에서 떨어져 있어 고요했다. 방문객들은 그를 방해하지 않으려 조용하게 움직였다. 라마누잔은 가족들의 긴장감을 모른 채 지낼 수 있었다. 자나키와 코말라타말은 계속 충돌했다.

3월경 코말라타말은 수학자 세슈 이예르의 소개장을 들고 그의 제 자였던 나라야나스와미 이예르G. V. Narayanaswamy Iyer의 집에 갔다. 나라야나스와미 이예르는 트리플리케인의 고등학교 선생이었으나, 동시에 유명한 점성술가였다.

코말라타말은 나라야나스와미 이예르에게 외우고 있는 출생 별자리를 적어 주었다. 그는 한참 들여다보더니, 이것은 세계적인 명성을 얻되 명예가 절정일 때 세상을 떠나거나, 장수한다면 무명으로 남는 남자의 별자리라고 했다. 〈이 사람은 누구입니까? 이름이 뭐죠?〉

그 사람은 물론 라마누잔이었다. 코말라타말은 눈물을 흘리며 자신도 그의 별자리에서 똑같은 해석을 얻었다고 했다.

라마누잔이라니! 나라야나스와미는 뒷걸음치며 〈죄송합니다. 제가 성급했습니다. 제가 말씀드린 걸 그의 가족에게는 말하지 마십시오〉라고 했다.

〈저는 라마누잔의 어미입니다.〉 그녀가 대답했다.

어려운 지경에서 벗어날 궁리를 하다가, 나라야나스와미는 혹 아내의 별자리가 액을 누그러뜨릴 수 있을지 모른다고 말했다. 〈다음 번에 며느님의 별자리를 알려 주시지 않겠습니까?〉 다시 방문할 필요는 없었다. 코말라타말이 그에게 읊어 주었다. 점성술가는 희망이 있는지 찾아보았다. 그러나 나란히 놓인 두 별자리를 30분이나 들여다보았지만, 혹 라마누잔과 자나키가 한동안 떨어져 살아 보는 게 어떻겠느냐고 제안하는 것 외에는 없었다.

물론 코말라타말이 듣고 싶은 말이었다. 〈저는 그 동안……아들에게 며느리를 친정 부모에게 보내라고 애원했답니다. 하지만, 세상에 라마누잔은 단호히 거절했어요. 항상 순종하는 아들이었는데, 이 일만큼은 그 아이의 고집을 꺾을 수 없어요〉라고 말했다.

라마누잔은 자신이 죽어 간다는 걸 알았을까? 결핵에 대한 통념

중 하나는, 환자가 죽음을 깨닫는 최후의 사람이라는 것이다. 〈스페스 티스카 spes phthisca라고 하는 결핵에서 낫는다는 환상에 고무되어, 폐결핵 환자는 임종 때 건강이 좋아진다고 기대하지요.〉 폐결핵 연구원인 낸 마리 맥머리 Nan Marie McMurry는 설명했다.

하지만 라마누잔은 그런 환각은 없었고, 마지막 몇 개월에는 의사에게 삶의 의지를 잃었다고 자주 말했다. 전에 라마누잔은 건강이 회복되면 자신에게 제안된 대학 교수직을 받아들이겠다고 했었다. 그리고 최근 1월 모의 세타 함수에 관해 하디에게 편지를 보낼 무렵 새로운 수학 저널을 구독하는 데 관심을 보였다. 하지만 음울한 그의 미신적인 요소가 사태를 더 어둡게, 그리고 공교롭게 더 정확하게 보았다. 아주 오래 전, 그는 서른다섯 살이 되기 전에 죽을 것이라고 예언하는 자신의 출생 별자리를 보았다.

마지막 몇 달 동안 라마누잔은 자나키에게 더욱 빠져들었는데, 그가 감정을 폭발시키지 않을 때는 더 따뜻하고 편안한 관계를 유지했다. 〈그는 한결같이 다정했습니다.〉 자나키가 회상했다. 〈그이의 이야기에는 재치와 유머가 가득했어요.〉 심금을 울리는 농담이었다. 마치 그녀의 기분을 북돋아 주려는 듯, 라마누잔은 영국에 관한 이야기를 열심히 들려주었다. 대영박물관에 방문했을 때 본 동물들, 케임브리지에서 그가 매운 고추를 다져 만든 남인도 요리를 영국 손님이 먹던 일…….

그의 생활은 수학의 정상에서 작고 인간적인 일들로 다소 내려섰다. 라마누잔은 자나키를 작은 벨이나 막대기를 두드려 불렀다.

결코 편안한 죽음은 아니었다. 라마누잔은 대부분 시무룩했으며 화를 잘 냈다. 그의 기분은 방아쇠에 의지한 폭발물 같았다. 영국에서 하디와 인도의 많은 친구들이 느꼈듯이, 자나키도 후에 병이 정신에 영향을 주었다고 생각했다. 그는 근처에 놓인 편두와 양념, 쌀을 놓아두는 쟁반을 고통과 분노에 못 이겨 지팡이로 모두 부숴 버렸다. 중앙역에서 음울하고 냉정한 라마누잔의 표정을 보고 마음 아팠던 나라시마 이엔가르가 다시 방문했다. 〈슬프게도 라마누잔은 육체적으로 살아 있으나, 정신적으로는 죽어 있었다.〉

종말이 다가옴에 따라 〈그는 피골이 상접했었어요〉라고 자나키는 회고했다. 그는 격렬하게 통증을 호소했다. 위와 다리의 통증이었다. 자나키는 놋쇠 그릇에 데운 물을 적신 수건을 다리와 가슴에 대 주곤 했다.

고통과 열에 시달리고 가족들의 입씨름으로 불안한 정서 속에서도 라마누잔은 침대에 누워 베개로 머리를 높이고 수학 연구에 몰두했다. 그가 석판을 찾으면 자나키가 옆에서 주었다. 그녀는 후에 라마누잔의 연구 결과를 적은 종이 뭉치들을 한데 모아 영국에서 가져온 가죽 상자에 담아 두었다. 〈누구와도 얘기하려 하지 않았다. 언제나 수학이었다. 죽기 나흘 전에도 쓰고 있었다.〉 1920년 4월 20일 이른 아침 그는 의식 불명이 되었다. 두 시간 동안 자나키는 곁에 앉아 묽은 우유를 몇 모금씩 먹였다. 아침이 조금 지난 오전, 그는 숨을 거두었다. 아내와 부모, 두 형제와 몇몇 친구들이 자리를 지켰다. 그의 나이 서른둘이었다.

그날 늦게 치러진 장례식에는 그의 정통파 브라만 인척들은 참석하지 않았다. 라마누잔은 죽음의 강을 건넜다. 어머니가 계획했던 정화 의식을 위한 라메스와람으로의 여행을 하기에 너무 병약했던 라마누잔을 바라보는 그들의 눈에는 여전히 속세의 때가 묻어 있었다. 라마찬드라 라오는 그의 사위이며 라마누잔의 소년 시절 친구 라자고팔라차리를 통해 화장을 주선했다. 오후 1시경 체트푸트시 근처 화장터에서 그의 마른 육신은 불꽃 속으로 들어갔다.

이튿날 관리는 등록번호 228호로 그의 사망을 공식 기록했다.

인도의 아들

천체물리학자 수브라마니안 찬드라세카르 Subrahmanyan Chandra-
sekhar는 당시 북인도였던 라호레 Lahore에서 자라, 여덟 살 때 마드
라스로 이사하고 그 곳 관구대학과 케임브리지의 트리티니 대학(그
곳에서 하디를 만났다)을 다니며 블랙 홀에 대한 이론적인 토대를 제
시하여 1983년 노벨상을 탔다. 1920년 그는 겨우 아홉 살이었지만 그
해 4월 하순 어머니가 신문을 보고 라마누잔이 사망했다고 말해 준
날을 뚜렷이 기억했다. 〈당시 저는 라마누잔이 어떤 수학자인지, 그
의 과학적 업적이 진정 무슨 의미인지 몰랐습니다.〉 찬드라세카르는
70여 년이 지난 뒤 말하였다. 그는 평소 이렇게 말하곤 했다. 〈1920년
대 인도에서 우리들은 마하트마 간디, 네루, 노벨상 수상 시인 타고
르 Rabindranath Tagore, 그리고 라마누잔을 자랑스럽게 생각했습니다.
우리는 우리가 할 수 있는 일들이 세계에 필적할 수 있다는 사실이
자랑스러웠습니다.〉 인도 수학계에 라마누잔의 영향력이 깊게 확산
되었다. 찬드라세카르는 이렇게 평가했다. 〈라마누잔 이후 30-40년
동안 명성을 얻었던 거의 모든 수학자들은 직간접적으로 그에게서
영감을 받았다.〉(마드라스 관구대학의 영특한 젊은 수학과 학생이던 비
자야라가반 T. Vijayaraghavan은 고의로 학업을 도외시하고, 시험에 낙제
하여 더욱 완벽하게 라마누잔의 자취를 따르려 했다.)

이러한 것들이, 라마누잔이 사망한 뒤 몇 년간 인도에 끼친 영향이
었다. 하지만 가족의 입장은, 일상 생활의 걱정으로 정신이 없었고,
마지막 몇 년 동안의 힘들고 고통스런 기억 때문에 그의 죽음은 훨
씬 작은 흔적이 되고 작은 아픔으로만 느껴졌다.

라마누잔을 마지막 몇 달 동안 치료했던 결핵 전문가 찬드라세카
르는 1930년대에 라마누잔의 오랜 마드라스 친구로부터 그를 살릴
수 있는 일이 도대체 아무것도 없었느냐는 질문을 받았다. 〈있었어
요!〉 그는 불끈 화를 내며 대답했다. 라마누잔은 살아날 수 있었다.

아니 라마누잔은 살았어야 했다. 그의 어머니와 아내가 비난받아야 한다. 적어도 부분적으로라도 말이다. 라마누잔이 세상을 떠난 다음 날, 그는 일기에 이렇게 썼다.

그가 내 지시를 따랐더라면, 이중의 비극은 일어날 필요가 없었을 것 이다. 초기에 라마누잔의 부주의는 아마 부분적으로 동시대인의 무지 탓 이며, 뿐만 아니라 친척들(어머니와 아내)의 방조적인(〈범죄적〉이라는 표 현을 사용하고 싶다) 태만이 이 이중의 비극의 원인이 되었고, 이 비극은 눈물을 흘리기에는 너무나 깊다.

찬드라세카르는 (가장 유명한 그의 환자를 잃었으므로 다른 속셈이 있을 수 있다) 아내와 어머니 두 사람 다 물질주의라는 흙탕에서 뒹 구는 것으로 묘사했다. 하지만 둘 다 라마누잔이 죽기 전이나 후에도 경제적 현실을 무시할 형편이 못 되었다. 이제까지는 라마누잔의 넉 넉한 장학금으로 생계를 꾸렸었다. 이제 그는 세상을 떠났고, 전리품 을 놓고 싸우는 현실이 남았다.

4월 29일 열여덟 살 된 그의 동생 라크슈미 나라시만은 하디에게 라마누잔의 죽음을 편지로 알렸다(하디는 이미 알고 있었다). 전시 공 문서에서나 어울릴 용어로 라크슈미 나라시만은 라마누잔의 서적과 논문들이 〈완전히 그의 아내 관리하에 있습니다〉라고 불평했다. 그 는 라마찬드라 라오의 사위를 통해 들었다며, 정부에서 자나키에게 매월 약간의 수당을 제공할 것이라고 했다. 〈저는 그런 조치가 가족 을 위해 취해지지 않아 매우 유감입니다〉라고 했다. 자나키는 분명히 가족의 일원이 아니었다.

이는 측은한 간청이었으며 라마누잔이 마땅한 직장을 구하는 것보 다 수학을 연구하기 위해 견뎠어야 할 고통을 시사해 주고 있다. 아 버지는, 라마누잔이 영국으로 떠날 무렵 시각 장애인이 되었다고 라 크슈미 나라시만이 말했다. 할머니는 불구였다. 이제 가족의 생계를 손에 쥔 젊은이는 말했다. 〈이 밖에도 저에겐 형님의 신체적 특징을 그대로 닮은 비만한 어머니가 계십니다.〉 자신에 관해서는, 형을 돕기 위해 자신을 위한 노력은 할 수 없었다고 했다.

절 보호해 줄 아저씨나 사촌도 없습니다. 잘 아시겠지만 우리는 재산도 없습니다. 저는 학업에 큰 열의를 갖고 있으며, 〈세속적인 목적에 구애받지 않고 전념하여 정신의 수련〉에 몰두하고 싶습니다. 말씀드리기 죄송스럽지만, 수학에 취미는 없습니다. 저는 셰익스피어, 워즈워드, 테니슨을 즐겨 읽으며 아름다운 나라들을 〈반은 날며 반은 걸어서〉 여행하고 싶습니다. 저는 이런 것들을 어떻게 만족시켜야 하는지 모릅니다. 따라서 죄송합니다만, 우리에게 월수당을 주도록 마드라스 대학에 편지를 써 주시기 바랍니다. 저는, 형님이 케임브리지 대학으로부터 일정액을 받을 자격이 있다는 말을 들었습니다.

요컨대 저는 젊습니다. 하루가 무척 힘들게 지나갑니다. 가족들을 어떻게 지켜야 할지 모르겠습니다. 우리를 지원해 줄 어떤 조치가 취해지지 않는다면 우리는 문전 걸식을 해야 합니다. 이 모든 상황을 선생님 손에 맡깁니다. 우리를 지켜 주시는 것은 선생님의 본분입니다.

하디에게는 그런 종류의 일을 해줄 만한 아무런 이유가 없었고, 가족이 정처 없이 곤궁한 처지에 빠져들었지만, 라마누잔의 출생이라는 우연한 사건을 제외한다면 이는 타고난 운명이었다.

라마누잔의 사후 몇 개월 뒤 예순다섯 살의 아버지가 병들자 코말라타말과 나라야나 이예르의 아내는 11월 그가 세상을 떠날 때까지 간호했다.

그 와중에도 코말라타말은 좀처럼 아들의 죽음에서 헤어 나오지 못했다. 가족의 오랜 친구이자 대학 교수가 된 스리니바사 라가벤 K. Srinivasa Raghaven은 〈낙관적 성격을 잃고, 자주 우울해졌다〉고 했다. 하디에게 지난 7년간 접촉하려는 시도도 하지 않다가 1927년 8월 코말라타말은 친구 도움을 받아 타밀어를 알기 쉬운 영어로 바꿔 편지를 썼다.

그녀는 아들 라크슈미 나라시만이 중간 시험(라마누잔이 낙제했던 F.A. 시험의 새로운 명칭)을 통과하고 이제 트리플리케인의 우체국에서 일하고 있으며, 티루나라야난은 관구대학을 다니는데 그 해 초 학사 학위를 받았다고 했다.

세 쪽 분량의 편지 나머지 부분은 가족의 빈약한 경제 사정을 설명하고 있었다. 연금을 들먹이며 자신의 고충을 자세히 나열했다. 〈저는 1914년 아들을 영국으로 보내며 가난과 뗄 수 없는 우리 가족들도 부유해지겠구나 생각했습니다. 그리고 제 아들은 유명해졌습니다. 아킬레스처럼 그는 영원한 명성을 얻었고, 또한 아킬레스처럼 요절하였습니다.〉 그녀는 하디에게 아들을 대신하여 정부와 런던 소재 인도관청에 중재해 줄 것을 요구했다. 그녀는 더 나은 교육을 받은 티루나라야난은 우체국에서 견습 관리로, 라크슈미 나라시만은 마드라스 우정국 부서의 고위직으로 영전을 원했다. 하디가 중재했는지 티루나라야난은 우체국 부국장이 되었다. 라크슈미 나라시만은 요절하였다.

자나키는 자신의 길을 가고 있었다. 라마누잔은 자신이 죽은 후 아내가 가족들에게 받을 대우를 걱정했었다. 그녀는 스무 살의 미망인이었으며, 인도에서 미망인이란 실질적으로 피압박 계층으로 냉대와 경멸을 받기 쉬웠다. 그녀는 교육도 받지 않았고, 기술도 전혀 없었다. 라마누잔이 죽기 이틀 전 체트푸트에 도착한 친정 남동생과 어머니는 딸이 코말라타말이나 라마누잔의 남은 가족들에게서 어떤 도움도 기대할 수 없을 것으로 생각했다.

자나키는 라마누잔을 화장한 후 어머니를 따라 라젠드람으로 돌아갔다. 그리고 그 뒤 6년간 남동생과 살았는데, 그는 봄베이에서 소득세 관리 공무원이 되었다. 그녀는 라마누잔의 논문에 대한 자신의 권리 대가로 대학에서 매월 20루피의 연금이 나온다는 걸 알게 되었을 때, 마드라스로 돌아가 트리플리케인에서 자매와 잠시 지냈다. 곧 그녀는 자신의 집을 마련했는데, 하누만타라얀Hanumantharayan 가의 집은 라마누잔이 영국으로 떠나기 전 살던 곳에서 두 집 건너에 있었다. 그 곳에서 반세기 여생의 대부분을 보냈다.

그녀는 자수 놓는 방법을 배웠고, 봄베이에서 재봉 일을 했다. 그리고 옷을 만들거나 여자 아이들에게 재봉을 가르치며 생활을 꾸렸다. 1937년 천체물리학자 찬드라세카르는 하디로부터 인도에 가면 라마누잔의 사진을 찾아 달라는 부탁을 받고 트리플리케인까지 그녀를 찾아왔다. 찬드라세카르는 돌아와 말하기를, 자나키는 〈힘들게 살고 있습니다. 비양심적인 그녀의 친척 가운데 일부가 라마누잔이 남긴 금전적 재산을 사취했기 때문에〉몇 년 전 발표된 남편의 『논문선집 Collected Papers』사본조차 구할 수 없는 형편이라고 전했다.

1948년경 자나키는 나라야난이라는 소년을 돌보았는데, 그 애 어머니는 병원에 있었고 소년은 발진티푸스로 고생하고 있었다. 자나키는 소년을 방문하여 어머니를 잘 간호하고 공부도 하라며 책을 가져다주었다. 부모가 모두 세상을 떠나자 나라야난은 자나키와 살게 되었다. 자나키가 생활이 어려워지자, 잠시 학교 기숙사로 떠나 있다 나라야난이 열다섯 살이 되었을 때 자나키에게 돌아왔고, 그녀는 나라야난을 아들로 입양했다.

1920년 4월 라마누잔이 사망했을 무렵 《인도 수학회》는 발행일자가 상당히 늦어 1919년 12월자로 되어 있었다. 그 회보에 검정 테를 두른 작은 황록색 종이가 끼워졌다.

고 라마누잔

우리는 라마누잔. B. A., F. R. S가 1920년 4월 26일 월요일 마드라스 주 체트푸트 시 자택에서 갑작스럽게 서거하였음을 알려드리게 되어 진심으로 유감스럽습니다. 그의 생애와 업적에 대한 기사는 이 회보 다음 호에 게재됩니다.

7개월 후 회보는 두 사람의 추도사를 실었다. 하나는 세슈 이예르의 것으로 날짜가 있다. 다른 하나는 라마찬드라 라오의 것으로 다른 잡지에서 발췌한 것인데 훨씬 서정적이었다.

그의 이름은 모든 인도에 광채를 입혔고, 그의 경력은 현재의 이국적 (원본 그대로) 교육 제도에 대한 가장 통렬한 비난으로 이해되고 있으며, 감히 누구라도 인도의 과거를 소홀히 하며 인도의 지적 능력을 의심하려 하는 자에게는 언제나 그의 이름이 설득할 것이다.

인도인의 감각에는 라마누잔의 생애에 끝없이 끌리는 무엇인가가 있었다. 어떤 사람은 초기에 그가 학업에 실패한 것을, 하디가 말했듯이 〈비효율적이며 융통성 없는 교육 제도에 의해 저질러질 수 있는 손실 가운데 내가 아는 최악의 예〉로 볼 수도 있다. 영국인 중 어떤 사람들에게는 그의 인생이 누더기에서 인텔리 갑부로 이어지는 영화 같은 이야기로 보일 수도 있다. 하지만 많은 인도인들에게는 누더기 뒤에 숨어 있는 지성의 빛나는 아이디어였으며, 매우 강력하여, 세상의 어리석은 갈채에 대해 그가 보인 듯한 경멸이었다.

두 대륙이 그의 연구를 출판할 때조차, 여전히 어린애 같은 사람으로 남아 있었다. 복장에 어떠한 품격도, 태도에 어떠한 꾸밈도 없고, 언제나 친절한 얼굴로 변함없는 단순함을 지녔다. 순례자들이 그의 방에 와 이곳이 과연……하고 의아해한다. 라마누잔을 한 마디로 요약한다면 〈인도성(印度性) Indianality〉이라고 하겠다.

그가 사망하기 전부터 사람들은 그를 인도인의 정체성에 대한 선물로 보았다. ≪인도 수학회≫는 그에 대해 이렇게 말한다. 〈그의 유일무이한 수학적 재능과 (그가 이루어 낸) 유용하고 독창적인 업적의 중요성은 인도에 대한 외부 세계의 평가를 끌어올렸다.〉 찬드라세카르는, 〈라마누잔이 인도인으로 태어났다는 건 아주 우연이라는 기준으로부터 매우 심한 변화를 상징한다〉라고 말했다. 그리고 인도는 그 동포들 중 서양에서 성공했거나 일반적으로 세계라는 활동 범위에 다다른 많은 이들에게 긍지를 가질 수 있었다. 최소한 인도 과학자 중에서는 라마누잔보다 더 〈인도인〉다운 사람은 거의 없다.

인도는 가난과 끊임없는 세속적 생존 경쟁의 형태 없는 덩어리였을까? 라마누잔은 단지 마지못해 오직 일하기 위해 이 경쟁에 끼여들었다.

인도는 절대적인 동양으로 서구와 별개로 독립적이었을까? 라마누잔은 고향으로부터 열차로 하루 거리인 곳에서 그의 형성기를 보냈고, 독자적인 연구를 했다. 그는 서양의 유혹적인 매력에 거의 영향받지 않은 인생을 살았으며, 인도를 떠나려는 특별한 소망도 품은 적이 없었다. 그리고 그때가 왔을 때 라마누잔은 영국 신사로의 변신에 화를 냈다.

인도는 정신적 가치가 성공한 곳인가? 라마누잔은 적어도 최후까지 여신 나마기리에게 기원했다. 그는 남인도의 가치, 믿음과 삶의 방식에 몰두했으며 이를 수용했다.

인도의 심리학자 아시스 난디 Ashis Nandy는 자신의 저서 『대체과학 Alternative Sciences』에서 라마누잔과 인도인 물리학자이자 식물심리학자인 보세 J. C. Bose를 비교하며, 보세는 결코 내부적으로 동·서양 사이의 틈으로 인해 고민한 적이 없었으나, 그 둘로부터 더 독립적인 라마누잔은 그렇지 않았다고 했다. 〈서구화된 현대성이나 그의 민족성이라는 점에서 볼 때 (보세는) 찬미와 더불어 혐오하면서 더 깊게 서양과 밀접한 관계를 맺고 있었다.〉 그와 반대로 라마누잔은 남인도 브라만 그 자체였다. 어떤 인도인들보다도 덜 서구와 서구의 방식에 휩쓸린 것이다.

라마누잔의 공헌 때문이 아니라 그의 인생과 업적의 본보기로서 라마누잔은 인도의 정신 안에서 살았다. 〈영국인은 인도인이 열등하다고 생각했다. 그리고 라마누잔은 다른 것을 보여 주었다.〉라마누잔에 대한 회고담을 편찬한 마드라스 수학 교사 스리니바산 P. K. Srinivasan은 말한다. 〈그는 우리의 사기를 높여 주었다.〉네빌의 관점에서 수학은, 꾸미지 않은 순수함에서 영향력을 확대시킨 라마누잔이 승리를 거두었던 특별한 경기장이었다. 1941년 네빌은 라마누잔에 관한 라디오 강연 원고를 정서했다. 그의 강연은 방송됐으나 시간이나 정치적 제약 탓이었는지 준비했던 내용 모두를 전하지 않았다. 방송되지 않은 부분 중에 이런 글이 있다.

라마누잔의 경력은, 바로 그가 수학자라는 이유로, 인도와 영국의 관계 발전에 매우 중요하다. 인도는 위대한 과학자들을 배출했지만, 보세와 라마누잔은 해외에서 교육받았다. 그래서 그들이 형성기를 보낸 연구실에서나 그들을 가르쳤던 유명 인사에게서 얼마나 영감을 얻었는지 아무도 말할 수 없다. 인도는 위대한 시인과 철학자를 배출했지만, 외국 문학을 추천하는 후원에는 미묘한 점이 있다. 그러나 수학에서만큼은 기준에 대한 논쟁의 여지가 없다. 모든 인도인 가운데 라마누잔은, 영국인이 자신들의 위인들과 본질적으로 동등하다고 본 최초의 인물이었다. 백인이 흑인보다 우월하다는 서구 세계에 팽배한 모욕적인 가정은 수많은 인도주의적인 논쟁과 정치적인 문제에서 남아 있으며, 영국과 인도 사이의 협력의 시도들을 망쳤는데, 그 가정에 대한 결정적인 일격이 바로 라마누잔에 의해 가해진 것이다.

1920년 6월 10일 런던 수학회 회의록에 따르면, 〈회장은 라마누잔씨의 죽음으로 학회가 겪는 상실감을 언급했으며, 맥마혼은 라마누잔의 수학적 업적에 관한 주제로 발표하였다〉고 한다.

최근까지도 병세가 호전되는 것 같다는 소식과 함께 모의 세타 함수에 관한 편지를 받은 뒤라서, 하디는 라마누잔이 사망했다는 소식에 충격을 받았다. 그는 《네이처 *Nature*》에 간단한 기사를 실었고, 몇 달 후 네빌은 거기에 자료를 첨가하여 《런던 수학회》에 더 긴 약력을 실었다.

미국의 《월간 미국 수학 *American Mathematical Monthly*》은 라마누잔의 발견에 대한 낭만적인 이야기를 그의 외모까지 함께 다루었다.

라마누잔의 논문들은 어쩌다 보니 마드라스 대학에 이르러 있었다. 후에 자나키는 세슈 이예르가 장례식 도중 논문을 가로챘다고 비난했다. 1923년 8월 30일 듀스베리는 하디에게 노트 원본 거의 전부를 보냈다.

1921년 하디는 라마누잔의 논문 중 마지막 편을 발표했다. 같은 해 그는 자신의 논문에서 라마누잔의 연구를 다루었다. 1922년 모델은 「라마누잔, 달링, 로저스에 의해 고찰된 몇몇 모듈러 관계에 대한 일고 Note on Certain Modular Relations Considered by Messrs. Ramanujan, Darling and Rogers」을 발표했다. 이듬해 윌슨은 《런던 수학회》에 「라마누잔이 발표한 공식에 대한 증명 Proofs of Some Formulae Enunciated by Ramanujan」을 발표하였다.

1927년 케임브리지 대학교 출판국은 라마누잔이 발표했던 거의 모든 논문들을 담아 355쪽에 달하는 『논문선집 *Collected Papers*』을 출간했다. 인도에서의 초기 작업들도 실렸다. 분할 함수와 고도합성수는 물론이고, 그가 《인도 수학회》의 독자와 하디에게 보내는 편지 가운데 수학과 관련된 문제까지도 게재되었다.

이 책의 출간과 함께 수학계에서는 라마누잔의 업적에 폭넓게 주목하기 시작했다. 그 후 몇 년 동안, 「라마누잔에 의해 제기된 두 가지 주장 Two Assertions made by Ramanujan」이나 「라마누잔 문제에 관한 고찰 Note on a Problem of Ramanujan」, 「라마누잔의 산술함수 $\tau(n)$에 관한 고찰 Note on Ramanujan's Arithmetical Function $\tau(n)$」

등의 제목으로 수십 편의 논문들이 쏟아졌다. 1928년 하디는 라마누잔의 다른 원고, 편지, 논문과 노트를 윗슨에게 넘겨주었다. 그래서 윗슨은 윌슨과 함께 노트를 교정하는 수학의 모험을 시작했는데, 이 작업은 제2차 세계대전 직전까지 계속되었다. 그 결과 스물다섯 편이 넘는 주요 논문들이 나왔다.

수학계에 관한 한 라마누잔은 살아 있었다.

1932년 미국 수론학자 로버트 카미카엘Robert Carmichael은 〈우리 세대에 수학적 관심을 끄는 분야에서 라마누잔보다 더 낭만적으로 활동했던 사람은 없었다〉고 했다. 〈사실 인류 역사상 지적 노력의 분야에서 라마누잔만큼 관심을 모으고, 불리한 조건에서 천재성과 업적에 경탄을 불러일으킨 이는 없었다.〉

그의 생애가 수학자들에게 독특한 지배력을 행사했다면, 그의 연구는 훨씬 더 강력했다. 1931년 헝가리 부다페스트 대학교의 열여덟 살의 천재 폴 에르도스Paul Erdos는 소수에 관한 논문을 썼다. 그의 선생은 〈내가 굉장한 관심으로 얼마 전 읽었던〉 라마누잔의 『논문선집』에서 유사한 증명을 보았다고 말해 주었다. 그리고 이듬해 그는 정수의 소인수 개수에 관한 하디-라마누잔의 논문을 보았다.

어떤 수는 다른 수보다 더 합성적이란 말을 다시 생각해 보자. 이것은 라마누잔이 논문에서 고도의 합성수에 대하여 탐구했던 주제이다. $12=2\times2\times3$는 소인수가 세 개로서 $14=7\times2$보다 소인수가 많다. 6은 네 개인 반면, 15는 두 개이다. 정수를 하나하나 검사해 보면, 그 개수는 상당히 다양하다. 그래서 하디와 라마누잔은 이 수가 어떻게 변화하는지 검증하려 하지 않고, 그 평균값을 구하려고 하였다. 마치 주사위를 던질 때 다음 주사위 눈을 예측할 수는 없으나 평균적으로 어떤 주사위 눈이 자주 나타나는지 예측할 수 있는 것처럼 말이다. 개략적으로 말해 결론은, 대부분의 정수는 대략 $\log\log n$개의 소인수를 갖는다는 것이다. n에 주목하고 그 로그를 취한 다음 다시 그 로그를 취하면, n이 증가함에 따라 오차가 작아지는 대강의 어림값을 얻게 된다. 결과는 거칠지만, 이전에 나왔던 모든 이론들을 능가하였고, 스물세 쪽의 정밀한 수학적 추론에 의거하여 증명된 것이었다.

〈거의 20년 간 그들의 이론은 사장된 듯했으며 개선에 아무런 진척이 없었다.〉 뒤에 하디는 에르도스에게 말하였다. 그러다가 1934년 그 문제는 다시 논의되고, 1939년 에르도스와 마크 캑이 한층 더 발전시킨 정리를 얻었다. 그 때서야 수학자들은 과거를 회고하고, 1917년 발표된 하디와 라마누잔의 논문이야말로 확률적 수론이라고 알려진 분야의 창시 문헌임을 선언하였다.

나중에 세계적으로 가장 유명한 수론학자 가운데 한 사람이 되는 노르웨이의 학생 아틀 셀베르그는, 1934년 노르웨이 수학 저널에서 우연히 라마누잔에 관한 기사를 접하게 되었다. 그 기사는 라마누잔을 〈놀랄 만한 수학의 천재〉라 했는데, 몇 년 후 마드라스의 청중들에게 셀베르그는, 〈놀랄 만한〉으로 번역되는 노르웨이 말에는 〈유별나고 이상한〉이란 어감도 있다고 했다. 몇 가지 연구 결과도 포함하고 있는 그 기사는, 〈매우 깊고 오래 간직될 인상〉을 주었으며 저를 대단히 매료시켰습니다. 당시 심심풀이로 수학에 손을 대던 셀베르그의 형이 라마누잔 『논문선집』 한 권을 집에 가져왔다. 셀베르그는 〈이것이 계시와 같았습니다. 완전히 새로운 세계였으며, 상상력에 훨씬 더 자극을 주어 여태 보았던 다른 수학 저서와 무척 달랐습니다〉라고 했다. 이 흥분과 신비스러운 분위기는 몇 년간 계속되었다. 〈이것이 제 자신에게 수학 연구를 시작하는 계기를 주었습니다.〉

후에 그의 아버지는 셀베르그에게 『논문선집』을 따로 선물하였으며, 그는 봄베이 청중들에게 그 순간에도 그 책을 지니고 있다고 했다.

1942년 하디의 모교 영국 윈체스터의 2학년생 프리먼 다이슨 Freeman Dyson은 교내 수학상을 받고 하디와 라이트의 수론에 관한 책을 골랐다. 그는 몇 년 후에 〈내가 하디와 라이트 저서에서 가장 좋아했던 장은 '분할'이란 제목의 19장이었다〉라고 회고했다. 이 장에는 라마누잔이 발견한 분할 함수의 합동 성질이 들어 있다. 다이슨은 호기심을 자극받아 합동 성질이란 무엇을 뜻하는지 깊이 생각해 보았다. 그리고 〈계수rank〉라는 개념을 생각해 냈다. 그가 정의한 대로, 분할의 계수란 가장 큰 부분에서 부분들의 개수를 뺀 것이다. 그러므로 9의 한 분할이

$$6+2+1=9$$

이면, 이 분할의 〈계수〉는 3, 곧 가장 큰 부분 6에서 부분의 총 개수 3을 뺀 것이다. 다이슨이 생각한 것은, 라마누잔의 합동 성질이 어떤 분할은 그들의 계수를 기초로 같은 크기의 범주로 질서정연하게 분류된다는 의미였다.

그는 후에 말했다. 〈그것이 라마누잔의 놀라운 점이다. 그는 너무나 많은 것을 발견했지만, 다른 사람들이 발견할 수 있도록 훨씬 더 많은 것을 그의 정원에 남겨 두었다. 행복했던 그날 이후 44년 동안 나는 가끔 라마누잔의 정원으로 돌아오곤 했는데, 그 때마다 싱싱한 꽃들이 피어나는 것을 보았다.〉

2년 후 다이슨은 통계 전문가로 영국 공군 폭격부대에 근무하면서, 독일군에게 엄청나게 당하는 것을 곁에서 지켜보았다. 〈길고 힘들며 냉혹한 겨울이었다.〉 밤이면 그는 수학자들과 라마누잔이 최초로 제기한 착상에 대해 교신했다. 〈춥고 어두운 밤마다 1944년의 죽음과 파괴 한가운데서 이 아름다운 등식들을 휘갈기는 동안 라마누잔을 가까이 느꼈다. 그도 1917년의 죽음과 파괴의 한가운데서 더 아름다운 등식들을 끄적거렸을 것이다.〉

여러 해 동안 라마누잔은 잊혀지지 않는 존재였다. 1940년의 한 목록에는 라마누잔의 사망 후 105편의 논문이 그의 연구를 다루고 있다고 했다.

1987년 그의 탄생 100주년에 이르러 라마누잔의 명성은 확고했다.

20세기 중반 대부분 라마누잔의 이름에는 비극과 실현되지 못한 기대와 그가 더 위대하지 못한 것에서 오는 아쉬움의 어감이 따라다녔다. 하디는 이렇게 말했다. 〈그가 청년 시절 눈에 띄어 조금 다듬어졌다면 확실히 더 위대한 수학자가 되었을 것이다. 그는 새롭고, 더 중요한 것들을 발견했을 것이다.〉 리틀우드는 1927년 『논문선집』의 서평에서 그러한 정서를 그대로 반영했다. 〈100년이나 150년 전이라면 라마누잔은 얼마나 위대한 수학자일 수 있었을까? 바로 그때 그가 오일러와 접촉하였다면 무슨 일이 일어났을까?〉

몇 년 동안 라마누잔이 연구했던 것과 아주 다른 새로운 수학 분야가 유행하면서 그의 연구는 빛을 잃어 갔다. 『논문선집』은 추종자들이 있기는 했으나 학문적 기준으로 보아도 베스트셀러는 아니었다. 첫해에는 겨우 42권이 팔렸고, 두번째 해에는 209권이 팔렸다. 그래서 케임브리지 대학교 출판국 직원은 1929년 말 하디에게 쓴 편지에 초판 750권이 매진되려면 10년은 더 걸릴 거라고 예측했다. 다이슨은 〈(제2차 세계대전 후) 미국에 왔을 때 열광적인 추종자라고는 나 혼자뿐이었다〉라고 회상했다. 당시의 수학적 아방가르드에게 라마누잔의 연구란 지적 침체, 19세기의 흔적 그 이상은 아니었다.

하지만 그것은 얼마 안 가 바뀔 운명이었다.

다시 태어난 라마누잔

하나의 이정표가 1950년대 말에 왔다. 라마세샨 S. Ramaseshan의 부친은 라마누잔을 알고 있었는데, 그가 봄베이 친구들을 방문했을 때, 친구들은 그를 인쇄소 내실로 안내했다. 그 곳에서 그는

산더미 같은 마법의 정사각형들과 아름다운 수학 공식들이 질서정연하고 기품 있는 필적으로 쓰여진 오래된 다갈색 종이를 보게 되었다. 1937년

부친한테 처음 들었던 그 유명한 라마찬드라 라오의 〈너덜너덜한 노트〉, 즉 라마누잔의 노트를 바라보고 있다는 것이 믿어지지 않았다. 나는 낡은 종이 위로 손가락 끝을 조심스럽게 놀리며, 직장도 없이 인생의 모든 것이 그토록 황폐했을 무렵 라마누잔이 얼굴에 미소를 띠우며 채워 나갔을 종이를 느껴 보려고 했다.

상업인쇄 출판소에 근무하는 그의 친구들은 〈그때까지 맡은 일 중 가장 흥분되는 일〉을 하고 있었던 것이다. 1957년 타타 트러스트 경 Sir Dorabji Tata Trust이 자금을 지원한 모험적인 출판사 내의 타타 기초연구소 Tata Institute of Fundamental Research는 라마누잔의 노트들을, 무게만 해도 합해서 4.5킬로그램도 넘게 나가는 복사본 두 권으로 출간했다.

그때까지는 하디에게 보낸 편지들과 함께 단지 라마누잔의 발표된 논문들만 출판되었다. 1929년 리틀우드는 이들을 검토하면서 〈라마누잔의 노트는 그의 본질에 대한 훨씬 더 정확한 영상을 줄 것이다〉라고 생각하게 되었다. 발표된 논문들은 대개 하디가 교정을 보았는데, 화려하게 성장하고 리본을 맨 연구 업적들로 광택이 나는 라마누잔을 보여 준다. 반대로 노트는 가공되지 않은 라마누잔이었다.

1962년 10월 8일 한 무리의 남자들이 반세기 전 라마누잔이 걸어다녔을 마드라스의 조지타운 구, 링기 체티 Linghi Chetti 가 북쪽 끝에 있는 300년 된 말리케스와라르 Mallikeswarar 사원에서 만났다. 화려하게 장식된 사원의 고푸람 그늘에서 무탈피에트 Muthalpiet 고등학교 수학 교사인 스리니바산은 한 가지 프로젝트를 착수하려고 친구들을 불러모았다. 그는 20년 전 라마누잔에 대해 처음 읽었고, 그 후로 학생들에게 라마누잔의 예를 들며 격려했다. 8년 전 한 친구가 그에게 자나키와 남아 있는 동생인 티루나라야난을 만나게 해주었다. 그는 라마누잔 탄생 75주기에 맞춰 경의를 표하는 뜻으로 편지와 회상록을 실은 회고록을 출판하기로 결심했다. 스리니바산은 고등학교 동창이나 친구들의 도움을 받으며, 지방 신문에 광고를 내고 라마누잔을 알던 사람들을 인터뷰하며 편지를 수집했다.

라마누잔의 탄생 75주년 기념일에는 남인도 전역에서 축하 행사를 했다. 쿰바코남의 타운 하이는 건물 중 하나에 라마누잔의 이름을 붙였다. 라마누잔의 여권 사진이 황갈색으로 인쇄된 기념 우표가 250만 장 발매되었는데, 그날 매진되었다. 기념일을 즈음하여 마드라스에서는 그를 기념하는 축하연이 열렸고, 라마누잔이나 그의 가족과 가까이 지내던 사람들이 시내에 와 있었다. 스리니바산은 나이 든 소년들을 출입구에 배치했다가 의견이나 서신 왕래, 회고담 등을 간청하게 하는 등 그 기회를 이용했다.

스리니바산의 서한과 회고록 편찬물은 1968년 출간되었다. 라마누잔의 간략한 전기는 영어로 1967년, 1972년, 1988년 판에, 타밀어로는 1980년, 1986년 판에, 그리고 다른 인도어 중에서 힌두어, 칸나다어 Kannada, 말라얄람어 Malayalam 등이 실렸다.

1974년 델린 Deligne이 타우 가설을 증명했다.

거의 60년 전인 1916년, 라마누잔은 수학자들의 흥미를 끌지 못한 「어떤 산술함수에 관하여」라는 논문을 발표했었다. 산술함수는 수의 성질을 알아보려고 시작한 것이었다. 소수의 수 $\pi(n)$과 분할의 수 $p(n)$. 이 둘은 라마누잔이 연구하던 것이었다. 타우 함수 $\tau(n)$은 별개였다.

〈$\sigma_s(n)$을 n의 약수의 s제곱들의 합이라고 하자.〉라마누잔은 이렇게 시작했다. 예를 들어, n=6이라면, 약수는 6, 3, 2, 1이다. 그래서 s=3이면, 〈약수의 s제곱들의 합〉 $\sigma_3(6)$은 바로 $6^3+3^3+2^3+1^3$=252이다. 하지만 어떻게 일반적인 $\sigma_s(n)$을 계산할 수 있을까? 라마누잔은 이 문제로부터 15쪽이 지난 다음 타우 함수에 이르게 되는데, 그 성질에 대해 하디는 20년 후 〈매우 주목할 만하지만 아직도 매우 불완전하게 이해되고 있다〉고 했다. 해석적 수론에서도 그랬듯이, 간단해 보이는 문제의 열린 문에 발을 들여놓음으로써 엄청나게 복잡한 수학의 미로로 들어서게 되는 것이다.

하디가 칭하듯이, 라마누잔의 가설 또는 더 일반적으로 알려진 것처럼 타우 가설은 $\tau(n)$에 대한 명시적인 공식을 내 놓지 않았다. 그보다는 $\tau(n)$은 무엇과 〈같은 위수로……〉로 서술되었다. 달리 말하면, 소수정리처럼 일종의 근사치 같은 것이다. 라마누잔은 〈 $\tau(n)$이 $0(n^{11/2+\varepsilon})$ 형태라고 가정하는 데는 이유가 있다〉고 했다. 이 표시는 그 값이 실제 무슨 값이든 간에 언제나 어떤 것보다 작다는 것을 말하는 방법이다. 〈어떤 것〉이란 무엇인가? 상수를 빼면 그것은 기껏해야 n의 11/2보다 약간 더 큰 거듭제곱(n의 제곱근의 11제곱)이다.

봄베이 타타 기초연구소의 라가반 S. Raghavan에 따르면, 라마누잔의 가설은 〈거의 60년 동안 기라성같이 뛰어난 수학자들을 견제하고〉 수론에서 중요한 열린 문제로 남아 있었다. 1940년 하디의 설명은 그 가설이 불러일으킨 관심과 해답에 대한 저항 의식 둘 다를 넌지시 내비친다. 라마누잔 자신도 $\tau(n)=0(n^7)$이라는 것을 증명했다고 그는 전했다. 하지만 여기에서 n의 지수 7은 11/2보다 훨씬 크며 타우 가설을 증명하기에는 불충분하다. 2년 후 하디는 $0(n^6)$까지 약간 더 줄였다. 클루스터먼 Kloosterman이 1927년 더 접근했으며, 데이븐포트 Davenport와 샐리 Salie는 1933년 좀더 접근했다. 스코틀랜드 수학자이며 하디의 제자인 로버트 랜킨 Robert Rankin은 1939년 $\tau(n)=0(n^{29/5})$라는 것을 증명했다.

이것은 마치, 처음엔 범인의 집 번지 수가 2170보다 작고, 다음엔 2160보다 작고, 그 다음엔 2158번지보다 작고, ……이런 식으로 보이는 것과 같다. 그리고 아직 용의자가 사는 2155번지를 확인하지 못하고 있는 것이다.

1974년에 가서야 벨기에의 수학자 피에르 델린 Pierre Deligne이 대수기하학으로 알려진 분야에서 나온 강력하고 새로운 도구를 활용하

368

여 이 가설을 증명했는데, 이는 〈20세기 수학 사상 경축할 만한 사건 중 하나〉라고 할 수 있을 것이었다. 델린은 그 업적으로 수학계의 노벨상에 해당하는 필드 메달 Fields Medal을 수상하였다.

그리고 이는 라마누잔의 명성을 더욱 공고하게 하는 데 도움을 주었다.

오랜 세월 라마누잔 명성의 흥망을 추적하던 브루스 베른트 Bruce Berndt는, 1750년 사망한 뒤 몇 년간 대부분 무명으로 남아 있었던 요한 제바스티안 바흐 John Sebastian Bach에게 라마누잔을 비교했다. 그는 〈바흐의 경우, 1829년 3월 11일 펠릭스 메델손 Felix Medelsshon의 '예수의 수난 St. Matthew Passion' 공연이 큰 전환점이 되었다. 비슷하게 라마누잔의 경우는 1976년 조지 앤드류스가 잃어 버린 노트 the Lost Notebook를 발견한 것〉이라고 했다.

그 해 4월 말 앤드류스는 위스콘신 대학의 젊은 객원 교수로 프랑스에서 일주일 동안 회의에 참석하기로 되어 있었다. 항공 요금 체계라는 것이 1주보다 3주 예정으로 가는 것이 더 쌌기 때문에 그는 남는 시간 동안 아내와 두 딸이 몰두할 일을 찾았다. 케임브리지에 들를까? 그 곳 친구는 그에게 1965년 윗슨이 사망하고 남긴 논문 등을 뒤적거려 보면 흥미 있을 거라고 귀띔했다. 그래서 케임브리지에 가 보기로 했다.

제2차 세계대전 전 여러 해 동안 라마누잔의 논문을 연구했던 윗슨은 전쟁 전부터 일류 분석가이자 영국학술원 회원이었다. 그가 사망했을 때 학술원에서는 윗슨의 공동 연구원 아들이었던 휘태커 J. M. Whittaker에게 추도사를 써 달라고 했다. 휘태커는 윗슨의 부인에게 편지로 〈찾아가 그의 논문들을 봐도 되는지〉 물었다. 그녀는 그를 점심에 초대하고 위층 연구실로 데려갔다. 휘태커는 다음과 같이 회상했다.

그 곳 꽤 큰 방바닥에는 논문들이 뒤죽박죽으로 30센티미터 정도나 쌓여 있었으며, 며칠 안에 소각될 것이었다. 운에 맡기고 아무거나 몇 개 (그 잡동사니를) 집어 볼 수밖에 없었는데, 윗슨은 모든 것을 버리지 않았으므로, 집어 든 것이 수학 기록물일 수도 있지만, 영수증이나 1923년도 소득세 신고 초안일 가능성이 더 많았다. 그러나 놀라운 행운으로 나는 라마누잔의 자료를 집어들었다.

이 〈자료〉란 총 140쪽으로 듀스베리가 1923년 하디에게 보냈다가, 후에 윗슨에게 전해진 논문 한 묶음 중 일부였다. 휘태커는 이것들을 랜킨에게 보냈고, 그는 1968년 트리니티 대학으로 넘겼다.

휘태커나 랜킨 등 둘 다 높은 평판을 가진 전문 수학자였지만 그 자료와 이미 출간된 노트에 실렸던 것을 구별할 수준은 아니어서, 지금 앤드류스가 알아보는 것을 알지 못했다. 그는 이들 중 일부가 그의 박사 논문 주제인 모의 세타 함수에 관한 주제를 담고 있음을 알았다. 이것은 라마누잔이 〈인도에서 그의 생애 마지막 해〉에만 내놓을 수 있는 논문이라는 의미였다.

그는 전율을 느끼며 〈내 손에 굉장한 것을 들고 있어 극도로 흥분되었다〉고 회상했다. 그는 물론 논문을 복사했다.

그 후 곧바로 나온 논문에서, 앤드류스는 자신이 발견한 것을 〈잃어버린 노트〉라고 불렀다. 수학자 엠마 레머 Emma Lehmer는 이 발견이 〈베토벤 교향곡 10번의 완전한 소품을 발견한 것에 비길 만하다〉고 했다.

그렇지만 그런 호칭은 영국의 입장에서는 곤란한 것이다. 랜킨은 그것은 〈노트〉가 아니라 엉성한 논문으로 렌 도서관의 서고 안에 처음부터 안전하게 있었으며 결코 분실된 적이 없었다고 했다. 그러나 앤드류스는 〈필사본과 그 놀라운 결과들은 수학계의 어떤 언급이나 평가로부터 55년 이상이나 모습을 감추고 있었다〉고 평가했다. 그런 의미에서 〈분실〉되었던 것이다. 그의 기여는 〈(휘태커와 랜킨이 했듯이) 잊혀진 상태에서 찾아낸 데 있는 것이 아니라〉 그것의 진짜 가치를 알아본 데 있었다.

1974년 1월 얼마 전, 베른트는 고등연구소에서 안식년 휴가 중이었는데, 2년 전 라마누잔 노트의 공식 가운데 하나를 증명한 자신의 연구와 관련된 논문을 마주치게 되었다. 연구소 도서관에는 원본이 한 부도 없었으나 근처 프린스턴 도서관에는 있었다. 거기에서 그는 다른 것들과 연관된 모호하게 보이는 공식들을 다수 보았다. 하지만 그는 증명할 수 없었다. 베른트는 〈그것이 나를 괴롭혔다〉고 회고했다. 베른트는 혼자서 14장에 있는 모든 결과들을 증명하는 일을 비공식적인 과제로 정했다. 이 일에 1년이 걸렸다. 1977년 5월에 시작하여 그때 이후로 베른트는 라마누잔의 노트를 손보는 작업을 계속했고, 〈그 후 다른 어떤 일〉도 할 수 없었다.

10년째 되는 1988년 컴퓨터로 문헌을 검색했을 때 300편 가량의 논문 제목이나 초록에서 라마누잔이 언급되고 있었다. 다이슨은, 지난 20여년 동안 〈라마누잔을 다시 진지하게 받아들이는 것〉은 존중할 만한 일이 되었다. 그만큼 그가 추측해 냈던 것은 훌륭한 공식이었을 뿐만 아니라 본질과 깊이를 지니고 있었다. 라마누잔의 연구 작업이었던 위대한 나무는 뿌리를 깊게 아래로, 멀리 뻗고 있었다.

그는 혼자서 씨를 뿌렸으나, 인도나 세계의 물질적인 여건을 개선하려 한 것은 아니었다. 그런데 땅 속 덩굴은 순수수학과 아주 거리가 멀고 하다라면 배우기 싫어했을, 결코 〈무용지물〉이 아닌 응용 분야로 뻗어 나갔다.

더 좋은 용광로

〈내게 인생의 최대 에너지를 점유하는 그 문제의 해결이 어떻게, 그리고 왜 일반적인 사회 생활에 중요한지 설명하라고 한다면, 난 불

공평한·경쟁은 정중히 사양하겠다.〉하디는 제1차 세계대전의 총소리
가 멎은 뒤 이렇게 말했다.

나는 그토록 명백하게 거짓인 명제를 뻔뻔스럽게 전개하지는 않는다.
공학자와 화학자들에게 정당한 예언적 열정과 내연 기관, 기름, 그리고
폭약이 문명에 부여한 이점을 이용하여 그것을 해설하도록 일임해야 한
다. 내가 만일 내 인생의 모든 과학적 야망을 이룰 수 있었다면, 제국의
영역은 진보할 수 없었을 것이고, 한 사람의 흑인도 산산조각 나지 않았
을 것이며, 누구도 재산을 모을 수 없었을 것이고, 그리고 나 자신의 소유
는 전혀 없었을 것이다. 순수한 수학자라면 인류의 고통을 덜어 주는 위
대한 임무를 더 행복한 동료에게 일임해야 한다.

실제 공학자와 화학자들이 과연 그리고 어떻게 라마누잔의 연구를
일반적인 생활 목적에 적용할 수 있었을까 하는 의문은 인도인의 예
민한 감정을 울린다. 긴급한 실용적 문제로 막혀 있으며, 또 성과가
몇 십 년이나 몇 세기 후에 나올 연구를 믿을 사람이 적다는 것은
당연하다. 〈라마누잔의 정리 몇 개는 현재 소립자물리학이나 통계역
학, 컴퓨터 과학, 암호해독학과 미국의 우주 여행 등 라마누잔 시대
에는 들어 보지도 못한 주제들에 널리 사용되고 있다.〉《힌두》는
1987년 12월 19일자 호에서 이렇게 확인해 주었다. 하지만 라마누잔
의 연구를 공리주의(실용주의)적 입장에서 정당화하려는 노력은 거의
그의 생애까지 거슬러 올라간다.

라마누잔이 사망한 지 얼마 안 되어 라호르에서 열린 인도 수학회
3차 회의에서 그의 생애와 업적은 모든 발표자의 입에 올랐다. 학회
회장인 발라크 람 Balak Ram은 〈라마누잔의 이름을 언급하는 것은,
인도에서 조직과 과학적 연구의 타고난 재능의 문제〉, 특히 응용과
순수 사이의 균형의 문제를 제기한다고 선언했다. 에디슨이 그랬듯
이, 공학자는 자신의 창의력을 부유해지는 것으로 보답받을 수 있다.

그러나 학문을 위한 학습은 어떻게 되는가? 사회는 이를 위해 자리를 남겨 둬야 하는가? 그렇다, 그는 주장했다.

기반이 확립된 모든 사회는 명쾌하게 사고하고 가르칠 여유가 있는 사상가와 교사들에 의해 인도되지 않으면 발전하려는 시도가 헛수고로 끝나기 쉽다는 것을 무의식적으로든 의식적으로든 확신하고 있다. 그러므로 이러한 사회는 지식인에게 특별한 보호와 충고를 주어야 하고, 그들에게 부족한 금전적인 보상을 대체할 수 있는 여유와 정신적인 격려를 제공해야 한다는 걸 실감한다.

그는, 인도가 〈발전〉에 대한 확신을 가졌다면, 라마누잔 같은 사람들에게 그만한 처우를 해주었어야 했다고 말했다.

1962년 라마누잔 우표가 발행되었을 때, 인도 우정국은 그가 성취한 연구의 응용 가능성을 지적하려고 애썼다. 〈또 다른 분야에서 이루어진 리만의 제타 함수에 관한 그의 연구와 다른 수학자들의 연구는 이제 과학 기술 공장에 적용되었다. 고온측정 이론과 더 좋은 용광로를 주조하기 위한 고로 연구에 적용되고 있다.〉 그리고 모의 세타 함수, 모듈러 방정식, 그리고 그 밖의 다른 영역에 관한 그의 연구가 원자 연구에 응용 가능한지 조사 중이다.

실제로 몇 년을 지내면서 라마누잔의 수학은 가끔 곁길로 새긴 했지만 실용적인 문제에 영향을 주었다. 예를 들어, 결정학자 라마세샨은 라마누잔의 분할에 관한 연구가 어떻게 플라스틱에 응용되는지 보여 주었다. 플라스틱은 다양한 방식으로 결합된 분자 단위가 반복되는 중합체 polymers이다. 가령 길이가 100만 개 단위로 된 것 하나, 8,251개짜리 하나, 20만 1,090개짜리 하나 등등이 있다고 상상할 수 있다. 분할에 대한, 곧 작은 수가 더 큰 수를 형성하기 위해 결합하는 방식에 대한 라마누잔의 연구는 분명히 그런 과정에 적용될 수 있다. 또 전화 케이블에서 길이가 다양한 서브유닛들을 연결하고, 다시 연결하여 전체를 만드는 데에도 마찬가지로 적용된다.

용광로? 플라스틱? 전화 케이블? 암?

1988년 11월 노스캐롤라이나 주 레일리 Raleigh에서 개최된 미국 물리학회 남동부 지역 회의에서 델리의 세 대학교의 연구자들이 「라마누잔의 모의 세타 함수를 이용한 악성종양의 솔리턴 전환과 종양유전자의 증식에 관한 연구 A Study of Soliton Switching in Malignancy and Proliferation of Oncogenes Using Ramanujan's Mock-Theta Functions」라는 논문을 발표했다. 그들은 비록 광대하고 복잡한 주제에 대해, 사소하고 약간 스치는 정도의 기여라 할지라도 라마누잔의 수학을 이용해 암을 이해하는 데 도움을 준 것이다. ≪힌두≫는 그 논문에 주목하여 머리기사로 〈라마누잔의 수학, 암과의 투쟁을 돕다〉라고 실었다.

다른 분야, 예를 들면 우주가 그 운동이 미립자를 발생시키는 극소로 짧은 현(弦) 같은 다발로 이루어져 있다고 가정한 현대이론에서처럼, 라마누잔의 수학은 더욱 결정적인 역할을 해 왔다. 현실 세계를 기초로 했든 그렇지 않았든, 판단은 여전히 내려지지 않았고, 수학은 이 같은 현이 우리가 일상 생활을 꾸려 가는 3차원보다 23이나 많은 26차원을 요구한다는 걸 설명해야 했다. 모듈러 형식으로 알려진 분야에서의 분할 이론과 라마누잔의 연구는 분석에 본질적인 것으로 증명되었다.

통계역학의 중요한 문제도, 예를 들어 어떻게 액체 헬륨이 탄소 결정격자를 통해 분산되는지 설명하는 이론적 모형에서처럼, 라마누잔의 수학에 영향을 받는다. 공교롭게도 흑연판에서 헬륨 분자가 차지하고 있는 장소는, 이를테면 서로 인접해 있을 수 없다. 각각 잠재적인 장소는 육각형 배열인 여섯 개의 이웃에 의해 싸여 있으므로 일단 다 차게 되면 주위 여섯 개의 특성은 깨지지 않는 벽으로 나타난다. 1987년 이름 높은 볼츠만 메달 Boltzmann Medal을 안겨 주었던 연구를 재검토하면서 캔버라 Canberra에 있는 오스트레일리아 국립대학의 복스터 R. J. Boxter는 그의 〈견고한 육각형 모형〉 뒤에 있는 의견을 말했다. 수학적으로 이는 무한급수의 특정한 한 가지 집합에 기초하고 있음을 보여 준다. 그리고 이는 〈그 유명한 로저스-라마누잔 항등식에서 나오는〉 바로 그 급수들이었다. (1979년 자신이 발견했을 때는 그 사실을 알지 못했었다) 이에 의거하여, 어떤 특정한 장소가 헬륨 분자를 품고 있는지에 대한 확률을 결정하는 방법을 찾았다. 그 모형을 낳은 예측은 실험과 매우 일치했다. 복스터는 결론을 내렸다. 〈로저스-라마누잔 항등식은 하디가 좋아했을 '인간의 보통 활동'과 그렇게 멀리 있는 것은 아닐 것이다.〉

1920년에는 꿈꾸기도 어려웠을 컴퓨터도 라마누잔의 연구에서 나왔다. 〈컴퓨터 대수의 출현은 컴퓨터 대수 패키지를 머리에 지닌 것처럼 보이는 누군가를 연구하는 행위를 흥미롭게 만들었다.〉 조지 앤드루스는 즉석에서 대수적 조작을 가능하게 하는 소프트웨어를 언급하며 방문 기자에게 말했다. 그는 라마누잔의 업적을 연구하면서 〈만약 라마누잔이 MACSYMA, SCRATCHPAD, 또는 다른 문자 계산 패키지를 가졌더라면 얼마만큼 해낼 수 있었을까〉 생각해 보았다. 그 자신이 명석하고 재주 있는 직관적인 컴퓨터였기에 실제 필요하지 않았을 수도 있다는 기분이 들었다. 라마누잔의 노트에 있는 모듈러 방정식은 오늘날 사용되는 가장 빠르게 파이의 값을 계산하는 컴퓨터 알고리듬을 만드는 데 이용된다.

〈과장이야.〉 다이슨은 라마누잔 연구의 실용적인 응용에 지나친 선전이라고 판단되는 것 중 일부를 그렇게 불렀다. 그의 수학을 현(弦)이론 string theory에 적용한다는 것은 〈점을 잡아늘이는 것〉이라고 말한다. 〈현 이론을 공부하기 위해 라마누잔 논문을 읽을 필요는 없다.〉 모든 것이 사실이지만, 대부분의 수학자에게는 주변적이고 중요하지 않은 것이다.

라마누잔의 연구를 그토록 매력적으로 만드는 것은, 그 용도가 현실세계 문제 해결에 있어서가 아니라, 그 훌륭함, 아름다움과 미스터리, 즉 수학에 대한 순수한 사랑에 있다. 하디는 이에 도취되었다. 그리고 다이슨, 셀베르그와 에르도스, 그리고 수많은 이들도 그랬다. 라마누잔의 연구에 깊은 관련이 있는 위스콘신 대학 수학자인 리처드 애스키는 말한다. 〈일류는 초기에 라마누잔의 진가를 인정한다. 나머지에게는 실제로 평가하기 전에 그의 업적이 필요하다.〉 앤드류스는 젊었을 때, 방문 기자에게 어떻게 라마누잔-하디 분할공식에 현혹되었는지 말한 적이 있다. 〈처음 이 공식을 보았을 때 아찔했다. 믿을 수가 없었다. 그리고 설명을 보며 경험하고, 어떻게 구체화되는지 이해하면서 수학의 바로 이 분야야말로 내가 추구하는 것이란 확신을 주었다.〉

라마누잔의 연구는 인간 삶의 일상적인 열정을 넘어 천상의 수준에 있으며, 대부분의 사람들이 교육받지 않은 언어로만 완전히 이해될 수 있기 때문에 겨우 몇 사람, 전세계에서 수백 명, 아마 수천 명정도의 수학자와 물리학자들에게만 직접적인 기쁨을 주었다. 나머지는 방관자로 앉아 있다가 전문가들의 설명에 갈채를 보내든지, 그렇지 않으면 막연하고 비유적이며 필연적으로 부정확한 그의 연구를 어렴풋이 본 것에 의존해야 한다.

그가 이루어 낸 것은 영원히 남을 것이다. 간디나 셰익스피어 또는 바흐의 작품과 같은 식으로 일반 대중의 마음 속에 남는 것은 아니다. 그러나 그의 생각과 발견은 그에 동조하는 소수의 정신에 스며들어 우주의 지적인 힘과 혼합될 것이며, 거기에서 인간 지식의 깊고 넓은 늪이 될 것이다. 〈우리가 행하는 것이 비록 작을지라도 어떤 영속성을 지니고 있다. 그리고 조금이라도 영속성을 지닌 것을 만들어 낸다는 것은, 그게 시 한 편이든, 기하학적 정리 하나이든 많은 대중의 능력을 완전히 넘어서는 일을 하는 것이다.〉 하디는 순수한 수학자의 연구에 대해 이렇게 썼다.

1987년 탄생 100주년 즈음 라마누잔의 명예는 새로운 광채로 빛났다. 인도에서 그는 네루나 노벨상 수상 물리학자 라만C. V. Raman과 비교되었는데, 두 사람의 100주년 행사도 비슷한 시기에 치러졌다. 1986년 출범한 라마누잔 수학회 Ramanujan Mathematical Society는 저 널의 제1권을 출판했다.

축하 행사가 남인도 전역에서 벌어졌다. 앤드류스, 애스키와 베른 트 등 라마누잔의 명성을 복원하는 데 기여한 세 명의 미국 수학자 들은 안나말라이나가르 Annamalainagar와 봄베이, 푸네 Pune, 고라크 푸르 Gorakhpur와 마드라스 등에서 강연했다.

마드라스에서는 나로사 Narosa 출판사가 『잃어버린 노트 The Lost Notebook』를 출간하자, 수상 라지브 간디 Rajiv Gandhi가 첫번째 책에 사인하여 자나키에게 선물했다.

쿰바코남에서는 케임브리지 학위를 받을 당시 모습의 라마누잔 초 상화가 액자에 넣어져 화환을 쓴 채, 거리 곳곳 전통 거리 음악가들 에 맞추어 화려하게 장식한 코끼리 위에 놓였다. 분홍 블라우스와 장 미색 치마를 입은 걸스카우트, 전통 무희들이 라마누잔의 집 앞에서 출발해 거리로 퍼레이드를 했다.

라마누잔 이름을 따서 전산실 이름을 붙인 안나 Anna 대학에서 앤 드류스는 감정에 목이 메인 채 숄을 자나키에게 건넸다. 자나키는 라 마누잔이 죽어 갈 때 그의 논문을 함께 간직해 왔으므로 그녀야말로 〈잃어버린 노트〉에 대한 공로로 치하받아야 한다고 말했다.

제2차 세계대전 후 대학은 자나키의 월 20루피 연금을 125루피로 올렸다. 아들 나라야난은 대학 졸업 후에 인도국립은행에서 직장을 얻고 결혼해서 세 자녀를 두었다. 최근에는 은행에서 은퇴하여 어머 니를 모시기 시작했다.

자나키가 라마누잔의 동상을 원한다는 것을 알고, 딕 애스키 Dick Askey는 미네소타의 조각가 폴 그랜런드 Paul Granlund에게 연락해서 라마누잔의 흉상을 제작했다. 오늘날 여권 사진에 의거한 그랜런드의 라마누잔 청동 흉상은 마드라스 자나키의 집 주춧돌 위에 놓여 있다.

100주년이 다가오면서 저택은 순례지가 되었다. 마드라스를 지나가는 수학자들은 그녀에게 경의를 표했다. 100주년이 되던 해 8월 한 재단은 그녀에게 2만 루피가 든 지갑과 월 1,000루피의 연금을 선물했다. 그녀는 스리니바사 라마누잔 신탁Srinivasa Ramanujan Trust을 만들어 젊고 뛰어난 수학 학생들에게 상과 장학금을 주라고 요청했다. 1988년 트리니티 대학 위원회에서는 〈추후 통보가 있을 때까지 연 2,000파운드의 장학금〉에 동의하였다.

스바얌부

쓸쓸한 향취가 1905년 그를 압박하던 가난과 관료주의와 융통성 없는 제도에 대한 슬픈 기억을 되살리며, 인도가 몇 년간 라마누잔에게 아낌없이 퍼부은 찬사에 스며든다. 라마누잔은 인도에 있어서 격려이자 동시에 비난거리였다. 어찌해서 인도는 그를 세상에서 잊혀질 뻔하게 내버려두었는가? 왜 그는 더 격려를 받지 못했는가? 왜 그를 유명하게 만든 게 외국인이었는가?

생애 말년에 인도에 살았던 영국인 생물학자 할데인J. B. S. Haldane은 1960년대 초 이렇게 불평했다.

> 오늘날 인도에서라면, 라마누잔은 학위가 없으므로 시골 대학에서 강사 자리도 얻지 못했을 것이다. 공무원 임용조합Union Public Service Commission을 통해 자리를 얻는 것은 더더욱 힘들었을 것이다. 이러한 사실은 인도에게는 불명예이다. 나는 그가 영국학술원 회원이 된 후에야 인도에서 교수직을 제안받았다는 것을 알고 있다. 인도의 위대한 인물이 외국의 인정을 받을 때까지 기다려야 한다는 것은 수치스런 일이다. 라마누잔의 연구가 영국에서처럼 일찍만 인정받았어도 그는 유학을 가지 않아도 됐고, 오늘날 생존해 있을 수도 있었다.

1974년 그의 생일을 맞아 스리니바사 라마누잔 교수 추모 국제위원회 Professor Srinivasa Ramanujan International Memorial Committee는 기념 문집을 출판했다. 수상 인디라 간디는 라마누잔의 〈정식 교육을 받지 않은 천재성〉이 과학을 눈부시게 했고 〈그의 업적은 뒤이은 인도의 젊은 세대를 고무시킬 것입니다〉라고 썼다. 하지만 편집자 라마크리슈난 S. Ramakrishnan은 〈알려지지 않고 시들어 가는 살아 있는 라마누잔들을 자유로운 인도가 잃지 않도록 해야 할 것입니다〉라고 덧붙였다.

〈알려지지 않고 시들다.〉 라마누잔은 인도의 상징으로 또 다른 면을 보여 주는데, 1946년 네루는 『인도의 발견 Discovery of India』에서 이를 언급했다.

라마누잔의 짧은 생애와 죽음은 인도의 처지를 상징한다. 수백만 명의 우리 국민 가운데 어떤 교육이라도 받은 사람은 과연 얼마나 되며, 얼마나 많은 사람들이 아사지경에서 살고 있는가. ……삶이 그들에게 문을 열고, 식량과 건강하게 살 수 있고 교육받을 수 있는 조건과 성장의 기회를 제공할 수 있다면, 이 수백만 명 가운데 얼마나 많은 이가 저명한 과학자, 교육자, 기술자, 기업가, 작가와 예술가가 되어 새로운 인도와 새로운 세계의 건설을 돕게 되겠는가?

후에 라마누잔의 모교 쿰바코남의 타운 하이 교장이 된 비스와나탄 R. Viswanathan은 재원만 주어진다면 라마누잔과 같은 인재를 많이 키울 수 있다고 주장했다. 그의 말을 있는 그대로 해석하면, 그는 잘못 생각하고 있다. 대영제국의 부, 유럽의 풍부한 지적 전통, 미국의 자유와 기회도 몇 세기 동안 소수의 라마누잔밖에 만들어 내지 못했다. 그러나 비스와나탄은 더 큰 진실, 즉 인도는 온전히 발전할 수 있는 수단을 거부당하고 있는 재능과 능력의 광대한 창고를 간직하고 있음을 나타내고 있다. 라마누잔은 조국의 지적이며 정신적인 힘과 함께 미개발된 잠재력을 나타냈다.

그러나 이와 달리 라마누잔의 이야기는, 천재는 결국 모든 어려움을 극복해 낸다는 것을 증명하지 않았는가? 라마누잔이 온갖 불리한 처지에서도 세상의 관심을 모으고, 그토록 지울 수 없는 흔적을 남겼다면, 특별한 재능을 타고난 이라면 누구나 할 수 있지 않은가?

그렇지 않다. 라마누잔은 매우 오랫동안 쇠약했었고, 여러 번 운명이 칼끝에 달려 있었으며, 죽음의 고비도 넘나들었다. 그리고 분명히 그의 완전한 소망은 결코 실현되지 않았다. 이러한 생애의 교훈은, 고난을 극복하는 데 성공했던 것과 마찬가지로, 그가 부딪쳐 비틀거렸던 장애물들을 담고 있다.

라마누잔은 수백만의 다른 인도인들에 비해 조건이 훨씬 유리했다. 그의 가족은 가난하기는 했으나 아주 극빈은 아니었다. 그는 브라만으로 교육을 격려하는 문화 속에서 성장했다. 어머니는 그의 변덕에 관대했고, 그의 흥미를 발전시키는 데 강력한 후원인 역을 맡았다. 그의 순진한 매력은 남들로부터 따돌림을 받았을 그의 기행을 능가했다. 그리고 그는 자기 자신과 자신의 능력에 대해 유별나게 완고한 믿음을 즐겼다.

만약 라마누잔이 이중 하나라도 갖지 못했더라면? 만약 그가 지녔던, 세상에 기여할 수 있는 천재성을 모두 다 지녔더라도, 어머니가 약간 더 비협조적이었다면? 또는 그가 조금이라도 남들로부터 덜 호감을 사거나, 그의 능력에 대해 확신이 덜했더라면? 틀림없이 라마누잔은 그의 형제들처럼 이름 없는 공무원이나 무명인으로 잊혀졌을 것이다. 자신에 대한 전기를 갖고 있는 사람들에게는, 제도가 자명한 일로 작동한다. 그 실패의 기준은 세상의 환호라는 따뜻한 불빛을 받아 본 적이 없는 사람들에게 있다.

라마누잔은 인도의 다른 라마누잔과 같은 사람들이 무언가 이루기 위해서는 반드시 넘어야 할 어려운 고비를 상기시켜 주는, 인도에게는 자극이자 당혹스러움이었다. 남인도 천재의 상징으로서 그는 고찰하는 기쁨이었다.

1968년 11월 찬드라세카르가 인도국립과학원의 스리니바사 라마누잔 메달Srinivasa Ramanujan Medal을 수상하면서 라마누잔이 자살을 시도한 적이 있다는 사실을 폭로하자 사람들은 흥분했다. 그는 뒤에 〈몇몇 사람(그의 삼촌 라만을 포함하여)들이 내가 라마누잔의 이름을 훼손했다고 비난했다는 게 충격적이었고 놀라웠다〉고 회고했다. 어떤 사람은 그가 라마누잔을 희생시켜 자신의 명예를 높이려고 했다고 했다. 그러나 그는 우상으로서의 라마누잔을 파괴하고, 인간 라마누잔으로 대신하려 했던 것이다.

오늘날에도 라마누잔 시절과 그 후 시대에서처럼 인도의 뛰어난 인물들이 해외로 떠나, 그 곳에서 서구적 사고로 길러지고 라마누잔을 질식시켰던 〈비능률적이고 융통성 없는〉 교육 제도 같은 것을 피하고 있다. 가련한 나라 인도는 새로운 라마누잔들을 찾고 양성하는 자원을 찬양하기보다 죽은 지 오래된 라마누잔에게 아낌없는 찬사를 늘어놓는다.

1951년 부유한 상인이자 고등교육의 후원인인 알라가파 체티아르 Alagappa Chettiar는 라마누잔 연구소 Ramanujan Institute를 세웠는데, 그의 사후, 1957년 마드라스 대학에 흡수되어 수학고등연구소 Center for Advanced Studies in Mathematics가 되었다. 1972년 현대식 건물로 이전된 이 연구소는 오늘날에도 남아 있다. 그러나 이 연구소에서는 라마누잔이 추구하던 수학 분야를 전문적으로 연구하지 않는다.

혹자는 궁금해할 수도 있다. 왜 라마누잔의 연구 보고서들이 인도의 관리 아래 있었던 1914년부터 분실되었을까? 왜 라마누잔의 명예를 되찾는 일이, 인도인이 아니라 미국인 수학자에게 맡겨졌을까? 쿰바코남에서 열린 100주년 행사에서 연설을 한 라마세샨은 청중들에게 질문을 던졌다. 〈여러분 모두 편안히 앉아서 이 문제에 대해 생각해 보았으면 합니다.〉

라마누잔이 태어난 지 100년이 지난 오늘, 이 나라에서 얼마나 많은 공무원들이, 또는 얼마나 많은 대학 부총장들이 낙제한 예비 대학생에게 오늘날 2,000-2,500루피에 해당되는 연구 장학금을 주려고 하겠습니까? 지금은 우리가 인도의 재능을 키우지 않았던 식민지 권력에 더 이상 탓을 돌릴 수 없는 독립 40년 후입니다.

≪주간 인도 보고 Illustrated Weekly of India≫의 한 작가는 라마누잔에 대해 언급하면서 〈그의 정신이 발하는 빛은 지적으로 황량한 인도인들의 이 시대에 너무 지나치다〉라고 평가했다.

격려로서의 라마누잔. 비난으로서 라마누잔. 무엇으로서의 라마누잔? 그의 생애는 거의 어떤 교훈이든 원하는 대로 끌어 낼 수 있는 우화(寓話)로서 구실을 하도록 만들 수 있다. 초창기 인도 수학회 회의에서는 그의 이름을 빌려 학회의 불충분한 재원 상태를 지적하기도 했다. 〈유명한 수학자 라마누잔 F.R.S.가 수학과 연구에 전념하기 위해 우리 학회에 도움을 구했을 때 우리의 파산은 명백했다.〉 1950년대 한 도서관장은 『윌슨 도서관 요람 Wilson Library Bulletin』의 독자들에게 카의 『개요』가 라마누잔에게 미친 영향을 강조하며 그의 이야기를 자세히 들려주었다. 그는 라마누잔의 생애란 그를 키워 낸 저서들에 대한 증명서라고 말했다. 현재에 이르기까지 라마누잔은 본보기이자 자극, 경고 또는 교훈적인 사례의 역사로서 인용되었다.

간단히 말하자면, 라마누잔의 생애에는 야구에서 자제된 스윙이 그러하듯 욕구불만 같은 것이 내재되어 있다. 끝까지 휘둘러보는 자세도, 완숙함도, 완성도 결여되어 있다. 구체화할 수 있는 후반전을 한번도 치러 보지 못했던 것이다. 그래서 지금 우리가 그의 사후 모습을 부여하는 중이다.

그의 인생은 끝을 베어낸 아이스크림 콘처럼 불완전했다. 예측하는 사람들이 광대하고 불확실한 미래를 채우도록 남겨 둔 채 현재에

멈춰버린 경제 그래프처럼 말이다. 있는 그대로의 진실은 해석을 요구하며 외치고 있다.

학교에서 경험한 라마누잔의 실패는, 인도가 자신의 소유물을 양성하는 데 실패했다는 증거였을까? 아니면 라마찬드라 라오와 나라야나 이예르의 원조는, 결국 인도가 그를 인정하고 평가했다는 증거였을까?

라마누잔이 초기에 조언자들을 찾았으면 더 많은 것을 이루어 냈을까? 가우스나 뉴턴에 버금가는 인물이 되었을까? 아니면 척박한 환경에서 혼자 작업하는 것이 그를 수학적으로 더 풍부하게 만들어 심지어 깜짝 놀랄 만한 그의 독창성에 기여를 했을까?

그의 천재성은, 뛰어난 여느 수학자들과 비교해 볼 때, 순전히 지적능력의 산물이었을까? 아니면 신비하거나 초자연적인 것에 둘러싸인 그 무엇이었을까?

라마누잔의 삶은 이루지 못한 희망의 비극이었을까? 아니면 케임브리지에서의 5년으로 보상된 것일까?

어떤 경우든 간에, 어느 쪽으로든 생각할 수 있는 충분한 여지가 있다. 이러한 의미에서 라마누잔의 삶은 우리 자신이나 우리 세대에게, 거울을 치켜든 다의성이 가득한 자료의 축적인 성경이나 셰익스피어 작품과 같다.

라마누잔의 가족 중에는 어떤 수학자도 없었고, 남다른 수학적 재능이라는 유전적 기질도 찾아볼 수 없다. 그럼 그의 재능은 어디에서 왔을까?

라마누잔을 발굴하였다거나, 그의 인생에서 비중 있는 자리를 차지하고 공로를 인정받는 이들은 많다. 라마스와미 이예르는 인도 수학회를 출범시킨 것과 라마누잔을 발견한 일이 자랑스럽다고 했다. 오늘날 나라야나 이예르의 가족은 자부심을 갖고 망각에서 라마누잔을 구한 원조자의 역할을 강조한다. 그리고 많은 사람들이 라마누잔을 영국에 가도록 설득시킨 공로를 주장했다. 많은 이들은 라마누잔을 어머니의 창조물이라고 보았다. 둘 다 같은 환경에서 만들어졌고, 어머니의 마음은 라마누잔의 성공에 열중했었다.

영국인으로는 하디가 라마누잔의 인생에서 자신의 역할을 음미하는 유일한 사람은 아니다. 네빌 역시 25년 전 마드라스에서 라마누잔과 보낸 날을 즐겁게 회상하며, 자신이 〈라마누잔과 그의 친구들을 확신시키는 데 실패했더라면〉 라마누잔은 영국에 도착하지 못했을 거라고 했다. 폴 에르도스가 하디에게 수학에 이바지한 가장 큰 공헌을 질문했을 때, 하디는 주저없이 〈라마누잔의 발굴〉이라고 대답했다고 한다.

물론 어떤 의미에서는 그랬다. 100주기 기간 중 《주간 인도 보고》에 〈RGK〉라고만 밝힌 어느 작가가 라마누잔을 스바얌부 svayambhu라고, 즉 〈자수성가〉했다고 했다. 그는 자발적으로 인도라는 토양에서 싹터 나왔다. 그는 그 자신을 창조하였다.

라마누잔에 관해서는 〈자아〉라는 단어의 도움 없이 말할 수가 없다. 그는 완고했으며, 스스로 방향을 결정하였고, 자력으로 입신출세하였다. 사실 혹자는 그의 가족이나 조국의 발전에 별 관심 없이 라마누잔 자신이 사랑한 수학 연구에 몰두한 것을 들어 그를 이기적인 인물로 묘사할 수도 있다.

라마누잔은 그가 하고자 했던 일을 했고, 그의 길을 나아갔다.

10대 시절 라마누잔은 쿰바코남의 모든 사람들이 관심을 두지 않는 지방의 어느 광인에게 도움을 주었다. 라마누잔은 다른 모든 것, 심지어 어머니가 그토록 바랐던 생계 수단으로서의 학위도 버리고 수학에 몰두하였다. 그는 남인도 전역의 문을 두드리며 수학자들에게 자신을 차례차례 소개하였다. 그리고 인도의 수학적 자원을 철저히 바닥냈을 때 영국으로 향했다.

하디가 라마누잔을 발견했을까? 천만의 말씀이다. 1912년과 1913년의 사실들만 봐도 라마누잔이 하디를 찾아냈음을 알 수 있다.

그리고 여신 나마기리가 그의 영국 행에 축복을 내리던 때 나마기리에 관한 〈꿈〉은 무엇이었을까? 라마누잔의 진실한 〈꿈〉을 건져 내는 어떤 강렬한 추진력이 라마누잔을 잠재 의식 속에서 결국 그렇게 되도록 만들었을까?

리틀우드가 표현하듯이, 라마누잔은 〈증명의 의미에 대한 명확한 개념을 아마 전혀 가지고 있지 않은〉 사람이었다. 일단 정리가 참이라고 만족하게 되면, 다른 사람들에게 증명하는 일에는 거의 관심이 없었다. 여기에서 〈증명〉이란 수학적 의미이다. 더 막연하게 말하자면, 라마누잔은 진실로 〈증명할 것이 없었다〉.

그는 자신만의 사람이었다. 그는 스스로를 만들었다.

하디는 일찍이 라마누잔에 관해 말했다. 〈나는 그를 창조한 것이 아니다. 다른 위인들처럼 라마누잔은 그 자신을 발명했다.〉 그는 스바얌부였다.

라마누잔은 무엇을 원했을까?

그는 아무것도 원하지 않았으며, 그리고 모든 것을 원했다.

그는 부를 추구하지 않았다. 연구를 하는 데 필요하거나, 가족이 그에게 바란다고 생각하는 것을 주는 데 필요한 그 이상은 분명히 추구하지 않았다.

그는 존경, 이해, 아마 역사로부터 호의적인 판단조차 갈망하지 않았다.

그러나 라마누잔이 무엇보다 더 원했던 것은 단지 그가 원하는 대로 활동하고, 사고하고, 혼자 있을 수 있고, 꿈꾸고, 창조하고, 그가 만들어 가는 세계에 빠져들 수 있는 〈자유〉였다.

물론 이것이 겸손한 소망은 전혀 아니다. 그는 〈여유〉를 원했다. 그리고 그는 가졌다.

오늘날 남인도에서는 누구나 라마누잔의 이야기를 한다. 대학 교수와 자전거 인력거꾼 모두들, 그의 이야기, 적어도 대강의 줄거리 정도는 서양에서 누구나 아인슈타인을 알 듯이 안다. 그의 연구에 관해 말할 수 있는 사람은 거의 없지만, 자신의 조건 속에서 자신의 연구를 해 나가려는 기회를 얻기 위한 그의 투쟁 속의 무엇인가가, 천재에 대한, 마주치는 장애물과 그로 인한 책임, 그 자체의 존재를 받아들이는 기쁨의 상징으로 남긴 채 상상력을 압도한다.

후기

라마누잔의 사망 소식을 들을 무렵 하디는 이미 트리니티를 떠나 있었다.

1919년 10월 라마누잔이 의사의 강요로 쿰바코남을 뒤로 하고 마드라스를 향해 떠날 무렵, 하디는 트리니티 대학 학장 톰슨에게 옥스퍼드의 새빌리언 Savilian 교수직을 수락했다는 편지를 쓰고 있었다. 〈뉴 칼리지에서 특별연구원 직위도 함께 갖게 되므로, 그 자리를 수락하게 되면 이곳의 특별연구원은 자동적으로 사퇴하게 될 것입니다.〉 그러한 변화에 대한 한 가지 이유는 케임브리지에서 맡고 있는 행정상의 책임 부담이 늘어났기 때문이다. 그는 결심했다. 〈만약 내 인생에서 중요하고 영원한 행복인 연구를 위해 완전한 기회를 유지하려면 더 많은 여유와 더 적은 책임을 제공하는 직위가 필요하다.〉 옥스퍼드에서 확약을 받아, 그는 받아들이기로 하였다.

그 편지에는 언급되지 않았지만, 하디에게 더 부담이 되었던 것은 아마도 행정상의 고된 일보다 전쟁으로 남겨진 참기 힘든 감정과 러셀 사건을 둘러싼 내분, 그리고 라마누잔이 떠나 버린 일일 것이다. 스노는 다음과 같이 기록하였다. 〈만약 라마누잔과의 공동 연구가 없었더라면, 1914-18년 사이의 전쟁은 하디에게 더욱 암울한 시기였을 것이다.〉〈대학의 지독한 분쟁 동안 하디의 위안이 되었던 것은 바로 라마누잔의 연구였다.〉이제 라마누잔은 죽고 없다. 30년 동안 그의 집이었던 트리니티는 추하게 변해 버렸다. 하디는 동료 누구와도 거의 말을 하지 않았다. 일찍이 하디는 해외에서 오랜 생활을 한, 더 나이 많은 수학자 영 W. H. Young에게 새빌리언 교수직을 신청해서 자신의 명성만이라도 되찾으라고 권했었다. 영은 그렇게 했다. 〈하디는 떠나야 한다고 느끼고 있었다.〉역시 수학자인 영의 아들 로렌스 Laurence는 회상했다.

옥스퍼드는 케임브리지에서 약 160킬로미터 가량 떨어져 있는 또 하나의 훌륭한 영국 대학이다. 『케임퍼드 업저브드 *Camford Observed*』에서, 재스퍼 로즈 Jasper Rose와 존 지먼 John Ziman은 옥스퍼드와 케임브리지를 하나의 캠퍼스로 설명하려 했다. 〈옥스퍼드는 넓고 고상한 가로, 중심가, 브로드 Broad 호, 성 자일스 St. Giles 등이 있는 도시이며, 케임브리지의 도로들은 모두 구불구불하게 뻗어 있다. 옥스퍼드의 길가에 면한 건물들은 높고 인상적이며, 연이어 아슬아슬한 풍경을 이루고 있다. 케임브리지의 큰 건물들은 옥스퍼드보다 고립되어 있고, 덜 강조되었으며, 더 비밀스럽고, 대학 안에 교정과 정원이 있다. 옥스퍼드는 케임브리지보다 응집되어 있고, 케임브리지는 옥스퍼드보다 분산되어 있다. 옥스퍼드는 압도적이고, 케임브리지는 매혹적이다.〉학문적으로 케임브리지는 과학 쪽으로 약간 기울고, 옥스퍼드는 고전 쪽으로 약간 기울어 있다.

뉴 칼리지는 옥스퍼드에 있는 20여 개의 우수한 대학 중 하나로, 후원인인 위케엄 Wykeham의 윌리엄 William이 윈체스터 대학을 설립하기 8년 전인 1379년에 설립하였다. 그 곳은 수많은 윈체스터 출신들의 목표였었고, 25년 전 성 오빈의 책에 의해 트리니티를 택하지 않았더라면, 하디의 목표였을 것이다.

하디가 마드라스로부터 소식을 들은 것은 옥스퍼드로 온 지 불과 몇 달 지나지 않아서였다.

대학 평의원회의 지시로, 깊은 유감과 함께, 라마누잔 F. R. S.씨의 슬픈 소식을 편지로 알려드립니다. 그는 4월 26일 아침 사망했습니다.

〈라마누잔의 죽음은 저에게 커다란 충격과 놀라움이었습니다.〉 하디는 듀스베리에게 회답을 보냈다. 그러나 그 다음은 변명의 한숨이라고 할까?

그가 영국을 떠날 때, 대체적인 의견은 아직 병세가 좋지는 않지만, 고비를 넘기고 회복 중이라는 것이었습니다. 체중도 6킬로그램 이상 늘었습니다(한동안 그는 거의 아무것도 남지 않을 정도로 야위고 쇠약했었지요). 그리고 그에게서 받은 마지막 편지(약 두 달 전)는 썩 기분 좋았고 수학의 내용으로 가득했습니다.

결국 라마누잔은 하디에게 돌보도록 맡겨진 것이다. 하디는, 사랑했던 사람의 죽음에 대한 특별한 반응이 아니라, 라마누잔이 배로 안전하게 인도로 보내진 후 마지막의 길로 들어선 것이라고 자신에게 확신시키려는 것일까?
라마누잔의 죽음이 하디에게 충격이었다는 사실은 의심할 여지가 없다.

나로서는, 내가 라마누잔의 덕을 보았다고 말하는 것이 어려운 일이다. 그를 알고부터 언제나 그의 독창성은 나에게 제안의 지속적인 원천이었다. 그리고 그의 죽음은 내가 받았던 최악의 충격 가운데 하나였다.

제1차 세계대전의 공포가 유럽 전역에 영향을 미쳤던 것처럼, 옥스퍼드에 있는 하디에게도 그 공포는 여전히 무겁게 남아 있었다. 독일에 대한 반감은 깊어 갔다. 한 영국인 과학자는 전쟁이 끝날 무렵 ≪네이처≫를 통해 〈적어도 앞으로 20년 동안 모든 독일인은, 정직한 사람이 어떤 관계도 거부할 사람들로 추방되리라 믿습니다〉라고 말했다. 수학자들은 고통에 면역되지 않았다. 영국과 프랑스 수학자들은 중부 유럽의 수학자들을 국제 수학회에서 퇴출시켜야 한다고 생각했다.

하디는 전쟁의 어리석은 야만성에 배반당했고, 죽음의 길로 소년들을 내보내는 나이 든 사람들의 생각을 증오했다. 그러나 유럽에 있는 수학자 친구들을 떼어놓으려는 행위는 비정하다고 느꼈다. 이제 전쟁은 끝났다. 하디는 상처를 치료하려 하였다. 소문에 떠도는 복수심에 불타는 저능한 사람들을 막기 위해 《런던 타임스》에 기고하였다. 그는 미타크 레플러 Gösta Mittag-Leffler의 전쟁 중재 노력에 협력하였다. 미타크 레플러는 프랑스와 프로이센의 전쟁 뒤 수학자들 사이에 비슷한 긴장이 고조되던 1882년 창간된 스웨덴의 수학 잡지 《악타 마테마티카 Acta Mathematica》의 오랜 편집인이었다. 그는 독일의 위대한 수학자 란다우에게 편지로 전쟁에 대한 견해를 보냈다. 란다우는 자신의 견해도 같다고 회답했다.

1921년 독일을 방문하면서, 하디는 미타크 레플러에게 편지를 썼다. 〈저로서는 이전의 견해를 조금도 수정하지 않았고, 어떤 이유로든 특정한 나라의 수학자들이 제명되는 회의에는 참가하거나 가입하거나, 도울 수 있는 상황에 있지 않습니다.〉 그는 1920년 스트라스부르크 Strasbourg에서 열린 회의에 참가하지 않았다. 그 회의에는 독일인, 오스트리아인, 헝가리인들이 제외되었었다. 그리고 4년 뒤 토론토에서 열린 또 다른 회의에도 참가하지 않았다.

휴전, 라마누잔의 귀국, 새로운 옥스퍼드 생활, 그리고 라마누잔의 죽음, 이 모든 일이 18개월 동안 일어났다. 그러나 하디는 뉴 칼리지에 쉽게 젖어들었다고 한다. 그리고 케임브리지에서 느껴 보지 못한 편안함을 느꼈다. 스노는 〈그의 생애에 가장 행복한 시간이었다〉라고 말한다. 모두 그를 받아들였다. 옥스퍼드의 새 친구들은 그를 호들갑스레 추켜세웠다. 하디는 현란한 언변에 남의 이야기도 들을 줄 알았다. 때로는 특별연구원 휴게실 Common Room(케임브리지에서는 Combination Room)에서 사람들이 하디가 무슨 말을 할까 기다리는 듯했다.

그러는 동안 리틀우드와의 공동 연구는 우편을 이용해 계속되었다. 그의 수학적 능력과 명성은 절정에 달해 있었다.

1928-29학년도에는 프린스턴의 오스왈드 베블런 Oswald Veblen과 교환 연구를 하게 되어 하디는 미국 프린스턴 대학교에서 지냈다. 미국에 머무는 동안 강의 스케줄은 바쁘게 계속되었다. 1월 17일에는 레이Leigh 대학에서, 18일에는 오하이오 주에서, 21일에는 시카고 대학에서 강의하였다. 2월과 3월에는 캘리포니아 공과대학 California Institution of Technology에서 보냈다. 그 해 말 프린스턴 대학교 총장이 조금 더 머물라고 요청했을 때, 하디는 〈즐거운 시간〉을 보냈지만, 옥스퍼드에서의 일 때문에 돌아가야 한다고 답했다.

미국 여행 중 그는 야구에 대해 재미를 갖게 되었다. 베이브 루스 Babe Ruth가 〈크리켓 선수 홉스의 이름만큼이나 친숙한 이름이 되었다〉라고들 했다. 한번은 야구 전술 문제가 가득 적힌 책을 받았다. 그 책에는 〈철인 Iron Man〉 쿰스 Coombs라는 글이 새겨져 있었다. 〈멋진 책이군요〉라고 그는 엽서에 썼다. 〈저는 하루에 한 문제씩 해결하려고 합니다(예를 들어, 원 아웃에 1루와 2루 주자가 있고, 타자는 적당한 세기로 땅볼을 칩니다. 타자는 오른손잡이라고 합시다. 1루에서 2루로 더블 플레이를 시도해야 할까요 아니면 2루에서 1루로 더블 플레이를 시도해야 할까요? 저는 전자라 생각합니다).〉

크리켓과 테니스에 대한 열정은 물론 식지 않고 계속되었다. 테니스 실력은 꾸준히 늘었다. 옥스퍼드 시절 날씨가 화창한 늦은 봄 또는 초가을쯤 찍은 것으로 보이는 스냅 사진에는, 하디가 하얀 테니스복을 입고 당당한 모습으로 열두 명 가량 되는 테니스 선수들 가운데에 서 있다. 그들은 1925년 무렵의 국제사교계 인사들 Beautiful People인데, 하디는 라켓을 쥐고 긴 바지 테니스복과 재킷 속에 무거운 숄 스웨터를 입고 서 있다.

옥스퍼드에서의 생활이 행복했지만, 1931년 홉슨이 사망하자 하디는 새들레리언 교수로 케임브리지에 돌아왔다. 케임브리지는 여전히 옥스퍼드보다 훨씬 더 영국 수학의 중심에 있었고, 그는 이제 수학의 선임직을 제의받은 것이다. 스노에 따르면, 두 대학이 서로 다른 퇴임 규정을 갖고 있었다는 것도 이유였다고 한다. 옥스퍼드에서는 65세가 되면 퇴임해야 했으나, 트리니티에서는 죽을 때까지 종사할 수 있었다.

지난날 주목을 끌지 못하던 하디의 반전주의는 잊혀지지 않고 남아 박수 갈채를 받았다. 스노는 다음과 같이 기록하고 있다. 젊은 케임브리지 수학자들은 〈그가 돌아와 아주 기뻐했다. 그는 진정한 수학자이며, 물리학자들이 항상 얘기하는 디랙 Dirac이나 보어 Bohrs류의 인물과는 다른 사람〉이라고 했다. 그는 〈순수한 사람 가운데서 가장 순수한 사람〉이라고 영 Laurence Young은 말했다. 그때는 케임브리지 수학의 황금 시대였다. 〈정신적으로 지적으로, 케임브리지는 갑자기 파리, 코펜하겐, 프린스턴, 하버드, 그리고 바르샤바, 레닌그라드, 모스크바와 적어도 동등한 위치에 있었다.〉 유대인을 비롯한 다른 사람들이 히틀러의 독일로부터 탈출하려 했던 것처럼, 케임브리지를 이따금씩 찾아오던 방문객들이 이제는 엄청나게 많아졌다.

1933년 초 하디는 과학과 학습 보호를 위한 모임 Society for the Protection of Science and Learning과 협력하여 직장에서 쫓겨난 유대인과 다른 사람들에게 영국이나 다른 곳에 안식처를 마련해 주려고 영향력을 발휘하였다. 구출된 사람 중에는 리츠 Riesz, 보어, 란다우 Landau와 같이 재능 있는 수학자들이 있었다. 힐 A. V. Hill은 〈하디는 동료들의 위험과 어려움을 깊이 동정함으로써, 너그러운 인간애뿐 아니라 대학의 보전과 학문에 대한 훌륭하고 결연한 충성심을 보여 주었다〉라고 기록했다.

하디는 한 독일 단체의 회원직을 사임하였는데, 독일 단체였기 때문이 아니라 그 단체가 행한 일 때문이었다. 〈이러한 종류의 독일과의 관계에 대한 나의 태도는 적극적으로 강요받지 않는다면 아무것도 하지 않는다는 것입니다. 그러나 반유대 정책이 모든 정기 간행물이나 기관의 표면상의 이유가 된다면 그 곳에 남아 있을 수 없습니다.〉

낙오자에 대한 하디의 동정심은 변함없었다. 그리고 그의 정치적 견해는 단호하게 좌익이었다. 그는 1927년까지 과학 노동자 국제연합 National Union of Scientific Workers에서 활동했고, 국제연합측을 대표하여 신입 회원을 모집하는 연설까지 하였다. 할데인이 후에 부연 설명해 놓은 것을 보면, 하디는 과학자 청중들에게 다음과 같이 말하였다. 〈우리의 직업이 광부들과는 매우 다르다 할지라도, 자본가보다는 광부들에게 훨씬 더 가깝습니다. 적어도 우리와 광부들은 다른 사람들의 일을 빼앗는 착취자가 아니라 숙련된 노동자들입니다. 만약 줄을 서야 한다면 저는 광부 줄에 서겠습니다.〉 하디의 연구실을 찾는 방문객들은 벽난로 장식 선반 위에 놓인 아인슈타인, 크리켓 선수 잭 홉슨, 그리고 레닌의 사진을 보았다.

그러나 수학 공동체 안에서 그와 리틀우드, 그리고 그들 진영 사람들은 그 체제 안에서 단호한 입장에 있었다. 1934년 하디는, 영국의 수학자들이 〈따분해지지 않고는 '엄밀해질' 수 없다는 것, 그리고 정확한 사고에는 어떤 비밀스런 테러가 존재한다는 미신에 더 이상 괴로워하지 않는다〉고 했다. 그가 25년 전에 도왔던 혁명에 대하여 실제로 훗날 어떤 사람들은 그것이 대수학, 위상수학, 함수해석학, 그리고 순수수학 내의 다른 주제들의 발전을 방해했다고 불평하였다. 1930년대에 이르러 하디는 구세대로 보였다.

1929년 3월 6일, 하디는 노르웨이의 위대한 수학자 아벨의 서거 100주년 기념일에 노르웨이 국왕이 참석한 오슬로 대학에서 명예 학위를 받았다.

1932년 2월 27일에는, 「수론 입문 An Introduction to the Theory of Numbers」으로 쇼베네트 Chauvenet 상을 받았다. 이 상은 영어로 발

표되는 수학 논문에 대하여 3년마다 수여하는 상이다.

1934년 2월 29일 주영 소련대사 마이스키 J. Maisky로부터 레닌그라드 과학학술원 Academy of Science의 명예 회원으로 선출된 것을 축하하는 편지를 받았다. 그 편지지에는 소련의 국기인 망치와 낫이 양각으로 새겨져 있었다.

아테네, 하버드, 맨체스터, 소피아, 버밍엄, 에든버러 대학이 그에게 학위를 수여했다. 1920년 그는 영국학술원의 왕실 훈장 Royal Medal을 받았고, 1940년에는 실베스터 훈장 Sylvester Medal을 받았다. 그는 외국의 수많은 일류 과학 대학의 명예 회원이 되었다. 의심할 나위없이 그는 영국에서 가장 특출한 수학자였다.

어느 해 하디의 새해 각오는 다음과 같았다.

1. 리만의 가설 증명하기
2. 오발 크리켓 경기장에서 마지막 게임 4이닝에 노아웃으로 211점 만들기(월드 시리즈에서 마지막 경기 9회까지 3점으로 지고 있을 때 만루 홈런을 치는 것과 같다)
3. 대중들을 확신시킬 수 있는 무신론에 대한 논리 찾기
4. 최초로 에베레스트 정상에 오르는 사람이 되기
5. 대영제국과 독일의 소련모임 초대 회장에 선임되기
6. 무솔리니 암살하기

또 다른 이야기에는 크리켓에 대한 애정, 태양 아래에서의 기쁨, 신과의 전쟁, 그리고 혈기에 찬 재능이 교묘하게 조합되어 있다. 그와 공동연구를 했던 리츠는 런던에 있을 때 하디가 누이와 함께 사는 곳에 머물렀다. 하디는 그에게 밖에 나가 하늘이 훤히 보이는 곳에서 우산을 펴면서 하느님을 향해, 〈저는 하디입니다. 대영 박물관에 가려고 합니다〉라고 외쳐 보라고 했다. 그렇게 하면 하느님은 하디의 일을 훼방놓기 좋아하므로, 멋진 날씨를 선사할 것이라고 했다.

그러면 오후에 크리켓 경기를 할 수 있을 것이라고 했다.

1931년에 시작하여 그 후 15년 가량 계속 하디와 대화하는 동안, 스노는 하디의 〈올드 브랜디 old brandy〉 감정에 깊이 빠졌다. 올드 브랜디란 표현을 빌려 하디는 단지 합당한 범위 안에서 기이하고, 비법적인 모든 〈맛〉을 말하려고 하였다. 예를 들어, 그는 언젠가 스노에게 〈세인트 조지 St. George 광장에서 크리켓 경기장(런던에 있는)까지의 800미터가 세상에서 가장 뛰어난 산책길이라고 나의 올드 브랜디가 정해 주었네〉라고 편지했다. 올드 브랜디는 일종의 연구된 기행이었다. 유년기의 어리석음은 〈성숙한〉 모습으로 변하였고, 하디를 약간 자의식적이고 냉정하게 만들었다.

그리고 그것이 실제로 하디에게 일어났다. 어쨌든 그도 노인이 되었다. 그가 54세였던 1931년의 가을에도 그 징후를 볼 수 있었다. 그해 하디가 케임브리지로 돌아왔을 때, 위너는 20년 전 러셀의 방에서 만났던 젊은이의 얼굴에 주름살이 생긴 것을 알아차렸다. 하디도 알고 있었다. 케임브리지로 돌아와 새롭고 젊은 수학자들의 얼굴을 보고 괴로워하였다. 〈그러한 생기발랄한 신속함과 힘에는 늙은이에게 대단히 위협적인 것이 존재한다〉라고 했다.

1939년 책장에 먼지가 쌓이던 어느 날, 하디에게 처음으로 심장발작이 일어났다. 그 때 그의 나이 예순둘이었다. 깨어났지만 그는 더 이상 테니스, 스쿼시, 크리켓을 할 수 없었다. 창조력은 시들었다. 그의 중요한 논문 목록(라마누잔과 연구한 논문들은 모두 이 목록에 포함되어 있다)에는 1935년 이후의 것은 전혀 포함되어 있지 않았다. 이제는 양적으로조차 연구량이 줄어들었다. 1930년대 말에는 매년 여섯 편 정도에서 한두 편 정도로 감소하였다.

수학적 능력의 감퇴가 그를 괴롭혔다. 독일과의 새로운 전쟁도 괴롭게 하였다. 그러나 1941년 무렵 젊은 다이슨이 하디의 모교 윈체스터에서 케임브리지로 와 2년 동안 하디의 강의를 들었지만, 그는 하디의 쇠퇴를 눈치채지 못했다. 그에게 하디는 여전히 신과 같은 존재였다. 그와 세 명의 다른 고급반 학생들은 낡은 미술 학교의 작은 방 탁자에 둘러앉아 강의를 들으며, 몇 발자국 떨어진 곳에서 하디를 바라보았다.

바흐를 연주하는 반다 란도프스카 Wanda Landowska처럼 그는 정확하고 명료하게 강의하였고, 내면을 볼 수 있는 모든 사람들에게 열정적인 기쁨을 주었다. 자연스러운 것처럼 보이지만, 지적인 대단원과 함께 모든 강의는 예술 작품처럼 주의 깊게 준비된 것이다. 나에게, 이 강의들은 도취하는 즐거움이었고, 두 발자국 떨어져 하얀 크리켓 스웨터를 입고 있는 저 작은 노인을 껴안고 싶은 충동을 느꼈다. 이야기를 계속 전하는 그에게 우리가 얼마나 열렬히 감사하는지를 어떻게든 보여 주고 싶은 충동을 느끼곤 했다.

하디는 1942년 새들레리언 주임 교수직에서 은퇴하였다.

그 해 전, 영국 잡지 《픽처 포스트 Picture Post》의 기자는 럭비 경기장에서 그의 스냅 사진 하나를 찍었다. 사진에서 그는 쌀쌀한 겨울 날 손에 담배를 든 채 플란넬 바지를 말아 올리고, 케임브리지가 옥스퍼드를 9 대 6으로 이기는 것을 지켜보고 있다. 그 사진은 후에 그의 논문집 중 하나에 게재되었다. 그의 누이는 그 사진을 좋아하지 않았다. 〈하디가 늙어 보여요〉라고 했다.

그러나 그는 늙었다.

1946년 그는 사실상 병자였다. 스노는 〈육체적으로 쇠약해져서, 몇 걸음 걷고 나면 숨이 찼다〉라고 묘사했다. 그의 누이가 그를 간호하게 되었다(트리니티의 규칙이 매우 엄격해서 밤에는 그 방을 떠나야 했지만).

1947년 초 그는 수면제를 먹고 자살을 기도했다. 그러나 너무 많이 먹은 탓에 모두 토하고 말았다. 이 때 화장실 세면대에 머리를 부딪쳐 눈에 멍이 들고 상처도 입었다.

그 해 말 영국학술원은 가장 고귀한 영광인 코플리 메달Copley medal을 그에게 수여한다고 공고하였다. 〈최후가 꽤 가까이 왔다는 것을 알겠네.〉 그는 스노에게 말했다. 〈사람들이 서둘러 경물을 바칠 때 결론은 단 하나라네.〉

11월 24일 스노는 그의 형 필립 Philip에게 편지했다. 〈하디는 지금 거의 죽어 가고 있습니다(얼마나 갈지 아무도 모르지만, 그는 빨리 오기를 바라고 있습니다). 저는 여가 시간의 대부분을 그의 곁에서 보내야 합니다.〉

그 일은 이내 일어났다. 하디는 코플리 메달을 받기로 한 그날, 1947년 12월 1일 사망했다. 그는 재산과 저서의 저작권을 일단 그의 누이에게 맡겼다가 런던 수학회에 기증하였다. 워너는 〈그의 사망은 우리에게 위대한 시대가 지나갔다는 느낌을 주었다〉라고 썼다.

1939년의 심장발작은 그가 자살을 기도하도록 만든, 육체적이고 감정적인 긴 비탈길이 되었다. 그리고 그 심장발작은 프랑스가 나치스에게 무너진 지 약 한 달 후, 하디가 『어느 수학자의 변명』에 마지막 손질을 하고, 수학에 대해 승리의 노래를 했던 바로 철야제 때 일어났다. 스노는 『어느 수학자의 변명』을 창조적 전성기가 오래 전에 지나가 버린 사람의 작품이며, 〈마음 속에 비애가 느껴지는 책〉이라고 했다. 그것을 알면서 〈전문적인 수학자가 수학에 관한 글을 쓰는 자신을 발견한다는 것은 우울한 경험이다〉라고 하디는 썼다. 화가들이 미술 평론가를 경멸하는가? 자, 똑같은 말을 수학자를 포함해 모든 창조적 작가들에게 적용했다. 그러나 수학에 관해서 쓰는 일은 오히려 수학을 하는 것보다, 모두 그에게 맡겨진 일이었다.

게다가 그 슬픔은 낭비된 인생의 쓴맛이 아니라 종말의 가까이에서 풍요하고 완벽한 인생에 대한 기대가 있다. 긍지가 『어느 수학자의 변명』에 전반적으로 흐르고 있으며, 또한 기쁨과 깊은 만족감이 있다.

기분이 우울할 때나, 건방지거나 성가신 사람들이 말을 들어야 할 때면 나는 지금도 자신에게 말한다. 〈좋아, 너희들이 결코 할 수 없는 일을 난 했지. 그건 리틀우드와 라마누잔, 그들과 함께 같은 문제로 공동연구를 했던 일이야.〉

라마누잔. 20년 동안 라마누잔은 온통 하디의 기억 속에 밝고 빛나는 횃불로, 그리고 그의 일부로 남아 있었다.

〈하디는 사실 강하게 느낀 것에 관해서 결코 얘기하지 않았어요.〉 1920년대에 하디의 학생이었고, 하디가 영국 최고의 여성 수학자라고 칭찬했던 카트라이트는 말했다. 하디는 학생으로부터는 조금 떨어져 있었지만, 출판물에 있어서는 작은 자유인이 되었다. 그리고 라마누잔이 하디를 붙잡았다고 누설하였다. 〈나는 한 사람을 제외하고(리틀우드?), 이 세상에서 누구보다 그에게 빚을 졌고 그와의 관계는 내 인생에서 낭만적인 사건이다〉라고 하디는 썼다.

라마누잔이 사망한 뒤 몇 년 동안, 하디는 라마누잔의 논문과 노트를 샅샅이 살피기 시작했다. 많은 다른 수학자들이 알게 되었듯, 그것은 힘든 작업이었을 것이다. 옥스퍼드에 도착한 뒤, 하디는 미타크 레플러에게 짧은 논문을 라마누잔의 원고에서 발췌하여 준비했다고 편지를 썼다. 〈그러나 그것은 ≪악타 The Acta≫(미타크 레플러가 편집하는 수학저널)에 실을 만큼 중요하지 않습니다. 저는 지금 더 중요한 것을 만들려고 하고 있습니다. 그러나 라마누잔의 연구는 모두 세심한 편집을 요하므로, 신속히 완료하기는 불가능합니다.〉

1921년까지 하디는 분할의 합동 성질에 관한 라마누잔 논문의 속편을 준비하면서 거기에 충분한 라마누잔의 논문들을 발췌하였다. ≪수학 Mathematishe Zeitschrift≫에 실려 있는 하디의 논문 부록 주석에는 다음과 같이 기록되어 있다. 〈그의 연구 원고는 매우 불충분하여 그것이 완전하게 출판되려면 사전에 매우 세심한 편집이 필요하다. 말할 것도 없이 그의 시대에 가장 뛰어난 수학자 가운데 한 사람의 연구 중에서, 짧지만 특징적인 예가 될 만한 것으로 가장 간단하고 가장 놀라운 결과 세 가지를 택하였다.〉

그 몇 해 동안 하디 자신의 논문들은 라마누잔의 이름으로 인해 완전히 어수선해졌다. 「라마누잔의 삼각함수적 함수 $c_q(n)$과 산술적 함수의 특정 급수에 관한 고찰」은 1921년에 나왔다. 1923년 「라마누잔 노트의 한 단원」, 1924년 「라마누잔의 어떤 공식」, 그리고 1930년 대 중반에는 더욱 많이 나왔다. 「소수이론에서 라마누잔의 공식」, 「라마누잔의 산술적 함수 $\tau(n)$에 관한 보충 고찰」……. 하디는 라마누잔과 리틀우드의 도움에 감사했다. 〈내가 이룬 최고의 연구는 모두 그들의 연구와 밀접하게 관련된 것이며, 그들과의 교류는 확실히 내 인생에서 결정적인 사건이었다.〉

라마누잔을 만났을 때 하디는 서른일곱이었고. 트리니티의 특별연구원이라는 소년 시절의 꿈에서 벗어나 이미 F.R.S.였다. 그러나 리틀우드와의 공동 연구는 그때 막 시작되었고, 리틀우드의 초기 공헌은 자신의 것과 다른 기준으로 보면 굉장한 것이었지만, 평범한 것이라고 생각하였다.

그때 갑자기 라마누잔이 그의 삶으로 들어왔다.

라마누잔은 무엇보다도 하디가 경멸했던 우등 졸업 시험 제도에 대한, 살아서 숨쉬는 치욕이었다. 순수하고 뛰어난 직관이 그의 슬레이트 위에서 길고 어려운 시간들로 연결되어 그의 교육적 부족함을 대부분 보상해 주었다. 그리고 그는 수학에만 열중했으므로 대학 학위를 얻는 데 필요한 다른 과목을 공부하느라고 방해받지 않았다. 하디가 말하듯이 〈두뇌로 유럽의 축적된 지혜와 대항하는 가난하고 고독한 인도인〉은 수학의 한 세기를 재발견하였고, 다음 세기의 수학자들을 사로잡을 새로운 발견들을 하였다(이 모든 것을 트라이포스 지도자 없이).

하디가 현혹된 것은 어떤 경이로움일까?

그때부터 35년 동안 하디는 챔피언 라마누잔에게 할 수 있는 모든 것을 했고 그의 수학적 유산을 발전시켰다. 그는 라마누잔을 격려하였다. 그의 천재성을 알아주었다. 그를 영국으로 데려왔다. 그에게 현대해석학을 가르쳤다. 그리고 라마누잔이 살았을 때부터 죽은 다음에도 뛰어난 문학적 재능으로 그를 도와주었다.

〈수학에 관한 뛰어난 문헌 가운데서도 하디가 가장 세련된 영어를 구사했다.〉≪맨체스터 가디언 *Manchester Guardian*≫은 하디가 쓴 라마누잔의 추도사를 인용하면서 이렇게 평했다. 수학자 베일리는, 그것은 〈내가 전에 읽었던 추도사 가운데 가장 매력적인 것 중 하나〉였다고 했다. 그리고 낸디가 라마누잔을 자기 책의 주제로 삼도록 확신시킨 것은, 그가 라마누잔에 관해 다른 방법으로 알았기 때문이 아니라 라마누잔에 관한 하디의 책이었다. 하디의 펜은 상상력에 불을 붙이고 수학의 세계가 라마누잔을 받아들이도록 하였다.

하디는 영국에서 실시된 라마누잔의 연구에 관해 1916년부터 마드라스의 대학 당국에 보고하기 시작하였다. 보고서를 보고 그들은 출판 준비가 된 것이냐고 물었다. 하디는 보고서를 통해 라마누잔이 자신의 노트에 갖고 있던 〈신기하고 흥미로운 공식〉을 소개했다. 그리고 〈활기 있는 수학자의 능력과 마찬가지로 독특한 방식으로 뛰어난 능력〉과 그의 재능은 〈권위 있는 학교에서 배운 유럽 수학자의 재능〉과 너무 다르며, 그가 해낸 연구는 〈놀라운 개성과 능력〉을 보여주었다고, 그래서 라마누잔 덕분에 〈인도는 이제 일급의 순수수학자를 보유하게 되었다〉고 했다. 이것은 잡지에서 보는 평범하고 특징없는 일상적인 유의 문장에 익숙한 수학자나, 인도인이나, 영국인들이 알아채지 못하고 지나치기 쉬운 언어가 아니었다. 누군가 하디에 관해 〈생각하건대, 그는 광고의 천재나 홍보 장교가 될 수도 있었을 것이다〉라고 했다. 그에 대한 증거가 있었다.

라마누잔에 관한 하디의 긴 추도사는 1921년 『런던 수학회 논문집 *Proceedings of the London Mathematical Society*』에 최초로 실렸고, 조금 지나 『영국학술원 논문집 *Proceedings of the Royal Society*』에 실렸다. 그리

고 다시 1927년 라마누잔의 『논문선집 *Collected Papers*』에 실렸다. 거기에서 그는 라마누잔의 이야기를 했다. 짙은 감정이 담긴 그의 말은 기억 속에 오래 남았다. 〈선물(라마누잔의 업적)은 어느 누구도 부정할 수 없는 바로 심오하고 정복되지 않는 독창성을 지니고 있다.〉 그는 이렇게 결론지었다.

그가 젊은 시절에 조금만 지도받고 길들여졌더라면 아마 더 위대한 수학자가 되었을 것이다. 새롭고, 의심할 여지없이 더 중요한 것을 더 많이 발견하였을 것이다. 반면, 그랬다면 그는 원래의 라마누잔보다 못했을 것이며, 유럽의 교수보다 더 나았을 것이다. 그리고 잃는 것이 얻는 것보다 더 컸을 것이다.

스노는 하디를 1931년에 처음 만났는데, 하디는 수줍은 성격에도 불구하고, 〈그가 라마누잔을 발견한 것에 관해, 어떤 사실도 전혀 비밀로 하지 않았다〉고 했다. 카트라이트는 〈하디가 라마누잔을 발견했다는 사실을 굉장히 자랑스럽고 당당하게 생각했다〉고 회상하였다. 라마누잔은 그의 인생을 풍요하게 만들었다. 그는 라마누잔을 잊고 싶지 않았고, 결코 잊지 않았다.

1936년 2월 19일 하디는 케임브리지에서 찬드라세카르에게 편지했다. 〈나는 이번 여름에 이곳과 하버드에서 라마누잔에 관한 강연을 할 계획이네.〉 그의 생애와 업적이 제안한 주제에 관한 열두 개의 강의, 이 강연은 라마누잔을 위한 기초가 될 것이었다. 〈사랑의 노동〉, 한 비평가는 이렇게 불렀다.

하버드 강연은 대학교 설립 300주년 기념 대축제의 일부였다. 300주년 대축제는 9월 16일부터 18일까지의 사흘 동안 절정에 이르렀다. 현재 1만 7,000석의 거대한 야외 극장이 된 하버드 교정은 비단 모자, 심홍색 장막, 그리고 다채로운 학위 가운에 파묻혔다. 이틀째 저녁 9시에는 50만이 넘는 인파가 두 시간의 불꽃놀이가 펼쳐지는 동안 찰스 강 양쪽 둔치에 줄지어 있었다.

이튿날 아침, 보슬비가 차분히 내리고 어두운 구름이 덮힌 가운데 (대서양 연안으로 이동하는 허리케인의 가장자리), 세계에서 가장 특출한 예순두 명의 생물학자, 화학자, 인류학자, 그리고 다른 학자들이 명예 학위를 받았다. 그들은 와이드너 Widener 도서관에서부터 열을 지어 행진한 후, 교정의 북쪽 끝에 있는 메모리얼 교회 Memorial Church 기둥 앞에 세워진 관람석에 앉았다. 그들 가운데는 정신분석 학자인 카를 융Carl Jung, 아동 발달 연구의 선구자 장 피아제 Jean Piaget, 영국의 천체물리학자 아서 에딩턴 Arthur Eddington 경이 있었다. 그리고 하디도 있었다. 하버드의 베리타스 Veritas 도장이 찍힌 빨간 가죽 증정 도서에 끼워 넣은 그에게 경의를 표하는 글귀에는 〈이전 세대들은 도달할 수 없다고 생각한 수준까지 발전을 이끌어 온 영국 수학자〉라고 적혀 있었다.

그랜드 피날레 몇 주 전, 인문학과 과학에 관한 300주년 기념 학술 회의에는 〈권능의 위치와 기능〉, 그리고 〈생물학에 대한 물리화학의 응용〉과 같은 광범위한 지식을 포함하는 주제의 강연을 위해 2만 5,000명 이상의 학자들이 하버드로 초대되었다. 아인슈타인은 아내가 아파 참석하지 못한다고 전갈을 보냈다. 불확실성 원리의 저자인 베르너 하이젠베르크 Werner Heisenberg도 참석하지 못했다. 히틀러의 군대에서 8주 동안 복무를 해야 한다는 사실이 회의 직전 알려졌다. 그들의 불참에도 불구하고, 그 회의는 열한 명 이상의 노벨상 수상자가 참석하는 존엄한 집단이었다. 〈하버드에 온 지식인들〉, 《타임》은 기사 제목을 그렇게 붙였다. 《뉴욕 타임스》는 하디의 강연을 포함한 몇몇 강연을 보도했다.

학술회의 첫날 저녁 9시경 야위고 반백의 예순이 다된 하디가 뉴 렉처 홀의 청중들 앞에 섰다.

〈저는 이번 강연에서 저 자신에게 하나의 과제를 정했습니다.〉 그는 자신만의 정연한 운율로 그들에게 강연을 시작했다.

그것은 진실로 어렵고 실패에 대한 모든 변명으로 시작하기로 했다면, 거의 말하기 불가능한 일이라고 할 것입니다. 최근의 수학사에서 가장 낭만적인 인물에 대한 어떤 종류의 정당한 평가를, 제가 전에는 결코 참되게 하지 않았으므로 제 자신이 해야 하고, 그리고 여러분이 할 수 있도록 도와주는 일입니다. 그는 역설과 모순으로 가득 찬 경력을 가진 사람이며, 우리가 서로를 판단하는 데 익숙해 있는 모든 규범에 도전하는 사람입니다. 그에 관해 우리 모두는 아마 단 한 가지 결론에 동의하게 될 것입니다. 즉 그는 대단히 위대한 수학자였다는 것입니다.

그러고 나서 25년 전, 인도로부터 수학 공식으로 가득 찬 우편물이 도착했던 그날의 기억이 여전히 생생한 하디는 친구 라마누잔의 이야기를 시작했다.

연보

1887년 12월 22일   인도 에로데에서 태어남.

1892년 10월 1일   피알 학교에 입학.

1898년 1월   타운 하이 고등학교에 입학.

1903년   카의 『순수수학과 응용수학의 기초 결과에 대한 개요』를 공부함.

1904년   마드라스 대학에 장학생으로 입학.

1905년 7월   마드라스 대학 수료.

1906년   파차이야파 대학 입학.

1909년 7월 14일   자나키와 결혼.

1910년 12월   후원인 라마찬드라 라오를 만남.

1911년   「베르누이 수의 몇 가지 성질」에 대한 연구를 ≪인도 수학회≫에 발표.

1912년-1913년   영국의 수학자 베이커와 홉슨에게 후원을 부탁하는 편지를 보냈으나 거절당함.

1913년 1월 6일   하디에게 후원을 요청함. 같은 해 2월 8일에 도와주겠다는 답장을 받음.

1913년   소수에 대한 정리가 ≪인도 수학회≫에 실림.

1913년 8월 5일	〈라마누잔의 마스터 정리〉가 실린 보고서를 마드라스 대학에 제출.
1914년 3월 17일	영국 캐임브리지의 트리니티 대학으로 감.
1914년	「모듈러 방정식과 파이의 근사치」란 논문이 ≪계간 수학≫ 제45권에 실림. 「리만의 함수 $\xi(s)$와 $\Xi(t)$의 새로운 표현」이 ≪계간 수학≫ 제46권에 실림.
1915년 말	논문 「고도 합성수」가 『런던 수학회 논문집』에 실림.
1916년 3월	케임브리지 대학에서 학사 학위를 수여함.
1916년 10월 30일	케임브리지 철학회에서 그의 디오판투스 방정식에 대한 논문이 소개됨.
1916년 말	스칸디나비아 수학자 회의에서 하디가 그의 원 방법에 관한 이론을 발표함.
1917년 1월 2일	「n의 분할수에 대한 근사 공식에 대하여」라는 논문이 ≪보고서≫에 실림.
1917년 1월 18일	런던 수학회에 하디와 그의 공동 논문이 소개됨.
1917년 5월	폐결핵으로 요양원에 입원.
1917년 12월 6일	런던 수학회 회원에 선출됨.
1918년-1951년	윗슨에 의해 그의 노트가 『라마누잔의 정리』라는 이름으로 출판됨.
1918년 10월	트리니티 연구원으로 선출됨.
1919년 3월 13일	로저스-라마누잔 항등식의 새로운 관계에 대한 논문이 ≪런던 수학회≫에 실림.
1919년 2월 27일	인도로 돌아감.
1920년 1월 20일	하디에게 모의 세타 함수에 관한 연구 결과를 보냄.
1920년 4월 20일	폐결핵으로 세상을 떠남.

인도의 천재 수학자 라마누잔

수학이 나를 불렀다

1판 1쇄 펴냄 2000년 2월 25일
1판 13쇄 펴냄 2024년 5월 15일

지은이 로버트 카니겔
옮긴이 김인수
펴낸이 박상준
펴낸곳 (주)사이언스북스

출판등록 1997. 3. 24 (제16-1444호)
(06027) 서울특별시 강남구 도산대로1길 62
대표전화 515-2000, 팩시밀리 515-2007
편집부 517-4263, 팩시밀리 514-2329
www.sciencebooks.co.kr

한국어판 ⓒ (주)사이언스북스, 2000. Printed in Seoul, Korea.

ISBN 978-89-8371-039-0 03990